MICHAEL COLLINS PIPER

GIUDIZIO FINALE

L'anello mancante all'assassinio di Kennedy

Volume II

MICHAEL COLLINS PIPER (1960-2015)

Michael Collins Piper è stato uno scrittore politico e conduttore radiofonico americano. È nato nel 1960 in Pennsylvania, negli Stati Uniti. È stato un collaboratore regolare di *The Spotlight* e del suo successore, *American Free Press*, giornali sostenuti da Willis Carto. È morto nel 2015 a Coeur d'Alene, Idaho, Stati Uniti.

FINAL JUDGMENT
The Missing Link in the JFK Assassination Conspiracy
Prima edizione (1993) The Wolfe Press
Sesta edizione (2005) American Free Press
da cui è tratta questa traduzione.

GIUDIZIO FINALE
L'anello mancante nell'assassinio di JFK
Volume II

Tradotto dall'americano e pubblicato da
OMNIA VERITAS LTD
OMNIA VERITAS®
www.omnia-veritas.com

© Omnia Veritas Ltd - 2025

Tutti i diritti riservati. Nessuna parte di questa pubblicazione può essere riprodotta con qualsiasi mezzo senza la previa autorizzazione dell'editore. Il codice della proprietà intellettuale vieta le copie o le riproduzioni per uso collettivo. Qualsiasi rappresentazione o riproduzione totale o parziale con qualsiasi mezzo, senza il consenso dell'editore, dell'autore o dei loro successori, è illegale e costituisce una violazione punita dagli articoli del Codice della proprietà intellettuale.

APPENDICE 1 .... **13**

Dov'era George George Bush, la CIA e l'assassinio di Kennedy GHWB era coinvolto nell'omicidio di JFK? 13

INIZIAZIONE *14*
IL PRIMO LAVORO DI GEORGE ALLA CIA? *15*
I DUE GEORGI *15*
OPERAZIONI ANTI-CASTRO *16*
IL LEGAME CON IL MOSSAD *17*
INCONTRO *18*
UNA MINACCIA CONTRO JFK? *19*
ISRAEL ENCORE.... .... *19*
ADL ENCORE *20*
DOV'ERA GEORGE? *21*

APPENDICE 2 .... **22**

Il legame "nazista" di Lee Harvey I legami poco noti tra il presunto assassino e gli agenti segreti della rete neonazista 22

FRANKHAUSER E OSWALD *27*
VAN LOMAN E IL LEGAME CON JIM HARRIS *30*

APPENDICE 3 .... **31**

Comunisti con le mani insanguinate Guy Banister e Kent e Phoebe Courtney Leader della cricca di destra pro Israele di New Orleans 31

I LEGAMI DI OSWALD CON L'ADL E L'FBI *33*
JACK RUBY E I SUOI LEGAMI CON L'ADL E L'FBI *34*
LE CORTI E ISRAELE *35*
PRESIDIO E IL "DIRITTO" *37*
L'ATTACCO AL GIUDIZIO FINALE *38*
Un altro collegamento con "ISRAELE"? *39*
IL LEGAME CON BARRY SEAL *40*
PANORAMICA "THE BIG EASY" DI NEW ORLEANS *41*

APPENDICE 4 .... **42**

Agenti di influenza, un argomento scomodo La presenza ebraica nella Commissione Warren 42

AVVOCATI EBREI *44*
GLI ALTRI *46*
IL LEGAME DI GERALD FORD CON IL MOSSAD E LANSKY *50*
FISHER, ROSENBAUM E IL MONDO SOTTERRANEO *51*
IL LEGAME CON IL BILDERBERG *54*
JOHN McCLOY *55*
ALCUNE CONCLUSIONI *56*

APPENDICE 5 .... **57**

I biglietti verdi di la verità sul legame con la Federal Reserve. Un po' di verità e molta disinformazione 57

QUELLO CHE HA DETTO MARRS *58*

INFORMAZIONI ERRATE 58
E ORA I FATTI..... 59
COME SI FA A SAPERE CHE LE COSE SONO ANDATE BENE 60
IL "DIRITTO" E LA RISERVA FEDERALE 61
LE PROVE CONFUTANO IL MITO 62

APPENDICE 6 64

RAPPRESAGLIE LE STRANE MORTI DI WILLIAM COLBY E JOHN PAISLEY SONO STATE COLLEGATE ALL'ASSASSINIO DI JFK? 64

ISRAELE, FONTE DI ATTRITO 65
UNA MENTE CONTORTA.... 65
COLBY contro ISRAELE.. 66
UNA GRAVE BATTUTA D'ARRESTO 66
COLBY E GLI ARABI 67
LA LOBBY ISRAELIANA PRENDE IL CONTROLLO DELLA CIA 67
CHI HA UCCISO COLBY? 68
UN'ALTRA STRANA MORTE 69
PAISLEY E OSWALD 70
PAISLEY E ANGLETON 70
PAISLEY contro ISRAELE 71
SQUADRA A contro SQUADRA B 71
PAISLEY contro L'EQUIPE-B 72
DISINFORMAZIONE ISRAELIANA 72
LA CAMPAGNA DI UN UOMO 73
INMAN E PAISLEY 73
UN ALTRO CRITICO DI ISRAELE 74
CONNESSIONI DI CASEY 74
DANNI COLLATERALI 75
IL LEGAME CON ANGLETON 75

APPENDICE 7 77

"GOLA PROFONDA" DALLAS E IL WATERGATE JAMES JESUS ANGLETON, ISRAELE E LA CADUTA DI RICHARD M. NIXON 77

NIXON: "PORTAMI I DOCUMENTI..." 77
NIXON INCONTRA GLI ISRAELIANI 79
LE "STESSE FORZE" SI SONO OPPOSTE A JFK E NIXON 80
COLLEGARE VESCO AL PERMINDEX 81
NIXON E L'ASSASSINIO DI JFK 82
I LADRI DI ANGLETON? 84
DEBUTTA LA "GOLA PROFONDA" 84
ANGLETON E IL WASHINGTON POST 85
IL MOSSAD ALLA CASA BIANCA? 87
UN'OPERAZIONE DI CONTROSPIONAGGIO 89
IL VERO LEGAME TRA DALLAS E IL WATERGATE 90
IL COMPLOTTO PER FAR FUORI LA PELLE DI AGNEW 91
AGNEW E ISRAELE 92
L'OMICIDIO DI JOHN CONNALLY 93
UN ALTRO OMICIDIO.... 95
DUE PRESIDENTI, DUE COLPI DI STATO - GLI STESSI COMPLOTTISTI 96

APPENDICE 8 97
    LA BATTAGLIA DEI LIBRI UN COMMENTO ALLE PRINCIPALI OPERE PUBBLICATE SULL'ASSASSINIO DI JFK 97
        LA STORIA "UFFICIALE" 98
        MARK LANE 98
        UNA PANORAMICA DELLE PROVE 98
        L'APPROCCIO "FITTIZIO 100
        STUDI SUL CASO DEL PRESIDIO 101
        OPERE "OFFBEAT" 102
        ERA DAVVERO UN "ERRORE FATALE"? 103
        FLETCHER PROUTY 104
        LA POLITICA MEDIORIENTALE DI JFK 105
        "LA MAFIA HA UCCISO JFK" 105
        ROBERT MORROW 105
        HUGH McDONALD 107
        L'IMMAGINAZIONE DI HARRISON LIVINGSTONE 107
        IL CASO GÉRALD POSNER 108
        LE CONTRADDIZIONI DI POSNER 109
        GLI INSULTI DI POSNER 109
        LE DISTORSIONI DELLA VERITÀ DI POSNER 110
        LA PIÙ GRANDE FRODE DI POSNER 111
        SEYMOUR HERSH 111
        ESPRIMERE IL PROPRIO GIUDIZIO FINALE 113

APPENDICE 9 114
    QUIPROQUO IL LEGAME DI PECHINO CON LA COSPIRAZIONE PER L'ASSASSINIO DI JFK - L'ALLEANZA NUCLEARE SEGRETA DI ISRAELE CON LA CINA COMUNISTA. 114
        ISRAELE E LA CINA ROSSA: IL LEGAME NUCLEARE 115
        IL PIANO DI JFK PER ATTACCARE LA CINA 115
        IL DEBUTTO NUCLEARE DELLA CINA - E DI ISRAELE? 118
        LA GRANDE DOMANDA (SENZA RISPOSTA)... 119
        IL SOGNO DI BEN-GURION 120
        L'ALLEANZA NUCLEARE SEGRETA 122
        IL COMPLOTTO CINESE PER ISRAELE 122
        IL MOSSAD E LA CINA 124
        CONNESSIONE CON IL PERMINDEX.... 124
        IL LEGAME FRANCESE DI EISENBERG 126
        LA VERITÀ VIENE A GALLA 127
        LA LOBBY ISRAELIANA REAGISCE 128
        IL SOGNO DI BEN-GURION DIVENTA REALTÀ 129

APPENDICE 10 131
    IL LATO OSCURO DI ISRAELE I SERVIZI SEGRETI ISRAELIANI ERANO COINVOLTI NELL'ASSASSINIO DI YITZHAK RABIN? 131
        JOHN F. KENNEDY Jr. PARLA 132
        L'ASSASSINIO COME ARMA POLITICA 133

EPILOGO 136

CAMUFFAMENTO PERMANENTE 136
MARWELL E IL MOSSAD.. 137
IL LEGAME CON POSNER 139
PUBBLICAZIONE DELLE DEFORMAZIONI 140
LA LOBBY ISRAELIANA RISPONDE 141
E I "RICERCATORI" CHE LAVORANO AL CASO JFK?.. 144
INDIZI CHE PORTANO A ISRAELE... 146
CONCLUSIONI SIMILI 147
RISPONDERE ALLA DOMANDA "PERCHÉ? 147
E LA FAMIGLIA DI KENNEDY?.. 148
IL "GIUDIZIO FINALE" DEI MEDIA.. 151
UNA RICHIESTA DI DIBATTITO.. 152
LE "PROVE" DI PRITIKIN 154
ALCUNI DOGMI DI FEDE.. 154
LA "VERA STORIA" DELL'ASSASSINIO DI JFK?.. 156
ALCUNE OSSERVAZIONI CONCLUSIVE... 158

POSCRITTO **160**
BIBLIOGRAFIA **163**
PER QUANTO RIGUARDA LE FONTI **173**
SENTENZA DI INADEMPIMENTO **174**

DOMANDE, RISPOSTE E RIFLESSIONI SUL CRIMINE DEL SECOLO 174
UNA NOTA INTRODUTTIVA DI MICHAEL COLLINS PIPER.. 174

L'ULTIMA PAROLA? **260**

IL LIBRO CHE HANNO CERCATO DI BANDIRE RIFLESSIONI SUL PASSATO, SUL PRESENTE E SUL FUTURO DI *GIUDIZIO FINALE* E LA SUA TESI CONTROVERSA 260

IL TERRENO NASCOSTO.. 261
UN "RICERCATORE" COMBATTE LA RICERCA.. 262
CAMBIARE LA DIREZIONE DELLA DISCUSSIONE 263
"IL PICCOLO ISRAELE NON LO FAREBBE MAI!". 264
ED ECCO CHE TORNANO I NAZISTI 265
IL PROBLEMA DI ISRAELE CON PERMINDEX.. 266
IL CUSTODE CONTRO L'AUTORE.. 266
SHERMAN HA LETTO IL LIBRO? 267
LA GRANDE ARTIGLIERIA MANCA 268
CLAY SHAW - PIÙ MOSSAD CHE CIA.. 269
ANCORA UNA VOLTA - ISRAELE PICCOLO E INDIFESO.. 270
DISCUTERE CIÒ CHE IL LIBRO NON DICE.. 270
UNA RECENSIONE DECENTE... 271
ALCUNE RECENSIONI AMICHEVOLI.. 272
IL PRESIDIO CONTINUA A ESSERE DENIGRATO.. 274
TUTTA LA NUOVA DISINFORMAZIONE, IN STILE CIA-MOSSAD.. 275
DOV'È ANGLETON? DOV'È ISRAELE? 276
IL PIACERE DEI COLPI DI SCENA.. 279
L'ATTUALE CONTRACCOLPO MEDIATICO 281
I KENNEDY, QUEGLI ENFANTS TERRIBLES... 283
LA VERSIONE UFFICIALE 285
IL CASO SCHAUMBURG 286

L'ADL, ANCORA UNA VOLTA 286
METODI DA STATO DI POLIZIA 288
ISRAELE "MINACCIATO" DA JFK 293
JFK SI CONCENTRAVA SU ISRAELE 295
CONTINUA LA PRESSIONE DI JFK SU ISRAELE 296
"SE KENNEDY FOSSE VISSUTO..." 298
BIBLIOTECARI BUGIARDI 298
ISRAELE E LA BOMBA: DA JFK A LBJ 300
LE MENTI INCORROTTE PESANO SULLA BILANCIA 301
BILL CLINTON INTERVIENE - STILE JFK 303
IL CASO LEWINSKY 303
DI CHI E' IL DIRITTO? 304
PRESSIONE DEI MEDIA SU CLINTON 305
RICATTO DEL MOSSAD? 306
IL COLTELLO A SERRAMANICO DI HILLARY? 307
IL MENTORE DI CLINTON 307
IL RABBINO contro IL GENERALE 308
L'ULTIMO FRATELLO... 308
IL LIBRO CHE NON SCOMPARE 309

    ATTIVISTA DI PACE EBREO ISRAELIANO APPROVA IL GIUDIZIO FINALE 312
    PERCHÉ LA LOBBY ISRAELIANA RIFIUTA QUARANT'ANNI DI INDAGINI BEN INTENZIONATE SULLA DAI RICERCATORI SULL'ASSASSINIO DI JFK? 313
    "UN'ALTRA COINCIDENZA" CHE COINVOLGE ISRAELE? IL RABBINO DI JACK RUBY E LA COMMISSIONE WARREN 314
    COME IL MOSSAD SI NASCOSE ABILMENTE IN PIENA VISTA: "L'IMPRONTA INELUTTABILE" NEL COMPLOTTO DEL JFK 315
    IL GRUPPO DI ESULI CUBANI, CHE HA AVUTO VITA BREVE, ERA UN UN FRONTE DEL MOSSAD? LA STRANA STORIA DI PAULINO SIERRA E PETER DALE SCOTT 316
    IL LEGAME DEL MOSSAD CON L'INTELLIGENCE DI NEW ORLEANS; LA STORIA A LUNGO TACIUTA DI FRED (EFRAIM) O'SULLIVAN 319
    PENN JONES, UN RICERCATORE ESPERTO E RISPETTATO, HA DICHIARATO: IL MOSSAD "UNA QUESTIONE COMPLETAMENTE TRASCURATA" NELL'AFFARE JFK 321

UNA SFIDA AI LETTORI.... 323
ALTRE PUBBLICAZIONI 329

Illustrazioni di copertina
Meyer Lansky (a sinistra), James Jesus Angleton (a destra).

APPENDICE 1

Dov'era George
George Bush, la CIA e l'assassinio di Kennedy
GHWB era coinvolto nell'omicidio di JFK?

Quando il senatore Edward M. Kennedy chiese cinicamente: "Dov'era George?" durante un infuocato discorso alla Convenzione nazionale democratica del 1988, il senatore stava forse suggerendo di sapere qualcosa che noi non sapevamo? Kennedy stava davvero chiedendo: "Dov'era George Herbert Walker Bush il 22 novembre 1963?".

Nuove prove recenti suggeriscono con forza non solo che George Bush è stato un agente della CIA per la maggior parte della sua vita adulta - fin dagli anni del liceo, in effetti - ma anche che aveva legami particolarmente stretti con le circostanze dell'assassinio di JFK e con l'insabbiamento di alto livello che ne è seguito.

Nel suo bestseller *Plausible Denial*, l'autore Mark Lane ha reso un grande servizio al pubblico americano ristampando, come appendici, due importanti articoli apparsi sulla rivista *The Nation*, ma che avevano ricevuto poca attenzione al di fuori dei circoli elitari che leggono il giornale.

Di conseguenza, centinaia di migliaia di americani hanno appreso qualcosa che altrimenti non avrebbero saputo: la prova inconfutabile che George Herbert Walker Bush era un agente della CIA il 23 novembre 1963.

Gli articoli di Richard McBride su *The Nation* (pubblicati nei numeri 16-23 luglio e 13-20 agosto 1988) prendevano atto di un memorandum declassificato dell'FBI datato 29 novembre 1963. Il memorandum, del direttore dell'FBI J. Edgar Hoover, era indirizzato al direttore del Bureau of Intelligence and Research del Dipartimento di Stato. L'oggetto era "Assassinio del Presidente John F. Kennedy - 22 novembre 1963". Il memo recitava come segue:

Il nostro ufficio di Miami, in Florida, il 23 novembre 1963, ha riferito che l'ufficio del Coordinatore degli Affari Cubani a Miami aveva indicato che il Dipartimento di Stato riteneva che un gruppo anticastrista mal consigliato avrebbe potuto approfittare della situazione attuale e intraprendere un raid non autorizzato contro Cuba, credendo che l'assassinio del presidente John F. Kennedy avrebbe potuto annunciare un cambiamento nella politica degli Stati Uniti, cosa non vera.

Le nostre fonti e i nostri informatori, che conoscono bene gli affari cubani nella zona di Miami, ci informano che il sentimento generale nella comunità cubana anticastrista è di stupore e, anche tra coloro che non erano del tutto d'accordo con la politica del Presidente su Cuba, la sensazione è che la morte del Presidente rappresenti una grande perdita non solo per gli Stati Uniti, ma

per tutta l'America Latina. Queste fonti non sono a conoscenza di piani per azioni non autorizzate contro Cuba.

Un informatore che ha fornito informazioni affidabili in passato e che è vicino a un piccolo gruppo filocastrista di Miami ha indicato che queste persone temono che l'assassinio del Presidente si traduca in forti misure repressive nei loro confronti e, pur essendo filocastriste, si rammaricano dell'assassinio.

[1]La maggior parte delle informazioni di cui sopra furono fornite oralmente a George Bush della CIA e al capitano William Edwards della Defense Intelligence Agency il 23 novembre 1963, da W. T. Forsyth di quell'ufficio.

Copie del memo di Hoover furono distribuite a diverse persone, tra cui il direttore della CIA (John McCone) e furono portate all'attenzione del "vicedirettore dei piani" (Richard Helms). (Si trattava di Richard Helms).

Inutile dire che l'esistenza di questo memorandum ha posto un problema a George Bush, che aveva affermato di non aver mai lavorato per la CIA prima della sua nomina a direttore dell'agenzia nel 1976. Tuttavia, i portavoce di Bush hanno suggerito che doveva esserci un altro "George Bush" che lavorava per la CIA all'epoca in questione e che era quello menzionato nel controverso memorandum di Hoover.

Richard McBride, l'autore degli articoli di *Nation*, ha fatto alcuni controlli per scoprire che esisteva davvero un George William Bush che aveva lavorato per la CIA all'epoca - per un periodo molto breve - e solo come ricercatore e analista junior. George William Bush disse a McBride di non aver mai partecipato a un briefing tra agenzie e di non conoscere nessuna delle persone citate nel memorandum. In breve, questo George Bush non era il George Bush del memorandum.[2]

INIZIAZIONE

Dov'era George Herbert Walker Bush il 23 novembre 1963? Chiaramente stava lavorando, come faceva da tempo, come agente della CIA. Nuove ricerche suggeriscono che Bush lavorava già con la CIA durante gli anni dell'università a Yale.

Anthony Kimery, un giornalista investigativo che ha studiato i rapporti di George Bush con la CIA, osserva: "Il reclutatore pagato a tempo pieno dalla CIA a Yale era l'allenatore Allen" Skip "Waltz, un ex ufficiale dell'intelligence navale che aveva una buona visione di Bush". In quanto membro della Yale Undergraduate Athletic Association e del Board of Undergraduate Deacons, Bush deve aver lavorato a stretto contatto con Waltz nei programmi atletici dell'università, dove l'allenatore selezionava la maggior parte degli uomini che gestiva alla CIA. È inconcepibile che Waltz non abbia cercato di reclutare Bush, dicono ex funzionari dell'Agenzia reclutati a Yale".[3]

Quando era studente a Yale, Bush era membro della confraternita segreta Skull and Bones, nota da molti anni come terreno di reclutamento della CIA.

---

[1] *Washington Post*, 18 maggio 1999. Il caso in questione era Globe International contro Khawar, 98-1491.
[2] Mark Lane. *Rush to Judgment*. (New York: Thunder's Mouth Press, 1992), pp. XXV-XXVI.
[3] Mark Lane. *Plausible Denial* (New York: Thunder's Mouth Press, 1991), p. 331.

(Uno dei compagni di "confraternita" di Bush era lo studente di Yale William F. Buckley Jr, anch'egli ex membro della CIA, i cui particolari legami con i personaggi chiave del complotto per l'assassinio di JFK sono stati discussi nel capitolo 9).

IL PRIMO LAVORO DI GEORGE ALLA CIA?

Inoltre, fu un altro membro della confraternita, Henry Neil Mallon, presidente di lunga data della Dresser Industries di Houston, a dare a Bush il suo primo lavoro nell'industria petrolifera. Mallon, compagno di classe e amico intimo del padre di Bush, il senatore Prescott Bush, inserì il giovane Bush come venditore presso la International Derrick and Equipment Company (IDECO), una filiale della Dresser.

Tuttavia, come nota Anthony Kimery, "il compito di Bush di vendere i servizi IDECO, anche dietro la cortina di ferro, era una responsabilità curiosa, data l'inesperienza di Bush nell'industria petrolifera o nelle relazioni internazionali".[4] Tutto questo, ovviamente, suggerisce che Bush, in realtà, lavorava come agente della CIA sotto la copertura della Dresser Industries, che, secondo le fonti di Kimery, "serviva abitualmente come copertura della CIA".[5]

I DUE GEORGI

Era stato Henry Mallon a presentare a Bush un ingegnere petrolifero internazionale che in seguito è emerso come uno dei veri "uomini misteriosi" dell'assassinio di JFK: George De Mohrenschildt, amico di Lee Harvey Oswald, i cui legami con la CIA sono stati studiati nel capitolo 9 e che era sospettato di essere un agente della CIA.

I due Georges si conoscevano così bene, infatti, che la rubrica di De Mohrenschildt includeva non solo l'indirizzo di casa e il numero di telefono di Bush a Midland, Texas, dove Bush ha vissuto dal 1953 al 1959, ma anche il soprannome d'infanzia del petroliere, "Poppy". Kimery afferma che le sue fonti sostengono che Bush e De Mohrenschildt continuarono a incontrarsi segretamente a Houston dopo che Bush lasciò Midland per aprire l'ufficio di Houston della sua Zapata Off-Shore Oil Company.

(Kimery fa notare che nella sua testimonianza alla Commissione Warren, De Mohrenschildt ha ammesso di aver fatto frequenti viaggi a Houston dalla fine degli anni '50, ma ha dato spiegazioni vaghe sullo scopo dei viaggi).

La ricerca di Kimery suggerisce che il rapporto tra Bush e De Mohrenschildt sia nato non solo dagli interessi comuni nel settore petrolifero, ma anche dalle reciproche esperienze nel campo dell'intelligence.

Secondo Kimery, De Mohrenschildt faceva parte della rete della spia (e poi direttore della CIA) Allen Dulles gestita dall'interno della comunità dei servizi segreti nazisti e in seguito iniziò a lavorare per la CIA "operando sotto le sembianze di un geologo petrolifero consulente specializzato in transazioni tra le compagnie

---

[4] *Covert Action Information Bulletin*, estate 1992.
[5] *Ibidem.*

americane e le nazioni del blocco orientale con cui [De Mohrenschildt] era notevolmente ben collegato".[6]

Non sorprende quindi che George Bush e George De Mohrenschildt, agenti della CIA che lavoravano nel blocco orientale nel settore petrolifero, abbiano finito per lavorare insieme. Secondo l'ex funzionario della CIA Victor Marchetti (specializzato in affari sovietici per la CIA), "è inconcepibile che la CIA non abbia interrogato Bush dopo ogni incontro [Bush aveva con i rappresentanti del blocco orientale]. [7]"Uomini d'affari come [Bush] venivano regolarmente interrogati."

Tutti questi scambi tra Bush e De Mohrenschildt sembrerebbero innocenti bazzecole condotte in segreto tra due spie di nome George, se non fosse che, più si risale ai legami di Bush, più si scopre che l'agente della CIA è ancora più profondamente coinvolto nelle circostanze dell'assassinio di John F. Kennedy.

OPERAZIONI ANTI-CASTRO

In effetti, le prove suggeriscono fortemente che Bush è stato un attore importante nella lotta della CIA per distruggere Fidel Castro. Secondo Anthony Kimery, "i veterani della CIA che hanno partecipato alla guerra contro Castro sostengono che Bush non solo ha permesso alla CIA di usare Zapata come copertura per condurre alcune delle sue operazioni (tra cui l'uso di diverse piattaforme di trivellazione offshore), ma sostengono che Bush ha servito personalmente come tramite attraverso il quale l'Agenzia ha finanziato i servizi a contratto".[8]

Kimery sostiene di avere diverse fonti che sostengono in modo indipendente che Bush era effettivamente profondamente coinvolto nelle operazioni della CIA, in particolare nei Caraibi e nella campagna contro Castro. [9]Ciò sembra andare di pari passo con le informazioni fornite dal colonnello Fletcher Prouty, il quale sottolinea che non solo il nome in codice top-secret della CIA per l'invasione della Baia dei Porci era "Operazione Zapata" (come la compagnia di Bush), ma anche che due delle navi utilizzate nell'operazione si chiamavano *Houston* (la base di Bush) e *Barbara* (dal nome della moglie di Bush).

I legami di Bush con le operazioni della CIA contro Castro, tuttavia, vanno anche oltre. Secondo Kimery, "è provato che prima della nomina di Bush a direttore della CIA nel 1976, egli conosceva bene la leggendaria spia Theodore George 'Ted' Shackley, che era entrato nell'Agenzia nel 1951. Quando Bush arrivò a Langley, fu chiaro agli ex addetti ai lavori dell'Agenzia che c'era un legame tra questi due uomini che risaliva a molti anni prima".[10]

Si tratta, ovviamente, dello stesso Theodore Shackley che abbiamo incontrato per la prima volta nel capitolo 8 come amico del programma segreto di sviluppo nucleare di Israele. Shackley era a capo dell'ufficio della CIA a Miami, all'epoca il principale ufficio della CIA nel mondo e la base delle operazioni della CIA contro Castro, condotta in collaborazione con il sindacato di scagnozzi di Meyer Lansky.

---

[6] *Ibidem*.
[7] *Ibidem*.
[8] *Ibidem*.
[9] *Ibidem*.
[10] Mark Lane. *Negazione plausibile*. pp. 32-33.

(Va notato, anche se solo di sfuggita, che il Mossad israeliano ha mantenuto a lungo una delle sue più grandi basi nordamericane a Miami, quartier generale di Meyer Lansky).[11]

Abbiamo appreso dall'ex agente Marita Lorenz (Capitolo 9 e Capitolo 16) che fu dalla base della CIA di Miami che un convoglio di due auto che trasportava cubani anticastristi e diverse figure della CIA fu inviato a Dallas, arrivando poco prima dell'assassinio del presidente John F. Kennedy.

Kimery cita un ex agente della CIA coinvolto nelle operazioni anticastriste: "C'è il caro vecchio George che aiuta l'operazione della Compagnia (la CIA) contro Castro e Shackley, capo della stazione di Miami che dirige lo spettacolo. Come pensi che si conoscano, amico mio? Era un rapporto molto stretto, e lo è ancora".[12]

E, come abbiamo notato nel capitolo 12, fu ancora Shackley a dirigere l'ufficio della CIA in Laos durante la guerra del Vietnam, in un periodo in cui la CIA e il sindacato di Lansky gestivano insieme lucrose operazioni di narcotraffico.

Kimery sottolinea che nel 1976, poco dopo essere diventato direttore della CIA, senza chiedere consiglio, Bush promosse Shackley a vicedirettore associato per le operazioni. In questa posizione, era il secondo in comando del [vicedirettore delle operazioni], la terza posizione più potente della CIA e una delle più importanti dell'intero governo".[13]

IL LEGAME CON IL MOSSAD

Dopo aver lasciato la CIA, come abbiamo notato nel capitolo 12, Shackley, amico di Bush, entrò nel commercio internazionale di armi e lavorò a stretto contatto con la Aviation Trade and Service Company, una creazione del Mossad israeliano Shaul Eisenberg.

Bush sviluppò anche stretti legami con Israele, legami che si erano ovviamente consolidati durante il suo servizio come direttore della CIA. Nel 1979, Bush, all'epoca candidato repubblicano, partecipò alla Conferenza di Gerusalemme sul terrorismo internazionale, un evento organizzato dal governo israeliano e al quale parteciparono la maggior parte degli alti funzionari dell'intelligence israeliana. I delegati statunitensi alla conferenza erano tutti amici convinti di Israele, sia democratici che repubblicani.[14]

Ad accompagnare Bush c'erano il maggior generale George Keegan, ex capo dell'intelligence dell'aeronautica statunitense, e il professore di Harvard Richard Pipes.[15] Keegan e Pipes facevano parte di un gruppo d'élite formato da Bush quando era direttore della CIA e operava sotto il nome di "Team B".

Il Team B di Bush era un nuovo organo segreto di supervisione della CIA, incaricato di rivalutare, criticare o respingere i rapporti di intelligence della CIA. È importante notare, tuttavia, che il Team B era composto da una cricca di alti funzionari legati tra loro principalmente dalla loro devozione alla difesa degli interessi di Israele.

---

[11] Bollettino informativo sulle misure segrete.
[12] *The Spotlight*, 22 marzo 1982.
[13] Bollettino informativo sulle misure segrete.
[14] *Ibidem*.
[15] Bollettino informativo sulle misure segrete. Inverno 1990.

Tra i membri più importanti c'erano Richard Perle, che alla fine divenne Assistente del Segretario alla Difesa per la politica di sicurezza internazionale, e il vecchio collaboratore di Perle Stephen Bryen, un ex membro del Senato che fu costretto a dimettersi dal suo incarico dopo che si scoprì che aveva passato segreti di difesa degli Stati Uniti al Mossad di Israele.[16]

Il fatto che Bush sia stato così strettamente associato a questo piccolo gruppo di devoti di Israele è affascinante, soprattutto alla luce dei successivi conflitti di Bush con il Mossad israeliano, che abbiamo esplorato per la prima volta nel Capitolo 2.

INCONTRO

Da parte sua, è stato mentre Bush era direttore della CIA che la Commissione Intelligence del Senato stava esaminando i legami tra Jack Ruby, Lee Harvey Oswald, la CIA, il crimine organizzato e le operazioni anticastriste condotte dalla CIA e dai suoi collaboratori mafiosi. Come commenta Anthony Kimery, "essendo collegato a queste operazioni, Bush era ora responsabile di ciò che la CIA avrebbe o non avrebbe rivelato".

"In qualità di direttore della CIA [Bush] ha ostacolato le richieste degli investigatori della commissione di ottenere informazioni specifiche nei file dell'Agenzia su Oswald e Ruby e ha minimizzato le rivelazioni sul coinvolgimento della CIA. I memorandum scritti da Bush sull'indagine del Comitato di Intelligence sui legami di Oswald e Ruby con la CIA e la criminalità organizzata dimostrano che egli era particolarmente interessato all'indagine del Comitato non solo su ciò che la CIA sapeva sugli eventi di Dallas e che non aveva riferito alla Commissione Warren, ma anche in che misura, se del caso, l'Agenzia era complice dell'omicidio di Kennedy".[17]

Kimery cita un ex agente della CIA e veterano della Baia dei Porci che sostiene di essere stato associato a Bush nelle operazioni anticastriste della CIA all'inizio degli anni '60: "Bush era preoccupato per qualcosa durante quelle indagini quando era direttore della CIA. Era preoccupato che si scoprisse che lavorava per la Compagnia (la CIA) e che era collegato all'intero pasticcio della CIA tra la fine degli anni '50 e l'inizio degli anni '60".[18]

Nella rivista *Spy*, David Robb fa notare che quando nel gennaio 1992 fu chiesto a Bush se avesse o meno indagato sull'assassinio di JFK quando era direttore della CIA, Bush rispose: "No, non avevo interesse a farlo...".[19] Tuttavia, Robb ha individuato una nota del 15 settembre 1976 al vicedirettore dell'Intelligence centrale, in cui si legge:

"Un recente articolo di Jack Anderson ha fatto riferimento a un telegramma della CIA datato novembre 1963 (?), il cui oggetto era l'osservazione da parte di un giornalista britannico di Jack Ruby in visita a [Santo] Trafficante in prigione. Esiste questo telegramma? Se sì, mi piacerebbe vederlo. È lo stesso telegramma che Mike

---

[16] *Ibidem.*
[17] *The Spotlight*, 21 giugno 1982.
[18] Bollettino informativo sulle misure segrete. Estate 1992.
[19] *Ibidem.*

Hadigan, consigliere di minoranza del CSD [Comitato ristretto del Senato] aveva richiesto".[20]

Il promemoria era firmato "GB" sopra il nome scritto a macchina "George Bush". È evidente che George Bush era un po' più curioso di quanto volesse far credere riguardo alle indagini su JFK.

UNA MINACCIA CONTRO JFK?

E, curiosamente, c'è questa interessante informazione portata alla luce *dalla* rivista *Spy* che suggerisce che Bush avesse un interesse smodato per il benessere di John F. Kennedy. Secondo *Spy*: "Note interne dell'FBI indicano che il 22 novembre 1963, l'importante uomo d'affari George H. W. Bush indicò per telefono che voleva raccontare alcune dicerie che aveva sentito nelle ultime settimane, di data e fonte sconosciute. Disse che un uomo di nome James Parrott aveva parlato di uccidere il presidente quando era venuto a Houston".[21]

Parrott era un repubblicano di 24 anni che manifestava regolarmente contro i funzionari dell'amministrazione Kennedy quando venivano a Houston. L'FBI ha anche appreso che i servizi segreti erano stati avvertiti - nel 1961 - che Parrott aveva detto che avrebbe "ucciso il Presidente Kennedy se si fosse avvicinato a lui". Parrott nega le accuse. La spia si chiede - non proprio satiricamente - "Bush era solo un buono a nulla fuorviato? O stava cercando di depistare l'FBI?".[22]

ISRAEL ENCORE....

Dopo aver lasciato la CIA nel 1977, George Bush continuò a mantenere stretti legami con gli interessi economici che, a loro volta, mantenevano stretti legami con Israele e la sua lobby nel nostro Paese.

Tornato a Houston, Bush è stato nominato presidente del comitato esecutivo della First International Bank of Houston, l'azienda di famiglia degli eredi del miliardario texano H. L. Hunt.

La famiglia Hunt possedeva una quota di maggioranza del 15% nella Gulf Resources and Chemical Corporation, una società con sede a Houston che controllava metà delle forniture mondiali di litio, un componente essenziale per la produzione di bombe all'idrogeno.

Tra i membri del consiglio di amministrazione della Gulf Resources c'era George A. Butler, presidente della Post Oak Bank di Houston, controllata da W. S. Farish, III, spesso descritto come uno dei più stretti confidenti di Bush.

Gulf Resources aveva acquisito la Lithium Corporation of America come sussidiaria interamente controllata qualche anno prima. Tra i direttori di Gulf Resources e Lithium Corporation c'era John Roger Menke, che era anche direttore dell'Hebrew Technical Institute in Israele.

---

[20] *Spy*, agosto 1992.
[21] *Ibidem*.
[22] *Ibidem*.

Tutto ciò è importante perché in questo periodo Israele continuò lo sviluppo segreto di armi nucleari, il problema principale del conflitto tra John F. Kennedy e il Primo Ministro israeliano David Ben-Gurion, discusso in dettaglio nel Capitolo 5.[23]

ADL ENCORE

Non sorprende quindi che Robert Allen, presidente di Gulf Resources - un goy che non ha fama di contribuire alle cause ebraiche - sia stato insignito del premio "Fiaccola della Libertà" dalla Anti-Defamation League (ADL) del B'nai B'rith, la cosiddetta organizzazione per i "diritti civili" che agisce come braccio dell'intelligence statunitense del Mossad di Israele.

(Nel capitolo 8 abbiamo incontrato per la prima volta un altro beneficiario della Fiaccola della Libertà, il mafioso Morris Dalitz, vecchio socio di Meyer Lansky e investitore nella società Permindex che, come abbiamo visto nel capitolo 15, ha avuto un ruolo centrale nel complotto per l'assassinio di JFK.

Si noti inoltre che un altro direttore della Gulf Resources and Lithium Corp. era Samuel H. Rogers che, a sua volta, era un direttore della Archer Daniel Midland Corp. di proprietà dell'industriale Dwayne Andreas.[24]

Si dà il caso che il suddetto Andreas sia stato per molti anni un importante sostenitore finanziario dell'ADL e che fosse strettamente legato a due alti funzionari nazionali dell'ADL, Burton Joseph, presidente nazionale dal 1976 al 1978, e Max M. Kampelman, vicepresidente nazionale onorario dell'ADL.[25]

Nel loro insieme, questi elementi pongono George Bush al centro di una vasta rete di società internazionali con legami di lunga data con Israele e con i suoi principali finanziatori, tra cui una società particolarmente interessata allo sviluppo di armi nucleari.

Il legame con Hunt, che chiude il cerchio di tutte le interazioni, è interessante anche perché, per anni, i ricercatori incaricati dell'assassinio di JFK hanno cercato, senza successo, di identificare il defunto H. L. Hunt come mente dell'assassinio di JFK, presumibilmente spinto dalla sua ferma opposizione conservatrice alle posizioni progressiste di politica interna di Kennedy. L. Hunt come mente dell'assassinio di JFK, presumibilmente spinto dalla sua ferma opposizione conservatrice alle posizioni progressiste di Kennedy in politica interna ed estera.

Ciò che coloro che puntano il dito contro Hunt non hanno fatto, tuttavia, è rintracciare il legame di Hunt con la Gulf Resources Corp. e i suoi stretti legami con Israele.

Questi fatti non provano né smentiscono il ruolo svolto da H. L. Hunt o da George Bush, da soli o insieme, nel complotto per assassinare JFK. Tuttavia, mettono in evidenza lo strano e poco notato ruolo svolto da Israele e dai suoi sostenitori di

---

[23] *Ibidem.*
[24] Webster Griffin Tarpley e Anton Chaitkin. *George Bush: The Unauthorized Biography* [Washington, D.C.: Executive Intelligence Review, 1992], pp. 247-248.
[25] *Ibidem.*

alto livello nei circoli sempre più ristretti che circondano il complotto per l'assassinio di JFK. Per la cronaca, vale la pena di notarli.

DOV'ERA GEORGE?

In ogni caso, i più stretti collaboratori di Bush durante i suoi anni alla CIA, come abbiamo visto, e le sue attività, hanno tutti ripetutamente collegato Bush a circostanze che collegano la CIA e il Sindacato del Crimine Organizzato di Meyer Lansky in imprese congiunte, non solo nei complotti per l'assassinio di Castro nei primi anni '60, ma anche nelle operazioni congiunte CIA-Lansky per il traffico di droga nel Sud-Est asiatico. I legami di Bush con la lobby di Israele consolidano quindi il cerchio.

Le prove che abbiamo esaminato qui suggeriscono che George Bush potrebbe sapere più di quanto sia disposto ad ammettere sull'assassinio di John F. Kennedy. Se Bush intenda rivelare ciò che sa è un'altra questione.

APPENDICE 2

Il legame "nazista" di Lee Harvey
I legami poco noti tra il presunto assassino e gli agenti segreti della rete neonazista

Tra le persone i cui nomi comparivano nella rubrica di Lee Harvey Oswald c'era un certo Daniel Burros. Nel 1963, Burros era segretario nazionale del Partito Nazista Americano di George Lincoln Rockwell. Solo due anni dopo l'assassinio di JFK, Burros morì misteriosamente per ferite multiple da arma da fuoco. Tuttavia, nonostante le strane circostanze della sua morte, Burros fu considerato un suicida.

La bizzarra morte di Burros è avvenuta a casa di un suo stretto collaboratore, l'enigmatico e onnipresente Roy Frankhauser, da tempo agente federale sotto copertura per i Minutemen, il Ku Klux Klan e il Partito Comunista USA. Frankhauser sostiene di essere stato associato a Lee Harvey Oswald prima dell'assassinio di John F. Kennedy.

La storia del possibile legame tra Lee Harvey Oswald e Daniel Burros non è mai stata esplorata in nessun altro libro sull'assassinio di JFK. Eppure le prove, come vedremo, suggeriscono che il legame tra Oswald e Burros è molto più complesso di quanto si possa pensare.

Sebbene i ricercatori siano da tempo impegnati a compilare, ricompilare, modificare e ripubblicare elenchi di "morti misteriose" tra persone con legami - reali e talvolta immaginari - con l'assassinio di JFK, il nome di Burros non compare mai.

Le circostanze della morte di Dan Burros sembrano bizzarre. Appena un giorno prima della morte del leader "nazista", nell'ottobre 1965, il *New York Times* rivelò che era nato da genitori ebrei. Questa rivelazione fu la causa apparentemente scatenante che portò Burros a "suicidarsi" a Reading, in Pennsylvania, nella casa del suo collega "nazista", Roy Frankhauser.

Sebbene la morte di Burros sia stata pubblicizzata dai media come la storia di un bravo ragazzo ebreo che aveva perso le rotelle, il fatto è che alcuni membri della resistenza nazista americana hanno a lungo creduto che Burros non fosse un apostata ebreo ma, invece, un informatore e un agente provocatore della Anti-Defamation League (ADL) di B'nai B'rith che operava tra le fila della cosiddetta "destra razzista".

Durante la sua breve carriera nel mondo della politica, Dan Burros era noto per essere stato strettamente associato agli informatori sotto copertura dell'ADL e potrebbe essere stato lui stesso uno di loro, anche se è improbabile che sapremo mai la verità.

Ciò che si sa, tuttavia, è che Burros era una figura chiave del National Renaissance Party, un piccolo gruppo neonazista fondato dal defunto James H. Madole e con sede a New York. Sebbene Madole fosse apparentemente un nazista incallito, è un fatto accertato che la sua organizzazione fosse infiltrata, in parte finanziata e manipolata da agenti della rete di spionaggio ADL.

L'agente dell'ADL all'interno del PNR era un certo Emmanuel Trujillo, che si faceva chiamare anche Mana Truhill. Truhill lavorava a stretto contatto con Sanford Griffith, all'epoca capo delle spie dell'ADL.

Due attivisti di "destra" degli anni Cinquanta - lo scrittore Eustace Mullins e l'uomo d'affari DeWest Hooker (citato nel Capitolo 4) - hanno confermato all'autore che l'ADL svolse effettivamente un ruolo attivo nell'"infiltrazione" dei gruppi di destra dell'epoca e che il già citato Griffith era una figura familiare che gravitava a destra in quel periodo.

All'apice dell'organizzazione di Madole, manipolata dall'ADL, il famoso editore newyorkese Lyle Stuart accusò pubblicamente l'ADL di finanziare gruppi nazisti americani - come la squadra di Madole - per scopi insidiosi. È interessante notare che lo stesso Daniel Burros era parte integrante di questo circolo speciale manipolato dall'ADL. Ma c'è molto altro da dire sul legame tra Oswald e Burros.

Alcuni ricercatori si sono concentrati sui legami dell'investigatore privato di New Orleans e agente della CIA Guy Banister con Robert De Pugh e il gruppo paramilitare noto come Minutemen come prova che dietro l'assassinio di JFK potrebbero esserci "estremisti di destra". Come abbiamo osservato in dettaglio nel capitolo 15, tuttavia, ci sono forti prove che suggeriscono che Banister fosse utilizzato anche dalla Anti-Defamation League (ADL) di B'nai B'rith nelle sue operazioni investigative contro i gruppi di sinistra per i diritti civili.

Le prove sui Minutemen, tuttavia, suggeriscono che i Minutemen erano, a tutti gli effetti, un gruppo di estremisti di destra infiltrati dal governo - forse addirittura controllati dal governo. È il legame dei Minutemen, in connessione con Oswald e Burros, che apre la porta ad alcuni fatti molto insoliti su uno strano individuo di nome Roy Frankhauser che sembra essere associato sia a Oswald che a Burros.

John George e Laird Wilcox, in *Nazis, Communists, Klansmen, and Others on the Fringe*, ci hanno fornito una grande quantità di informazioni sulle operazioni di Frankhauser, in particolare all'interno dei Minutemen. Ecco quanto scritto da George e Wilcox sull'infiltrazione dei Minutemen da parte del governo e sul ruolo di Roy Frankhauser. La versione più lunga della citazione diretta di George e Wilcox è la seguente:

"I Minutemen, infatti, erano tra i gruppi di estrema destra più infiltrati. Secondo Eric Norden, nel suo lungo saggio sulla destra paramilitare apparso nel numero di giugno 1969 della rivista *Playboy*, quasi tutti i casi dei Minutemen furono risolti con l'aiuto di spie e informatori del governo.

"Uno di questi informatori era un incubo chiamato Roy Frankhauser, una talpa del governo la cui alleanza con [Robert] De Pugh [dei Minutemen] era iniziata nei primi anni '60, poco dopo la formazione dell'organizzazione. Frankhauser era noto per aver invocato il Quinto Emendamento trentatré volte quando fu interrogato sul suo coinvolgimento nel Ku Klux Klan dalla Commissione per le attività antiamericane nel 1965. Ignorando il ruolo di Frankhauser, Norden lo intervistò a lungo per il suo articolo. Frankhauser, che De Pugh aveva nominato coordinatore regionale, descrisse i Minutemen di Norden come un'organizzazione neonazista da temere e da tenere in considerazione:

"Hitler aveva gli ebrei, noi abbiamo i negri. Naturalmente dobbiamo porre l'accento sulla questione dei negri, perché è questo che interessa le masse, ma non dimentichiamo gli ebrei. Se gli ebrei sapessero cosa sta per accadere - e credetemi, sta per arrivare come l'alba - si renderebbero conto che ciò che accadrà in America farà sembrare la Germania nazista un picnic domenicale. Costruiremo camere a gas migliori, in numero maggiore, e questa volta non ci saranno rifugiati".

Norden osserva che Frankhauser, dopo aver fatto questa dichiarazione, "si è fermato e sembra aver riflettuto per qualche secondo", poi ha continuato: "Naturalmente ci sono buoni ebrei, sapete, ebrei come Dan Burros, che era un amico. Alcuni dei miei migliori amici sono ebrei. Dan Burros è uno degli americani più patriottici e devoti che abbiate mai incontrato in vita vostra".

Norden ha commentato: "Frankhauser rimase in silenzio. Burros era un fanatico nazista americano che aveva servito per anni come luogotenente di [George Lincoln] Rockwell [nel Partito Nazista Americano], poi si era dimesso nel 1962 per dirigere una rivista chiamata *Kill* e infine era diventato un leader del Klan. Nell'ottobre 1965 si precipitò a casa di Frankhauser brandendo un numero del *New York Times* che esponeva la sua ascendenza ebraica, afferrò una pistola carica dal muro e gli fece saltare le cervella".

"Quello che Norden non ha detto è che alcuni appassionati di cospirazione ritengono che Frankhauser abbia avuto più di un ruolo nell'omicidio, anche se non è mai stata presa una decisione in merito e la morte è stata considerata un suicidio. Un'altra teoria, anch'essa non confermata, è che Frankhauser potrebbe aver incoraggiato il suicidio di Burros poiché la sua copertura era saltata. Burros è morto per tre ferite d'arma da fuoco, cosa insolita in un vero suicidio. De Pugh, che ha esaminato la pistola, ha detto che è improbabile che Burros si sia suicidato.

"Altri collaboratori di Frankhauser si sono avventurati in opinioni correlate. È anche possibile che nel 1965 Frankhauser stesse lavorando come informatore del governo, così come Dan Burros, forse sotto la direzione di Frankhauser. Al momento in cui scriviamo, Frankhauser risiede ancora nella casa di Reading, in Pennsylvania, dove è avvenuta la morte; le macchie di sangue sono ancora incastonate nel soffitto.

"Ma Frankhauser era un informatore del governo e un agente provocatore così presto nella sua carriera? Frankhauser lo nega, ma i suoi documenti dell'esercito americano suggeriscono il contrario. Durante una lunga intervista giurata che ebbe luogo dal 13 al 18 luglio 1957, i documenti dell'esercito rivelano quanto segue:

"(FRANKHAUSER) decise di infiltrarsi in organizzazioni come il partito neonazista, il partito comunista e il Ku Klux Klan, per determinarne le motivazioni, identificarne i leader e riferire queste informazioni all'agenzia di intelligence appropriata del governo degli Stati Uniti nel caso in cui i loro obiettivi fossero stati ritenuti contrari agli interessi degli Stati Uniti. FRANKHAUSER dichiarò di aver creato una copertura che comprendeva il far credere di essere un vero comunista o un nazista e la creazione di un'organizzazione che doveva essere una grande unità ben organizzata, ma che consisteva in un solo uomo: FRANKHAUSER. L'obiettivo di FRANKHAUSER a Fort Bragg era quello di unire i clan del Nord con quelli del Sud per dare al governo degli Stati Uniti l'opportunità di distruggere queste organizzazioni".

"Negli anni '60, i Minutemen furono coinvolti in tre importanti atti terroristici in cui Frankhauser fu il possibile informatore, diretto o indiretto, che fece una soffiata all'FBI.

"Nel 1973, dopo il rilascio di De Pugh, Frankhauser divenne capo del Servizio Segreto dei Minutemen.... Nell'ottobre 1973, De Pugh fu l'oratore principale della riunione annuale del consiglio della Liberty Lobby a Kansas City, nel Missouri. Era stato rilasciato dal carcere sei mesi prima. Frankhauser, in qualità di direttore della sicurezza, era stato suo compagno costante e aveva vissuto con la famiglia De Pugh a Norborne [Missouri] per diverse settimane, mentre lavorava per l'ATF ("Bureau of Alcohol, Tobacco, Firearms and Explosives") come informatore sotto copertura.

"Il passato di Roy Frankhauser è molto più complesso. Secondo i documenti dell'esercito americano rilasciati nel 1988 in base alla legge sulla libertà d'informazione, Frankhauser era coinvolto in gravi problemi personali molto prima di entrare nell'esercito. Vittima di una famiglia disastrata e di una madre alcolizzata, considerato dai funzionari scolastici e da vari datori di lavoro come emotivamente instabile e inaffidabile, si arruolò nell'esercito americano il 6 novembre 1956. Collezionista di lunga data di oggetti da collezione nazisti e simpatizzante del Ku Klux Klan da giovane, fu coinvolto in una serie di cospirazioni sgradevoli che lo portarono immediatamente all'attenzione delle autorità dell'esercito.

"I rapporti militari affermano che Frankhauser si era arruolato nell'esercito e si era offerto volontario per essere inviato in Germania. Aveva escogitato un piano per farsi dichiarare ufficialmente morto, in modo da poter lasciare l'esercito e unirsi al movimento neonazista, nella speranza di ottenere una posizione di alta responsabilità.

"Il 2 luglio 1957, Frankhauser dichiarò che intendeva disertare dall'esercito statunitense e unirsi alle forze rivoluzionarie a Cuba. In effetti, disertò e arrivò a Miami, in Florida, il 5 luglio 1957. Poco dopo è stato messo in custodia cautelare e riportato alla sua unità militare. I registri dell'esercito indicano che Frankhauser è stato congedato il 18 novembre 1957 secondo le disposizioni dell'AR-635209 (non idoneo al servizio militare).

"L'incredibile ruolo di Frankhauser come informatore del governo è stato ampiamente documentato. La sua prima apparizione risale al luglio 1975, quando il *Washington Star* riferì del suo ruolo in un'operazione sotto copertura in Canada, autorizzata dal Consiglio di Sicurezza Nazionale, Frankhauser aveva il compito di infiltrarsi nell'organizzazione terroristica "Settembre Nero". Il 28 luglio 1975 il *notiziario serale della CBS* ha parlato di Frankhauser, durante il quale il presentatore Fred Graham ha osservato:

"La testimonianza giurata degli agenti federali [afferma] che Frankhauser ha condotto una serie di missioni sotto copertura per il governo, tra cui una approvata dal Consiglio di Sicurezza Nazionale della Casa Bianca.

Una fonte governativa ha detto che Frankhauser aveva un'incredibile capacità di infiltrarsi in gruppi di destra e di sinistra, che potrebbe ancora aiutare a condannare coloro che hanno fornito gli esplosivi che hanno fatto saltare in aria gli scuolabus a Pontiac, nel Michigan, nel 1971".

"Frankhauser finì per scontrarsi con i suoi superiori all'ATF ("Bureau of Alcohol, Tobacco, Firearms and Explosives"), spingendosi troppo in là con i suoi piani di intrappolamento senza la previa approvazione dell'ATF. Il 28 febbraio 1974 è stato infine accusato di furto di esplosivi e ha usato i suoi rapporti con l'agenzia per difendersi. Alla fine fu condannato a un periodo di libertà vigilata, al termine del quale l'ATF riuscì a incrementare la sua collaborazione e a frenare il suo comportamento irregolare (o almeno così pensavano). Un telex dell'FBI del 17 giugno 1974 rivela che :

"Frankhauser ha proposto, tramite il suo avvocato, che se gli verrà concesso di dichiararsi colpevole e di ricevere la libertà vigilata per le attuali accuse di attentato, presenterà agli agenti federali le persone che lo hanno avvicinato alle sue attività.

Secondo il *Washington Star*, "Edward N. Slamon, supervisore di Frankhauser all'ATF, aveva scritto diversi promemoria interni che descrivevano Frankhauser come "un eccellente agente di penetrazione e spia".

"Il coinvolgimento di Roy Frankhauser come agente provocatore e infiltrato nel governo iniziò negli anni '60 e continuò episodicamente fino al 1986, quando fu incriminato insieme a Lyndon LaRouche e a diversi altri imputati nel caso LaRouche di Boston, che riguardava la frode con carta di credito e altre accuse. Frankhauser, che aveva avuto il suo primo contatto con l'organizzazione LaRouche nel 1975, era diventato il loro direttore della sicurezza![26] Il 10 dicembre 1987, Frankhauser è stato condannato per aver cospirato per ostacolare un'indagine federale sul gruppo".

[FINE DELLA CITAZIONE]

Tutto ciò che riguarda questa trama è ovviamente interessante. Altrettanto interessante è il fatto che Dan Burros sia morto in circostanze misteriose nella casa di un agente sotto copertura di lunga data.

È probabilmente pertinente notare che Peter Dale Scott ha a lungo sostenuto che Lee Harvey Oswald "lavorando per un investigatore privato sotto contratto con il governo federale, stava indagando sull'uso di corrieri interstatali per la vendita illegale di armi [e aveva notato che] "... il Partito Nazista Americano, nel 1963, era sotto inchiesta da parte del governo degli Stati Uniti... per il suo acquisto di armi per corrispondenza".[27]

Ad aumentare la rilevanza dell'argomentazione di Scott c'è il fatto che Oswald potrebbe essere stato in contatto con Burros (e ci sono state voci non confermate che lo stesso Oswald potrebbe essere stato nell'area di Washington D.C. - in particolare ad Arlington, Virginia, dove Burros e il Partito Nazista Americano avevano il loro quartier generale) e che Burros a sua volta era strettamente legato a un informatore del BATF sotto copertura. Tuttavia, come abbiamo notato nel capitolo 15, è più che probabile che Oswald stesse intervenendo - attraverso l'ufficio di Guy Banister - per conto dell'ADL, che a sua volta riferiva regolarmente all'FBI e ad altre agenzie governative.

---

[26] *Executive Intelligence Review*. Dope, Inc (edizione 1992), pag. 608.
[27] John George e Laird Wilcox. *Nazis, Communists, Klansmen and Others on the Fringe* (New York: Prometheus Books, 1992), pp. 285-290.

Dai documenti ufficiali del Dipartimento di Giustizia, rilasciati in base alla legge sulla libertà di informazione, sappiamo che le attività sotto copertura sponsorizzate dal governo di Frankhauser - in almeno un caso - sono state finanziate da un'organizzazione comunitaria ebraica. In questo caso, il Jewish Community Centre di Reading, in Pennsylvania.[28] È quindi molto probabile che anche l'ADL abbia avuto un ruolo nelle attività di Frankhauser. Ma la trama si infittisce. Esiste un legame ancora più esplosivo tra Frankhauser e l'assassinio di JFK.

FRANKHAUSER E OSWALD

Quello che nessun ricercatore ha mai riportato, con un'unica eccezione, è che lo stesso Roy Frankhauser ha affermato di aver incontrato in diverse occasioni non solo Lee Harvey Oswald, ma anche John e Ruth Paine, la coppia texana che ha avuto un ruolo chiave negli ultimi mesi di vita di Lee Harvey Oswald.

Un articolo sul legame tra Frankhauser e Oswald, scritto da Scott M. Thompson e pubblicato nel numero del 20 novembre 1975 della rivista *New Solidarity*, viene qui ripubblicato nella sua parte rilevante.

L'inclusione di questi dati da parte dell'autore di *Giudizio Finale* non è in alcun modo intesa come un'approvazione delle informazioni ad essi collegate, ma è semplicemente per fornire un resoconto il più completo possibile di tutti gli aspetti poco noti della ricerca sul complotto dell'assassinio di JFK che possono essere esaminati da persone indipendenti che sono sinceramente interessate a scoprire la verità. L'articolo (di cui questa è una versione più lunga della citazione) dice questo:

"In una serie di interviste esclusive rilasciate a IPS (International Security Company) nel corso dell'ultimo mese, l'ex agente del Consiglio di Sicurezza Nazionale Roy Frankhauser ha fornito informazioni che dimostrano in modo inequivocabile che il Consiglio di Sicurezza Nazionale ha pianificato e coordinato l'assassinio del Presidente John F. Kennedy nel novembre 1963. Frankhauser ha fornito dettagli su numerose squadre di assassini organizzate per i Kennedy e su altre operazioni da parte di noti agenti della CIA e dell'FBI in gruppi che vanno dal Partito Socialista dei Lavoratori (SWP) e dal Partito Comunista (USA) di sinistra a gruppi di destra come i paramilitari Minutemen.

"I preparativi per l'assassinio includevano anche gruppi di esuli cubani (Gusanos), il Partito Nazista Americano e agenti della CIA come G. Gordon Liddy, Frank Sturgis e E. Howard Hunt, il ladro condannato per il Watergate e stretto collaboratore di William F. Buckley. All'inizio del 1963, Frankhauser ha dichiarato all'IPS: "Arrivò l'ordine di uccidere Kennedy e le squadre guidate da agenti iniziarono a spuntare ovunque".

"Frankhauser conferma che due agenti alla periferia del Socialist Workers Party (SWP), che aveva anche stretti legami con il Partito Comunista degli Stati Uniti, erano direttamente coinvolti nell'operazione Kennedy. Frankhauser incontrò entrambi, Ruth e John Paine, nel 1960, quando si stava infiltrando nel SWP a New York come agente del Mississippi White Citizens Council e del

---

[28] Peter Dale Scott. *Deep Politics and the Death of JFK* (Berkley, California: University of California Press, 1993), pp. 248-250.

governatore del Mississippi Patterson. I Paine erano entrambi strettamente legati a Lee Harvey Oswald (che si definì il "patsy" dell'omicidio Kennedy pochi istanti prima di essere ucciso nella prigione di Dallas) attraverso la Commissione Warren e gli investigatori indipendenti dell'assassinio.

"Nei mesi precedenti l'assassinio, i Paine vivevano con Marina e Lee Harvey Oswald a Dallas. Fu Ruth Paine a ideare la copertura "radicale" di Oswald. Fu lei ad accompagnare Oswald a Città del Messico per farlo fotografare dalla CIA davanti all'ambasciata sovietica. Portò Oswald anche a New Orleans, dove insieme aprirono un franchising del SWP, Fair Play for Cuba, con l'approvazione della leadership nazionale del SWP.

A New York, i Pain avevano reclutato Frankhauser in un'organizzazione paramilitare segreta "di sinistra" dopo una serie di incontri occasionali del SWP. Dissero a Frankhauser che il gruppo aveva tre obiettivi: 1) far evadere Martin Luther King dalla prigione, se fosse stato arrestato; 2) uccidere lo sceriffo dell'Alabama "Bull" Connor, all'epoca noto oppositore dell'integrazione; 3) assassinare il presidente Eisenhower, se non fosse stato possibile fomentare la rivoluzione "legalmente". I Pain chiesero a Frankhauser di studiare intensamente il documento del SWP *Militant* per "imparare il gergo della sinistra".

"L'addestramento militare vero e proprio di questo gruppo si svolse a Camp Midvale, nelle Ramapo Mountains del New Jersey settentrionale. All'epoca Midvale era un campo controllato dal Partito Comunista USA. Sebbene tutti i rapporti di Frankhauser su questa operazione siano stati consegnati dall'ufficio del governatore Patterson all'FBI del Mississippi, non è stato effettuato alcun arresto.

"È in questo stesso periodo che Frankhauser incontra per la prima volta Oswald, in occasione di una riunione dell'Internazionale Scientifico-Sociale a New York, alla quale lo avevano portato i Pain.

"Il secondo incontro di Frankhauser con Oswald ebbe luogo in un campo di addestramento della CIA vicino al lago Ponchartrain, in Louisiana.

"A partire dal 1961, agenti del Consiglio di Sicurezza Nazionale (NCS) lanciarono un'operazione all'interno dei Minutemen di destra, fondati un anno prima per prepararsi alla "guerriglia" contro [ciò che i Minutemen ritenevano essere] una presa di potere comunista negli Stati Uniti. [Questo trasformò l'organizzazione in un centro chiave dell'NCS per reclutare e coordinare le frange psicotiche dei gruppi di destra in uno sciame di squadre di assassini, alcune delle quali furono appositamente selezionate e addestrate per l'assassinio di Kennedy.

"L'acquisizione dei Minutemen avvenne sotto gli auspici dell'Operazione COINTELPRO dell'FBI e dell'Operazione Scorpion della CIA, e in breve tempo l'intero comitato esecutivo nazionale dei Minutemen era composto da agenti, ad eccezione del fondatore dell'organizzazione, Robert De Pugh, che da allora è rimasto un capro espiatorio sotto il controllo dell'FBI.

"Frankhauser, all'epoca corrispondente della CIA, fu impiegato con i Minutemen e divenne infine direttore dell'intelligence della costa orientale e direttore del controspionaggio nazionale.

"Frankhauser ha detto che tra le figure chiave dei Minutemen nell'operazione per l'assassinio di Kennedy c'era Ken Duggan, che era vice direttore del controspionaggio dei Minutemen sotto Frankhauser. Corrispondente della CIA,

Duggan lavorò nella rete di terroristi cattolici fascisti della famiglia Buckley, reclutando Gusanos per l'abortita invasione della Baia dei Porci. Duggan reclutò e addestrò anche diverse squadre in preparazione dell'assassinio di Kennedy.

"Duggan, che in seguito denunciò i Buckley, è stato assassinato nel carcere di Rikers Island a New York circa un mese fa. Era stato incarcerato in seguito a una montatura di un'accusa di tentato omicidio da parte di George Wilkie, un protetto dei boss del partito conservatore dei Buckleys.

"Anche due agenti dei Minutemen del Connecticut, Vincent De Palma e Eugene Tabbett, furono coinvolti nella definizione dei profili e nella selezione dei membri della squadra di assassini di Kennedy e di altre squadre di assassini. De Palma era stato uno dei principali esperti di omicidi della CIA in America Latina prima di essere assegnato all'FBI. L'FBI, a sua volta, lo utilizzò nei Minutemen, dove divenne rapidamente una figura nazionale. Tabbett aveva lavorato per l'FBI nel Klan Intelligence Bureau prima di unirsi a De Palma nel Connecticut.

Il mandato di comparizione di Frankhauser nel 1964 per testimoniare davanti alla Commissione Warren fu annullato dall'FBI per motivi di "sicurezza nazionale". All'epoca, Frankhauser fu minacciato da due agenti dell'FBI con sede a Reading, in Pennsylvania, Kaufman e Davis, che gli dissero che "se divulga informazioni sui Pain alla Commissione, avrà seri problemi con l'FBI". Un giorno prima della loro visita, Frankhauser fu quasi colpito da due proiettili sparati attraverso la finestra della sua casa di Reading".[29] **[FINE DELLA CITAZIONE]**

Quanto di ciò che dice Frankhauser sia vero va oltre lo scopo di questo libro. Tuttavia, i ricercatori che hanno calpestato se stessi nell'indagare sulla vita di Lee Harvey Oswald sono stati particolarmente carenti nell'ignorare deliberatamente i legami di Frankhauser e Frankhauser & Burros con Lee Harvey Oswald. Se questi ricercatori sono alla ricerca della verità, è chiaro che darebbero un contributo alla loro stessa ricerca e alla ricerca della verità, se sono alla ricerca della verità.

È interessante notare, e non solo di sfuggita, le connessioni del già citato Ken Duggan, che secondo Frankhauser aveva legami con alcuni aspetti del complotto per assassinare JFK. Tra le persone con cui Ken Duggan era in contatto non c'erano altri che i due fratelli cubani Guillermo e Ignacio Novo.

Nel capitolo 9 e nel capitolo 16 abbiamo appreso del viaggio dei fratelli Novo a Dallas, in Texas, in compagnia dell'agente della CIA Marita Lorenz e di Frank Sturgis, agente di lunga data della CIA e agente del Mossad. Al loro arrivo a Dallas, un giorno prima dell'assassinio del Presidente, i Novo e i loro collaboratori avevano incontrato non solo E. Howard Hunt, un agente della CIA, ma anche Jack Ruby, che avrebbe poi ucciso Lee Harvey Oswald.

I fratelli Novo non solo furono in qualche modo coinvolti nelle circostanze della cospirazione JFK, ma furono successivamente condannati per l'omicidio del diplomatico cileno Orlando Letelier. Come abbiamo visto nel capitolo 9, Michael Townley, il loro partner nel crimine, era stato un agente della Investors Overseas Service. La IOS, ovviamente, era gestita dal finanziere Bernard Cornfeld, scagnozzo

---

[29] Lettera di Robert Curran, Procuratore degli Stati Uniti per il Distretto orientale della Pennsylvania, a Roy Frankhauser, 21 novembre 1973.

del veterano rappresentante del Mossad Tibor Rosenbaum, una delle figure chiave della Permindex, la società oscura collegata a tutte le principali forze dietro l'assassinio di JFK.

Inoltre, come abbiamo notato nel capitolo 9, fu nell'ufficio di James L. Buckley, allora senatore di New York (fratello di William F. Buckley, Jr.) che i Novo avevano progettato l'assassinio di Letelier.

Come abbiamo notato nel Capitolo 16, sembra probabile che ci fossero almeno diverse squadre di assassini sul posto o nelle vicinanze di Dealey Plaza prima e durante l'assassinio di JFK, tutte parte di un'operazione a più livelli di "falsi striscioni". In effetti, le affermazioni di Frankhauser sono del tutto coerenti con le conclusioni della *Sentenza Finale*.

VAN LOMAN E IL LEGAME CON JIM HARRIS

L'autore è in debito con Van Loman, che ha attirato la mia attenzione sulla portata della relazione poco nota tra Oswald e Burros. Loman aveva un legame particolare con il mondo dell'intelligence. Da adolescente, Loman adottò come figura paterna e mentore lo sfuggente e acuto Jim Harris di Cincinnati, un tuttofare nato in Ohio la cui sfavillante carriera si è conclusa con la sua morte nel dicembre 1994.

Sebbene Harris si spacciasse pubblicamente per il Gran Dragone dell'Ohio Klux Klan, in realtà era un informatore di lunga data dell'FBI di J. Edgar Hoover e un sedicente agente della CIA, che collaborava attivamente ai complotti della CIA e della mafia contro Castro - se non di più. Tra i principali collaboratori di Harris c'era nientemeno che Roy Frankhauser, suo collega agente dei servizi segreti. È attraverso Harris che Loman ha conosciuto Roy Frankhauser molti anni fa. Grazie a Van Loman per aver sottolineato l'importanza del collegamento con Oswald e Burros.

Se scaviamo troppo a fondo in questa questione poco esplorata, cominceremo inevitabilmente a portare alla luce rocce sotto le quali si nascondono i tentacoli dell'ADL e dei suoi collaboratori dell'intelligence statunitense. Questo forse spiega perché alcuni ricercatori hanno evitato del tutto questo spiacevole mistero.

L'autore ritiene che il legame con Oswald e Burros sia in realtà un'altra strada che gli investigatori incaricati del caso JFK dovrebbero esplorare ulteriormente e che, in definitiva, aggiunge ulteriori prove convincenti che consolidano le fondamenta su cui si basa il nostro giudizio finale.

APPENDICE 3

Comunisti con le mani insanguinate
Guy Banister e Kent e Phoebe Courtney
Leader della cricca di destra pro Israele
di New Orleans

Non c'è dubbio. L'ex agente dell'FBI e della CIA Guy Banister era un virulento anticomunista e un vero uomo di destra. Questo lo sanno tutti. Quello che la maggior parte delle persone non sa è che i più noti collaboratori di Banister, Kent e Phoebe Courtney, erano ferventi sostenitori di Israele e ampiamente sospettati di essere agenti della Anti-Defamation League (ADL) di B'nai B'rith. La verità sui Courtney getta nuova luce sul legame tra Banister e il complotto per l'assassinio di JFK. C'è ancora molto da dire sulla parte di New Orleans della cospirazione.

I ricercatori sull'assassinio di JFK (in particolare quelli che fanno parte di quella che potrebbe essere definita "la banda dei liberali") hanno speso molto tempo ed energie per "individuare" i legami di "estrema destra" di varie parti (colpevoli e innocenti) che erano collegate al complotto per l'assassinio di JFK in una forma o nell'altra. I ricercatori che concordano sul fatto che l'ex agente dell'FBI e della CIA Guy Banister di New Orleans abbia avuto un ruolo speciale nell'intrappolare Lee Harvey Oswald come "patsy" per l'assassinio, amano citare i legami "di destra" di Banister.

Il legame più frequente è quello di Banister con una stravagante coppia di anticomunisti attivi, Kent e Phoebe Courtney, fondatori di un'organizzazione nota come Conservative Society of America. Si dice addirittura che la signora Courtney ordinasse le sue bistecche "rosso sangue comunista", e la ringraziamo per il titolo di questa appendice.[30]

I Courtney avrebbero affermato, dopo l'assassinio, che Oswald aveva cercato di ottenere un lavoro presso il loro giornale, *The Independent American*, mentre si trovava a New Orleans l'estate precedente l'assassinio. Tuttavia, ciò che viene più spesso sottolineato dai ricercatori liberali che cercano di trovare una "cospirazione di destra" dietro l'assassinio di JFK è che dopo la morte di Banister, almeno alcuni dei suoi file personali sono entrati in possesso di Kent Courtney.[31]

In realtà è piuttosto importante - anche se gli studiosi "liberali" non ne capirebbero certo il motivo, in quanto i loro evidenti pregiudizi e la loro scarsa comprensione delle dinamiche dei labirinti politici del "diritto" americano impediscono loro di vederlo chiaramente. Detto questo, perché allora la ricezione dei

---

[30] *Giornale di Nuova Solidarietà*, 20 novembre 1975.
[31] Dick Russell. *L'uomo che sapeva troppo* (New York: Carroll & Graf, 1992), pag. 397.

dossier di Banister da parte di Courtney è importante alla luce della tesi presentata nelle pagine di *Giudizio finale*?

Il fatto è che per diversi anni prima dell'assassinio del Presidente Kennedy (e ancora oggi) molti veterani della "destra" americana credevano che Kent e Phoebe Courtney fossero agenti di destra "sotto copertura", pagati dalla Anti-Defamation League (ADL) del B'nai B'rith, il ramo americano del Mossad israeliano.

Sebbene i Courtney fossero oppositori del comunismo, avevano causato molta diffidenza e dissenso tra i loro colleghi "conservatori" opponendosi attivamente e attaccando figure "di destra" che erano state accusate di "antisemitismo" dall'ADL.

Forse l'esempio più notevole e facilmente dimostrabile si è verificato nel 1960, quando un folto gruppo di conservatori americani si stava preparando a formare un terzo partito per contestare le elezioni presidenziali del 1960. Prima di questa riunione, la signora Courtney inviò delle lettere a una trentina di persone e organizzazioni per informarle che non erano invitate a partecipare alla riunione del cosiddetto "Nuovo Partito".

Tutte le persone e le organizzazioni prese di mira dalla signora Courtney erano persone e organizzazioni classificate come "antisemite" dall'ADL. Inutile dire che l'azione della signora Courtney suscitò notevoli polemiche negli ambienti conservatori e, nel numero di febbraio 1960 di *Right*, un centro di informazione e di opinioni sul movimento di "destra", Verne P. Kaub, presidente dell'American Council on Christian Laymen, pubblicò una "Lettera aperta a Phoebe Courtney" in risposta alla sua affermazione che i "nemici" - o così sosteneva la signora Courtney - si erano "infiltrati nelle organizzazioni patriottiche allo scopo di creare dissenso".[32]

Kaub ha risposto alla signora Courtney: "È esattamente il contrario. Queste persone non sono il nemico. Gli infiltrati sono rappresentanti di organizzazioni e influenze comuniste e sioniste. Sono queste forze di inganno e di dissenso... che alzano il falso grido di antisemitismo, ricorrendo così alla peggiore forma possibile di bigottismo".

"Francamente", ha detto Kaub alla signora Courtney, "pensavo che lei fosse troppo intelligente per credere di poter ingannare i patrioti americani accettando la menzogna come verità, 'capovolgendo completamente il quadro' e cercando di far credere che l'ADL, per esempio, sia un'organizzazione di patrioti bianchi come la neve, quando, come lei ben sa, l'ADL... etichetta tutti i veri patrioti cristiani come nazisti e antisemiti".

Da parte sua, editorialmente la *destra* ha aggiunto: "Chiaramente i Courtney sono sotto controllo kosher". Courtney ha ammesso che avrebbe preso "tutti i soldi possibili" da "fonti ebraiche di sinistra". Inoltre, la casa editrice Simon & Schuster di New York è accusata di aver contribuito ai Courtney, e Phoebe non nega l'accusa. Questa squadra è molto rossa e una copertura per l'Anti-Defamation League. Quando l'ADL paga i violini, può scegliere la musica".[33]

In effetti, all'interno della "destra" si diffuse la voce che non solo i Courtney fossero finanziati dalla famiglia Stern di New Orleans, ma anche che la signora Courtney fosse imparentata con gli Stern. Paquita De Shishmareff, ex leader della

---

[32] *A destra*, febbraio 1960.
[33] *Ibidem*.

destra, era tra coloro che credevano che ciò fosse vero, ma ce n'erano molti altri.[34] In ogni caso, le voci riflettono la percezione generale della "destra" da cui provengono i Courtney.

I LEGAMI DI OSWALD CON L'ADL E L'FBI

Nel capitolo 15 abbiamo parlato della stretta associazione di Guy Banister con A.I. (Bee) Botnick, che dirigeva l'ufficio di New Orleans dell'ADL, finanziato dalla famiglia Stern, che si descriveva come "cacciatore di supercomunisti". Abbiamo anche indagato sulla possibilità molto concreta che le attività di Lee Harvey Oswald a New Orleans facessero in realtà parte di un'indagine dell'ADL affidata all'agenzia investigativa privata di Banister. In questo contesto, vale la pena ricordare altri dettagli interessanti che sono andati persi nel dibattito su chi stesse manipolando Lee Harvey Oswald prima dell'assassinio del Presidente Kennedy.

Nel 1962, Ned Touchstone, editore del Bossier Press di Bossier City, Louisiana, indagò sul bombardamento di una loggia massonica nera in Louisiana. Mentre il resto dei media dipingeva il crimine come un atto del KKK, Touchstone riteneva che, poiché la maggior parte dei leader del KKK nella zona erano massoni, era improbabile che avessero distrutto una loggia massonica.[35] Sebbene l'FBI avesse cercato di intimidirlo per fargli abbandonare l'indagine, Touchstone aveva sentito parlare del "pilota dai capelli storti" (in seguito identificato come David Ferrie, socio di Banister) che aveva fatto atterrare un aereo nella zona prima dell'esplosione.

Così, un anno prima dell'assassinio di JFK, Touchstone concluse che Ferrie aveva lavorato come agente del COINTELPRO, il programma di controspionaggio dell'FBI, in collaborazione con Botnick, contatto dell'ADL di Banister, che stava effettivamente lavorando a stretto contatto con l'FBI sull'attentato.[36]

Tuttavia, il 15 marzo 1964, Touchstone aveva identificato in modo indipendente il legame tra Ferrie e l'assassinio di JFK, tanto più rilevante visti i suoi legami con Oswald e Banister.

Sebbene i detrattori della cospirazione, come Gerald Posner, legato alla CIA (autore di *Case Closed*), abbiano cercato di negare che Oswald avesse legami con l'agente della CIA David Ferrie, esistono prove fotografiche che smentiscono Posner e i detrattori. Recentemente è stata scoperta una fotografia del 1955 che ritrae un giovane Oswald con Ferrie, all'epoca ufficiale comandante di Oswald nella Civil Air Patrol.[37]

Eppure le scoperte di Touchstone sono passate sotto silenzio proprio (o almeno in parte) perché indicavano direttamente i legami dell'ADL con le figure chiave della cospirazione per l'assassinio di JFK che, a loro volta, erano anche legate alla cospirazione dell'FBI e della CIA nello stesso periodo.[38]

E mentre si discuteva sulla possibilità che Oswald fosse una sorta di informatore dell'FBI e sulla sua relazione con l'agente dell'FBI di Dallas James Hosty, Ray e Mary

---

[34] Intervista a Tony Blizzard. Marzo 1997.
[35] *Il Consigliere*, 16 agosto 1975.
[36] Ibidem, 15 aprile 1978.
[37] Ray e Mary LaFontaine. *Oswald ha parlato* (Gretna, Louisiana: Pelican Press, 1996), p. 54.
[38] Ibid. p. 143.

LaFontaine, autori di *Oswald Talked*, alla fine riferirono che Hosty era "un investigatore di gruppi estremisti di destra" e "agitatori di destra".[39]

Non c'è dubbio quindi che Hosty abbia lavorato a stretto contatto con l'Anti-Defamation League, una delle "fonti" più apprezzate dall'FBI per quanto riguarda gli "estremisti di destra" e gli "agitatori di destra". L'ADL sarebbe stata certamente uno dei principali contatti di Hosty.

Quindi non solo abbiamo Guy Banister e David Ferrie, entrambi strettamente legati all'ADL, che lavorano con Oswald a New Orleans prima dell'assassinio, ma abbiamo anche un agente dell'FBI legato all'ADL a Dallas (Hosty) coinvolto in un qualche tipo di cospirazione con Oswald, i cui dettagli reali probabilmente non saranno mai conosciuti.

Quindi, in questo senso, possiamo giustamente dire che, in un modo o nell'altro, Lee Harvey Oswald aveva effettivamente un "legame con l'ADL" e quindi un "legame con Israele".

La domanda principale, quindi, è: cosa sapeva l'ADL di Lee Harvey Oswald e quando lo sapeva? Quali informazioni ottenne Oswald da Guy Banister? Quali informazioni ottenne Oswald da Hosty? Banister stava davvero usando Oswald come parte di un'indagine dell'ADL?

Oppure, osiamo dire, Oswald è stato assunto dall'ADL fin dall'inizio? L'ADL finanziava le attività di Oswald per conto di Banister e/o Hosty? Questo spiega perché non ci sono documenti che "provano" che Oswald era impiegato dall'FBI? Di nuovo, queste sono solo domande.

JACK RUBY E I SUOI LEGAMI CON L'ADL E L'FBI

Va inoltre notato che mentre molti ricercatori guardano ai "gruppi di odio di estrema destra" come possibile fonte del complotto contro JFK, questi stessi ricercatori non ricordano che questi stessi gruppi erano pesantemente infiltrati dall'operazione COINTELPRO dell'FBI. Ad esempio, William Sullivan, il funzionario dell'FBI che dirigeva il COINTELPRO, ha stimato che per ogni 25 membri del Ku Klux Klan, c'erano 3 agenti COINTELPRO tra loro. Prendiamo il caso di Jack Ruby, il gestore del nightclub di Dallas che uccise Lee Harvey Oswald.

I ricercatori affermano che Ruby conosceva circa la metà dei 1.200 membri della polizia di Dallas e spesso intratteneva nel suo locale gruppi di oltre 30 persone alla volta. I ricercatori sostengono che il 50% dei poliziotti di Dallas erano membri del KKK, dei Minutemen o di altri gruppi di estrema destra. Sulla base delle cifre presentate da Sullivan e dai ricercatori, non dovrebbe sorprendere che molti dei contatti "di estrema destra" di Ruby nella polizia di Dallas fossero in realtà agenti COINTELPRO. E se erano agenti COINTELPRO, avevano certamente stretti legami con l'ADL.

Ma per tornare ai famigerati "soci di estrema destra" di Guy Banister - Kent e Phoebe Courtney - possiamo concludere, in base alla stretta associazione di Banister con "Bee" Botnick dell'ufficio di New Orleans dell'ADL, che non si può escludere

---

[39] *Ibidem*, p. 175.

che anche i buoni amici di Banister, Kent e Phoebe Courtney, ricevessero aiuti segreti - forse finanziamenti - dall'ADL.

In realtà, con le loro azioni, i Courtney stavano soffocando le tendenze "antisemite" all'interno della "destra" americana, proprio quello che l'ADL aveva cercato di fare fin dalla sua nascita. Quindi, a tutti gli effetti, i Courtney agivano come agenti dell'ADL. Ed è altamente improbabile che si sarebbero associati così strettamente a Guy Banister se lo avessero percepito come uno dei "detrattori" a cui si opponevano così fortemente.

I Courtney erano ferventi sostenitori dell'ex capo di Guy Banister all'FBI, J. Edgar Hoover - e certamente avevano notato l'affermazione di Hoover nella sua opera magna anticomunista del 1958, *Masters of Deceit*, che "alcune delle più efficaci opposizioni al comunismo negli Stati Uniti sono venute da organizzazioni ebraiche come... la Anti-Defamation League e una serie di altri gruppi ebraici".[40] Ecco perché l'ADL sarebbe stata nelle grazie di Kent e Phoebe Courtney in ogni modo (nel capitolo 7 abbiamo discusso in dettaglio i legami tra l'ADL e Hoover).

LE CORTI E ISRAELE

Tuttavia, c'è un altro aspetto importante da notare: Kent e Phoebe Courtney erano in realtà devoti sostenitori di Israele. La loro percezione dello stato del Medio Oriente era notevolmente simile a quella di James Angleton della CIA e di altri che avevano questo modo di pensare che proclamava Israele come una sorta di baluardo contro l'aggressione sovietica - una teoria che ha perso molto del suo splendore dopo la caduta dell'Unione Sovietica come obiettivo percepito della Guerra Fredda per gli anticomunisti americani.

In ogni caso, Kent Courtney ha esposto questa teoria in un editoriale per un'altra delle sue riviste, *The Patriot Tribune*, che pubblicava a Pineville, in Louisiana. In un editoriale del 28 maggio 1970, intitolato "Israele può fermare l'espansione russa", Courtney fugava ogni dubbio sul suo sostegno alla causa sionista. Scriveva, in parte:

"Israele - la patria storica e ideologica degli ebrei - è anche il santuario di tutti i cristiani. Oggi, Israele è circondato da nemici che hanno subito una sconfitta incredibile nel giugno 1967. Israele si trova al tradizionale crocevia della storia e, se Israele crolla, tutto ciò che ha a che fare con la storia cristiana in Israele sarà distrutto dagli arabi vendicativi e i comunisti atei e nichilisti saranno satanicamente felici della distruzione di tutti i simboli e i santuari del cristianesimo...

"Israele ora ha le spalle al mare ed è circondato da nemici, e gli arabi hanno promesso tra di loro e al mondo che spingeranno tutti gli ebrei in mare in una guerra di annientamento. E i russi comunisti, che a loro volta perseguitano continuamente gli ebrei all'interno dell'Unione Sovietica, ora forniscono i cannoni antiaerei, gli aerei da combattimento, i bombardieri, i carri armati, l'artiglieria, i piloti e i tecnici che gli arabi, non addestrati e non controllati, non possono usare efficacemente".[41]

---

[40] J. Edgar Hoover. *Masters of Deceit* (New York: Henry Holt & Company, 1958), pp. 238-239.
[41] *Patriot Tribune*, Pineville, Louisiana, 28 maggio 1970.

L'obiettivo dell'Unione Sovietica, dichiarò Courtney, era quello di conquistare il mondo senza impegnare le proprie truppe in un confronto diretto con gli Stati Uniti. Secondo Courtney, l'allora presidente Richard Nixon poteva :

"Preservare la civiltà occidentale fornendo le armi di difesa, anzi le armi di salvezza, alle indomite, coraggiose e altamente qualificate forze di difesa israeliane...

"Se il signor Nixon desidera stabilire la pace nel corso della nostra vita, fornirà armi, munizioni e forza morale a tutti i Paesi anticomunisti disposti a combattere l'aggressione imperialista comunista russa. E il luogo da cui il Presidente Nixon deve cominciare è Israele".[42]

Queste sono le parole di Kent Courtney, l'"estremista di destra", che alcuni ricercatori indicano come prova dei legami di Guy Banister con l'"estremista di destra". Tuttavia, è chiaro che possiamo anche sostenere, sulla base dell'affinità ideologica di Courtney con Israele, che la prova che Courtney (e il suo amico Banister) fossero simpatizzanti della causa sionista è altrettanto logica.

Questo non significa che Banister fosse a conoscenza di un legame con il Mossad dietro il complotto per l'assassinio del JFK. Tutt'altro (anche se potrebbe esserlo stato).

Ciò che suggerisce, tuttavia, è che Banister si muoveva molto chiaramente in ambienti favorevoli agli interessi di Israele. E alla luce del quadro classico presentato dagli investigatori riguardo a Banister (e ai Courtney), i dati che abbiamo appena analizzato presentano un quadro davvero molto diverso, mai visto in nessuno studio sul complotto per l'assassinio di JFK.

La teoria di Courtney su Israele (che rispecchia quella di James Angleton della CIA) è stata adottata da molti esponenti della "destra" americana ed è stata - come abbiamo visto nella nostra appendice su George Bush e i suoi alleati filo-israeliani nella "squadra B" della CIA - la teoria che ha guidato gran parte della proliferazione degli armamenti negli Stati Uniti durante l'era Reagan degli anni Ottanta.

È irrilevante se i Courtney fossero effettivamente informatori o agenti dell'ADL, perché non c'è dubbio (come abbiamo visto) che condividano la stessa visione del mondo dell'ADL.

È anche irrilevante che la signora Courtney (come si sostiene) fosse in qualche modo imparentata con la famiglia Stern di New Orleans. Il fatto è che si muovevano negli stessi ambienti - molto più di quanto la maggior parte delle persone creda.

Alla fine, viene da chiedersi se Edgar e Edith Stern di New Orleans fossero davvero così "liberali".

Come abbiamo visto nel capitolo 15 e nel capitolo 17, fu l'impero radiotelevisivo WDSU, la voce mediatica di Stern a New Orleans, a svolgere un ruolo cruciale nel promuovere la teoria, nell'estate del 1963 (e più tardi, dopo l'assassinio), che Lee Harvey Oswald fosse un "agitatore pro-Castro".[43] Inoltre, ora emerge che gli Stern erano membri - nonché importanti finanziatori - del New Orleans Information Council of the Americas, diretto dal noto anticomunista Alton Ochsner Sr. che da

---

[42] *Ibidem*.
[43] Edward T. Haslam. *Mary, Ferrie & the Monkey Virus* (Albuquerque, New Mexico: Wordsworth Communications, 1995), p. 184 (citando Arthur Carpenter, *"Social Origins of Anticommunism: The Information Council of the Americas"*, Louisiana History, Spring 1989, p. 129).

tempo aveva stretti legami con la comunità dei servizi segreti.[44] Lo stesso Ochsner aveva fatto parte del consiglio di amministrazione dell'Associazione di politica estera di New Orleans insieme a Clay Shaw, amico intimo di Stern, che faceva parte anche del consiglio di amministrazione della Permindex, che era davvero al centro del complotto per l'assassinio di JFK.

Quindi, anche se è improbabile che Edith Stern, come Phoebe Courtney, abbia ordinato le sue bistecche "rosso sangue comunista", sembra che Edith e Phoebe avessero alcuni interessi in comune, uno dei quali era un forte sostegno alla causa sionista. E sicuramente getta nuova luce sul legame con i Courtney, anche se non corrisponde alla percezione comune di Kent e Phoebe Courtney.

PRESIDIO E IL "DIRITTO"

E ciò che è particolarmente interessante notare è qualcosa che i ricercatori "liberali" hanno difficoltà a spiegare quando cercano di suggerire che dietro l'assassinio di JFK ci fossero "estremisti di destra":[45] In realtà, è stato nientemeno che *The Councilor,* una rivista francamente antisemita e antisionista pubblicata da Ned Touchstone, a essere dietro a gran parte del lavoro iniziale che ha scoperto i legami tra David Ferrie e Lee Harvey Oswald prima dell'assassinio di JFK, che ha fornito molto sostegno all'indagine di Jim Garrison che ha portato all'incriminazione di Clay Shaw, un amico della famiglia Stern legato al Mossad.

Sebbene molti resoconti dell'indagine di Garrison suggeriscano che Garrison considerasse la cospirazione del JFK come una sorta di cospirazione "di destra", egli respinse questa ipotesi quando disse a Paris Flammonde: "Non è davvero di destra... è quasi una specie di cosa centrista. È un potere che si è sviluppato all'interno del governo.[46] "Una delle cose che mi ha davvero aiutato a capirlo è stata quando ho iniziato a notare che ricevevamo aiuto da persone che erano Minutemen e membri della John Birch Society. Quando ho visto questo, ho capito che gli aspetti della cospirazione di destra erano più in apparenza che in realtà. Abbiamo continuato a scavare e siamo finiti in un compartimento della CIA".[47]

Garrison aggiunse che la CIA era penetrata in molti gruppi e li aveva usati per scopi nefasti nella cospirazione per l'assassinio, anche se Garrison, si noti, avrebbe potuto dire che il Mossad israeliano - attraverso l'ADL - aveva fatto lo stesso. Se Garrison fosse stato a conoscenza del numero di fattori nascosti all'epoca, documentati in *Giudizio finale,*[48] avrebbe potuto scoprire i legami con il Mossad che abbiamo qui riportato e che (ovviamente) ha successivamente individuato da solo.

---

[44] *Ibidem*, p. 183.
[45] James Di Eugenio. *Destiny Betrayed* (New York: Sheridan Square Press, 1992), p. 206. Si veda anche *Touchstone's Councilor* del 1964, anche del 1° giugno 1967, 12 settembre-3 ottobre 1973, 12 settembre 1968, 1° gennaio 1974, ecc.
[46] Paris Flammonde. *The Kennedy Conspiracy* (New York: Meredith Press, 1969), pag. 280.
[47] *Ibidem*.
[48] *Ibidem*.

L'ATTACCO AL GIUDIZIO FINALE

Ciò che è interessante (ma, come vedremo, non sorprendente) è che gli stessi individui - Ellen Ray e Bill Schaap - le cui memorie di Garrison, *On the Trail of the Assassins,* sono state pubblicate da Sheridan Square Press, sono tra coloro che hanno tentato di screditare *Final Judgment,* nonostante sia d'accordo con le conclusioni di base di Garrison.

Il numero dell'autunno 1994 *Covert Action Quarterly* (edito da Ray e Schaap) conteneva un attacco a tutto campo a The *Spotlight,* il settimanale nazionale per il quale ho lavorato per circa ventuno anni. L'aspetto particolarmente interessante dell'articolo era che l'attacco del CAQ aveva spinto *The Spotlight* a pubblicizzare con grande clamore la pubblicazione di *Final Judgement* nel gennaio 1994, con la conseguente vendita di quasi 8.000 copie in due settimane.

Sebbene il CAQ includa molti dati utili e si dipinga come una voce "indipendente" che critica la CIA e le sue malefatte (ed è infatti citato nelle pagine di *Final Judgment*), il CAQ è attento a non menzionare mai (se non di sfuggita) la relazione incestuosa della CIA con il Mossad, anche quando il Mossad è stato intimamente coinvolto insieme alla CIA in molti dei casi che il CAQ sostiene di analizzare per conto della CIA.

Sebbene la QAC abbia menzionato che Mark Lane, il più noto investigatore dell'omicidio JFK, assolutamente non un "estremista di destra" come tutti concorderanno, aveva rappresentato *The Spotlight,* la QAC non ha mai menzionato una volta la folgorante distruzione dell'agente E. Howard Hunt da parte di Lane nella causa per diffamazione intentata da Hunt contro *The Spotlight* (analizzata nel Capitolo 9 e nel Capitolo 16 di *Final Judgement).*

In effetti, i risultati del lavoro di Lane su questo caso non sono mai stati menzionati nel QAC. Questo è quantomeno insolito, visto il presunto ruolo del QAC come cane da guardia della CIA.

Come si spiega, allora, il pregiudizio di CAQ nei confronti di *The Spotlight* e, in particolare, di *Final Judgement?* Forse ha a che fare con il fatto che l'Institute for Media Analysis (un organo di controllo dei media sponsorizzato anche da Ellen Ray e Bill Schaap) ha ricevuto un sostanzioso finanziamento da un'influente fondazione nota come Stern Family Fund, finanziata dalla stessa famiglia Stern di cui abbiamo sentito tanto parlare in questo libro.[49]

È stato ipotizzato che Ray e Schaap, i redattori del QAC, si siano sentiti obbligati a pubblicare l'attacco a *The Spotlight* perché molti dei loro lettori ebrei erano rimasti turbati da un precedente rapporto del QAC sullo scandalo delle spie dell'ADL a San Francisco nel 1993.[50] Prendendo di mira *The Spotlight,* il CAQ ha potuto assicurare ai lettori che non stava prendendo una posizione nei confronti dell'ADL simile a quella di The *Spotlight,* che era stato il pioniere della copertura delle operazioni di spionaggio dell'ADL. In effetti, il CAQ non poteva ignorare lo scandalo delle spie dell'ADL, poiché anche i media "mainstream" (tra cui la rivista *Editor & Publisher)* ne avevano parlato.

---

[49] *American Journalism Review,* aprile 1993.
[50] *Covert Action Quarterly,* estate 1993.

Inoltre, poiché molti gruppi e individui autodefiniti "progressisti" avevano scoperto di essere bersaglio delle operazioni di spionaggio dell'ADL, il CAQ - in virtù della sua pretesa di essere una voce per questi stessi progressisti - era obbligato a commentare la vicenda.

Tuttavia, come già detto, il CAQ è altrimenti riluttante ad osare criticare il Mossad. Di conseguenza, gli sforzi del CAQ per screditare *Spotlight* e la sua pubblicità sul *Giudizio Finale* non sono davvero sorprendenti, soprattutto se si considera il sostegno finanziario che gli editori del CAQ hanno ricevuto dalla famiglia Stern, al centro della cospirazione di New Orleans documentata in quel libro.

Non solo gli Stern sembrano essere presenti a "destra" a New Orleans, attraverso la loro associazione con il CNIB, ma sono anche presenti a "sinistra" attraverso il loro finanziamento dell'Istituto per l'analisi dei media associato al CAQ. È interessante notare che gli Stern sono per molti versi intimamente legati alle circostanze dell'assassinio di John F. Kennedy.

(NOTA FINALE SUL CAQ: da quando questo libro è stato scritto, il CAQ ha cambiato direzione ed è diventato più apertamente critico nei confronti di Israele e delle cospirazioni del Mossad. Dobbiamo quindi dare credito a ciò che è dovuto).

Un altro collegamento con "ISRAELE"?

Sebbene i dettagli del soggiorno di Lee Harvey Oswald a New Orleans, nella sfera di influenza di Banister-Courtney-Shaw-Stern, siano stati ben documentati, ci sono ancora alcuni misteri. Ad esempio, quando Oswald chiese una stanza a New Orleans, disse quella che l'autrice Priscilla McMillan, legata alla CIA, descrive un po' gratuitamente nel suo libro su Oswald come "un'altra delle sue buffe e inutili bugie".[51]

Secondo McMillan, Oswald disse di "lavorare per la Leon Israel Company di 300 Magazine Street".[52] Secondo McMillan, "la società esisteva, ma non era quella che lo aveva assunto".[53] Quello che sappiamo è che la Leon Israel Company si occupava dell'importazione di caffè. Quello che non sappiamo è perché Lee Harvey Oswald abbia detto di aver lavorato lì. Un'altra cosa che non sappiamo è perché i ricercatori non abbiano speso più tempo ed energie per esplorare la storia e il background di questa azienda. Sebbene si siano impegnati a fondo nello studio di quasi tutti gli altri dettagli insignificanti degli eventi relativi al periodo trascorso da Oswald a New Orleans, è stato detto poco o nulla su questa azienda di Leon Israel.

Le prove suggeriscono che la figura principale dietro la Leon Israel Company, Samuel Israel Jr, era effettivamente legata a Clay Shaw e all'International Trade Mart nel periodo che circonda l'assassinio di JFK - e forse per molto tempo ancora.

Secondo *Who's Who in America* (edizione 1964-65), Israel non era solo un importatore di caffè.[54] Non solo fu vicepresidente del Consiglio dei Commissari del Porto di New Orleans e del Consiglio degli Interessi Portuali del Basso Mississippi (il che lo collocherebbe certamente nella sfera di associazione immediata di Clay Shaw),

---

[51] Priscilla Johnson McMillan. *Marina e Lee* (New York: Harper & Row Publishers, 1977), pag. 385.
[52] *Ibidem*.
[53] *Ibidem*.
[54] *Who's Who in America* (edizione 1964-1965)

ma Israel vinse anche, cosa altrettanto intrigante, la Medaglia al Merito Francese per il suo servizio nel Corpo dei Trasporti dell'Esercito degli Stati Uniti in Europa.

Questo sarebbe avvenuto in un periodo in cui lo stesso Shaw era di stanza in Francia e aveva ricevuto decorazioni dai francesi per il servizio prestato in quel Paese. Si può quindi affermare che Shaw e Israel si conoscevano bene e che la loro relazione potrebbe risalire alla Seconda guerra mondiale.

È possibile che a Oswald sia stato promesso un lavoro presso la Leon Israel Company - organizzato dallo stesso Clay Shaw - o che, a differenza di McMillan, Oswald fosse effettivamente impiegato (in un certo senso) presso la Leon Israel Company? Se sì, in che cosa era impiegato?

Questa società stava giocando un ruolo ancora sconosciuto nella manipolazione delle attività di Oswald a New Orleans? Queste sono solo alcune delle domande interessanti che devono trovare risposta.

IL LEGAME CON BARRY SEAL

C'è un'ultima questione relativa al legame con New Orleans che merita di essere menzionata. Nella primavera del 2000, il produttore indipendente Dan Hopsicker ha pubblicato un video straordinario, *In Search of the American Drug Lords:*[55] *Barry and the Boys - from Dallas to Mena*, incentrato sull'indagine triennale di Hopsicker sul pilota e spacciatore della CIA Barry Seal, noto soprattutto per il suo ruolo nel riciclaggio di denaro della CIA e nelle operazioni di droga dal piccolo aeroporto di Mena, in Arkansas, negli anni '80, nell'ambito delle famigerate operazioni di riciclaggio dell'Iran Contra (troppo poco note al pubblico americano) che coinvolgevano pesantemente Israele e il Mossad.[56]

Nel suo film, Hopsicker dimostra non solo che Lee Harvey Oswald aveva legami di lunga data con David Ferrie (nonostante gli sforzi per smentire questo fatto), ma anche che era stato Ferrie a reclutare Seal nel complotto della CIA, avendo Ferrie legami di alto livello con l'intelligence che risalivano al suo servizio come pilota nella Seconda Guerra Mondiale.

Inoltre, Hopsicker ha scoperto nuove informazioni che suggeriscono che Seal potrebbe essere stato un pilota di fuga per uno o più assassini di JFK. Quindi Ferrie stesso potrebbe non essere stato un pilota di fuga in sé (come si è sospettato a lungo), ma piuttosto stava coordinando il ruolo di Seal in questo senso, un ruolo che spiegherebbe la famosa corsa folle di Ferrie attraverso la Louisiana verso il Texas subito dopo l'assassinio.

Sebbene Hopsicker non approfondisca il collegamento con il Mossad, è un dato di fatto che la CIA e il Mossad hanno lavorato a stretto contatto nel traffico globale di droga, utilizzando le sue risorse per finanziare le loro operazioni internazionali

---

[55] Hopsicker aveva anche un manoscritto inedito, *Barry and the Boys*, sulla carriera di Barry Seal, che Hopsicker ha messo a disposizione di Michael Collins Piper all'inizio del 2000. Il libro è stato poi pubblicato. Per maggiori dettagli si veda www.madcowprod.com.
[56] Il legame tra Israele e l'Iran-Contra è descritto in dettaglio nel libro di Samuel Segev *The Iranian Triangle: The Untold Story of Israel's Role in the Iran-Contra Affair*. (New York: The Free Press, 1988).

congiunte. È quindi ipotizzabile che questo ci permetta di stabilire un altro legame non ancora determinato con il Mossad in relazione alle attività di David Ferrie.

PANORAMICA "THE BIG EASY" DI NEW ORLEANS

Questi sono i tipi di dettagli - presi nel loro insieme - che dipingono un quadro perfettamente coerente con la tesi del *Giudizio Finale* e dimostrano che la connessione con New Orleans è essenziale per comprendere le forze dietro la cospirazione che circondava Lee Harvey Oswald prima dell'omicidio del Presidente Kennedy. Contrariamente a quanto potrebbero sostenere alcuni ricercatori, le prove non indicano affatto una cospirazione "di destra", ma piuttosto una cospirazione con molteplici legami con la CIA e il Mossad israeliano.

APPENDICE 4

Agenti di influenza, un argomento scomodo
La presenza ebraica nella Commissione Warren

I fatti sono i fatti: dei 22 avvocati della Commissione Warren, nove erano ebrei. Uno era sposato con una donna ebrea. Molti altri avevano legami con la lobby di Israele. Inoltre, uno dei membri più attivi della Commissione, Gerald R. Ford, era il protettore di una figura da tempo legata al Mossad e al sindacato del crimine Lansky. Un altro membro della Commissione, John McCloy, era intimamente legato ad alcune delle più potenti famiglie dell'élite ebraica. Se la Commissione Warren fosse stata sincera nelle sue indagini sul complotto JFK - e avesse scoperto un legame con Israele - l'enorme "presenza ebraica" nella Commissione avrebbe potuto fornire i mezzi per nascondere tale legame.

Sebbene la Commissione Warren sia stata condannata ai quattro angoli della terra per quasi quarant'anni, pochi sanno chi ha realmente mosso i fili dietro le quinte mentre questo ormai famigerato organo deliberativo conduceva la sua cosiddetta indagine sull'assassinio di John F. Kennedy - o quali siano le vere origini della Commissione.

Il 22 novembre 1964, il *Washington Post* pubblicò un'entusiastica approvazione del rapporto della Commissione Warren scritta da Eugene Rostow, allora preside della Yale Law School. Ma ciò che né il *Post* né Rostow menzionarono in questa messinscena per i lettori fu *che fu proprio Rostow a suggerire per primo al Presidente Johnson di istituire una commissione come quella della Warren!*

Rostow e il *Post* sono stati in grado di farla franca perché la verità è che il ruolo centrale di Rostow nella creazione della commissione è stato reso pubblico solo trent'anni dopo l'assassinio di JFK. Durante questi trent'anni, l'"idea" della commissione era stata attribuita ad altri. Tuttavia, nel 1993 sono state pubblicate per la prima volta le trascrizioni delle conversazioni telefoniche registrate alla Casa Bianca.[57]

Secondo il ricercatore Donald Gibson, le trascrizioni rivelano che "l'idea di una commissione presidenziale per rendere conto dell'assassinio del Presidente Kennedy fu suggerita per la prima volta da Eugene Rostow in una telefonata a Bill Moyers, assistente di LBJ, nel pomeriggio del 24 novembre", pochi minuti dopo l'assassinio di Lee Harvey Oswald da parte di Jack Ruby.

Molti studiosi sottolineano i legami di Rostow con la "politica estera della classe dirigente", ma non menzionano la politica estera specifica che fu di particolare interesse per Rostow durante la sua carriera.

In effetti, la principale preoccupazione di Rostow in politica estera sono stati gli interessi di Israele, tanto che Rostow è stato persino membro del consiglio di

---

[57] Donald Gibson. *"La creazione della Commissione Warren"*. Poll, maggio-giugno 1996.

amministrazione dell'Istituto ebraico per gli affari di sicurezza nazionale, che è stato descritto come "gestito da individui strettamente legati agli interessi israeliani e può essere visto come un'organizzazione quasi lobbistica per lo Stato di Israele".[58]

Quindi la verità è che, fin dall'inizio, le origini della Commissione Warren erano legate alle pressioni di una figura influente all'interno dell'élite dominante della lobby israeliana - un piccolo dettaglio molto interessante.

E poiché ora sappiamo che dopo l'assassinio circolarono documenti "top secret" dell'intelligence statunitense, che indicavano che la stampa araba sosteneva che dietro l'assassinio del Presidente c'erano "i sionisti" - citando, ad esempio, il fatto che Jack Ruby era ebreo - possiamo giustamente supporre che si trattasse di "voci sgradevoli" della stampa estera che la Commissione Warren era stata istituita per sopprimere.[59]

Ciò che pochi ricercatori si sono preoccupati di esaminare - o almeno di discutere pubblicamente - è il background dei 22 avvocati che si sono occupati delle indagini quotidiane e della preparazione del rapporto finale, e che hanno filtrato i dati da dietro le quinte ai grandi nomi che hanno apposto la loro firma sul rapporto.

I fatti dimostrano che c'era una significativa "presenza ebraica" a questo livello di personale che avrebbe potuto avere un impatto sostanziale sulla gestione di qualsiasi prova di coinvolgimento del Mossad o di legami di individui del Mossad che sono stati oggetto di esame nel corso dell'indagine, supponendo che l'affermazione della Anti-Defamation League (ADL) del B'nai B'rith che - gli ebrei americani sono "sensibili" alle preoccupazioni dello Stato di Israele - fosse vera.

Per la cronaca, questo autore non crede nella teoria secondo cui tutti gli ebrei americani siano necessariamente sostenitori di Israele o siano obbligati ad esserlo. Infatti, per ribadire quanto già detto in questa sede, alcuni dei critici più espliciti di Israele e dei suoi mali sono stati americani di origine ebraica.

Tuttavia, nella misura in cui l'ADL, che ha costantemente attaccato *Giudizio Finale*, sostiene di parlare delle preoccupazioni della comunità ebraica e afferma che la tesi di questo libro è "offensiva" per la comunità ebraica, accetteremo quindi l'affermazione dell'ADL secondo cui gli ebrei americani sono sensibili alle preoccupazioni di Israele. Pertanto, non è illogico affermare che se fossero emerse prove che collegano il Mossad israeliano all'assassinio di JFK, gli ebrei americani dello staff della Commissione sarebbero stati costituzionalmente inclini a nascondere qualsiasi prova fosse emersa.

Detto questo, esaminiamo - in mancanza di un modo migliore per descriverla - la "presenza ebraica" particolarmente pervasiva tra il personale della Commissione Warren a livello investigativo.

Per farlo, partiamo dall'edizione del 28 novembre 1988 del *National Law Journal*, in cui David A. Kaplan pubblicò una storia di copertina intitolata "The JFK Inquiry - 25 Years Later". L'articolo includeva le biografie degli avvocati della Commissione Warren, descrivendo i 22 avvocati dello staff della Commissione come "i migliori e più brillanti della loro generazione".[60]

---

[58] Edward Herman. *L'industria del terrorismo* (New York: Random House, 1989), pag. 89.
[59] Vari documenti pubblicati dalla Commissione per la revisione dei fascicoli di omicidio nel 1997 e disponibili su Internet all'indirizzo nsa. govidocs/efoidreleasedijfichtml.
[60] David Kaplan, *"L'indagine JFK 25 anni dopo"*. *The National Law Journal,* 28 novembre 1988.

Chi erano? Quali erano i loro legami politici? Come sono entrati a far parte dello staff della Commissione? Kaplan risponde ad alcune di queste domande, ma non a tutte. Quello che segue è un riassunto dei dettagli di Kaplan e di altre informazioni facilmente reperibili nel pubblico dominio. Ci si può solo chiedere cosa ci sia ancora da dire.

AVVOCATI EBREI

Innanzitutto, un breve sguardo alle statistiche di base: dei quattordici consiglieri aggiunti, cinque erano ebrei. Un altro era sposato con una donna ebrea. Dei sette "altri collaboratori" (avvocati e assistenti legali) citati nell'articolo di Kaplan, quattro erano ebrei. Ciò significa che dei 22 avvocati in questione, quasi la metà (compreso il membro dello staff la cui moglie era ebrea) potrebbe essere descritta come una "presenza ebraica" nella Commissione. Tuttavia, come vedremo, i legami politici di altri avvocati dello staff suggeriscono che la "presenza ebraica" era ancora maggiore. Questi sono gli avvocati ebrei della Commissione Warren:

Norman Redlich. Vice del primo consigliere capo della Commissione, J. Lee Rankin, Redlich è stato l'autore dell'ultimo dubbio documento noto come Rapporto della Commissione Warren. Prima di entrare a far parte della Commissione Warren, era stato coinvolto ad alto livello negli affari della comunità ebraica, essendo stato reclutato come membro del Comitato del Congresso Ebraico Americano per la Legge e l'Azione Sociale nel 1962 e in seguito aveva fatto parte del Consiglio di Amministrazione del Seminario Teologico Ebraico. Dal 1966 al 1974 ha lavorato nell'ufficio del consiglio di amministrazione della New York City Corporation. Nel 1974, Redlich è succeduto al suo padrino, il consigliere della Corporation J. Lee Rankin (già primo consigliere della Commissione Warren, di cui si parlerà più avanti).

Melvin Aron Eisenberg. Prima e dopo l'indagine della Commissione Warren, Eisenberg era socio dello studio legale Kaye, Scholer, Fierman, Hays & Handler di New York, che ha una storia strettamente associata a questioni ebraiche e può essere generalmente descritto come uno studio legale "ebraico". Lo studio ha rappresentato John Rees, un oscuro agente conservatore noto per i suoi legami con i servizi segreti israeliani. Nella Commissione Warren, Eisenberg era l'assistente di Norman Redlich ed era anche responsabile dell'analisi delle prove scientifiche della balistica. Gli appassionati di JFK che passano ore interminabili a riesaminare questioni come "da dove provenivano gli spari" possono ringraziare Eisenberg per il suo contributo al dibattito, anche se Eisenberg è stato avvolto nell'infamia dal suo collega della Commissione Warren Arlen Specter.

Arlen Specter. Specter è stato assistente procuratore democratico per cinque anni prima della sua ascesa alla fama nazionale come ideatore (insieme a Redlich) della discussa e inverosimile teoria del "singolo proiettile", secondo la quale un proiettile sparato da Lee Harvey Oswald sarebbe riuscito a fare delle capriole balistiche particolarmente notevoli mentre attraversava sia John F. Kennedy che il governatore del Texas John Connally, per poi uscirne immacolato. Oggi Specter non è solo un fervente sostenitore del rapporto della Commissione Warren, ma è anche uno dei principali strateghi legislativi della lobby di Israele al Congresso. Specter viaggia spesso a spese dei contribuenti americani per "affari ufficiali" in Israele, dove vive la sorella nata in America.

(Nota interessante: Prima di riconoscere il pieno significato del comportamento oltraggioso di Specter nella Commissione Warren, l'autore - come studente universitario - ha dato un piccolo contributo al successo della campagna di Specter per il Senato del 1980 in Pennsylvania e, in seguito, - con mia grande sorpresa - sono stato invitato [senza averlo chiesto] a presentare il mio curriculum per un possibile impiego nello staff di Specter a Washington - un'offerta che ho saggiamente rifiutato).

David W. Belin. Fino alla sua recente scomparsa, Belin è rimasto probabilmente l'ex membro dello staff che ha difeso con più veemenza la Commissione Warren. [61]Descritto come un "rispettato avvocato repubblicano del Midwest che ha aggiunto diversità geografica allo staff", socio del prestigioso studio legale di Des Moines prima di entrare nella Commissione, Belin apparve nel 1975 come direttore amministrativo della cosiddetta "Commissione Rockefeller", istituita dall'ex partner di Belin nella Commissione Warren, il presidente Gerald Ford. Apparentemente incaricato di indagare sulle malefatte della CIA, Belin si dimostrò un valido difensore degli interessi della CIA. Nell'indagine del 1975, una delle principali preoccupazioni di Belin, secondo James Di Eugenio, un investigatore che lavorava sul caso JFK, era quella di confutare l'idea che E. Howard Hunt della CIA fosse collegato agli eventi di Dallas.[62] In questo modo, Belin ha efficacemente soppresso il coinvolgimento di Hunt a Dallas con Frank Sturgis, un noto agente della CIA e del Mossad che sosteneva di aver avuto un ruolo nell'assassinio.

Samuel A. Stern. In qualità di ex assistente legale del presidente della Commissione Earl Warren nel 1955-1956, Stern era nella posizione ideale per influenzare privatamente il capo della Commissione. Avvocato dello studio legale statunitense Wilmer, Cutler & Pickering di Washington e poi di Dickstein, Shapiro & Morin, Stern aveva "un'ampia pratica internazionale, in particolare nel settore della finanza aziendale nei mercati emergenti".[63] "Di conseguenza, Stern ha quasi sempre avuto legami con la comunità dei servizi segreti nell'ambito delle sue attività internazionali. (Il Mossad, per la cronaca, è attivo anche nei "Paesi emergenti").

Murray J. Laulicht. Membro junior dello staff, questo giovane avvocato arrivò alla Commissione Warren solo poche ore dopo essersi laureato alla Columbia University Law School. Era stato raccomandato da un amico d'infanzia, il procuratore Nathan Lewin, all'epoca assistente speciale nell'ufficio del procuratore generale degli Stati Uniti. I due uomini erano "andati al campo estivo insieme".[64] Negli anni successivi, il padrino di Laulicht, Lewin, divenne avvocato a Washington, noto per i suoi stretti rapporti con la lobby di Israele.

---

[61] *Ibidem*.
[62] James Di Eugenio. *Destiny Betrayed* (New York: Sheridan Square Press, 1992), p. 349.
[63] Kaplan. *Ibidem*.
[64] *Ibidem*.

Richard M. Mosk. Mosk era figlio del giudice della Corte Suprema della California Stanley Mosk, uno dei membri più importanti della potente comunità ebraica di Los Angeles. In seguito membro di due studi legali "ebraici", Mosk è stato dal 1981 al 1984 membro del Tribunale per le rivendicazioni Iran-Stati Uniti all'Aia, giudicando le richieste di risarcimento contro il più feroce critico fondamentalista islamico di Israele dopo la caduta dello Scià dell'Iran, che, come abbiamo visto nel capitolo 18, era uno stretto alleato del Mossad e della CIA, che avevano creato insieme il temuto SAVAK dello Scià.

Stuart R. Pollak. Ex vice procuratore del presidente della Corte Suprema Warren, Pollak ha poi lavorato presso il Dipartimento di Giustizia e come avvocato in uno studio privato a San Francisco, che secondo Sherman Skolnick, il famoso combattente ebreo contro la corruzione, era un "ufficio" statunitense chiave per il Mossad israeliano. Nel 1993, l'unità di intelligence e propaganda del Mossad - l'ADL - ha rivelato di aver gestito il suo principale informatore sotto copertura, Roy Edward Bullock, da San Francisco (l'autore è colui che per primo ha smascherato Bullock nel 1986 come agente dell'ADL, con grande disappunto di quest'ultimo).

Lloyd L. Weinreb. Dopo aver lavorato per il giudice della Corte Suprema degli Stati Uniti John M. Harlan dal 1963 al 1964, prima di entrare nello staff della Commissione Warren, Weinreb ha assistito Norman Redlich nella revisione e nella preparazione finale del rapporto della Commissione. Dopo un breve periodo nella Divisione Criminale del Dipartimento di Giustizia, Weinreb divenne professore di legge ad Harvard.

GLI ALTRI

Gli altri avvocati della Commissione Warren che non erano ebrei avevano comunque, in molti casi, legami molto chiari con interessi politici e individui che, a loro volta, erano in linea con gli interessi della potente lobby israeliana. Vediamoli.

J. Lee Rankin. Consulente capo della Commissione Warren, Rankin conosceva Warren da quando era avvocato generale degli Stati Uniti sotto il presidente Eisenhower. Ex avvocato di Lincoln, Nebraska, Rankin si affermò in seguito come avvocato di Manhattan e poi ricoprì la carica di consigliere comunale di New York dal 1965 al 1972 - una posizione chiave nella città americana dove il potere e l'influenza ebraica sono supremi (fu Rankin a introdurre il suo giovane collega della Commissione Warren - il già citato Redlich - nell'ufficio del consigliere, cosa che facilitò la sua successione alla posizione quando Rankin andò in pensione).

Howard P. Willens.[65] Un "ragazzo prodigio" del Dipartimento di Giustizia, descritto con Norman Redlich come "un impiegato senza precedenti", Willens ha "assistito" il presidente della Commissione nel reclutamento del personale della

---

[65] *Ibidem.*

Commissione ed è stato "l'assistente amministrativo chiave dell'indagine".[66] Pur non essendo ebreo, sua moglie era ebrea, quindi Willens può essere considerato uno dei membri della Commissione sensibili alle problematiche ebraiche.

Joseph A. Ball. [67]Secondo il *National Law Journal*, "uno dei migliori avvocati americani della sua generazione", Ball era un vecchio amico del presidente della Commissione, che conosceva Warren dai "circoli politici della California". In breve, Ball era un fedelissimo politico del presidente della Commissione e non era certo uno che voleva agitare le acque. Ball doveva essere l'"esperto" della Commissione su Lee Harvey Oswald e, in virtù di questo status, può essere giustamente considerato uno dei grandi creatori di miti di tutti i tempi.

Albert E. Jenner, Jr. Jenner, un importante esponente della comunità legale di Chicago, fu personalmente reclutato nella Commissione da Earl Warren. Jenner era un membro anziano del gruppo della Commissione che sviluppò il falso profilo di Lee Harvey Oswald, il "persecutore solitario" che non aveva legami con la CIA o altri servizi segreti. Anche Jenner aveva un legame interessante. All'epoca in cui Jenner fu nominato nella commissione, era l'avvocato personale del magnate immobiliare e delle costruzioni di Chicago Henry Crown.[68] Miliardario ebreo, Crown era uno dei principali finanziatori delle cause ebraiche, tra cui l'Istituto Wiezmann in Israele, uno dei principali sostenitori dei programmi israeliani per le armi nucleari (a cui JFK si oppose strenuamente). Sebbene fosse molto "rispettabile"[69] negli ultimi anni, Crown ha acquisito gran parte della sua influenza a Chicago grazie ai suoi legami con la criminalità organizzata.[70] Crown investì gran parte della sua fortuna in contratti di difesa e fu uno dei principali azionisti della General Dynamics Corporation (rappresentata anche da Jenner), che era sotto inchiesta da parte del Dipartimento di Giustizia di Kennedy prima dell'assassinio di JFK.[71] E come abbiamo notato nel capitolo 15, la famiglia Bronfman - sponsor di Louis Bloomfield del Mossad Permindex - era anche un importante azionista della General Dynamics. Jenner ha poi ricoperto il ruolo di principale avvocato dell'opposizione nella Commissione Giudiziaria della Camera degli Stati Uniti durante lo scandalo Watergate, ed era certamente al corrente della cospirazione della CIA che circondava l'affare (che esamineremo nell'Appendice 7). In ogni caso, è chiaro che anche Jenner può essere visto - attraverso la sua associazione con Crown - come parte della "presenza ebraica" nella Commissione Warren.

Wesley J. Liebeler. Ex avvocato di New York, Liebeler lavorò a stretto contatto con Albert Jenner per nascondere il background di Lee Harvey Oswald all'interno della comunità dei servizi segreti, anche se negli anni successivi divenne un esperto

---

[66] *Ibidem.*
[67] *Ibidem.*
[68] Peter Dale Scott. *Deep Politics and the Death of JFK* (Berkeley, California: University of California Press, 1993), p. 341.
[69] *Moment,* dicembre 1996.
[70] Ovidio Demaris. *Captive City* (New York: Lyle Stuart, 1969), pp. 214-222.
[71] Scott, *Ibidem*, p. 20.

nel campo meno affascinante del diritto antitrust (il che suggerisce che l'analisi delle cospirazioni dei servizi segreti non è mai stata la sua area di competenza).

Leon D. Hubert, Jr. Ex procuratore di New Orleans che avrebbe potuto scoprire dettagli sul periodo trascorso da Lee Harvey Oswald a New Orleans, Hubert fu invece incaricato di indagare sulle attività di Jack Ruby a Dallas. Benché raccomandato alla commissione da uno dei suoi membri, il rappresentante Hale Boggs, Hubert, come Boggs, era dubbioso su molte delle conclusioni della commissione.[72] È interessante notare che Boggs, che morì in un incidente aereo nel 1972, una volta fu descritto come un "corriere" di Edith Stern, amica intima di Clay Shaw e legata al Mossad, a capo dell'impero mediatico WDSU di New Orleans, che aveva contribuito a creare l'immagine pubblica di Lee Harvey Oswald come "agitatore pro-Castro". Boggs e Hubert erano quindi in grado di limitare le indagini sull'organizzazione Shaw-Banister-Ferrie a New Orleans, che era strettamente legata alle operazioni di addestramento degli esuli cubani al lago Ponchartrain da parte di Frank Sturgis, agente della CIA e del Mossad.

Burt W. Griffin. Giovane recluta della commissione di Leon Hubert che indagava sul passato di Jack Ruby, Griffin era un ex assistente procuratore degli Stati Uniti e avvocato praticante a Cleveland. In seguito giudice giudiziario a Cleveland, Griffin, come Hubert, alla fine espresse dubbi sulle conclusioni della commissione, ma non espresse mai le sue riserve.

William T. Coleman, Jr. Al momento della sua nomina alla Commissione, Coleman era uno degli avvocati neri più importanti della nazione, associato allo studio legale "politico" Dilworth, Paxon, Kalish, Levy & Coleman, guidato dall'ex sindaco democratico di Filadelfia Richardson Dilworth. Coleman scalò gradualmente la carriera politica e legale facendo da assistente, tra il 1948 e il 1949, al giudice della Corte Suprema Felix Frankfurter, uno dei leader più accaniti della comunità ebraica americana. Il periodo di lavoro di Coleman si svolse contemporaneamente alla creazione dello Stato di Israele.[73] Alla Commissione Warren, Coleman era il membro principale di un team che esaminava le "possibili cospirazioni straniere" dietro l'assassinio del Presidente Kennedy. Non rivelò alcuna cospirazione.

W. David Slawson. Laureatosi a Princeton con un master in fisica teorica, Slawson lavorò essenzialmente come assistente di William Coleman - di undici anni più anziano - nella "ricerca di teorie cospirative".[74] Inutile dire che si trattava di una posizione a dir poco improbabile per un giovane con una formazione in fisica che doveva indagare su cospirazioni straniere che avrebbero potuto essere alla base dell'assassinio. Dopo aver lasciato la Commissione Warren, Slawson abbandonò lo studio delle cospirazioni internazionali e si specializzò, come professore di legge alla University of Southern California, nei settori molto meno teorici e altamente antiscientifici dei contratti e dell'antitrust.

---

[72] *Il Consigliere*. 1° giugno 1967.
[73] *The National Law Journal, Ibidem*.
[74] *Ibidem*.

Francis W.H. Adams. Ex commissario di polizia di New York dal 1954 al 1955, Adams avrebbe dovuto essere uno dei principali investigatori della commissione. Sembra, tuttavia, che Adams fosse solo una copertura.[75] Adams avrebbe dovuto collaborare con Arlen Specter per seguire le attività del Presidente Kennedy a Dallas e indagare sul corteo di auto, ma secondo il *National Law Journal* Adams era "raramente presente", tanto che Warren, il presidente della Commissione, lo scambiò per un medico legale che testimoniava davanti alla Commissione.

Raccomandato alla commissione da Robert Wagner, sindaco di New York, da tempo noto per i suoi stretti rapporti con la comunità ebraica newyorkese, si potrebbe giustamente pensare che Adams sia particolarmente in sintonia con le preoccupazioni politiche degli ebrei, visto il suo prestigioso passato come commissario di polizia di New York.

Alfredda Scobey. Unica donna della commissione, era probabilmente la meno conosciuta di tutto lo staff. Impiegata legale del nipote del senatore Richard Russell (D-Ga.), giudice della Georgia e membro della Commissione Warren, la signora Scobey, all'epoca 51enne e notevolmente più anziana di quasi tutti i suoi colleghi, era stata nominata nello staff su raccomandazione di Russell. Era la sua "rappresentante", poiché il senatore non partecipava a molte riunioni della commissione. Poiché Russell fu in seguito identificato come uno dei "dissidenti" della Commissione Warren, Scobey dovette essere molto cauta nei suoi commenti. Di tutto il personale della Commissione - e forse proprio grazie alla sua vigilanza - Scobey non salì mai alla ribalta, tornando a lavorare come impiegata legale fino al suo pensionamento.

Charles N. Shaffer, Jr. Membro quasi dimenticato dello staff della Commissione Warren, Shaffer è stato assistente del procuratore degli Stati Uniti prima e dopo la Commissione Warren. Shaffer deve il suo momento di gloria al suo cliente più famoso, John Dean, il personaggio del Watergate che contribuì a far cadere l'amministrazione Nixon. Infine, come vedremo nell'Appendice 7, lo scandalo Watergate fu molto più importante di quanto si possa pensare ed è effettivamente collegato all'assassinio di Kennedy, ma non nel modo in cui molti ricercatori sembrano credere. La ricomparsa di Shaffer nel Watergate potrebbe non essere una coincidenza.

John Hart Ely. Un altro dei poco conosciuti collaboratori junior - all'epoca aveva solo 24 anni - questo laureato di Yale fu premiato per il suo servizio alla Commissione Warren dopo un tirocinio sotto la guida di Warren, il presidente della Commissione, dopo che questa era stata sciolta. Ely divenne poi preside della prestigiosa Stanford Law School.

È chiaro che nello staff della Commissione Warren c'era una precisa "presenza ebraica" in quasi tutti gli aspetti chiave delle indagini. E anche quando un membro dello staff della Warren non era necessariamente ebreo, molti di questi dipendenti avevano altri legami che li rendevano "sensibili" alle preoccupazioni degli ebrei. Non

---

[75] *Ibidem.*

è un argomento piacevole e certamente provoca accuse di "antisemitismo", ma vale la pena di esaminarlo, soprattutto alla luce di quanto suggerito nel *Giudizio finale*.

IL LEGAME DI GERALD FORD CON IL MOSSAD E LANSKY

Tuttavia, la "presenza ebraica" nella Commissione Warren ha un'altra interessante sfaccettatura, che non è mai stata esplorata altrove, a conoscenza dell'autore.

Sebbene i ricercatori abbiano insistito senza sosta sul fatto che il membro della Commissione Warren (e poi Presidente degli Stati Uniti) Gerald Ford, all'epoca deputato repubblicano del Michigan, fosse il fresco informatore di J. Edgar Hoover, che fornì all'FBI risultati confidenziali per tutta la durata della commissione, è possibile avanzare un'argomentazione altrettanto convincente secondo cui Ford era almeno un potenziale intermediario tra il sindacato di Lansky e il Mossad.

A prima vista, questa sorprendente affermazione può sembrare a qualcuno un po' straordinaria, ma analizziamo i fatti. All'epoca in cui Ford fu nominato membro della commissione, uno dei suoi più stretti alleati politici e principali finanziatori era un personaggio di Detroit chiamato Max Fisher. Subito dopo che Ford divenne presidente nel 1974, sulla scia dello scandalo Watergate, Fisher fu descritto come uno degli "uomini misteriosi dietro Gerald Ford", che "diceva al Presidente cosa fare e quando farlo".[76] E alla luce del suo status nei crescenti interessi politici di Ford, sappiamo che nel 1963, quando Ford fu nominato membro della Commissione Warren, Fisher era anche nella posizione di dire a Ford "cosa fare e quando farlo".

Chi è Max Fisher? Ecco come Gerald Ford ha descritto Fisher nelle sue memorie. Fisher era "un importante uomo d'affari di Detroit che era presidente dell'Agenzia Ebraica per Israele". Max è sempre stato un repubblicano e un caro amico.[77] Per anni è stato ambasciatore non ufficiale tra gli Stati Uniti e Israele e i suoi contatti ai più alti livelli di entrambi i governi ci hanno spesso aiutato a superare le incomprensioni".

Il ritratto di Fisher fatto da Edward Tivnan in *The Lobby: Jewish Political Power and American Foreign Policy* è ancora più dettagliato e mostra il grande ruolo di Fisher all'interno della lobby ebraica in America. Tivnan descrive Fisher come, tra l'altro: "ex capo del Council of Jewish Federations and Provident Funds, presidente dello United Jewish Appeal, membro del Comitato esecutivo dell'American Jewish Committee, grande donatore del Partito Repubblicano".[78]

Per quanto riguarda lo status di Fisher sia qui negli Stati Uniti che in Israele, Jean Baer scrive mirabilmente nel suo libro, *The Self Chosen*, che Fisher "ha servito come consulente finanziario non ufficiale del governo israeliano ed è stato definito 'probabilmente il repubblicano più importante del Paese'".[79]

Mentre molti socialisti del GOP contestano l'affermazione di Baer secondo cui Fisher è "il repubblicano più importante del Paese", il corrispondente israeliano Wolf Blitzer aveva probabilmente una prospettiva più ampia quando nel 1985 affermò che

---

[76] *The National Police Gazette*, dicembre 1974.
[77] Gerald R. Ford. *A Time to Heal: The Autobiography of Gerald R. Ford* (New York: Harper & Row, 1979), pag. 248.
[78] Edward Tivnan: *The Lobby: Jewish Political Power and American Foreign Policy* (New York: Simon & Schuster, 1987), pag. 79.
[79] Jean Baer. *The Self Chosen* (New York: Arbor House, 1982), p. 313.

Fisher era "da tempo l'ebreo più influente del Partito Repubblicano" - sicuramente uno status unico per qualsiasi standard - e tra coloro che, secondo Blitzer, "hanno sensibilizzato la leadership nazionale repubblicana alla questione della sicurezza, [80]nel 1985 che Fisher è stato "a lungo l'ebreo più influente del Partito Repubblicano" - uno status sicuramente unico per qualsiasi standard - e tra coloro che, secondo Blitzer, "hanno sensibilizzato la leadership nazionale repubblicana alle preoccupazioni della comunità ebraica americana".[81]

In Jewish Power: Inside the American Jewish Establishment, J.J. Goldberg descrive il capo angelo finanziario di Ford come uno dei "due leader più importanti della comunità ebraica organizzata...[e] uno degli uomini più ricchi d'America...[che] ha sempre insistito sul fatto che non parlava per se stesso ma per la comunità ebraica americana e i suoi leader eletti". [che] ha sempre insistito sul fatto che non parlava per se stesso, ma per la comunità ebraica americana e i suoi leader eletti".[82] Quindi, come possiamo vedere, Fisher era davvero una persona da non sottovalutare, per non dire altro.[83]

Più interessante è il fatto che, nel contesto delle lotte di JFK con Israele di cui abbiamo parlato in *Giudizio finale*, Goldberg citi Fisher dicendo che, anche se gli elettori ebrei fossero stati politicamente più inclini al partito democratico, "Kennedy non avrebbe spedito armi" a Israele (anche se Fisher aggiunge erroneamente che nemmeno Lyndon Johnson lo fece), suggerendo che questa potente figura della comunità ebraica americana non era affatto soddisfatta dell'atteggiamento di JFK nei confronti della nazione straniera preferita da Fisher.

FISHER, ROSENBAUM E IL MONDO SOTTERRANEO

Ma il passato politico e finanziario meno pubblico di Fisher - prima che salisse alla ribalta - è molto più interessante, soprattutto se si considera il suo accesso alla Commissione Warren attraverso Gerald Ford.

All'epoca dell'assassinio di JFK, Fisher era infatti un collaboratore di Tibor Rosenbaum, figura storica del Mossad e promotore della società Permindex (di cui si parla dettagliatamente nel capitolo 15), che ebbe un ruolo centrale nella cospirazione dell'assassinio.

Nel 1957, in collaborazione con la Swiss-Israel Trade Bank di Tibor Rosenbaum, Fisher acquisì una partecipazione di maggioranza nel conglomerato israeliano Paz, da tempo di proprietà della famiglia Rothschild in Europa, che manteneva il monopolio degli interessi petroliferi e petrolchimici israeliani.[84]

(Come abbiamo notato nel capitolo 7 - in modo abbastanza significativo - uno dei partner di Rosenbaum nella Banca commerciale Svizzera-Israele era Shaul Eisenberg, una figura di lunga data del Mossad e uno dei principali istigatori del programma di

---

[80] Wolf Blitzer. *Tra Washington e Gerusalemme* (New York: Oxford University Press, 1985), p. 132.
[81] *Ibidem*, p. 157.
[82] J. J. Goldberg. *Jewish Power: Inside the American Jewish Establishment.* (Reading, Massachusetts: Addison-Wesley Publishing Company, Inc., 1996), pp. 169-170.
[83] *Ibidem*.
[84] *Ibidem*, pp. 465-466.

bomba nucleare di Israele. Ma, come vedremo nell'Appendice 9, ci sono molti altri aspetti di Eisenberg che verranno trattati in seguito.

Tuttavia, i legami di Fisher con Israele risalgono a molto più lontano e sono molto più profondi. Il mentore di Fisher - in termini di ruolo nella promozione degli interessi di Israele - è stato nientemeno che il generale Julius Klein, l'ex ufficiale dell'esercito statunitense che ha svolto un ruolo fondamentale nella creazione del Mossad israeliano e che in seguito è stato presidente della Banca commerciale Svizzera-Israele. Lo stesso Klein descrive Fisher come "il mio protetto che ho sempre... tenuto informato sulle questioni di intelligence".[85]

Tra la fine degli anni '40 e l'inizio degli anni '50, Fisher si recò in Israele con Klein e partecipò all'addestramento delle forze armate e dei servizi segreti israeliani attraverso le attività dell'Istituto Sonneborn, al quale era associato nientemeno che il maggiore Louis Bloomfield. In seguito, Bloomfield sarebbe stato presidente e presidente del consiglio di amministrazione della società Permindex di Tibor Rosenbaum.[86]

Nel capitolo 8 abbiamo parlato dell'Istituto Sonneborn, creato per fornire armi, denaro e altra assistenza tattica alla resistenza ebraica in Palestina prima della creazione di Israele nel 1948. Come abbiamo notato, l'Istituto non solo aveva notevoli connessioni con i servizi segreti, ma aveva anche legami molto stretti con il Sindacato Lansky.

Non sorprenderà quindi il lettore sapere che uno dei contatti di Fisher per il contrabbando di petrolio e armi all'Haganah ebraico attraverso Sonneborn era Morris Dalitz, una figura in ascesa del Sindacato Lansky, allora parte della banda dei Porpora di Detroit, e uno dei principali commercianti di surplus militari del Medio Occidente.[87] Lo stesso Dalitz sarebbe poi diventato un importante investitore di Permindex e una delle figure più importanti del sindacato criminale.

(Nel capitolo 10 abbiamo fatto la conoscenza di Dalitz e discusso lo strano legame tra Dalitz e Robert Blakey, capo della Commissione della Camera. Nel capitolo 14 abbiamo approfondito come Blakey, pur proclamando che "la mafia ha ucciso JFK", abbia puntato il dito su personaggi della malavita italo-americana distogliendo l'attenzione dai membri ebrei del sindacato di Lansky.

È interessante notare che Fisher e Dalitz dovevano lavorare insieme in quel periodo, dato che all'inizio degli anni '30 - quasi 20 anni prima - Fisher era stato un "corriere" per la Purple gang di Dalitz a Detroit, trasportando i proventi ai contrabbandieri della famiglia Bronfman in Canada come pagamento anticipato per le prossime spedizioni di merci illecite.[88] La relazione tra Fisher e Dalitz chiude il cerchio della storia. I due uomini d'affari che avevano raggiunto la prosperità nel sinistro mondo del sindacato del crimine di Lansky erano ora coinvolti in attività segrete (e senza dubbio redditizie) per promuovere la causa di Israele.

Le attività pubbliche di Fisher a favore di Israele lo hanno portato alla rispettabilità pubblica. Fino ad allora era stato conosciuto semplicemente come un uomo

---

[85] *Executive Intelligence Review*. Dope, Inc (Washington, DC: Executive Intelligence Review, 1992), p. 502.
[86] *Ibidem*, p. 505.
[87] *Ibidem*, p. 507.
[88] *Ibidem*, p. 503.

benestante, un piccolo magnate del petrolio. Tuttavia, nel 1957, quando entrò a far parte del conglomerato israeliano Paz come socio di Tibor Rosenbaum e Shaul Eisenberg, le fortune e l'influenza politica di Fisher crebbero notevolmente.

Nel 1964 - quando il deputato del Michigan Gerald Ford era membro della Commissione Warren - Max Fisher era l'indiscusso angelo finanziario di Ford e del Partito Repubblicano del Michigan.

Le fortune di Fisher continuarono a crescere, così come la sua influenza nel Partito Repubblicano a livello nazionale e sulla scena ebraica internazionale.[89] Nel 1975, l'influente Fisher assunse la presidenza di United Brands, ex United Fruit (il ruolo di United Fruit nel colpo di Stato del 1954 in Guatemala - in collaborazione con la CIA - è discusso, tra gli altri, da David Wise e Thomas B. Ross nel loro libro *The Invisible Government* - uno dei primi a denunciare la CIA - che si riferisce a questa disavventura centroamericana come "la guerra delle banane della CIA").[90]

Max Fisher, l'amico comune di Tibor Rosenbaum e Gerald Ford, è ancora uno degli uomini più potenti d'America, se non del mondo. Ma Ford e Rosenbaum avevano un altro interessante amico comune. E, come vedremo, questo amico comune - come Max Fisher - giocò un ruolo centrale nell'avanzamento della carriera politica di Gerald Ford in un momento cruciale.

Nella loro avvincente biografia di Meyer Lansky, gli autori Dennis Eisenberg, Uri Dan ed Eli Landau dedicano un intero capitolo a Tibor Rosenbaum, collaboratore del Mossad di Lansky, e ne discutono i coloriti e affascinanti legami internazionali. Di Rosembaum sottolineano che:

"Un altro dei suoi buoni amici in alto loco era il Principe Bernhard, consorte della Regina dei Paesi Bassi, che lo invitò al Palazzo Reale in Olanda per tenere una lezione ai principali banchieri olandesi sulle buone pratiche commerciali. Anche in questo caso, si scatenò uno scandalo quando il Principe vendette un castello, Warmelo, per 400.000 dollari a una società del Liechtenstein, la Evlyma, Inc. di proprietà di Rosenbaum [BCI]. Non è mai stato chiarito perché questo castello sia stato venduto al banchiere svizzero per un prezzo che viene definito ridicolmente basso".[91]

(Inutile dire che l'origine di questo strano accordo tra Bernhard e Rosenbaum è fonte di ispirazione per i teorici della cospirazione. Si trattava di una tangente da Bernhard a Rosenbaum in cambio di un favore, come ad esempio l'orchestrazione da parte di Rosenbaum di un assassinio, utilizzando le sue conoscenze nel Mossad, per Bernhard e i suoi associati?

(O forse si trattava piuttosto di un accordo da parte di Bernhard in seguito al ricatto di Rosenbaum che, con le sue fonti del Mossad, avrebbe potuto trovare informazioni compromettenti sul controverso principe, noto per essere un arrivista e un trafficante della peggior specie?

---

[89] *Ibidem*, p. 509.
[90] David Wise e Thomas B. Ross. *Il governo invisibile*. (New York: Random House, 1964), pp. 168-171.
[91] Dennis Eisenberg, Uri Dan e Eli Landau. *Meyer Lansky: Mogul of the Mob* (New York: Paddington Press Ltd., 1979), p. 272.

Comunque sia, mentre Bernhard era coinvolto nel complotto con Tibor Rosenbaum, stava anche portando Gerald Ford nei circoli più alti dell'élite internazionale.

IL LEGAME CON IL BILDERBERG

Bernhard, fondatore dell'annuale incontro privato internazionale noto come Bilderberg, invitò il deputato del Michigan (da poco nominato membro della Commissione Warren) a partecipare all'incontro Bilderberg del 1964, tenutosi a Williamsburg, in Virginia, dal 20 al 22 marzo di quell'anno. Le riunioni si tenevano regolarmente in tutto il mondo dal 1954 e prendevano il nome dall'Hotel Bilderberg in Olanda, dove si tenne la prima riunione di questo tipo.

L'11 aprile 1964, il senatore Jacob Javits (R.Y.) parlò al Senato per annunciare di aver partecipato alla riunione del 1964 a Williamsburg, in Virginia. Gerald Ford fu l'unico altro membro del Congresso ad unirsi a lui alla riunione, secondo l'elenco dei partecipanti che Javits pubblicò nel Congressional Record. Anche John J. McCloy, descritto come "avvocato e diplomatico", partecipò all'incontro".[92] McCloy, insieme a Ford, all'epoca era anche membro della Commissione Warren.

Questo incontro internazionale - che si è concluso esattamente quattro mesi dopo la morte del Presidente Kennedy - non poteva non concentrarsi sull'impatto dell'assassinio di JFK sugli affari mondiali. Inoltre, non c'è dubbio che siano state discusse anche le ramificazioni di un possibile complotto per l'assassinio, in particolare quello proveniente da una fonte straniera (che si tratti della Cuba di Castro, del KGB sovietico o del Mossad). Di conseguenza, è altamente improbabile che i due membri della Commissione Warren presenti non abbiano discusso dell'indagine in corso durante la riunione informale di tre giorni.

Sebbene il tema del Bilderberg e del suo impatto sugli affari mondiali esuli dallo scopo di questo libro - ed è stato analizzato da una prospettiva molto migliore altrove (in particolare in *The Spotlight* e ora in *American Free Press*) - non c'è dubbio che Bernhard abbia spinto Ford a un livello più alto di quanto non fosse mai stato prima.

Tra i partecipanti alle riunioni dell'élite Bilderberg - di solito non più di 100-120 persone - ci sono le persone più ricche e potenti del mondo. Gli incontri del Bilderberg, sebbene "guidati" da Bernhard, sono finanziati congiuntamente dalle famiglie Rockefeller e Rothschild, i cui rappresentanti sono molto presenti, nonché da una manciata di personalità politiche degli Stati Uniti e dell'Europa occidentale, a cui si aggiungono figure selezionate di importanti fondazioni, del mondo accademico e del lavoro.

Erano presenti anche grandi nomi dei media, sebbene avessero giurato di mantenere il segreto e di non riferire mai sulle discussioni private che si svolgevano durante la conferenza.[93] Ad esempio, l'ex agente della CIA William F. Buckley Jr. fu invitato alla riunione del Bilderberg a Cesme, in Turchia, nel 1975, ma la rivista "conservatrice" *National Review* di Buckley ha sempre assicurato ai suoi lettori che non c'era nulla di "cospiratorio" nel gruppo Bilderberg.

---

[92] *Congressional Record*, 11 aprile 1964.
[93] Lobby della Libertà. *Riflettori puntati sui Bilderberger*. (Washington, DC: Liberty Lobby, 1997), p. 33.

(I legami della famiglia Buckley con gli interessi petroliferi israeliani, discussi nel capitolo 9, sono interessanti, soprattutto perché, come abbiamo visto, la famiglia Rothschild ha prima dominato l'industria petrolifera israeliana e poi ha venduto interessi sostanziali nel suo conglomerato Paz a Tibor Rosenbaum e Max Fisher, il benefattore di Gerald Ford nel Michigan).

In ogni caso, lo stesso Gerald Ford era consapevole del grande onore che il Principe Bernhard gli aveva fatto quando era stato invitato a partecipare all'incontro.[94] "Non fai parte dell'organizzazione e ricevi un invito dal Principe", si era vantato Ford nel 1965 (che nel 1966 fu nuovamente invitato dal Principe Bernhard, buon amico di Tibor Rosenbaum, a partecipare a questo importante conclave internazionale).[95]

Tuttavia, la prima partecipazione di Ford alla riunione del Bilderberg nel 1964 non fu in realtà la prima. Nel 1961, Ford era stato invitato a partecipare a un incontro del Bilderberg in Quebec, ma a causa di un pesante carico di lavoro e di problemi familiari - i suoi figli erano "affetti da scarlattina" - il giovane deputato Ford non poté partecipare a questo conciliabolo riservato all'élite.[96]

Non ci vuole quindi molta immaginazione - né alcun tipo di "teoria della cospirazione" - per suggerire che è stato proprio grazie al suo servizio nella Commissione Warren (unito al suo ingresso nell'élite Bilderberg) che l'ascesa di Gerald Ford alle alte cariche è stata assicurata. Altri ricercatori hanno avanzato questa ipotesi, ma non hanno mai esplorato i legami di Ford come abbiamo fatto noi qui.

Da questo punto di vista, come per altri aspetti relativi al complotto e all'insabbiamento dell'assassinio di JFK, *Giudizio Finale* non lesina parole nell'esaminare il quadro generale: l'altra faccia del puzzle.

Tuttavia, i profondi legami tra la classe dirigente bancaria internazionale e l'élite sionista negli affari della Commissione Warren si trovano nel curriculum vitae di un altro membro della Commissione.

JOHN McCLOY

Sarebbe un peccato non parlare delle altre interessanti (e poco conosciute) connessioni di John McCloy, collega di Ford alla riunione del Bilderberg del 1964 (e membro della Commissione Warren). Sebbene sia considerato dagli studiosi come parte del cosiddetto "establishment WASP", McCloy stesso aveva stretti legami con i membri più anziani dell'élite ebraica che svolgevano un ruolo importante nella lobby pro-Israele in America e come mecenati di Israele.[97] Non solo McCloy era direttore dell'Empire Trust, una joint venture finanziaria tra potenti famiglie ebraiche internazionali come i Lehman, i Loeb e i Bronfman,[98] ma "la sua carriera era da tempo intimamente legata ai Warburg",[99] in quanto possedeva proprietà in comproprietà con

---

[94] *Danbury News-Times*, 21 giugno 1974.
[95] *Congressional Record*, 15 settembre 1971.
[96] Lettera del 21 febbraio 1961 di Gerald Ford (firmata "Jerry") a Gabriel Hauge, figura di lunga data delle riunioni del Bilderberg, archiviata tra le carte private di Hauge all'Università di Stanford.
[97] Malachi Martin. *Le chiavi di questo sangue* (New York: Simon & Schuster, 1990), p. 335.
[98] Stephen Birmingham. *Our Crowd* (New York: Harper & Row, 1967), p. 378.
[99] Ron Chernow. *I Warburg*. (New York: Vintage Books, 1994), pp. 575-576.

loro, ma fungeva anche da consulente legale per i membri della famiglia.[100] Il suo rapporto con i Warburg era così stretto che sua madre, parrucchiera,[101] si occupava dei capelli di Frieda Warburg, una delle grandi della famiglia.[102] I Warburg erano figure importanti accanto a Max Fisher, mentore di Gerald Ford, e al suo socio in affari, Shaul Eisenberg, negli affari finanziari di Israele. Nel 1964, il loro stretto collaboratore John McCloy fu opportunamente assegnato alla Commissione Warren, con l'obiettivo di nascondere qualsiasi legame israeliano con l'affare JFK che potesse emergere.

ALCUNE CONCLUSIONI

Possiamo essere certi, data la lealtà di Ford nei confronti di Max Fisher, che se Fisher e i suoi amici della Mafia e del Mossad volevano "soffiate" sull'indagine della Commissione Warren, Ford era disposto e in grado di fornire ciò di cui avevano bisogno. Conclusioni simili possono essere giustamente tratte su John McCloy, dati i suoi stretti legami con la famiglia Warburg e altri interessi intimamente legati al destino dello Stato di Israele.

C'era una "influenza ebraica" o una "presenza ebraica" nella Commissione Warren? Sì, sicuramente c'era. Cosa significa questo per le conclusioni della Commissione? Molto semplicemente: se la teoria avanzata in *Giudizio finale* è corretta, ossia che il Mossad israeliano ha avuto un ruolo nell'assassinio del presidente John F. Kennedy, allora il meccanismo di insabbiamento era in atto fin dall'inizio. La Commissione Warren non avrebbe mai potuto determinare la verità.

---

[100] *Ibidem*, p. 576.
[101] *Ibidem*, p. 619.
[102] *Ibidem*.

APPENDICE 5

I biglietti verdi di la verità sul legame con la Federal Reserve. Un po' di verità e molta disinformazione

Giudizio Finale è stato il primo libro a documentare il fatto che la dinastia Kennedy aveva effettivamente intenzione di rompere il monopolio finanziario della Federal Reserve sul sistema monetario statunitense. Tuttavia, c'è ancora chi - in tutta sincerità - diffonde inavvertitamente disinformazione sul complotto dell'assassinio di JFK, sostenendo che JFK - per decreto - reintrodusse nell'economia statunitense le banconote statunitensi non controllate dalla Federal Reserve durante la sua amministrazione. Sì, le banconote statunitensi furono emesse durante l'amministrazione Kennedy - su questo non c'è dubbio - ma c'è molto di più nella storia.

La storia secondo cui "La Federal Reserve ha ucciso JFK" fa parte della leggenda della controversia sul complotto dell'assassinio di JFK. Allo stesso tempo, però, c'è molta disinformazione in giro su questo argomento e cercherò qui di affrontare la questione, anche se sono sicuro che, qualunque cosa io dica, ci saranno quei "veri credenti" che non saranno interessati ai fatti, se non altro perché i fatti contraddicono ciò che hanno creduto a lungo come articoli di fede.

Subito dopo l'uscita della prima edizione di *Giudizio Finale* ho ricevuto diverse lettere di insoddisfazione da parte dei lettori che dicevano sostanzialmente quanto segue:

Perché non afferma nella *Sentenza Finale* che il Presidente Kennedy emise un ordine esecutivo che introdusse la moneta fiat (a volte chiamata "greenback") nell'economia statunitense, aggirando così l'incostituzionale monopolio monetario della Federal Reserve statunitense, controllata dalle banche internazionali? Così facendo, JFK creò una vera e propria falla nella corazza della Fed. Questo fu certamente il motivo principale per cui fu assassinato, ma lei menziona la Fed solo di sfuggita. Anche Jim Marrs ne parla nel suo libro *Crossfire*.

Con mia sorpresa, ricevevo lamentele di questo tipo nonostante nel Capitolo 4 di *Giudizio Finale* avessi dimostrato - per la prima volta - le intenzioni della famiglia Kennedy di combattere la Fed. Joe Kennedy aveva espresso questo punto in un incontro privato con DeWest Hooker, un mio vecchio amico intimo, uomo d'affari internazionale e leader patriottico di lunga data, alcuni anni prima che JFK fosse eletto Presidente.

Quindi non c'è dubbio che i Kennedy fossero cauti nei confronti dei metodi della Fed e desiderosi di metterli in riga quando potevano. Questo è un dato di fatto. Tuttavia, francamente, sembra abbastanza ovvio che JFK fosse politicamente abbastanza astuto da sapere che non poteva intraprendere azioni serie contro la Fed durante il suo primo mandato, quando stava affrontando una dura campagna di rielezione. Nel suo secondo mandato, tuttavia, avrebbe potuto prendere tali iniziative.

Quando ha parlato delle intenzioni della famiglia nei confronti della Fed, Joe Kennedy ha parlato a lungo termine. Sapeva che sarebbe stato impossibile detronizzare la Fed e i suoi regolatori nella comunità bancaria internazionale da un giorno all'altro. Per questo l'obiettivo finale della famiglia Kennedy era quello di consolidare il proprio potere e smascherare la Fed.

Il fatto è che, come sottolineo nella *Sentenza Finale*, durante l'amministrazione Kennedy furono emesse banconote statunitensi senza interessi. Ne ho avute alcune tra le mani, ma il punto è questo: furono emesse in conformità con una politica federale di lunga data che prevedeva l'emissione regolare di un certo numero di U.S. Notes. Queste banconote sarebbero state emesse indipendentemente dal presidente dell'epoca, a meno che, ovviamente, non fosse salito al potere un presidente populista che avesse completamente sconvolto la Federal Reserve. Ma ciò non accadde.

QUELLO CHE HA DETTO MARRS....

Ora, per coloro che hanno citato il libro di Marrs come fonte per questa storia, ripeterò, parola per parola, ciò che Marrs ha detto (e questo è ciò che sostengono altri sostenitori di questa teoria):

"Un altro aspetto trascurato del tentativo di Kennedy di riformare la società americana riguarda il denaro. A quanto pare Kennedy riteneva che tornando alla Costituzione, che stabilisce che solo il Congresso deve coniare monete e regolare la valuta, si sarebbe potuto ridurre l'impennata del debito nazionale evitando di pagare gli interessi ai banchieri della Federal Reserve, che stampano cartamoneta [e] poi la prestano al governo a tassi di interesse.

"Il 4 giugno 1963 Kennedy decise di intervenire in questo settore firmando l'Ordine Esecutivo 11.110, che prevedeva l'emissione di 4.292.893.815 dollari in banconote statunitensi attraverso il Tesoro degli Stati Uniti piuttosto che attraverso il tradizionale sistema della Federal Reserve. Lo stesso giorno, Kennedy firmò una legge che modificava il supporto aureo delle banconote da uno e due dollari, aggiungendo forza alla valuta statunitense indebolita... Alcune "banconote Kennedy" furono effettivamente emesse - l'autore possiede una banconota da cinque dollari con la scritta "United States Note" - ma furono rapidamente ritirate dopo la morte di Kennedy".[103]

INFORMAZIONI ERRATE

I lettori attenti del libro di Marrs si rivolgeranno senza dubbio alle sue note di riferimento per trovare la fonte di queste informazioni. Mi dispiace riferire che egli cita il mio vecchio giornale, *The Spotlight*, in particolare il numero del 31 ottobre 1988 (pagina 2), come fonte di queste informazioni.

---

[103] Jim Marrs, *Crossfire* (New York: Carroll & Graf, 1995), pag. 275.

Il motivo per cui mi scuso è che nel numero successivo il nostro settimanale ha pubblicato una correzione di scuse da parte del direttore, in cui si afferma che l'informazione era sbagliata e non avrebbe mai dovuto essere pubblicata.

Un redattore junior inesperto aveva inserito un breve articolo in una rubrica del giornale ed era sfuggito agli altri redattori.

L'informazione, infatti, si basava su informazioni errate che circolavano da alcuni anni in una selezione di altre newsletter e che erano state ristampate parola per parola, alla cieca. Il nostro vicedirettore aveva visto la storia, l'aveva trovata stimolante e l'aveva stampata.

Ora, a seguito di quanto abbiamo riportato, la storia ha assunto una nuova dimensione, soprattutto da quando Jim Marrs l'ha citata e migliaia di altre persone hanno visto l'interpretazione di Marrs e l'hanno accettata come fatto. Da allora, Marrs è stato citato molte volte, soprattutto su Internet.

E ORA I FATTI....

Quindi, in realtà, la questione è se l'Ordine Esecutivo (EO) 11, 110, firmato da JFK il 4 giugno 1963 e presumibilmente abrogato da LBJ poche ore dopo la morte di JFK, abbia approvato più di 4 miliardi di dollari in banconote statunitensi, emesse direttamente dal Tesoro, invece di banconote della Federal Reserve che fruttano interessi alle banche della Federal Reserve.

Infatti, fu l'amministrazione Reagan - e non LBJ - ad abrogare definitivamente l'EO 11.110. E quell'EO riguardava i certificati d'argento - non i "greenback" - quando Reagan firmò l'EO 12.608, che revocava diversi ordini esecutivi obsoleti.

L'EO 11, 110 riguardava la concessione al Segretario del Tesoro dell'autorità di emettere norme e regolamenti per consentire al Segretario di agire senza l'approvazione presidenziale sulle vendite di lingotti d'argento. In qualità di presidente, JFK revocò entrambi gli emendamenti con l'EO 11, 110.

Ripeto, l'emissione di "greenbacks" (tecnicamente noti come United States Notes) non era nemmeno oggetto dell'EO 11, 110 di JFK.

I greenback emessi sotto l'amministrazione Kennedy furono emessi in base a una legge federale di lunga data che imponeva che un certo numero di banconote statunitensi rimanesse in circolazione attraverso il Dipartimento del Tesoro.

Per coloro che non hanno familiarità con le complessità della finanza e con la controversia sulla Federal Reserve, ecco una breve descrizione delle banconote statunitensi scritta dalla compianta Gertrude Coogan, da sempre studiosa del denaro:

"Le banconote statunitensi sono il tipo di denaro per il quale il banchiere privato non chiede interessi al contribuente. Sono denaro vero e proprio e oggi hanno corso legale. Se tutto il denaro utilizzato in questo Paese fosse emesso dal governo degli Stati Uniti, non ci sarebbero periodi in cui il volume di denaro diminuisce improvvisamente per qualche motivo "misterioso". Le banconote statunitensi sono prive di interessi quando vengono create e non possono essere revocate".[104] In breve, le banconote statunitensi non forniscono alcun profitto alle banche private, a differenza delle banconote della Federal Reserve.

---

[104] *The Spotlight*, 15 febbraio 1982 e 20 aprile 1992.

Tuttavia, per dovere di cronaca, citeremo qui l'esatta spiegazione del perché 1) le banconote statunitensi furono effettivamente emesse nell'era Kennedy e perché 2) le banconote statunitensi sembrano ora essere state "ritirate" dalla circolazione.

Il fatto è che un atto del Congresso, approvato il 31 maggio 1878, ha dichiarato che il Tesoro degli Stati Uniti è tenuto a tenere in circolazione in ogni momento 322.539.016 dollari in banconote statunitensi.

Tuttavia, come ha ammesso Rudy Villareal, allora direttore della Divisione Cambi del Dipartimento del Tesoro, in un'intervista del 1982 a *Spotlight*, il Tesoro stesso non emetteva banconote statunitensi in circolazione, sebbene fosse da tempo incaricato di farlo dalla legislazione del Congresso. Egli affermò che le banconote statunitensi erano collocate nel cosiddetto caveau delle emissioni, ma, come sottolineò *Spotlight*, "sembrerebbe che, per una sorta di magia semantica, i burocrati considerino queste banconote immobilizzate come denaro 'circolante'".[105]

In effetti, sembra che l'ultima volta che le banconote statunitensi sono state introdotte nell'economia sia stato durante l'amministrazione di JFK, ma, ripeto, non è stato per mezzo di un ordine esecutivo speciale del Presidente, che è così spesso citato da coloro che dicono che "la Federal Reserve ha ucciso JFK".

Invece, l'emissione di banconote statunitensi durante l'era Kennedy avvenne in base a una legge già in vigore. Chi cita un ordine esecutivo di JFK che in realtà si riferisce ai certificati d'argento commette un grave errore e - involontariamente o meno - rende un cattivo servizio alla ricerca seria sul complotto per l'assassinio di JFK. Non lo sottolineerò mai abbastanza.

Spotlight pubblicò queste storie per cercare di contrastare la disinformazione che aveva contribuito a far circolare, solo per scoprire che c'erano così tante persone coinvolte nella storia e così determinate a dimostrare che "la Federal Reserve ha ucciso JFK" che si offesero per gli sforzi di *Spotlight* di mettere le cose in chiaro.

COME SI FA A SAPERE CHE LE COSE SONO ANDATE BENE

Basti dire che *Spotlight* non faceva parte di alcun "insabbiamento" del coinvolgimento della Fed. Al contrario, *Spotlight* cercava di arrivare alla verità, a qualunque costo, e cercava di evitare che patrioti e critici sinceri della Fed si mettessero in imbarazzo diffondendo informazioni errate che li avrebbero solo fatti apparire come sciocchi e avrebbero dato alla Fed più munizioni quando cercava di screditare i suoi critici.

Spero che questo chiarisca le cose. Non c'è dubbio, come ho detto, che la futura dinastia Kennedy avesse grandi progetti per distruggere il monopolio della Federal Reserve sulla moneta statunitense, ma l'OT 11.110 non faceva assolutamente parte di quel piano a lungo termine.

Questa storia continua a riemergere nonostante gli sforzi di *Spotlight* e di altri per mettere le cose in chiaro, questa storia ha una vita propria e temo davvero che non verrà mai seppellita.

Per concludere questa panoramica sul "legame" tra la Federal Reserve e l'assassinio di JFK, è forse opportuno affrontare ancora una volta, ma da

---

[105] *Ibidem*.

un'angolazione diversa, il difetto fondamentale della teoria (popolare tra i ricercatori "liberali" dell'assassinio di JFK) secondo cui la cospirazione dietro l'assassinio era intrinsecamente "di destra".

Il libro altamente informativo di Walt Brown, *Treachery in Dallas*, è forse il miglior esempio di quanto sia sbagliata questa teoria (e di come la teoria stessa si basi su un fraintendimento di ciò che costituisce il pensiero "di destra" in America), ed è uno dei migliori sforzi recenti per comprendere l'enigma JFK.

IL "DIRITTO" E LA RISERVA FEDERALE

Sebbene Brown appaia del tutto sincero e non stia certamente cercando di diffondere disinformazione, mette in luce un movente "di destra" per l'assassinio del Presidente Kennedy che semplicemente non è un movente "di destra". Brown si addentra nella spinosa questione della posizione di JFK in relazione al monopolio monetario privato noto come Federal Reserve degli Stati Uniti, e ripete il mito popolare che abbiamo esaminato in precedenza.

In *Treachery in Dallas* Brown scrive: "Quando le 'banconote americane' apparvero nel 1962, costarono molto denaro alle grandi imprese e agli interessi bancari, perché il governo, e non le banche, erano diventati intermediari. Queste 'banconote americane' scomparvero, dopo il 22 novembre, all'improvviso come erano apparse".[106] E aggiunge:

L'"alta finanza" degli Stati Uniti ha preso nota del fatto che Kennedy, all'inizio dell'emissione delle "banconote statunitensi", la moneta che è stata introdotta nella nostra economia man mano che se ne presentava la necessità, aveva notato che tra tutti i gruppi, il Tesoro degli Stati Uniti era quello costituzionalmente obbligato a farlo. Altri fondi erano stati "trasferiti" nel sistema dalla Federal Reserve, di cui non si fa menzione nella Costituzione, che tace sulle società private che controllano l'emissione di valuta statunitense".[107]

Mentre l'analisi di base di Brown sul funzionamento della Fed è fondamentale (ma oggettivamente sbagliata per quanto riguarda i dettagli effettivi del perché le banconote statunitensi sono state emesse), Brown commette un errore monumentale quando cita l'emissione di banconote statunitensi come parte della sua prova che c'era un motivo "di destra" che motivava il desiderio di rimuovere John F. Kennedy dalla Casa Bianca.

Il punto è che la percezione di Brown di ciò che costituisce la "destra" rispetto alla "sinistra" (o a qualsiasi partito, se è per questo) nella politica americana è ovviamente irrilevante, perché se Brown avesse fatto una qualche parvenza di indagine, avrebbe scoperto che è stata la "destra" americana a criticare così ferocemente la Federal Reserve.

Con alcune rare eccezioni, come i due populisti di sinistra del Texas, il rappresentante Wright Patman e il rappresentante Henry Gonzalez, e il rappresentante Jerry Voorhis, il democratico californiano che Richard Nixon affrontò per la rielezione alla Camera dei Rappresentanti, i più feroci e accesi critici della

---

[106] Walt Brown. *Treachery in Dallas* (New York: Carroll & Graf, 1995), pag. 85.
[107] Brown, p. 318.

Federal Reserve e della sua manipolazione del denaro erano populisti di "destra", da padre Charles Coughlin, il prete radiofonico degli anni '30, al colonnello James "Bo" Gritz, l'eroe della guerra del Vietnam ampiamente decorato che corse come candidato indipendente alle elezioni del 1992. Gritz affermò che la prima cosa che avrebbe fatto una volta eletto Presidente sarebbe stata quella di ripristinare il decreto di JFK sull'emissione di banconote statunitensi nell'economia. Ma, come abbiamo visto, tale decreto non esisteva.

La posizione di JFK sulla Federal Reserve era quindi una posizione "di destra", piuttosto che "liberale" o "progressista", soprattutto in considerazione del fatto che - come abbiamo visto in *Giudizio Finale*, capitolo 4 - il padre di JFK gli aveva insegnato tutti i rudimenti "di destra" su questo tema.

È interessante notare che il già citato Jim Marrs introduce anche la teoria secondo cui "la Federal Reserve ha ucciso JFK" - la descrizione del mito è mia, non sua - nel suo capitolo di *Crossfire* intitolato "Rednecks and Oilmen-Right wing Extremists and Texas Millionaires", come se ci fosse una qualche relazione tra gli interessi degli "estremisti di destra" e i controllori della Federal Reserve. Anche in questo caso, come abbiamo visto, si tratta di un'affermazione basata nel migliore dei casi su un'errata percezione e nel peggiore su una cattiva ricerca, ma che confonde ulteriormente le acque su un elemento già controverso che riguarda un argomento generale ancora più controverso.

La Federal Reserve ha certamente il potere di manipolare gli "estremisti di destra" per i propri fini. Tuttavia, come abbiamo visto nella nostra appendice su Guy Banister e i suoi associati "di destra", è possibile individuare un collegamento "di destra" (per così dire) alla cospirazione per l'assassinio di JFK, ma c'è sicuramente molto di più di quanto Brown, Marrs e altri comprendano chiaramente (o possano osare dire).

Gli interessi bancari che traggono profitto dal monopolio della Federal Reserve sono, va sottolineato, strettamente legati alla dinastia europea dei Rothschild, come dimostrano opere come il monumentale studio di Eustace Mullins, *The Federal Reserve Conspiracy*, che è senza dubbio l'opera più importante sull'argomento ed è stata la pietra miliare di tutti gli scritti successivi sul tema.

Quindi, se ricordiamo che la famiglia Rothschild era, di fatto, uno dei principali mecenati dello Stato di Israele, possiamo facilmente suggerire che anche la teoria secondo cui "la Federal Reserve ha ucciso JFK" ha un suo legittimo fondo di verità, in quanto il ruolo del Mossad israeliano, in collaborazione con la CIA e la mafia di Lansky, indica un legame tra Rothschild e Federal Reserve nel complotto per l'assassinio...

LE PROVE CONFUTANO IL MITO....

Un ultimo punto importante: nella sezione fotografica di *Giudizio Finale* c'è un'illustrazione di una banconota americana del 1966. Ho tenuto in mano questa banconota americana del 1966. È autentica. È in possesso di un ex critico del Federal Reserve System.

Il solo fatto che questa banconota statunitense del 1966 esista dimostra che è un mito assoluto che non siano state emesse banconote statunitensi dopo il 1963. È quindi un mito che il presidente Johnson abbia ritirato dalla circolazione tutte le banconote statunitensi quando è entrato in carica dopo la morte di JFK.

In fin dei conti, coloro che sono davvero alla ricerca dei fatti sul complotto per l'assassinio di JFK non si fanno un favore promulgando informazioni false sul legame con la Federal Reserve. Sono quindi lieto di avere l'opportunità di provare a chiarire le cose.

APPENDICE 6

Rappresaglie
Le strane morti di William Colby e John Paisley sono state collegate all'assassinio di JFK?

La morte dell'ex direttore della CIA William Colby in un bizzarro "incidente" in barca nella primavera del 1996 ha aggiunto molta benzina al fuoco dei teorici della cospirazione. La morte di Colby ricorda quella altrettanto bizzarra dell'ex funzionario della CIA John Paisley nel 1978. Sia Colby che Paisley erano critici espliciti dell'influenza israeliana all'interno della CIA e Colby si stava preparando - prima della sua morte - a intraprendere un lavoro attivo per la causa araba. In effetti, ci sono forti prove storiche che suggeriscono che entrambi gli uomini sono morti proprio a causa della loro opposizione a Israele. E, almeno nel caso di Paisley, c'è un legame particolare tra l'assassinio di JFK e quello di Paisley che deve assolutamente essere indagato.

Il 20 agosto 1996 il giornale scandalistico The *Sun* pubblicò un interessante "speciale flash" in cui si annunciava che "la morte del capo della CIA dovrebbe finalmente sollevare il coperchio sull'assassinio di JFK".[108] Il tabloid annunciava che l'ex direttore della CIA William Colby aveva intenzione di rivelare l'assassinio del Presidente Kennedy. Sebbene il tabloid non abbia fornito alcuna prova in tal senso, è indubbio che la strana scomparsa di Colby abbia fatto riflettere molte persone, e non solo i cosiddetti "teorici della cospirazione". Colby aveva infatti fatto alcuni commenti criptici sull'assassinio di JFK in un'intervista rilasciata poco prima della sua morte, quindi probabilmente c'è motivo di essere cauti.

Tuttavia, come vedremo in seguito, ci sono forti prove che suggeriscono che, se William Colby avesse avuto una soffiata sull'assassinio del Presidente Kennedy e sapesse che l'intelligence israeliana era effettivamente coinvolta, Colby sarebbe stato probabilmente l'ex alto funzionario dell'intelligence più propenso a dare l'allarme.

Su quali basi si può fare una simile affermazione? Il fatto è che, quando era direttore della CIA, William Colby era considerato ostile agli interessi di Israele, tanto che fu proprio Colby a licenziare James Jesus Angleton, l'agente del Mossad a lungo in forza alla CIA, che nel *Giudizio Finale* viene indicato come il personaggio chiave della CIA nel complotto per l'assassinio di JFK.

---

[108] *The Sun*, 20 agosto 1996.

ISRAELE, FONTE DI ATTRITO

Chiaramente, la maggior parte dei resoconti giornalistici dell'epoca, che descrivevano il licenziamento di Angleton da parte di Colby, non raccontavano l'intera storia. Tuttavia, secondo Wolf Blitzer, corrispondente di lunga data da Washington per il *Jerusalem Post*:
"*La CBS News* ha riferito nel 1975 che Angleton ha perso il suo lavoro nel dicembre 1974 a causa di dispute politiche su Israele e non a causa delle affermazioni della CIA di spionaggio domestico, come inizialmente riportato.... Angleton avrebbe anche litigato con il direttore della CIA William Colby per questioni di politica mediorientale".[109] In realtà, secondo Blitzer, era passata una settimana prima che il *New York Times* pubblicasse un articolo di Seymour Hersh in cui si affermava che la CIA era impegnata nello spionaggio interno e che Colby aveva detto ad Angleton che non poteva più gestire l'ufficio israeliano della CIA, dopo di che Angleton si era dimesso - di fatto cacciato da Colby.[110]

UNA MENTE CONTORTA...

Nel 1967, il comportamento di Angleton era diventato così bizzarro che, durante uno dei suoi viaggi in Israele, John Denley Walker, capo dell'ufficio della CIA in Israele, ritenne che Angleton fosse "sull'orlo di un esaurimento nervoso".[111] Tuttavia, quando lasciò la CIA nel dicembre 1974, sembra che Angleton abbia superato il limite.

Il giornalista *della CBS* News Daniel Schorr ha descritto il suo incontro con Angleton poco dopo il licenziamento da parte di Colby. Secondo Schorr, Angleton "vaneggiava, la conversazione era disarticolata. Era stato in Israele trenta volte. Non aveva mai incontrato Howard Hunt...".[112] (Ancora una volta, il rifiuto di Angleton di ammettere di conoscere Hunt, discusso nel capitolo 16). Angleton ha aggiunto: "Per ventidue anni mi sono occupato di questioni israeliane. Israele era l'unico Paese sano di mente in Medio Oriente".[113] Mentre i deliri di Angleton continuavano, Schorr decise che Angleton "era davvero pazzo".[114] Schorr dichiarò che Angleton "continuava a parlare come se io non fossi lì. Parlava come se stesse esaminando la propria mente".[115]

Di conseguenza, il più grande sostenitore di Israele della CIA è andato completamente fuori di testa e il nuovo direttore della CIA, William Colby, è stato visto come ostile agli amici di Angleton in Israele.

---

[109] Wolf Blitzer. *Between Washington and Jerusalem* (New York: Oxford University Press, 1985), p. 89.
[110] *Ibidem*.
[111] David Wise. *Molehunt* (New York: Avon Books, 1992), pag. 257.
[112] *Ibidem*, p. 272.
[113] *Ibidem*.
[114] *Ibidem*.
[115] *Ibidem*.

COLBY contro ISRAELE

Wolf Blitzer ha descritto come molti alti funzionari dell'intelligence statunitense non condividessero l'entusiasmo di Angleton per Israele, citando Colby come esempio specifico: "Molti [esponenti dell'intelligence] erano molto più preoccupati della posizione degli Stati Uniti nel mondo arabo. La loro valutazione dell'interesse nazionale degli Stati Uniti era più in linea con la tradizionale visione arabista del Dipartimento di Stato che con il pensiero di Angleton".

"Nel 1975, ad esempio, i funzionari dell'intelligence israeliana erano sempre più preoccupati per quella che sembrava essere una tendenza sempre più filo-araba tra alcuni analisti senior della CIA. La testimonianza a porte chiuse del novembre 1975 sull'equilibrio degli armamenti in Medio Oriente offerta dal direttore uscente della CIA William Colby fu una delle prime indicazioni di questo atteggiamento.

"Colby, che era stato appena rimosso dal presidente Ford ma che aveva chiesto di rimanere in carica fino a quando il suo successore designato, l'ambasciatore George Bush, non fosse tornato dalla Cina e non avesse ottenuto la conferma del Senato, ha sostenuto nella sua testimonianza che l'equilibrio di potere in Medio Oriente si stava spostando a favore di Israele. La sua testimonianza, che contesta le cifre presentate dagli ufficiali israeliani, è considerata da molti come una minaccia alla richiesta dell'amministrazione al Congresso di 1,5 miliardi di dollari in aiuti militari per Israele per l'anno fiscale in corso.

UNA GRAVE BATTUTA D'ARRESTO

"La causa di Israele all'interno della burocrazia della CIA, naturalmente, aveva subito una grave battuta d'arresto all'inizio dell'anno, quando Colby aveva licenziato Angleton... la cui ferma posizione contro i sovietici lo aveva portato a credere che gli interessi nazionali americani richiedessero un Israele forte in Medio Oriente per contrastare le crescenti avances sovietiche.... [e di conseguenza][... La controversa testimonianza di Colby contro Israele era un'altra espressione degli stessi atteggiamenti che avevano ispirato Angleton della CIA.

"Daniel Schorr, il corrispondente da Washington che lavorava per la CBS nel 1975, ha riferito che all'interno della CIA c'era una forte fazione pro-araba e solo una piccola fazione pro-Israele, e ha detto che questo gruppo pro-arabo ha fortemente influenzato le decisioni.... [116]Così il Segretario di Stato Henry Kissinger cercò di indebolire le argomentazioni di Colby sull'equilibrio degli armamenti in Medio Oriente", citando precedenti errori nelle valutazioni della CIA sul Medio Oriente, percepite come "filo-arabe" nella loro posizione.

Lo stesso William Colby fu infine licenziato dalla CIA, dopo essere fuggito da Israele e dalla sua lobby a Washington. Non sorprenderà i lettori sapere che, poco prima della sua morte "accidentale", Colby era in trattativa per intraprendere un lavoro di consulenza di alto livello per interessi arabi - un piccolo dettaglio

---

[116] *Ibidem*, pp. 91-92.

interessante che sembra essere stato trascurato in molte delle speculazioni sulla morte di Colby.

COLBY E GLI ARABI

Nella primavera del 1996, Colby contattò un giornalista di alto livello che sapeva essere rispettoso dei più alti funzionari diplomatici, militari e di intelligence arabi e chiese al giornalista di organizzare un incontro tra Colby e un alto funzionario arabo.[117]

(L'autore di *Giudizio finale* è venuto a conoscenza dell'incontro di Colby con il funzionario arabo dopo la scomparsa iniziale di Colby, ma prima che il corpo di Colby venisse alla luce il 5 maggio 1996. La fonte di informazione dell'autore era il giornalista che aveva organizzato l'incontro).

Secondo un ex amministratore della sicurezza federale che ha partecipato a uno degli incontri, Colby e il suo socio arabo "condividevano preoccupazioni comuni". Entrambi sapevano che i rispettivi governi erano infiltrati e manipolati da agenti israeliani. Entrambi avevano combattuto a lungo questo movimento".[118] A seguito di questi incontri, Colby accettò di lavorare come consulente riservato per gli interessi arabi. *Si può solo immaginare la reazione di Israele alla decisione di un ex direttore della CIA di allinearsi agli interessi dei suoi nemici giurati, gli arabi.*

LA LOBBY ISRAELIANA PRENDE IL CONTROLLO DELLA CIA

È interessante notare che la morte di Colby avvenne in un momento critico, quando la lobby israeliana a Washington era impegnata in un grande sforzo dietro le quinte per aumentare significativamente il potere della CIA e del suo direttore di allora, John Deutch, un rifugiato ebreo di origine belga, una figura di Washington da tempo nota per i suoi stretti legami con i servizi segreti israeliani.

Le cosiddette misure di "riforma" - progettate per aumentare il potere del Direttore della CIA - erano di natura tale che un autentico riformatore della CIA come William Colby sarebbe stato certamente un critico molto esplicito e di alto profilo di queste proposte, soprattutto perché la lobby di Israele era chiaramente al lavoro dietro le quinte.

Il 24 aprile 1996, due giorni prima della scomparsa di Colby, un voto poco notato della commissione del Senato gettò le basi per una proposta bizzarra e senza precedenti di ristrutturazione del sistema di intelligence civile e militare degli Stati Uniti.

Il senatore Arlen Specter - il famigerato ex procuratore della Commissione Warren - ora presidente repubblicano della Commissione Intelligence del Senato (e grande sostenitore di Israele al Congresso) ha fatto approvare una misura per estendere la responsabilità del direttore della CIA di controllare i bilanci di tutti i

---

[117] Intervista all'autore da parte di Andrew St. George, il giornalista che ha organizzato l'evento.
[118] *The Spotlight*, 20 maggio 1996.

servizi di intelligence statunitensi, la maggior parte dei quali erano allora di competenza delle divisioni militari.

Secondo la proposta di Specter (che è stata pienamente approvata da Deutch), il direttore della CIA avrebbe potuto svolgere un ruolo importante nella nomina dei direttori delle varie agenzie di intelligence, comprese quelle del Pentagono. Ciò avrebbe permesso a Deutch di controllare non solo la CIA, ma anche la National Security Agency, il National Reconnaissance Office e la Defence Intelligence Agency, nonché i gruppi di intelligence dell'Esercito, della Marina, dell'Aeronautica e del mare.[119]

Il 25 aprile, persino il *Washington* Post è stato indotto a commentare (giustamente) che "un cambiamento così radicale è probabile che si scontri con una forte opposizione, non solo da parte degli stessi servizi militari, ma anche da parte di altre commissioni del Congresso che supervisionano il Pentagono". La Commissione per i servizi armati del Senato ha già inviato una lettera a Specter in cui afferma di voler ritardare qualsiasi azione sulle riforme che limiterebbero i poteri del Pentagono, come la proposta di dare al direttore della CIA un ruolo nella nomina dei dirigenti dell'agenzia".[120]

Certo, la proposta era a dir poco insolita, ma era pienamente in linea con lo sforzo in corso (all'epoca) per aumentare l'influenza della CIA e del suo attuale direttore, John Deutch.[121]

Dopo aver assunto il suo incarico alla CIA, Deutch è stato accolto da molti articoli entusiastici nei media tradizionali che proclamavano l'esistenza - come cantava la rivista *Parade* in un articolo di copertina favorevole - di una "nuova CIA" sotto il controllo di Deutch. Questa analisi era in effetti vera, in quanto mai prima (nemmeno ai tempi di James Angleton) l'intelligence israeliana aveva avuto una tale influenza a tutti i livelli della CIA.[122]

Analogamente, il numero del 6 maggio 1996 di *Time* (di proprietà della famiglia Bronfman, grande sostenitrice di Israele) riportava un articolo di quattro pagine sul "formidabile John Deutch",[123] che la rivista di Bronfman salutava come "il più potente capo della CIA fino ad oggi", concludendo che "ciò che è buono per John Deutch è buono per la CIA".[124]

Alla fine, infatti, l'acquisizione della CIA orchestrata dai simpatizzanti israeliani a Washington fu respinta, ma nel frattempo, naturalmente, l'uomo che sarebbe stato uno dei suoi più efficaci oppositori, William Colby, era stato eliminato dalla scena.

CHI HA UCCISO COLBY?

Dopo il ritrovamento del corpo di Colby, uno dei suoi collaboratori arabi espresse il suo punto di vista sulla scomparsa di Colby: "Cercate gli ebrei",[125] osservò. Si

---

[119] *The Spotlight*, 13 maggio 1996.
[120] *The Washington Post*, 25 aprile 1996.
[121] *Parade*, 19 novembre 1995.
[122] *Time*, 6 maggio 1996.
[123] *Ibid*.
[124] *Ibidem*.
[125] Intervista con Andrew St. George, organizzatore dell'evento.

sostiene anche che la signora Colby non si sia lasciata ingannare e abbia pensato che la morte del marito fosse un incidente. Tuttavia, in quanto diplomatica esperta che conosce le vie pericolose del mondo dell'intelligence, non ha interesse a rivelare pubblicamente i suoi sospetti e probabilmente non lo farà mai.

È quindi altamente improbabile che le vere opinioni di Colby sull'assassinio di JFK siano mai rese pubbliche. Tuttavia, conosciamo le sue opinioni su Israele e la sua influenza sulla politica statunitense.

Probabilmente non è una coincidenza, quindi, che uno dei protetti di Colby, dai tempi in cui prestava servizio in Vietnam per la CIA, sia come il suo mentore: un critico dichiarato della cospirazione israeliana. John De Camp, un ex ufficiale dell'esercito in Vietnam che ha servito sotto Colby ed è ora un importante avvocato anticonformista del Nebraska, aveva già avuto rapporti con la lobby israeliana durante gli anni in cui (De Camp) ha servito nella legislatura del Nebraska.

De Camp ricorda le parole di monito di Colby, che probabilmente vale la pena sottolineare in questa sede, soprattutto alla luce della sua scomparsa: "A volte ci sono forze ed eventi così grandi, così potenti, con una posta in gioco così alta per certe persone o istituzioni, che non si può fare nulla contro di loro, non importa quanto siano malvagi o sbagliati e non importa quanto si sia impegnati o sinceri o quali prove si abbiano. È semplicemente una delle dure realtà della vita che bisogna affrontare".[126]

UN'ALTRA STRANA MORTE

Le parole di Colby sono piuttosto sorprendenti se si considera che la morte in acqua di Colby si riferiva a molte altre strane morti simili e a una morte che, in effetti, potrebbe essere in qualche modo realmente collegata alla cospirazione per l'assassinio di JFK e riguarda un altro tentativo di resistenza al complotto israeliano a Washington da parte di un funzionario della CIA.

Ci riferiamo alla morte - all'omicidio - di John Paisley, ex vicedirettore a lungo dell'Ufficio di Ricerca Strategica della CIA, trovato a galla nella baia di Chesapeake il 1° novembre 1978, con un colpo di pistola alla testa. Sebbene la sua morte sia stata dichiarata un "suicidio", pochi ci credevano all'epoca e pochi ci credono oggi.

Gli osservatori non hanno trovato così intriganti solo le circostanze simili della morte dei due uomini. Ciò che più colpisce è che Paisley, come Colby, aveva cercato risolutamente di opporsi al complotto israeliano di alto livello. Paisley aveva scoperto - e cercato di bloccare - un'importante operazione di penetrazione israeliana che aveva come obiettivo l'Office of National Estimates della CIA, dove venivano compilati i rapporti di intelligence di alto livello che guidano le decisioni presidenziali degli Stati Uniti.

Inoltre, non c'è dubbio che Paisley - forse anche più di Colby - avesse buone ragioni per essere a conoscenza dei segreti di intelligence a lungo nascosti riguardanti la gestione da parte della CIA del presunto assassino di JFK, Lee Harvey Oswald. Probabilmente non è una coincidenza che Paisley sia morto in un momento critico dell'indagine della House Select Committee on Assassinations, proprio mentre la

---

[126] John De Camp. *The Franklin Cover-Up* (Lincoln, Nebraska: AWT, Inc., 1996), pp. IX-X.

commissione stava esplorando - o almeno fingendo di esplorare - i possibili legami della CIA con Lee Harvey Oswald e l'assassinio del Presidente Kennedy.

PAISLEY E OSWALD

Sebbene il nome di Paisley non sia mai stato menzionato durante l'indagine della Commissione, in uno dei suoi rapporti si legge che un ex dipendente della CIA aveva rivelato che "la CIA conservava una grande quantità di informazioni sulla fabbrica di radio [sovietica] dove Oswald aveva lavorato". [127]Le informazioni erano conservate nell'Ufficio Ricerche e Rapporti", che all'epoca sarebbe stato l'ufficio di Paisley. *Quindi, se Oswald era effettivamente un agente della CIA mentre si fingeva un "disertore" in Unione Sovietica, come molti hanno suggerito, se qualcuno ne era a conoscenza era John Paisley.*

PAISLEY E ANGLETON

C'è un altro dettaglio sulla storia di Paisley che vale la pena di notare: secondo il giornalista veterano dei servizi segreti Tad Szulc, il venticinquenne Paisley fu reclutato nella CIA nel 1948, quando si recò in Palestina come operatore radio per la missione di pace delle Nazioni Unite. Secondo Szulc, a reclutare Paisley fu nientemeno che James Angleton, amico di Israele alla CIA.[128]

Questo è interessante perché, secondo il giornalista Jim Hougan, "sotto giuramento davanti al Senato e davanti a un drink con un membro della famiglia di Paisley, Angleton giurò di non aver mai incontrato Paisley".[129] Tuttavia, come sottolinea Hougan, molti ritengono "incredibile" che Angleton e Paisley, entrambi ufficiali di carriera della CIA con responsabilità nel controspionaggio dell'Unione Sovietica, non si siano mai incontrati.[130]

Il rifiuto di Angleton di ammettere di conoscere Paisley ricorda il suo analogo rifiuto (documentato nel capitolo 16 di *Giudizio Finale*) di ammettere di conoscere E. Howard Hunt quando tutte le prove indicano il contrario.

Dick Russell, un ex investigatore che ha lavorato all'assassinio di JFK, ha esaminato il caso Paisley. Pur stando attento a non sollevare mai la possibilità di un legame israeliano con l'assassinio di JFK, Russell è giunto alla seguente conclusione sulla morte di Paisley: "Qualunque cosa Paisley stesse facendo nei suoi ultimi anni, fino al momento della sua scomparsa, *apparentemente risale all'epoca di Kennedy*. E non credo che la tempistica della sua scomparsa, avvenuta mentre il Congresso si concentrava su ciò che la CIA e i sovietici sapevano di Lee Harvey Oswald, sia una coincidenza".[131] (corsivo aggiunto)

---

[127] Russell, p. 208.
[128] Dick Russell. *The Man Who Knew Too Much* (New York: Carroll & Graf), p. 209. Citazione da un articolo di Tad Szulc sul *New York Times Magazine* del 7 gennaio 1979.
[129] *Ibidem.*
[130] Jim Houghan. *Secret Agenda: Watergate, Deep Throat and the CIA* (New York: Random House, 1984), p. 318.
[131] *Ibidem*, p. 214.

PAISLEY contro ISRAELE

In cosa era coinvolto Paisley poco prima della sua morte? La risposta a questa domanda porta direttamente alla risoluzione della questione di chi ha ucciso Paisley e perché. E questo si ricollega - precisamente - alle conclusioni che abbiamo raggiunto nel *Giudizio Finale* su chi ha ucciso John F. Kennedy e perché.

Sebbene la morte di John Paisley abbia affascinato coloro che avevano catalogato le guerre segrete tra la CIA e il KGB (tra cui James Angleton), è piuttosto notevole che coloro che si sono occupati della morte di Paisley siano stati riluttanti, come Dick Russell, a discutere quello che è chiaramente il legame del Mossad con il caso.

Negli anni che precedettero la scomparsa di Paisley, le fazioni guerrafondaie del governo israeliano esercitarono un'intensa attività di lobbying a Washington per ottenere maggiori aiuti in armi e denaro attraverso il programma di aiuti esteri degli Stati Uniti. Fedeli sostenitori di Israele, come il senatore Henry Jackson (D-Wash.), sostenevano che Israele avesse bisogno di maggiore potenza militare per proteggere il Medio Oriente dall'"aggressione sovietica" - un argomento che soddisfaceva gli anticomunisti più accaniti di entrambi i partiti politici.[132]

Tuttavia, gli analisti dell'intelligence americana si sono fatti beffe delle grida allarmistiche di Israele. Guidati dagli analisti senior dell'Office of National Estimates, rassicurarono la Casa Bianca che, almeno per il momento, i sovietici non avevano né l'intenzione né la capacità di attaccare un obiettivo importante e vitale per gli Stati Uniti, come gli Stati del Golfo ricchi di petrolio.[133]

SQUADRA A contro SQUADRA B

Ciononostante, gli alleati di Israele a Washington cercarono di controbilanciare le conclusioni del National Intelligence Council. Così, sotto pressione politica, il presidente Gerald Ford accettò, a metà del 1976 (quando George Bush era direttore della CIA), di istituire una cosiddetta "verifica" dei dati di intelligence forniti dagli agenti interni della CIA (che divennero noti come "Squadra A") da parte di un comitato di esperti "indipendenti" - noto come "Squadra B".[134]

La forza trainante dell'idea di un tale audit è stata Leo Cherne, un veterano della lobby israeliana che ha anche legami di lunga data con la famiglia Bush.

Nel 1962, Cherne, Prescott Bush Senior e Prescott Bush Junior, padre e fratello del futuro direttore della CIA, e un altro futuro direttore della CIA, William Casey, fondarono il National Strategy Intelligence Centre, che fungeva da centro di distribuzione delle "informazioni" approvate dalla CIA e inviate a circa 300 giornali in tutto il mondo.[135]

Tuttavia, come abbiamo notato nell'Appendice 1 del *Giudizio Finale*, il Team B, il gruppo di recente formazione e presumibilmente "indipendente" guidato dal

---

[132] *The Spotlight*, 5 febbraio 1996.
[133] *Ibidem*.
[134] *Ibidem*.
[135] *George Bush: la biografia non autorizzata*. Webster Tarpley e Anton Chaitkin. (Washington, DC: Executive Intelligence Review, 1992), p. 80.

professore di Harvard Richard Pipes, un convinto sostenitore di Israele, è diventato un avamposto dell'influenza israeliana. E, naturalmente, dato il suo legame familiare con il padrino del Team B Leo Cherne, il direttore della CIA George Bush è diventato, senza sorpresa, un sostenitore delle conclusioni del Team B.

PAISLEY contro L'EQUIPE-B

John Paisley, da poco in pensione dalla CIA, fu incaricato di fare da collegamento e fornire consulenza tra il team A interno alla CIA e il team B. Tuttavia, Paisley non era entusiasta delle azioni della Squadra B. Secondo Meade Rowington, ex analista del controspionaggio statunitense: "Ben presto divenne chiaro a Paisley che questi intellettuali cosmopoliti stavano semplicemente cercando di screditare le raccomandazioni della CIA e di sostituirle con una visione allarmistica delle intenzioni sovietiche favorita dagli estimatori israeliani".[136]

Di conseguenza, nei due anni successivi, Paisley lanciò la sua campagna contro il tentativo di Israele di manipolare la politica statunitense. Iniziò anche a parlare con giornalisti e investigatori del Congresso a Washington, esponendo ciò che vedeva. Secondo un amico di Paisley, "incontrò fisici e altri scienziati che sapevano che Israele stava esagerando le capacità militari e i piani di guerra sovietici. Ma gli fu detto privatamente, ripetutamente, che non c'era nulla che potessimo fare al riguardo".[137]

All'inizio del 1978, il Team B aveva completato la revisione delle procedure e dei programmi della CIA e aveva pubblicato un lungo rapporto che criticava severamente quasi tutta l'intelligence americana scoperta negli anni precedenti sulla potenza militare sovietica e sui suoi usi previsti.

DISINFORMAZIONE ISRAELIANA

Il rapporto del Team B, influenzato da Israele, affermava che i sovietici stavano segretamente sviluppando la cosiddetta capacità di "first strike", perché la dottrina strategica sovietica presupponeva che un attacco furtivo di questo tipo li avrebbe resi vincitori in uno scambio nucleare con gli Stati Uniti. Il Team B ha respinto le stime di analisti come Paisley e altri, secondo cui è improbabile che Mosca inizi un conflitto nucleare se non viene attaccata. Alla fine, naturalmente, le conclusioni del Team B prevalsero e la conseguenza diretta fu una virtuale ripresa della corsa agli armamenti e un'ulteriore massiccia iniezione di aiuti militari statunitensi e di altri paesi a Israele negli anni Ottanta.[138]

Basato su stime fraudolente fornite dai servizi segreti israeliani, il rapporto del Team B si basava sull'avvertimento che l'Unione Sovietica era gravemente a corto di energia. Di conseguenza, il Team B prevedeva che a partire dal 1980 la produzione petrolifera sovietica avrebbe subito gravi carenze, costringendo Mosca a importare fino a 4,5 milioni di barili al giorno per i suoi bisogni essenziali. Affamati di petrolio - come sosteneva la disinformazione israeliana - i sovietici avrebbero invaso l'Iran o

---

[136] *The Spotlight*, 5 febbraio 1996.
[137] *Ibidem*.
[138] *Ibidem*.

un altro Stato del Golfo ricco di petrolio, anche a costo di un confronto nucleare con gli Stati Uniti.[139]

LA CAMPAGNA DI UN UOMO

Niente di tutto questo era lontanamente vero e John Paisley e altri lo sapevano. Ciononostante, Paisley continuò la sua campagna personale per contrastare le distorsioni, le esagerazioni e l'influenza israeliana dietro le argomentazioni della squadra B. Sebbene il rapporto finale del team fosse segreto, con accesso limitato a pochi leader governativi, Paisley avrebbe ottenuto una copia del rapporto nell'estate del 1978 e si sarebbe messo al lavoro per scrivere una critica dettagliata che avrebbe distrutto la disinformazione israeliana.[140] Ma Paisley fu assassinato prima di poter portare a termine il suo compito.

Secondo Richard Clement, che ha diretto il Comitato interagenzie per la lotta agli errori durante l'amministrazione Reagan: "Gli israeliani non si sono fatti scrupoli a "finire" i funzionari chiave dell'intelligence americana che minacciavano di smascherarli. Chi conosce il caso Paisley sa che fu ucciso dal Mossad. Ma nessuno, nemmeno al Congresso, vuole dirlo pubblicamente".[141]

INMAN E PAISLEY

Orlando Trommer, ufficiale della sicurezza federale in pensione, ha detto: "Naturalmente, Paisley aveva ragione".[142] Trommer ha detto che quando ha sentito l'ex ammiraglio Bobby Ray Inman, ex vicedirettore della CIA (e, come Paisley, un critico della squadra B) chiedere pubblicamente che la CIA fosse sciolta e privata delle sue funzioni di raccolta di informazioni, Trommer ha pensato: "So cosa intendeva. Questa è per te, John".[143]

I lettori ricorderanno che quando il Presidente Bill Clinton nominò il già citato Ammiraglio Inman come Segretario alla Difesa, Inman ritirò improvvisamente il suo nome dalla considerazione durante una conferenza stampa il 18 gennaio 1994.

A quel punto, Inman ha dichiarato, senza mezzi termini, che si sarebbe dimesso perché non desiderava sottostare a quello che ha definito il "nuovo maccartismo".[144] In altre parole, Inman disse di essere stato attaccato dai media - in particolare dall'editorialista William Safire - perché lui (Inman) aveva evitato Safire e la lobby di Israele anni prima.

---

[139] *Ibidem.*
[140] *Ibidem*, 4 marzo 1996.
[141] *Ibidem.*
[142] *Ibidem*, 5 febbraio 1996.
[143] *Ibidem.*
[144] Comunicato stampa di Bobby Ray Inman, 18 gennaio 1994.

UN ALTRO CRITICO DI ISRAELE

Inman ha spiegato come, nel 1981, quando gli israeliani bombardarono il reattore nucleare iracheno, lui (Inman) aveva scoperto che nel 1981 gli israeliani avevano potuto compiere il loro atto proprio perché avevano avuto accesso a file di ricognizione satellitare di alto livello del Pentagono. All'epoca, Inman, allora direttore ad interim della CIA durante l'assenza del direttore della CIA William Casey, emise ordini che limitavano l'accesso israeliano a questa intelligence strategica nazionale. In risposta, secondo Inman: "Il ministro della Difesa israeliano, il generale Sharon, era così furioso che venne negli Stati Uniti per protestare con Weinberger".[145] Ma Weinberger, anch'egli critico nei confronti di Israele, aveva appoggiato Inman.

Poi, dopo il ritorno di Casey direttore della CIA negli Stati Uniti, William Safire - amico di lunga data ed ex responsabile della campagna elettorale di Casey quando quest'ultimo si era candidato senza successo al Congresso - si era lamentato con Casey che aveva scavalcato Inman. Secondo Inman, "da quel momento in poi, se si ripercorre la copertura mediatica [di Inman], è stata aggressiva".[146]

CONNESSIONI DI CASEY

Una nota interessante su William Casey: come direttore della CIA, Casey è stato un prezioso alleato di Israele a Washington ed è stato sotto la sua guida che la CIA è rimasta coinvolta nel famigerato affare Iran-Contra, in cui Israele ha avuto un ruolo chiave.

Le connessioni di Casey suggeriscono in qualche modo un legame di lunga data non solo con l'intelligence israeliana, ma anche con altri elementi venuti alla luce durante le indagini sul complotto per l'assassinio di JFK. Secondo lo scrittore di criminalità organizzata Dan Moldea, Casey era il fondatore, il consigliere generale e il membro del consiglio di amministrazione della Multiponics, un'azienda agricola che possedeva circa 44.000 acri di terreni agricoli in diversi Stati del Sud, tra cui la Louisiana.[147] Uno dei soci di Casey nell'azienda era Carl Biehl, che Moldea descrive come "un associato alle figure malavitose della famiglia criminale di Carlos Marcello a New Orleans".[148] (Nel capitolo 10, naturalmente, abbiamo esaminato in dettaglio i legami tra Marcello e il sindacato di Lansky).

Ciò che è particolarmente interessante, tuttavia, è che quando la società Multiponics di Casey e Marcello fallì nel 1971, aveva un debito di circa 20,6 milioni di dollari nei confronti di vari creditori, tra cui nientemeno che Bernard Cornfeld della Investors Overseas Services, che abbiamo scoperto nel Capitolo 7 svolgere un ruolo di primo piano nelle attività di riciclaggio internazionale di Tibor Rosenbaum per il Mossad. (E c'è da chiedersi, ovviamente, se l'affare IOS di Casey non fosse, in realtà, una sorta di impresa segreta - o addirittura il mezzo per farsi rimborsare dal Mossad

---

[145] *Ibidem*.
[146] *Ibidem*.
[147] Dan Moldea. *Dark Victory* (New York: Viking Press, 1986), p. 294.
[148] *Ibidem*.

mascherato da un prestito andato a male. È una speculazione, ma è uno spunto di riflessione.[149]

In seguito, dopo essere diventato direttore della CIA, Casey nominò una figura altrettanto interessante alla carica di vicedirettore delle operazioni, responsabile delle azioni segrete e della raccolta di informazioni clandestine all'estero (la carica precedentemente ricoperta da James Angleton): un certo Max Hugel, funzionario della Centronics Data Corporation.

Secondo Dan Moldea: "Parte di Centronics è stata di proprietà, fino al 1974, di Caesar's World, la società di gioco d'azzardo, che è diventata oggetto di un'indagine federale per presunta proprietà occulta della mafia quando Brother International Corporation, la precedente società di Hugel, ha acquistato le azioni di Caesar's World in Centronics. Centronics aveva anche un rapporto di consulenza con il mafioso Moe Dalitz e i suoi casinò di Las Vegas".[150]

Nel capitolo 10 e nel capitolo 15, nonché nell'appendice sulla Commissione Warren, abbiamo esaminato la storia di Moe Dalitz e dei suoi legami con il sindacato di Lansky e con la Permindex di Tibor Rosenbaum, collegata al complotto per l'assassinio di JFK. Ora scopriamo un altro collegamento di Dalitz ai più alti livelli della CIA.

DANNI COLLATERALI

Inutile dire che il Mossad aveva una lunghissima, categorica e decisiva influenza all'interno della CIA e possiamo quindi capire perché, quando il vicedirettore della CIA, l'ammiraglio Bobby Ray Inman, mise giustamente in dubbio l'influenza del Mossad, fu respinto da William Casey in più di un'occasione.

Sebbene non abbia avuto (apparentemente) alcuna relazione diretta con l'assassinio di JFK, il conflitto di Bobby Ray Inman con Israele e la sua potente lobby a Washington è un buon esempio di ciò che può accadere agli alti funzionari statunitensi che attaccano Israele mettendo in discussione il suo potere e la sua influenza sulla politica statunitense. Inman, a suo modo, è stato vittima delle guerre segrete dietro le quinte con Israele tanto quanto i suoi predecessori William Colby, John Paisley e John F. Kennedy.

Probabilmente non sapremo mai se esiste un legame diretto tra la morte di Colby e Paisley e quella di John F. Kennedy. Ma i fatti relativi alle loro morti indicano tutti un collegamento con Israele. Anche solo per questo motivo, vale la pena di ricordarlo qui, nel *Giudizio Finale*.

IL LEGAME CON ANGLETON

Siate certi, tuttavia, che non abbiamo ancora visto l'ultimo alleato di Israele nella CIA, o la nemesi di Colby, James Angleton, nelle pagine del *Giudizio Finale*. Nell'Appendice 7, esploreremo il suo ruolo poco conosciuto in quell'altro colpo di

---

[149] *Ibidem*.
[150] *Ibidem*, p. 295.

stato noto come "Watergate". E vedremo che c'è davvero un legame tra il Watergate e l'assassinio di JFK - e quel legame è Angleton.

APPENDICE 7

"Gola profonda" Dallas e il Watergate James Jesus Angleton, Israele e la caduta di Richard M. Nixon

Dalla caduta di Richard Nixon nel 1974, il collegamento con Dallas e il Watergate è stato fonte di un'incredibile quantità di disinformazione e di errori. Esiste effettivamente un legame con Dallas e il Watergate, ma anche i ricercatori più intrepidi sembrano aver perso qualcosa. Il vero collegamento con Dallas e il Watergate è il ruolo a lungo nascosto di James Jesus Angleton, l'uomo di Israele nella CIA, il principale artefice non solo dell'assassinio di JFK, ma anche delle dimissioni forzate di Richard M. Nixon.

Per anni, una vasta gamma di ricercatori ha cercato di trovare un "collegamento con Dallas e il Watergate". Peter Dale Scott e Carl Oglesby hanno scritto molto sull'argomento. Anche molti altri hanno approfondito l'argomento. I ricercatori sembrano concentrarsi principalmente su una cosa: il fatto che l'"ex" agente della CIA E. Howard Hunt, il leader della squadra che ha svaligiato la sede del Partito Democratico nel complesso Watergate di Washington, era stato il contatto della CIA con gli esuli cubani anticastristi durante gli anni dei complotti della CIA per l'assassinio di Fidel Castro.

Tuttavia, come vedremo in questa appendice, la "connessione Dallas-Watergate" è molto più di quanto sembri e, a dire il vero, il vero legame è il ruolo nascosto svolto dall'alleato di Israele nella CIA, James Jesus Angleton, non solo nell'assassinio del Presidente Kennedy, ma anche nell'intrigo Watergate che portò alla caduta di Richard Nixon.

In realtà, come vedremo, Nixon - come JFK - aveva iniziato ad attaccare gli israeliani e - come JFK - era stato preso di mira per essere eliminato.

NIXON: "PORTAMI I DOCUMENTI..."

Alla luce di quanto sappiamo oggi dell'aspro conflitto di John F. Kennedy con Israele per la sua decisa intenzione di sviluppare un arsenale nucleare, è molto interessante apprendere, secondo il giornalista Leslie Cockburn, che "quando Nixon salì al potere, la seconda cosa che chiese a J. Edgar Hoover di fare per lui fu: 'Portami i file sullo spionaggio nucleare israeliano'". [151] Considerando gli stretti legami di Hoover con la Anti-Defamation League (ADL) del B'nai B'rith, l'intermediario dell'intelligence statunitense per il Mossad israeliano, non si può fare a meno di

---

[151] Leslie Cockburn sulle note di C-SPAN, 1 settembre 1991.

chiedersi se la notizia del particolare interesse di Nixon per questo argomento non sia arrivata al quartier generale del Mossad a Tel Aviv.

Sebbene, da presidente, Richard Nixon fosse generalmente considerato un amico di Israele, la comunità ebraica americana in generale era sospettosa nei confronti di Nixon. Nel 1968 vinse per poco la presidenza, battendo Hubert Humphrey, un convinto sostenitore di Israele molto popolare tra gli elettori ebrei.

Tuttavia, nel 1972, Nixon fu rieletto a stragrande maggioranza in uno dei più grandi sconvolgimenti popolari della storia americana, e a quel punto Nixon decise evidentemente di avere un mandato legittimo per iniziare a esercitare una reale influenza.

In realtà, come scrisse l'ex capo dello staff della Casa Bianca H. R. Haldeman nel suo libro *The Ends of* Power, il Presidente intendeva rivedere l'intera burocrazia federale e porla sotto il diretto controllo dei suoi fedelissimi nella cerchia ristretta della Casa Bianca - colleghi fidati di lunga data che non facevano parte dell'élite della classe dirigente.

La "riorganizzazione", dichiarò Haldeman, è la storia segreta del Watergate. Questa riorganizzazione dell'inverno 1972 - poco nota all'opinione pubblica americana - finì per spingere i principali blocchi di potere di Washington ad agire contro Nixon.

"Quando l'odiato Nixon iniziò a controllare sempre più il potere esecutivo della Casa Bianca, perché aveva il mandato costituzionale per farlo, tutti videro che era un pericolo. Ciò che temevano era reale. Nixon intendeva davvero prendere in mano le redini del governo e se i membri del Congresso fossero stati a conoscenza di una conversazione presidenziale del 15 settembre 1972, avrebbero avuto ancora più paura".[152]

Secondo Haldeman, Nixon disse: "Faremo pulizia. È tempo di una nuova squadra. Punto e basta. Dirò [al popolo americano] che non l'abbiamo fatto prima, ma ora abbiamo un mandato. E uno dei mandati è quello di fare la pulizia che non abbiamo fatto nel 1968".[153] Haldeman descrive la proposta di pulizia come segue: "Non solo [Nixon] avrebbe controllato strettamente tutte le redini del governo attraverso otto alti funzionari della Casa Bianca, ma avrebbe installato i suoi 'agenti' in posizioni chiave in ogni agenzia del governo".[154]

È chiaro che Nixon aveva grandi progetti: stava infatti per affermare se stesso e tentare di prendere il controllo del ramo esecutivo e delle sue miriadi di agenzie. Inutile dire che questa mossa mise a disagio molti membri della comunità ebraica americana. Cominciarono a circolare voci sulle "liste" di Nixon di ebrei che occupavano posizioni di rilievo nel ramo esecutivo e nelle agenzie, alimentando sospetti di lunga data su Nixon. E mentre tutto questo accadeva negli Stati Uniti, l'esplosione degli eventi in Medio Oriente dava un nuovo tono alla percezione che Israele aveva del Presidente americano.

---

[152] H. R. Haldeman. *The Ends of Power* (New York: Times Books, 1978), pagg. 168-169.
[153] *Ibidem*, p. 172.
[154] *Ibidem*, p. 191.

NIXON INCONTRA GLI ISRAELIANI

Dopo la massiccia vittoria elettorale del 1972, Nixon passò il segno in termini di sostegno a Israele.

Nel 1973, l'amministrazione Nixon venne a conoscenza del progetto di attacco a Israele da parte di Siria ed Egitto trenta ore prima che gli Stati Uniti informassero Israele.[155]

Secondo i critici pro-Israele di Nixon, John Loftus e Mark Aarons, lo staff di Nixon "aveva almeno due giorni di preavviso che un attacco era imminente"... ma nessuno alla Casa Bianca di Nixon avvertì gli ebrei fino alle ultime ore del giorno dell'attacco".[156]

Loftus e Aarons affermano: "Sebbene le nostre fonti ritengano che l'incompetenza, e non la malizia, sia stata la ragione per ritardare l'avvertimento, Nixon aveva certamente un motivo di vendetta.... Nixon era ben consapevole che, a parte J. Edgar Hoover, solo gli israeliani sapevano abbastanza del suo passato da causargli un grave danno politico.[157]

"Come dimostrano i nastri del Watergate, Nixon aveva una paura terribile degli ebrei. Fece una lista dei suoi nemici e seguì gli ebrei americani all'interno della sua amministrazione.... Qualunque fosse il motivo, nel settembre e nell'ottobre 1973 la Casa Bianca di Nixon chiuse gli occhi sui piani di Sadat per un attacco a sorpresa contro gli ebrei".[158]

Ci sono ulteriori prove che Nixon cercava ufficiosamente di contrastare il potere e l'influenza della lobby israeliana, nonostante la percezione diffusa oggi che Nixon fosse in qualche modo "amico" di Israele.

Ad esempio, l'autorevole giornalista britannico Alan Hart ha notato che già nel 1973 il Segretario di Stato di Nixon, Henry Kissinger, aveva avvertito il governo israeliano che Nixon si stava probabilmente preparando a tagliare fuori Israele.

La verità è che, come ha sottolineato Hart, Nixon si era attivamente allineato (non ufficialmente) con il re Feisal dell'Arabia Saudita nel tentativo di risolvere il conflitto israelo-palestinese una volta per tutte.

Hart ha spiegato gli sforzi di Nixon (attraverso i buoni uffici di Re Feisal) per coinvolgere il leader palestinese Yasser Arafat in negoziati a porte chiuse per un accordo di pace globale in Medio Oriente. Tuttavia, quando Kissinger venne a conoscenza dei negoziati (che inizialmente erano stati condotti alle sue spalle), intervenne e frenò lo sforzo di pace di Nixon e Feisal, che ovviamente vedeva come una minaccia per Israele.

Inoltre, Hart aveva notato che, secondo le sue fonti, a un certo punto Nixon stesso aveva detto a Re Feisal che se gli israeliani e la loro lobby americana avessero continuato a frustrare gli sforzi di Nixon per risolvere il conflitto in Medio Oriente, lui - Nixon - intendeva strappare il discorso sullo Stato dell'Unione che aveva

---

[155] John Loftus e Mark Aarons. *The Secret War Against the Jews* (New York: St. Martins Press, 1994), pag. 309.
[156] *Ibidem*.
[157] *Ibidem*.
[158] *Ibidem*, pp. 309-310.

preparato e andare alla televisione e alla radio nazionali per spiegare al popolo americano come Israele e la sua lobby americana fossero il vero ostacolo alla pace.

(Per una panoramica completa di queste questioni - e molto altro sul complotto di Israele - si veda il libro di Alan Hart del 1984, *Arafat-Terrorista o pacificatore?* pubblicato da Sidgwick & Jackson a Londra).

Chiaramente, ci furono molti altri colpi di scena dietro le quinte durante i fatidici anni 1973 e 1974, quando lo scandalo Watergate iniziò ad aggravarsi e a far cadere Richard Nixon. Egli, come John F. Kennedy prima di lui, era impegnato in una guerra segreta con Israele e, nel corso di questo capitolo, vedremo proprio come le stesse forze che avevano indebolito JFK finirono per sventrare Nixon.

In realtà, è provato che i piani di alto livello per opporsi a Nixon erano già in corso, anche prima della sua grande vittoria per la rielezione nel 1972.

In un'intervista del 24 marzo 1974 a Walter Cronkite della CBS, il finanziere internazionale Robert Vesco (che all'epoca viveva in esilio in Costa Rica, in fuga dai procedimenti giudiziari negli Stati Uniti) fece alcune interessanti affermazioni che non erano quasi mai state notate.

La parte rilevante della trascrizione dell'intervista parla da sola:

> **CRONKITE: Signor Vesco, lei ha detto... che sei mesi prima dell'irruzione nel Watergate, i Democratici le hanno presentato un piano per mettere sotto accusa il Presidente. Può dirci qual era questo piano?**
>
> **VESCO: Mi permetta di correggerla un attimo. Non credo di aver detto che i Democratici sono venuti a trovarmi. Ho detto che si trattava di un gruppo. Non credo di aver identificato chi. Il piano era essenzialmente, come ho detto prima, cercare di ottenere incriminazioni contro alcuni alti funzionari, usandoli come trampolino di lancio per portare l'opinione pubblica a loro favore utilizzando in larga misura i media. L'obiettivo era quello di ribaltare l'esito delle elezioni presidenziali del 1972.**[159]

Vesco ha affermato che il "gruppo" che aveva incontrato comprendeva tre persone i cui nomi erano ben noti e che avevano ricoperto posizioni di rilievo in precedenti amministrazioni di cui non ha fatto il nome. Ha detto che i cospiratori lo avevano contattato perché credevano che conoscesse (o avesse accesso a) ulteriori informazioni su un contributo segreto in denaro al Partito Repubblicano che avrebbe potuto essere usato per creare uno scandalo che avrebbe potuto far cadere l'amministrazione Nixon.

LE "STESSE FORZE" SI SONO OPPOSTE A JFK E NIXON

Ciò che è ancora più curioso, soprattutto alla luce di quanto discuteremo in seguito, è che Vesco ha anche affermato (dopo le dimissioni di Nixon nel 1974) che "le forze che mi hanno minacciato sono le stesse che politicamente hanno eliminato

---

[159] Citato da Carl Oglesby in *The Yankee and Cowboy War: Conspiracies From Dallas to Watergate* (Kansas City, Kansas: Sheed, Andrews & McMeel, 1976), pp. 269-270.

il presidente Kennedy e poi il presidente Nixon e che vogliono eliminare tutti i collaboratori di Nixon".[160]

[161]Sebbene in *The Yankee and Cowboy War*, l'investigatore Carl Oglesby commenti che Vesco "non era molto chiaro ideologicamente", suggerendo che le stesse forze che eliminarono JFK fossero anche dietro la destituzione di Nixon, sembra al contrario che Vesco avesse piuttosto ragione. Poiché Oglesby non prende mai in considerazione il fatto che il "democratico liberale" (Kennedy) e il "repubblicano conservatore" (Nixon) entrarono in conflitto con Israele e la sua lobby americana, e poiché è accecato dalla dicotomia "liberale-conservatore", Oglesby non riesce a comprendere il quadro generale. Chiaramente, come ha detto Vesco, le forze che lo minacciano sono "le stesse politicamente" che hanno assassinato John F. Kennedy prima di rivoltarsi contro Richard Nixon.

COLLEGARE VESCO AL PERMINDEX

Vesco è in realtà un'ottima fonte su questo aspetto poco compreso della "connessione tra Dallas e il Watergate". [162]Infatti, l'ascesa di Vesco al potere nel mondo finanziario avvenne quando assunse il controllo della Investors Overseas Service (IOS), di proprietà dello stravagante finanziere Bernard Cornfeld che, come abbiamo visto nel Capitolo 7 e nel Capitolo 15, era parte integrante della rete Permindex legata all'omicidio Kennedy e creata da Tibor Rosenbaum, un agente del Mossad di lunga data.

E come abbiamo notato nel capitolo 9, fu Michael Townley - che era in realtà un agente dell'IOS all'epoca dell'assassinio di JFK - a essere poi condannato per l'omicidio del diplomatico cileno Orlando Letelier. I co-cospiratori di Townley in questo crimine erano gli esuli cubani (e agenti della CIA) Guillermo e Ignacio Novo che, come abbiamo visto, arrivarono a Dallas il 21 novembre 1963 e si incontrarono con il membro della CIA E. Howard Hunt.

Lo stesso Vesco è rimasto invischiato con interessi arabi all'indomani del successivo scandalo finanziario dell'IOS, tanto che il giornalista investigativo Jim Hougan ha commentato ironicamente (e saggiamente) che Vesco "avrebbe potuto facilmente convincere gli arabi che l'IOS era uno strumento politico di Israele, indicando gli investimenti multimilionari in obbligazioni e proprietà israeliane e i suoi legami con sionisti rispettabili come Cornfeld, Rosenbaum, Rothschild....

"Con alcuni professionisti di Madison Avenue al suo fianco", ha detto Hougan, "Vesco avrebbe potuto manipolare i sentimenti nazionalisti in Medio Oriente, emergendo nella visione araba come un rifugiato politico, vittima di una sinistra cospirazione sionista. Dopotutto, come [Vesco] amava sottolineare, tutti i suoi problemi potevano essere imputati a quei 'fottuti' bastardi ebrei (sic) della SEC (l'ente federale di vigilanza sui mercati finanziari degli Stati Uniti). [163]E ci sarebbe stata una certa giustizia immanente nel caso in cui Vesco avesse avuto successo con questo stratagemma", ha aggiunto.

---

[160] *Boston Globe*, 6 dicembre 1974. Citato in *Oglesby*, p. 270.
[161] *Oglesby*. p. 270.
[162] Robert Hutchison. *Vesco*. (New York: Praeger Publishers, 1974)
[163] Jim Hougan. *Spooks* (New York: William Morrow & Company, 1978), p. 227.

Quindi, dati gli stretti legami di Vesco con la rete Permindex dietro il complotto per l'assassinio di JFK, è probabile che Vesco fosse a conoscenza dei fatti sulla complicità del Mossad con la CIA nell'affare JFK e che stesse quindi usando la sua influenza per colpire coloro che stavano cercando di riportarlo negli Stati Uniti per processarlo.

Con il consenso di Fidel Castro, finì per rifugiarsi a Cuba, un Paese antisionista, e lì senza dubbio raccontò a Castro ciò che lui - Vesco - sapeva dell'affare JFK.

Questo, naturalmente, sarebbe stato di particolare interesse per Castro, dato che i complottisti dietro l'assassinio di JFK fecero di tutto per "mascherare" il presunto assassino del presidente, Lee Harvey Oswald, come un simpatizzante di Castro. Alla fine, Castro finì naturalmente per litigare con Vesco e il noto "finanziere latitante" fu imprigionato dal suo vecchio padrone di casa, con l'accusa di essere coinvolto nel traffico di droga.

Il destino finale di Vesco resta da vedere, ma non c'è dubbio che le sue affermazioni secondo cui le forze dietro il Watergate erano anche dietro il complotto per l'assassinio di JFK sono molto rilevanti e credibili, soprattutto perché sappiamo che all'epoca in cui lo scandalo Watergate iniziò a svilupparsi, il tema dell'assassinio di Kennedy sembrava preoccupare Richard Nixon.

NIXON E L'ASSASSINIO DI JFK

I ricercatori che hanno cercato la tanto discussa "connessione tra Dallas e il Watergate", spesso citano le memorie dell'ex capo dello staff della Casa Bianca di Nixon, H. R. Haldeman, in cui Haldeman spiega come Nixon avesse cercato l'intervento della CIA per evitare che il nascente scandalo Watergate andasse oltre. Nixon disse a Haldeman come avrebbe dovuto rivolgersi a Richard Helms, allora direttore della CIA, e convincere Helms a collaborare.

Nixon consigliò a Haldeman di ricordare a Helms che E. Howard Hunt, ex uomo della CIA, era uno degli scassinatori del Watergate. "Hunt... rivelerà molto", dichiarò Nixon.

"Se aprite questo pezzo di merda, verrà fuori un sacco di roba... dite loro che pensiamo che sarebbe molto dannoso andare oltre. C'entrano questi cubani, Hunt, e un sacco di truffe che non hanno nulla a che fare con noi".[164]

Haldeman disse all'epoca che non aveva idea di cosa "Nixon" intendesse per "trucchi sporchi". Ma Nixon aggiunse: "Quando quelli della CIA dicono: "Il problema è che questo riaprirà l'intera vicenda della Baia dei Porci. Quindi dovrebbero chiamare l'FBI e, per il bene del Paese, non proseguire oltre. Punto e basta".[165]

Più tardi, in una riunione successiva, Nixon affrontò di nuovo questo misterioso argomento, dicendo: "Dite loro che se questo viene fuori, metterà in cattiva luce la CIA, metterà in cattiva luce Hunt e probabilmente farà saltare l'intera Baia dei Porci, il che sarebbe molto spiacevole per la CIA".[166]

In effetti, Haldeman andò da Helms e gli riferì il messaggio. La reazione del direttore della CIA sorprese Haldeman, che la spiegò nelle sue memorie:

---

[164] Haldeman, p. 33.
[165] *Ibidem*.
[166] *Ibidem*.

"Un'agitazione nella stanza, Helms che si aggrappava alla sua sedia piegandosi in avanti e gridando: "La Baia dei Porci non ha nulla a che fare con questo. Non sono preoccupato per la Baia dei Porci". Secondo Haldeman: "Sono rimasto seduto lì. Ero assolutamente scioccato dalla reazione violenta di Helms. [167]Ancora una volta mi chiesi: "Che cosa c'era di così dinamico nella storia della Baia dei Porci?"" (enfasi di Haldeman).

Ciò che è interessante è che Haldeman ha dichiarato che in seguito, dopo aver iniziato a far coincidere le cose, ha concluso che "sembra che in tutti questi riferimenti di Nixon alla Baia dei Porci, in realtà si stesse riferendo all'assassinio di Kennedy".[168]

(Poco prima della sua morte, e anni dopo la pubblicazione delle memorie, Haldeman sostenne che il coautore delle sue memorie, Joe DiMona, aveva inserito il riferimento alla "Baia dei Porci" e all'assassinio di Kennedy nelle sue memorie, che era stato pubblicato a sua insaputa e che semplicemente non era vero. Tuttavia, Haldeman non ha spiegato perché non abbia mai letto le sue memorie prima della pubblicazione, o perché non abbia mai respinto le affermazioni dubbie del suo coautore - ma spesso sottolineate - subito dopo la pubblicazione del libro).

Altri ritenevano che dietro lo scandalo Watergate ci fosse la CIA. Anche il *Washington Post* (che divenne la voce principale dei media sul Watergate) ne parlò:

> **"Charles W. Colson (uno dei principali consiglieri di Nixon) ha fatto una serie di affermazioni sorprendenti sui timori di Nixon di un coinvolgimento della CIA nello scandalo Watergate. Colson dipinse il Presidente come un prigioniero virtuale nello Studio Ovale di presunti cospiratori di alto rango nei circoli dell'intelligence, contro i quali non osava agire per paura di ripercussioni politiche internazionali e interne. Il suo timore fondamentale era che la CIA avesse pianificato l'irruzione nel Watergate. Il motivo: screditare la cerchia di consiglieri del Presidente.**[169]

Sembra infatti che Nixon stesse ricattando la CIA per il suo coinvolgimento nell'assassinio di JFK e che abbia tentato di usare queste informazioni contro la CIA per esercitare un'influenza politica dopo l'inizio del Watergate. Tuttavia, è molto probabile che, fin dal primo giorno, la fallita irruzione nel Watergate fosse in realtà una messa in scena progettata per fallire. E dietro c'era la CIA.

Molti investigatori sul caso Watergate, tra cui Carl Oglesby, sono giunti alla conclusione che i ladri del Watergate erano in realtà infiltrati da uno o più agenti "doppiogiochisti" che hanno deliberatamente fatto in modo che i ladri del Watergate fossero colti sul fatto: Un pezzo di nastro adesivo lasciato "accidentalmente" sopra il chiavistello di una porta - in orizzontale anziché in verticale, come si scoprì - allertò la sicurezza del Watergate che erano in corso dei sotterfugi.

---

[167] *Ibidem*, p. 38.
[168] *Ibidem*, p. 39.
[169] Citato nel *Richmond, California Independent-Gazette*, 27 giugno 1974.

I LADRI DI ANGLETON?

Sebbene sia stato suggerito che lo stesso E. Howard Hunt sia stato uno di coloro che hanno contribuito a "rovinare" il furto - opinione sostenuta da G. Gordon Liddy e certamente da Eugenio Martinez, due degli altri scassinatori - James McCord era probabilmente l'altro agente doppiogiochista direttamente responsabile della falsificazione della registrazione. [170]

Sebbene non fosse noto al pubblico fino allo scandalo Watergate, McCord non era un normale "agente della CIA".[171] Non solo era stato il massimo funzionario della CIA per la sicurezza in Europa, ma in seguito era stato anche responsabile della sicurezza del quartier generale della CIA a Langley, posizioni non trascurabili. Eppure, apparentemente in "pensione", il massimo esperto di sicurezza della CIA è riuscito a "sbagliare" un furto con scasso di scarsa qualità.

Lo stesso McCord disse in seguito che Nixon aveva cercato "di ottenere il controllo politico della CIA" e a lui non piaceva - e nemmeno a James Angleton, alleato del Mossad e capo del controspionaggio della CIA.[172] In realtà, e questo è molto importante, McCord era un amico intimo di Angleton e, in quanto vecchio ufficiale della sicurezza della CIA, McCord lavorava direttamente con Angleton. Inoltre, essendo un cristiano che si ispira alla Bibbia, McCord condivideva la devozione di Angleton per Israele.[173]

Quindi non solo le prove suggeriscono che l'operazione Watergate contro Nixon fu innescata almeno in parte perché Nixon era (come JFK prima di lui) una minaccia per Israele, ma che le origini del Watergate risalgono proprio all'ufficio di Angleton nella CIA.

Inoltre, il fatto che ritroviamo anche l'ex agente del Mossad, l'agente della CIA Frank Sturgis e il suo ex partner della CIA E. Howard Hunt, tornano a far parte del giro durante il colpo andato male, è altrettanto significativo.

Come vedremo ora, fu Angleton a orchestrare - attraverso un agente della Casa Bianca - le continue fughe di notizie al *Washington Post* che portarono alla frenesia mediatica nazionale oggi ricordata come "Watergate".

DEBUTTA LA "GOLA PROFONDA"

La fonte della Casa Bianca che ha fornito ai giovani giornalisti *del Washington Post* Robert Woodward e Carl Bernstein la corda necessaria per impiccare Richard Nixon per l'insabbiamento del Watergate è stata soprannominata "Gola profonda".

Per anni si è speculato sulla vera identità di "Gola Profonda" e uno dei candidati il cui nome è stato spesso citato - anche se lui lo nega - è il generale Alexander Haig, che era capo dello staff della Casa Bianca al momento della scomparsa di Nixon.

---

[170] Eugenio Martinez. *"Mission Impossible" in Nixon: An Oliver Stone Film*, a cura di Eric Hamburg (New York: Hyperion Books, 1995), cfr. pagg. 61-72.
[171] *Oglesby*, pp. 282-284.
[172] *George Bush: la biografia non autorizzata*. Webster Tarpley e Anton Chaitkin. (Washington, DC: Executive Intelligence Review, 1992), p. 251.
[173] Deborah Davis. *Katharine the Great* (New York: Sheridan Square Press, 1991), p. 259.

Tra coloro che identificano Haig come "Gola profonda" ci sono i già citati scrittori pro-Israele, John Loftus e Aarons.[174] Essi ipotizzano che nell'ottobre 1973 Haig (egli stesso ardente difensore di Israele), amareggiato dagli scoppi d'ira e di aggressività antiebraica del Presidente Nixon e ancor più arrabbiato per il fatto che Nixon avesse quasi permesso che Israele cadesse vittima di un attacco arabo a sorpresa, abbia "preso il toro per le corna" e sia diventato "Gola Profonda" con l'obiettivo di farla pagare a Nixon e costringerlo a lasciare il suo incarico.

È una teoria interessante, se non altro perché sottolinea il fatto che ci sono state fonti filo-israeliane che suggeriscono che la distruzione di Richard Nixon fu opera di un ardente sionista molto ben piazzato alla Casa Bianca: in questo caso, Alexander Haig.

Tuttavia, ci sono prove molto più solide che suggeriscono che dovremmo deporre la corona d'onore sulla tomba di James Angleton. Se Angleton non era "Gola Profonda" di per sé, era certamente il supervisore di "Gola Profonda" per la CIA - e quindi era in ultima analisi responsabile della distruzione di Richard M. Nixon. Diamo quindi un'occhiata alle prove.

Ci rivolgiamo al lavoro della giornalista investigativa Deborah Davis, il cui libro, *Katharine the Great: Katharine Graham and Her Washington Post Empire*, suscitò molto scalpore al momento della sua pubblicazione. Il libro era così incendiario che la signora Graham usò la sua immensa influenza per farlo ritirare dalle librerie e ridurlo in poltiglia.

Ma ancora più intrigante è il fatto che il libro di Davis potrebbe essere (finora) l'unica opera che documenta il legame a lungo nascosto (ma inosservato e dimenticato) di Angleton con l'affare Watergate.

ANGLETON E IL WASHINGTON POST

Davis inizia descrivendo lo stretto e duraturo rapporto di Angleton con Benjamin Bradlee, il direttore *del Washington Post* che fece da mentore ai giornalisti Robert Woodward e Carl Bernstein nella copertura *dello* scandalo Watergate:

"Diciannove anni e cinquantasei. Ben Bradlee, da poco risposato, è corrispondente europeo di *Newsweek*. Ha lasciato l'ambasciata [americana] a Parigi come addetto stampa *di Newsweek* nel 1953, un anno prima che il direttore della CIA Allen Dulles autorizzasse uno dei suoi agenti più abili e determinati, l'ex ufficiale dell'OSS James Angleton, a creare una squadra di controspionaggio. Come capo del controspionaggio, Angleton divenne il referente di tutti i servizi segreti alleati e gli fu affidato il controllo dello spinoso desk Israele, attraverso il quale la CIA riceveva l'ottanta per cento delle informazioni sul KGB.

"Bradlee è in grado di aiutare Angleton con gli israeliani a Parigi e sono legati anche in altri modi: La moglie di Bradlee, Tony Pinchot, laureata nel '44 a Vassar, e sua sorella Mary Pinchot Meyer, laureata nel '42 a Vassar, sono amiche intime di Autremont de Cicely, laureata nel '44 a Vassar, che ha sposato James Angleton

---

[174] *Ibidem*, p. 317.

quando era al liceo, lo stesso anno in cui lui si è laureato alla facoltà di legge di Harvard ed è stato reclutato nell'OSS da uno dei suoi ex professori a Yale. "[175]

Davis cita anche un altro legame tra Bradlee e Angleton che ha avuto un ruolo cruciale durante il periodo del Watergate:

"Ben Bradlee e Richard Ober, un giovane che sarebbe poi diventato il capo del controspionaggio di Angleton e avrebbe collaborato con il maestro in Europa e a Washington per tutti gli anni Cinquanta, Sessanta e Settanta, erano anche loro ad Harvard nei primi anni Quaranta.

"L'almanacco di Harvard del 1943-44 mostra che Bradlee e Ober, a quattro mesi di distanza l'uno dall'altro, frequentarono entrambi l'Hasty Pudding Club come matricole; si trattava di un club quadriennale e gli studenti si iscrivevano durante il primo anno. Secondo uno storico dell'Hasty Pudding Club, "i circoli gastronomici di Harvard contavano allora solo una quarantina di membri" e spesso erano fonte di grandi amicizie, anche durature, tra i giovani...".[176]

Nonostante tutto ciò, Bradlee negò di aver conosciuto Ober all'epoca - o in seguito. Ma non c'è dubbio che quando Bradlee aveva iniziato a lavorare per *Newsweek* e a collaborare con James Angleton e "gli israeliani di Parigi", Ober era il fidato vice di Angleton. E questo in un periodo in cui le operazioni di Angleton che coinvolgevano la mafia francese corsa (descritte nel capitolo 9 di *Giudizio finale*) erano al culmine.

Davis descrive il ruolo svolto da Bradlee e da altri giornalisti legati alla rete di Angleton: "Lui e i suoi colleghi scrivono da una prospettiva di guerra fredda. Angleton e Ober erano agenti dei servizi segreti che viaggiavano tra Washington e Parigi, Londra e Roma. A Washington, in luoghi privati come il salotto di Philip e Katharine Graham, questi patrioti filosofeggiano e pianificano; nelle città straniere, lavorano per controllare il comunismo europeo con ogni mezzo possibile - seminando storie negative, infiltrandosi nei sindacati, sostenendo o screditando i leader politici - per provocare il sentimento anticomunista".[177]

Bradlee riuscì anche a trovarsi al centro della controversia algerina in cui si era invischiato il giovane senatore John F. Kennedy al suo ritorno negli Stati Uniti, con grande disappunto dei sostenitori di Israele che si opponevano al concetto di indipendenza dell'Algeria araba (all'epoca ancora colonia francese).

Secondo Davis, "il risultato più notevole di Bradlee come corrispondente estero fu quello di ottenere un'intervista con l'FLN, la guerriglia algerina che allora era in rivoluzione contro il governo francese. L'intervista, che aveva tutte le caratteristiche di un'operazione di intelligence... spinse i francesi a espellere Bradlee dal Paese nel 1957".[178]

Sorprendentemente, però, troviamo Bradlee - mentre lavorava con Angleton, 17 anni prima del Watergate - nel bel mezzo di un altro progetto di particolare interesse per Israele, che avrebbe finito per far parte della cosiddetta "French Connection" al complotto per l'assassinio di JFK, di cui Angleton era un attore centrale.

---

[175] Davis, pp. 214-215.
[176] *Ibidem*.
[177] *Ibidem*, pp. 214-216.
[178] *Ibidem*, p. 134.

Tuttavia, poco dopo l'assassinio di JFK, troviamo ancora una volta Angleton e Bradlee che lavorano segretamente insieme nell'ombra. Come abbiamo notato nel capitolo 16, dopo la morte dell'amante di JFK, Mary Pinchot Meyer (cognata di Bradlee e moglie dell'alto funzionario della CIA Cord Meyer), uccisa a colpi di pistola (in quella che si disse essere una rapina) il 12 ottobre 1964, Angleton aveva ottenuto il diario della signora Meyer (con l'aiuto di Bradlee) e lo aveva distrutto presso la sede della CIA.

Qualche anno più tardi, dopo che James Truitt, direttore del *Washington Post*, entrò in conflitto con Bradlee, Truitt portò alla luce la storia dell'acquisizione del giornale della signora Meyer da parte di Angleton e Bradlee. Fino a quel momento, Angleton era riuscito a evitare i riflettori, ma il suo legame con il complotto di Mary Meyer lo portò a un indesiderato riconoscimento pubblico. Secondo Deborah Davis, "la faida di Truitt con Bradlee aveva inutilmente esposto Angleton, lasciandogli un sapore amaro e risentimento".[179]

Nel 1967, con Israele sicuro del sostegno incondizionato dell'amministrazione Johnson, l'ufficio di Angleton alla CIA gestì l'ormai famigerata Operazione CHAOS, che era un "programma di raccolta di informazioni con aspetti specifici di controspionaggio interno" - in breve, un'operazione di spionaggio rivolta ai cittadini statunitensi che osavano sfidare le politiche della CIA e dell'amministrazione Johnson.[180]

L'operazione era gestita per Angleton dal suo vecchio vice, il già citato Richard Ober. Tuttavia, quando Richard Nixon salì al potere nel 1969, la Casa Bianca di Nixon iniziò a lavorare a stretto contatto con le operazioni di Angleton, portando Ober nella cerchia ristretta della Casa Bianca.[181]

IL MOSSAD ALLA CASA BIANCA?

C'era però un'altra falsità. Questo particolare fatto - riportato da Deborah Davis - non è stato apparentemente mai menzionato altrove nella ricchezza di informazioni pubblicate in riferimento al Watergate e agli intrighi di quell'epoca. La rivelazione della Davis è essenziale per comprendere le forze segrete dietro il colpo di Stato che espulse Richard Nixon dalla presidenza...[182]

Secondo Davis, come parte di una presunta soluzione a tre problemi percepiti dal Segretario di Stato Kissinger - vale a dire "l'allentamento delle tensioni, le guerre arabo-israeliane e la sovversione interna" - Kissinger trasferì effettivamente Angleton "alla Casa Bianca e lo mise a capo di un ufficio israeliano di controspionaggio teoricamente indipendente e più importante dell'ufficio israeliano della CIA".[183]

Davis osserva che "Angleton lavorava a stretto contatto con Kissinger e sapeva quasi tutto quello che faceva, mentre Kissinger non aveva questo privilegio nei confronti di Angleton".[184]

---

[179] *Ibidem*, p. 219.
[180] *Ibidem*, pp. 230-231.
[181] *Ibidem*.
[182] *Ibidem*, p. 256.
[183] *Ibidem*, p. 256.
[184] *Ibidem*, p. 257.

Il vice di Angleton, Richard Ober, si occupava degli affari dell'ufficio israeliano di Angleton alla Casa Bianca, un vero e proprio avamposto del Mossad. Di conseguenza, Angleton e Ober erano ben posizionati nel momento cruciale in cui Richard Nixon, esaltato dalla sua trionfale vittoria per la rielezione, stava agendo per affermare la sua autorità sulla CIA e contro Israele.

Come abbiamo visto, il pessimo furto al Watergate del 1972 era già avvenuto e Nixon e il suo entourage avevano tentato un ridicolo insabbiamento. Ma le prove suggeriscono che l'effrazione era una messa in scena fin dall'inizio. E Nixon ci è cascato.

Fu il vecchio alleato di James Angleton al *Washington Post*, Ben Bradlee, a lanciare la campagna mediatica che rese il "Watergate" una parola di uso comune e portò alla serie di indagini ufficiali che fecero cadere Nixon. Ma il *Post* non avrebbe potuto orchestrare l'indignazione pubblica se non avesse avuto il sostegno di "Gola Profonda", un insider della Casa Bianca in grado di fornire ai giornalisti *del Post*, Bob Woodward e Carl Bernstein, le informazioni necessarie per rendere il Watergate una grande storia.

Deborah Davis ci fornisce un riassunto dei parametri della cospirazione tra "Gola Profonda" e il *Washington Post*, che dimostra al di là di ogni dubbio che la copertura del Watergate da parte del *Post* non era solo un caso di giovani e laboriosi giornalisti che facevano un fantastico lavoro di caccia alla corruzione, ma che c'era molto di più dietro le quinte:

"Il fatto che Woodward sia stato manipolato o "diretto" da Gola Profonda è molto chiaro nel libro di Woodward e Bernstein sul Watergate, *Tutti gli uomini del presidente*, e questo è un altro motivo per cui il libro è un documento incredibile. È ovvio che Gola Profonda ha tutto l'interesse a che il *Post* abbia successo nella sua inchiesta ..... Si aspetta dei risultati. Non gli dirà come fa a sapere quello che sa o perché vuole aiutare Woodward a coinvolgere Nixon...".[185]

Davis concluse che la "voce" della fonte, Gola Profonda, era in realtà il vice di Angleton, Richard Ober. E questo significa, ovviamente, che Ober rispose certamente alla chiamata di Angleton come parte di una campagna per far cadere Richard Nixon.

La domanda principale, per quanto riguarda Davis, è se "Gola Profonda" abbia contattato Woodward o se l'editore di Woodward, Ben Bradlee, abbia messo Woodward in contatto con "Gola Profonda".

In entrambi i casi, la mano di James Angleton era chiaramente all'opera. O Angleton ha mandato Ober da Woodward, o Angleton ha chiesto a Bradlee, suo alleato di lunga data *al Post*, di mandare il suo reporter Woodward a cercare Ober. Davis osserva: "La piccola delusione di [*Tutti gli uomini del Presidente*] è che solo Woodward sapeva chi fosse Gola Profonda. Anche Bradlee, quasi certamente, lo conosceva e lo conosceva da molto più tempo di Woodward".[186]

Davis ha aggiunto: "C'è la possibilità che Woodward abbia incontrato [Gola Profonda] mentre lavorava [prima di diventare giornalista *del Post*] come collegamento di intelligence tra il Pentagono e la Casa Bianca, dove Gola Profonda aveva il suo

---

[185] *Ibidem*, p. 255.
[186] *Ibidem*, p. 255.

ufficio, e che abbia ritenuto Woodward degno di fiducia, o utile, e abbia iniziato a parlargli quando era il momento giusto".

"È altrettanto probabile, tuttavia", afferma Davis, "che Bradlee, che aveva fornito a Woodward altre fonti per altre storie, li abbia messi in contatto dopo il suo primo giorno come Woodward sulla storia, quando il ladro del Watergate James McCord testimoniò all'udienza di rinvio a giudizio che un tempo aveva lavorato per la CIA".[187]

Nel verdetto di Davis: "Indipendentemente dal fatto che Bradlee abbia fornito o meno la fonte, ha riconosciuto che la dichiarazione di McCord in tribunale era molto strana: i dipendenti della CIA, quando vengono colti in un'azione illegale, non ammettono di lavorare per la CIA a meno che non faccia parte del piano. McCord non aveva alcun motivo valido per menzionare la CIA, se non apparentemente per attirare l'attenzione sul furto con scasso, poiché gli era stato chiesto di dichiarare solo la sua occupazione attuale, e non lavorava per la CIA da diversi anni".[188]

UN'OPERAZIONE DI CONTROSPIONAGGIO

La conclusione di Davis è davvero potente: "Se Gola Profonda era Richard Ober, con il quale Bradlee aveva cenato ad Harvard e che Woodward aveva molto probabilmente conosciuto mentre era al Pentagono; se era Ober, che come capo dell'Operazione CHAOS, e come agente della Casa Bianca e della sicurezza nazionale, era uno dei pochi uomini che potevano sapere di Nixon più di Nixon stesso; se Gola Profonda era lo stesso uomo che era stato il vice e il pupillo di James Angleton, il maestro dei trucchi sporchi della CIA - non c'è dubbio che l'uso del *Washington Post* per far cadere Nixon sia stata un'operazione di controspionaggio di altissimo livello e un trucco sporco per eccellenza."[189]

"Ciò che conta", conclude Davis, "non è come sia stato fatto il collegamento con Gola Profonda, ma perché. Perché Bradlee ha permesso a Woodward di appoggiarsi così pesantemente a lui e, in definitiva, perché i leader della comunità dei servizi segreti, per i quali Gola Profonda parlava, volevano la caduta del Presidente degli Stati Uniti?".[190]

Sembra chiaro che qui, nel *Giudizio Finale*, possiamo finalmente fornire una risposta alla domanda di Davis sul perché i leader della comunità dei servizi segreti, per i quali parlava Gola Profonda, volevano che Richard Nixon lasciasse la presidenza. La risposta sta nel semplice fatto che John F. Kennedy, come Nixon prima di lui, era percepito (come abbiamo visto) come una minaccia alla sopravvivenza di Israele. Fu così che venne lanciata l'operazione Watergate per rimuovere Nixon dalla Casa Bianca.

Una volta che Nixon e la sua cerchia ristretta rimasero intrappolati nella rete e iniziarono i loro ridicoli tentativi di insabbiamento (che, ovviamente, erano di loro iniziativa), contribuirono a spianare la strada alla loro stessa caduta. Inoltre, Nixon iniziò a fare tentativi di ricatto nei confronti della CIA, minacciando chiaramente l'agenzia - come abbiamo visto - usando ciò che sapeva sul coinvolgimento della CIA

---

[187] *Ibidem*, p. 255.
[188] *Ibidem*, p. 255.
[189] *Ibidem*, p. 260.
[190] *Ibidem*, p. 255.

nell'assassinio di JFK (e dato tutto ciò che sappiamo ora, è probabile che Nixon sapesse o sospettasse anche il coinvolgimento del Mossad).

Tuttavia, una volta che il *Washington Post* - su istigazione di Angleton - fu coinvolto attivamente nella campagna contro Nixon, il destino del Presidente fu segnato. L'acclamata indagine del Senato sul Watergate divenne una caratteristica quotidiana della televisione e la Camera dei Rappresentanti iniziò il procedimento di impeachment.[191]

E Sam Dash, ex commissario nazionale e membro del comitato consultivo nazionale della Anti-Defamation League (ADL) del B'nai B'rith - l'intermediario dell'intelligence statunitense per il Mossad israeliano - era molto coinvolto nella cospirazione contro Nixon in qualità di consulente senior della commissione senatoriale sul Watergate.

Albert Jenner, che abbiamo conosciuto nell'Appendice 4 come ex collaboratore della Commissione Warren con stretti legami con l'impero mafioso sionista di Chicago del miliardario Henry Crown, era l'avvocato di minoranza "repubblicano", ben posizionato per tenere d'occhio i difensori del GOP di Nixon. Possiamo quindi essere certi che tutte le parti interessate erano pienamente informate dei segreti dell'affare Watergate e dei suoi sviluppi.

In breve, Nixon era circondato. La sua unica possibilità di sopravvivenza, una volta che il Watergate fosse emerso, sarebbe stata un vero e proprio contro-golpe.

A questo proposito, sappiamo che l'altro sostenitore chiave di Israele alla Casa Bianca, Alexander Haig, fu attivamente coinvolto nell'impedire a Nixon di tentare una rappresaglia. Numerosi resoconti pubblicati hanno spiegato come Haig avesse dato istruzioni alle forze armate di ignorare qualsiasi ordine militare del Presidente Nixon, a meno che non fosse stato autorizzato in anticipo dallo stesso Haig.

Per di più, si è saputo che lo stesso Haig aveva avviato un'indagine silenziosa e ufficiosa sui rapporti di Nixon con la criminalità organizzata, ovviamente nell'ottica di stringere ulteriormente il cappio intorno al collo di Nixon nel caso in cui il Presidente si fosse rifiutato di andarsene volontariamente. Possiamo immaginare la reazione dell'opinione pubblica se avesse saputo che il loro Presidente - che aveva dichiarato di non essere un "delinquente" - era stato rivelato dal *Washington Post* come un alleato segreto della "mafia". In realtà, Angleton, Haig e il *Post* non dovettero mai giocare la loro carta mafiosa contro Nixon. Il Presidente sconfitto si dimise il 9 agosto 1974.

IL VERO LEGAME TRA DALLAS E IL WATERGATE

Nel contesto di ciò che abbiamo considerato, quindi, può esserci qualche dubbio sul fatto che il Watergate, in effetti, fu un'operazione congiunta della CIA e del Mossad orchestrata da James Angleton con l'obiettivo di rimuovere Nixon dalla presidenza, un'operazione simile alla cospirazione che portò all'assassinio di John F. Kennedy? Le prove ci sono, per chi sa vedere il quadro generale.

Si potrebbe aggiungere, anche se solo a posteriori, che sembra che la scelta del soprannome "Gola profonda" sia stata una sorta di "scherzo privato" da parte di Woodward e dei suoi colleghi *del Post*. Angleton, naturalmente, era noto come un forte

---

[191] Newsletter ADL (data non disponibile, circa 1974)

bevitore e un fumatore incallito che spesso era avvolto da una nebbia di fumo. "Gola profonda" era anche considerato piuttosto letterario ed era noto che il giovane James Angleton, mentre era a Yale, era un poeta e aveva diretto una rivista letteraria.

Quindi l'uso del nome in codice "Gola Profonda" era ovviamente un modo per dire agli addetti ai lavori della cerchia ufficiale di Washington che la vera forza dietro la fuga di informazioni al *Post* era, in realtà, l'alleato israeliano della CIA, James Angleton. Chiunque fosse nel giro avrebbe capito immediatamente che il watergating di Richard Nixon era un trucco sporco orchestrato attraverso l'ufficio di Angleton alla Casa Bianca. *Anche se Richard Ober sembra essere stato la vera "voce" di "Gola Profonda", James Angleton era il ventriloquo dietro le quinte.*[192]

Richard Curtiss, redattore del *Washington Report on Middle East Affairs*, ha dichiarato con franchezza nel 1995: "È da tempo che riteniamo che chiunque abbia svolto il ruolo di 'Gola Profonda' sia stato in realtà solo un tramite per le informazioni raccolte dal Mossad israeliano e utilizzate per screditare Nixon", e che il tentativo di Nixon di riesaminare le relazioni americane con Israele sia stato "il catalizzatore che ha portato direttamente alla sua caduta".[193]

Fino alla quarta edizione di *Giudizio finale*, le mosse di Richard Nixon per consolidare il potere e controllare la CIA e gli intrighi del Watergate che ne seguirono non erano mai stati collegati al conflitto emergente di Nixon con Israele. Ma non c'è dubbio, a conti fatti, che questa sia la vera chiave di lettura del Watergate e della "connessione Dallas-Watergate" che è stata presa in considerazione per tanto tempo, ma mai compresa appieno - fino ad ora.

Essendo stato al centro degli sconvolgimenti politici che hanno lacerato gli americani nel decennio successivo all'assassinio di John F. Kennedy (di cui James Angleton fu uno dei protagonisti), Angleton era davvero "l'uomo che sapeva troppo".

Non a caso, tra le altre ragioni, William Colby costrinse Angleton a lasciare la CIA nel 1974. L'estromissione di Angleton dalla CIA fu certamente una battuta d'arresto per Israele e il suo Mossad in un momento critico, ma Angleton era vecchio e malato (forse addirittura al limite della follia clinica, secondo alcune testimonianze non amichevoli) e alla fine sarebbe stato costretto a ritirarsi solo per questo motivo. Alla fine, Angleton era un inutile anacronismo che, nel suo periodo di massimo splendore, aveva servito bene i suoi alleati israeliani.

IL COMPLOTTO PER FAR FUORI LA PELLE DI AGNEW

È inoltre provato che il legame con Israele ha giocato un ruolo importante nel Watergate (e negli eventi che ne sono seguiti). La connessione israeliana può essere ricondotta agli scandali che circondarono il vicepresidente Spiro Agnew e l'ex governatore del Texas John Connally, che era entrato a far parte dell'amministrazione Nixon come segretario al Tesoro ed era la prima scelta di Nixon (anche dopo Agnew) come successore nel 1976.

Parte della cospirazione del Watergate contro Nixon - una parte essenziale, in effetti - consisteva nell'assicurare che Agnew fosse rimosso dalla vicepresidenza

---

[192] *Rapporto di Washington sugli affari del Medio Oriente*, ottobre/novembre 1995.
[193] *Rapporto di Washington sugli affari del Medio Oriente*, ottobre/novembre 1999.

prima che Nixon fosse rovesciato. E, ironia della sorte, come Agnew ha sottolineato nel suo libro di memorie, *Go Quietly... or Else*, se Nixon avesse mantenuto la sua posizione e sostenuto Agnew quando quest'ultimo fu colpito, Nixon stesso avrebbe potuto non essere costretto a dimettersi. In realtà, secondo Agnew, egli era ancora più odiato di Nixon dai potenti.

Tuttavia, poiché il Presidente Nixon si trovava già in una posizione precaria a causa dello scandalo Watergate, rifiutò di unirsi alla difesa di Agnew e non tentò di bloccare l'indagine su Agnew che alla fine portò alle sue dimissioni.

In retrospettiva, non c'è dubbio che lo scandalo che ha fatto cadere Agnew sia stato il più congegnato della storia americana. Nel bel mezzo della "crisi" del Watergate, Barnet Skolnik, un procuratore ebreo liberale dell'ufficio del Procuratore degli Stati Uniti nel Maryland, ha mosso accuse di corruzione contro Agnew che, come dimostrano le prove, sono tuttora sospette.

Skolnik ebbe l'occasione di "entrare nella pelle di Agnew" quando Lester Matz, un importante uomo d'affari ebreo indagato per aver corrotto funzionari del Maryland in cambio di contratti con la contea e lo Stato, portò alla luce la sua passata relazione con Agnew durante gli anni in cui il Vicepresidente era in politica nel Maryland.

In un accordo con Skolnik, Matz dichiarò di aver pagato tangenti ad Agnew. Poi, seguendo l'esempio di Matz, altri due imitatori, anch'essi sotto inchiesta, I. M. Hammerman e Jerome Wolff, affermarono di aver pagato l'ex governatore del Maryland.

Agnew ammise di aver spesso ricevuto contributi per la campagna elettorale da aziende che facevano affari con lo Stato - una pratica comune nel Maryland e altrove - ma insistette sul fatto che non aveva mai accettato denaro per uso personale. I procuratori federali, tuttavia, erano ansiosi di costruire un caso contro Agnew per costringerlo a lasciare la vicepresidenza".[194]

AGNEW E ISRAELE

Il signor Hirsh Goldberg ha scritto sul *Times of Israel* sulla carriera di Agnew. In un articolo intitolato "Gli ebrei all'apertura... Gli ebrei alla chiusura" Goldberg afferma: "È stata una vita politica curiosamente inestricabilmente legata agli ebrei. La rapida ascesa a razzo del 4 luglio, l'improvvisa caduta dell'eleganza politica - entrambe coinvolgevano gli ebrei. Era un aspetto ironico e quasi inosservato di una carriera politica che piaceva tanto al cuore degli americani... eppure così fortemente dipendente da cervelli, talenti e denaro ebraici e, alla fine, così gravemente danneggiata dalla testimonianza ebraica".[195]

Alla fine, di fronte a una possibile pena detentiva se fosse stato processato e dichiarato colpevole, Agnew si dimise dalla vicepresidenza e non si dichiarò colpevole delle accuse di corruzione ed evasione fiscale derivanti dalla sua presunta accettazione di tangenti (che Agnew continuò a negare fino al giorno della sua morte). Nessuno degli accusatori di Agnew finì in prigione.

---

[194] Generalmente descritto da Agnew nel suo libro di memorie, *Go Quietly or Else* (New York: William Morrow & Company, 1980).
[195] *The Times of Israel*, maggio 1974.

Elliot Richardson era il procuratore generale repubblicano che aveva incoraggiato la campagna del procuratore Sachs contro Agnew. Alla fine si dimise dall'amministrazione Nixon "con disgusto" e fu proclamato "eroe del Watergate". Nelle sue memorie, Agnew sottolinea che Richardson voleva che nella linea di successione presidenziale ci fosse qualcuno che "avrebbe difeso Israele, qualunque fosse il rischio per gli Stati Uniti".[196]

Agnew era già sospettato di "antisemitismo" a causa dei suoi attacchi ai media e, come ha osservato Agnew, due anni dopo aver lasciato l'incarico è finito sotto tiro "per aver detto che il nostro atteggiamento nei confronti di Israele era influenzato dalla preponderanza di simpatizzanti di Israele nei media tradizionali".[197]

Dopo aver lasciato l'incarico, Agnew scrisse *La decisione Canfield*, un romanzo controverso, anche se poco letto, su cospirazioni politiche di alto livello che alcuni critici definirono "antisemita", portando l'ex vicepresidente ancora una volta sulle prime pagine dei giornali. Il romanzo di Agnew è stato descritto da un editorialista pro-Israele come se suggerisse che "gli ebrei nei media costituiscono una 'lobby sionista' che ci sta portando al disastro in Medio Oriente".[198]

Più tardi, in privato, in una lettera del 20 aprile 1988 al suo amico, l'ex repubblicano Paul Findley (R-III.), anch'egli critico acerrimo della lobby israeliana, Agnew dichiarò: "Attribuisco l'avvento delle mie difficoltà a un confronto con questa stessa lobby".[199] Ma Agnew sarà ricordato come un truffatore che è stato vicepresidente. Non come vittima di un complotto israeliano, come certamente fu, nonostante gli oppositori.

L'OMICIDIO DI JOHN CONNALLY

Nel frattempo, anche John Connally, come Agnew, è stato accusato di corruzione in circostanze che fanno pensare a un'altra "montatura" calcolata. Un lobbista dell'industria lattiero-casearia, Jake Jacobson, ha affermato che Connally, multimilionario, aveva accettato una tangente di 10.000 dollari (mentre era in carica come Segretario del Tesoro) in cambio del suo aiuto per ottenere un aumento del sostegno governativo ai prezzi del latte nel 1971. Tuttavia, il fatto è che, in qualità di Segretario del Tesoro, Connally non aveva alcun potere ufficiale di regolamentare i programmi di sostegno del prezzo del latte del Dipartimento dell'Agricoltura.

Jacobson, l'accusatore di Connally, era già stato incriminato dal Dipartimento di Giustizia per appropriazione indebita di quasi un milione di dollari in prestiti da una cassa di risparmio del Texas, ma quando gli avvocati del Dipartimento di Giustizia vennero a sapere che un tempo era stato associato a Connally, Jacobson si ricordò improvvisamente della "tangente" che avrebbe dato a Connally e patteggiò. Per evitare il carcere, Jacobson divenne il "testimone chiave" contro Connally.

Connally fu assolto, ma le sue ambizioni alla Casa Bianca del 1976 andarono in frantumi, anche se le prove contro di lui erano state portate da un criminale poco

---

[196] Spiro T. Agnew. *Go Quietly or Else* (New York: William Morrow & Company, 1980), pag. 195.
[197] *Ibidem*, p. 163.
[198] *New York Times*, 24 maggio 1976.
[199] Citato da Findley nel *Washington Report on Middle East Affairs*.

raccomandabile in cerca di una riduzione della pena in un caso penale non collegato. Come nel caso Agnew, tuttavia, i media diedero ampio risalto alle accuse contro Connally e contribuirono a rafforzare l'impressione che Nixon e i suoi stretti collaboratori fossero impegnati in un comportamento criminale diffuso. In realtà, la maggior parte dei principali luogotenenti di Nixon, con le notevoli eccezioni del Segretario di Stato Henry Kissinger, del Capo di Gabinetto Alexander Haig e del consigliere legale Leonard Garment - sostenitori di Israele - finirono in prigione.

Ma mentre alcuni antisemiti hanno affermato che Jacobson (che era ebreo) faceva parte di un "complotto ebraico" per "far fuori John Connally", il fatto è che lo schietto texano fu in definitiva vittima di un "complotto ebraico" molto reale che gli impedì di raggiungere la presidenza.

Nel 1979, quando Connally lanciò una candidatura ben finanziata per la nomination presidenziale repubblicana del 1980, sfidò pubblicamente il potere della lobby di Israele in un discorso molto controverso che, a detta di tutti, mise fine alle ambizioni presidenziali di Connally una volta per tutte.

Ma ciò che è interessante è che il discorso di Conally è stato considerato così incendiario dagli israeliani e dai loro sostenitori americani che un importante educatore e filosofo israeliano, Emmanuel Rackman, presidente dell'Università Bal Ilan, ha chiesto l'assassinio di Connally.

Paragonando Connally ad Haman, l'antico nemico del popolo ebraico, Rackman - un rabbino - ha lanciato il suo appello per l'assassinio di Connally nel numero del 18 novembre 1979 di *The Jewish Week-American Examiner*, la pubblicazione della Jewish Telegraph Agency, una suddivisione internazionale dell'Agenzia Ebraica di proprietà del governo israeliano.

Il duro attacco di Rackman a Connally era intitolato: "La campagna di John Connally percepita come una minaccia diretta a Israele e alla comunità ebraica". Rackman citava l'editorialista *del New York Times* William Safire, secondo il quale "per la prima volta un candidato alla presidenza ha tenuto un discorso importante che sapeva avrebbe turbato e sconcertato tutti i sostenitori americani di Israele".[200]

Rackman ha commentato: "È vero. Ma questa osservazione non significa forse più di quello che dice? Non significa forse che con Connally abbiamo per la prima volta un candidato che dice al popolo americano senza mezzi termini che non vuole il sostegno degli ebrei e che vuole dimostrare che si può essere eletti Presidente senza il sostegno degli ebrei?

"Inoltre, non significa che finalmente abbiamo un candidato che spera di essere eletto mobilitando il sostegno di tutti coloro che condividono il suo totale disprezzo per ciò che gli ebrei provano nei suoi confronti e questo non è forse un invito a tutti gli antisemiti a radunarsi dietro di lui? In genere non sono un allarmista, ma nulla nella politica americana degli ultimi anni mi ha dato più fastidio del sottile messaggio di Connally agli ebrei: "Andate all'inferno". Persino i nastri di Nixon non erano così sconvolgenti.

"La comunità ebraica americana deve essere allertata. Se solo avessimo fermato Hitler abbastanza presto, milioni di ebrei sarebbero ancora vivi. E Connally deve essere fermato a tutti i costi. Non deve nemmeno avvicinarsi alla candidatura! Deve

---

[200] *The Jewish Week-American Examiner*, 18 novembre 1979.

essere distrutto, almeno politicamente, il prima possibile. È già abbastanza presto per ridicolizzare Connally e distruggerlo politicamente senza spargimento di sangue.

"Forse sto esagerando", dice Rackman. Ma se ho imparato qualcosa in particolare dalla visione rabbinica della storia biblica, è che siamo meno timorosi e più indulgenti con i nemici che ci accordano almeno un minimo di rispetto rispetto ai nemici che ci trattano con sdegno, con disprezzo. Questo rende Arafat più accettabile di Connally".[201]

Rackman ha paragonato Connally ad Amalek, un altro nemico del popolo ebraico: "Ricorda Amalek, ci viene detto. "Non dimenticare. Sradicatelo dalla faccia della terra. Semplicemente perché Amalek non aveva alcun rispetto per noi. Ci ha incontrato sulla sua strada e ha cercato di sterminarci come parassiti. È mia fervida preghiera", ha dichiarato questo leader religioso ebreo, "che gli ebrei americani non minimizzino l'importanza della sfida che è stata lanciata loro e che agiscano rapidamente e con efficacia devastante".[202]

John Connally non fu sradicato come aveva chiesto Rackman. Ma la sua carriera politica si arrestò dopo che i media tradizionali lanciarono una campagna contro di lui. Tuttavia, quando John Connally morì nel 1993, i medici affermarono che la sua condizione polmonare fatale era il risultato diretto delle ferite al petto ricevute nella sparatoria di Dallas del 22 novembre 1963. Così, alla fine, John Connally risultò essere un'altra vittima di Israele, come se fosse morto lo stesso giorno di John F. Kennedy.

UN ALTRO OMICIDIO....

Ma non finisce qui. C'è stato un altro omicidio politico orchestrato dai media - collegati ai servizi segreti - che ha un suo legame (anche se indiretto) con l'assassinio di John F. Kennedy. Ci riferiamo alla disfatta che portò al ritiro del senatore del Colorado Gary Hart dalla corsa per la nomination presidenziale democratica del 1988.

Come membro del Senato, il dissidente Hart è stato in prima linea nelle indagini non solo sull'assassinio di JFK, ma anche sulla cospirazione della CIA in generale, compreso il suo coinvolgimento con il sindacato Lansky e la mafia nei tentativi di assassinio di Fidel Castro. Inutile dire che Hart non si è fatto molti amici in certi ambienti. Persino il boss di Tampa Santo Trafficante (luogotenente devoto di Myer Lansky) una volta disse di Hart: "Dobbiamo sbarazzarci di quel figlio di puttana".[203]

Qualcuno si è sbarazzato di Hart. La sua relazione con una giovane donna di nome Donna Rice fu rivelata dalla stampa, costringendo Hart a ritirarsi dalla corsa presidenziale. Tuttavia, dietro le quinte c'era molto di più, come ha sottolineato Roger Morris, ex membro del Consiglio di sicurezza nazionale:

"Anche se arrivò un po' troppo tardi per influire sul suo destino, ci sarebbero state ancora più prove del fatto che la caduta di Hart non era quella che sembrava al momento.... Alcune delle persone coinvolte nel weekend Miami-Bimini di Hart risultarono avere legami con la criminalità organizzata e il traffico di cocaina e, in altri ambienti, con i boss della criminalità organizzata ebraica e italiana, che a loro volta avevano legami con la comunità dei servizi segreti statunitensi che risalivano alla Baia

---

[201] *Ibidem.*
[202] *Ibidem.*
[203] Roger Morris. *Partners in Power* (New York: Henry Holt, 1996), p. 434.

dei Porci e prima.[204] In realtà, come avrebbe dimostrato una successiva indagine indipendente, Hart era stato sorvegliato da persone sconosciute per giorni e forse settimane prima degli eventi che hanno portato allo scandalo che ha determinato la sua caduta.

Un altro politico che era fuggito dalla CIA, dal Mossad e dal sindacato di Lansky fu così eliminato dalla scena.

DUE PRESIDENTI, DUE COLPI DI STATO - GLI STESSI COMPLOTTISTI

Ciò che abbiamo visto qui descrive in effetti la "connessione Dallas e Watergate" come non è mai stata descritta prima, messa a verbale per la prima volta nella sua interezza. Il Watergate, come l'assassinio di Kennedy, è stato un colpo di Stato messo in atto da traditori all'interno del governo degli Stati Uniti che hanno subito la stessa influenza straniera.

Non è un caso che James Angleton e Frank Sturgis (entrambi fedelissimi del Mossad), due personaggi chiave della CIA nel Watergate - per non parlare di E. Howard Hun - siano ancora una volta al centro della sceneggiatura.

Due diversi presidenti americani di due diversi partiti politici sono stati schiacciati da Israele e i risultati di due elezioni sono stati annullati. E come nel caso dell'assassinio di JFK, i media hanno giocato un ruolo decisivo nel tenere i fatti nascosti agli occhi del popolo americano. Esiste qualcosa di più dannoso per la democrazia americana?

---

[204] *Ibidem.*

APPENDICE 8

La battaglia dei libri
Un commento alle principali opere pubblicate sull'assassinio di JFK

Non ho assolutamente letto tutti i libri sull'assassinio di JFK, ma ho certamente letto le opere principali (oltre ad alcuni volumi meno noti) e conosco tutte le teorie sull'assassinio che sono state presentate nel corso degli anni. Vorrei quindi commentare alcuni di questi volumi.

Vorrei dividere il mio commento in diverse sezioni, dato che i libri sull'assassinio provengono da molti approcci diversi, per cui voglio esaminare questi volumi da questa prospettiva.

- In primo luogo, ci sono i libri che esaminano i difetti della Commissione Warren. Questi sono stati principalmente i primi libri pubblicati sull'assassinio. Poi, nel corso del tempo, sono stati pubblicati diversi libri che erano una panoramica delle teorie che stavano emergendo sull'assassinio, comprese le critiche alle prove forensi, le informazioni sull'autopsia e così via.

- Con l'avvio del caso di Jim Garrison contro Clay Shaw, sono stati scritti diversi libri esclusivamente sull'argomento e questo ha aperto un campo d'indagine completamente nuovo sul caso JFK - che, a mio parere, rappresenta un periodo di transizione fondamentale nell'indagine.

- Poi sono apparse diverse opere interessanti, soprattutto romanzi - fiction. Pur essendo romanzi, erano importanti perché alcuni di essi avevano una base di verità. Ritengo che questi romanzi siano importanti perché permettono di conoscere diverse prospettive sull'omicidio.

- Ci sono state anche diverse opere che hanno messo in luce le varie possibili cospirazioni che hanno portato all'assassinio - opere che sono simili all'approccio adottato nel mio libro, in quanto si occupano della politica del potere coinvolto.

- Poi ci sono i libri "più originali", pubblicati da vari autori o studi che approfondiscono i campi coperti da questi volumi.

- Esiste anche una serie di libri di autori che hanno scritto su vari aspetti del caso, e vorrei soffermarmi in particolare su questi autori e su ciò che hanno scritto, soprattutto il tanto pubblicizzato *Caso chiuso*, dell'ormai famoso Gerald Posner.

Naturalmente, Posner è diventato lo scagnozzo numero uno dei media, l'uomo chiamato ad agire per screditare e infangare tutti gli investigatori sul caso JFK, compreso il sottoscritto. Tuttavia, come vedremo, Posner è un notevole caso di studio in sé.

Diamo un'occhiata ad alcuni di questi libri....

LA STORIA "UFFICIALE"

Chi vuole avere una buona prospettiva sulla storia "ufficiale" dell'assassinio di JFK, a prescindere dalle teorie cospirative, dovrebbe prima leggere i libri *La morte di un presidente*, di William Manchester, e *Il giorno in cui spararono a Kennedy*, di Jim Bishop.

Sebbene entrambi gli autori accettino le conclusioni fondamentali della Commissione Warren, i volumi forniscono un buon contesto storico e una panoramica dell'assassinio e degli eventi immediatamente successivi.

È importante che le persone leggano questi libri per familiarizzare con l'argomento. Non costa nulla leggere il rapporto della Commissione Warren o i molti volumi di prove difficili da trovare che sono stati pubblicati contemporaneamente al rapporto.

MARK LANE

Rush to Judgment di Mark Lane è stato il primo libro importante a smascherare la tesi del Rapporto Warren secondo cui Lee Harvey Oswald sarebbe stato un assassino solitario. E anche se il libro ha ormai quasi 30 anni, è ancora il libro che tutti devono leggere se vogliono capire perché la gente ha iniziato a dubitare del Rapporto Warren.

Quel libro ha dato il via all'esplosione di ricerche sull'assassinio di JFK che alla fine mi ha portato a scrivere *Giudizio finale*. Dopotutto, è stato *Rush to Judgment* a condurre Jim Garrison alla sua monumentale indagine che, a mio parere, è stata la più vicina a rivelare la verità sull'assassinio di JFK.

Mark Lane scrisse anche un libro intitolato *A Citizen's Dissent (Il dissenso del cittadino)*, pubblicato nel 1975, diversi anni dopo, ma purtroppo non è un libro che molti conoscono.

Ho detto io stesso a Mark che penso che questo libro sia addirittura migliore di *Rush to Judgment*, per diversi motivi. In primo luogo, perché è stato pubblicato più tardi e incorpora molte delle nuove scoperte di Mark come estensione di *Rush to Judgment*.

In secondo luogo, e soprattutto, in questo secondo libro Mark analizza come i media hanno gestito le sue indagini sull'assassinio di JFK e come hanno reagito l'FBI, la CIA e il resto della classe dirigente.

Anche se il libro è difficile da trovare, direi che chiunque voglia una prospettiva sorprendente su come il governo ha reagito a quello che Mark ha definito "il dissenso di un cittadino" deve leggere questo volume.

L'ultimo volume di Mark Lane sull'assassinio di JFK, *Plausible Denial*, di cui ho scritto a lungo in queste pagine, rappresenta per molti versi l'unica prospettiva a lungo termine di Mark e, a mio avviso, pone le basi per il *Giudizio Finale*.

Per molti versi, *Giudizio finale* è forse il seguito di *Negazione plausibile*, o almeno così è stato suggerito.

UNA PANORAMICA DELLE PROVE

Accessori dopo il fatto di Sylvia Meagher è, per certi versi, un supplemento a *Rush to Judgment*. Si tratta di un esame molto dettagliato del Rapporto Warren, che espone tutte le falle del caso contro Lee Harvey Oswald. Questo libro sarà interessante per coloro che sono affascinati dalla balistica, dalle prove autoptiche e così via.

Six Seconds in Dallas di Josiah Thompson è un vero tour de force. Questo libro è una fantastica analisi del filmato di Zapruder. Profondamente illustrato, questo volume dimostra che non c'è dubbio che ci sia stato più di un assassino a Dealey Plaza e che le prove autoptiche ufficiali non corrispondono alla verità. È un'opera classica. Chi è interessato alle prove fotografiche dovrebbe consultare *The Killing of a President* di Robert Groden.

Assassination Science di James Fetzer è l'ultimo sguardo alle prove scientifiche. (Fetzer, tra l'altro, si rifiuta di ammettere di essere a conoscenza del *Giudizio Finale*, anche se gliene ho inviato una copia e gli ho scritto due volte).

Tra i libri che analizzano l'assassinio di JFK da una prospettiva più ampia, *Crossfire*, di Jim Marrs, è probabilmente il migliore. Questo libro è difettoso soprattutto perché Marrs presenta diverse teorie, una sopra l'altra, e non giunge a nessuna conclusione solida. Chi pensa di trovare nel libro la soluzione all'assassinio si troverà probabilmente sopraffatto dalle molteplici teorie.

Marrs non stabilisce mai con certezza nella mente del lettore che ci possono essere molteplici interessi che lavorano insieme per raggiungere lo stesso obiettivo. Sembra che tratti l'assassinio nel contesto di A, B o C, senza mai suggerire realmente che una qualsiasi combinazione di elementi sia responsabile.

Who Shot JFK? di Bob Callahan è una guida di facile lettura, suddivisa in una serie di interessanti riquadri e ben illustrata con splendide vignette che aggiungono un tocco satirico a un argomento molto pesante.

Il libro *Conspiracy* di Anthony Summers è un'interessante trattazione della controversia su JFK fino all'indagine della Commissione della Camera alla fine degli anni Settanta. La critica principale che vorrei muovere a Summers è che nella sua edizione riveduta non riconosce le informazioni fornitegli da Gary Wean, l'ex detective di Los Angeles che sapeva del legame Mickey Cohen/Israel e della famosa relazione di JFK con Marilyn Monroe (di cui ho parlato in *Giudizio finale*).

Summers ha scritto anche un libro sulla vita di Marilyn Monroe (in cui parla di Wean), ma lascia il lettore con l'idea che la famiglia Kennedy sia coinvolta nella sua morte, che si tratti di un incidente o di un omicidio. In ogni caso, il libro di Summers è piuttosto interessante. Nella sua edizione riveduta, Summers commette anche un errore, non dando alla connessione francese di cui parla l'analisi che merita.

Reasonable Doubt di Henry Hurt è un'altra buona panoramica. Ha i suoi difetti, ma nulla di sostanziale. Probabilmente vale la pena di essere letto da ricercatori seri. Allo stesso modo, *They've Killed the President* di Robert Sam Anson è un libro interessante. Ma mi affretto ad aggiungere che trovo riprovevole l'attacco di Anson a Jim Garrison.

Anche dopo l'uscita del film *JFK* di Oliver Stone, Anson si mise al lavoro e pubblicò attacchi a Garrison e ad altri ricercatori che lavoravano sul caso JFK. In un articolo Anson sostenne che nel suo stesso libro Garrison non aveva mai menzionato che lui (Garrison) era stato accusato di corruzione ed evasione fiscale. In realtà, Garrison ha un intero capitolo su questo argomento nel suo libro e questo mi fa pensare che Anson non abbia letto il libro.

JFK: The Facts & the The Theories di Carl Oglesby è piuttosto buono, ma la mia preoccupazione nei confronti di Oglesby è che, pur riconoscendo la connessione con il Permindex, cade nella bizzarra trappola di indicare il Permindex come una sorta di "connessione nazista" all'assassinio di JFK quando, come abbiamo visto, nulla potrebbe essere più lontano dalla verità. A parte questo, il libro merita di essere letto per avere una buona panoramica.

Crime & Cover-Up: The Dallas-Watergate Connection di Peter Dale Scott, una sottile monografia sull'argomento, è affascinante. Esamina i gruppi di interesse speciale di Washington che si opposero a JFK e i loro legami con la criminalità organizzata e la comunità dei servizi segreti. Inutile dire che Scott non entra nel merito della connessione con Israele.

Lo stesso vale per i suoi altrettanto affascinanti, molto più lunghi e recenti *Deep Politics e The Death of JFK*. Questo libro è molto lacunoso in quanto, proprio quando si pensa che Scott stia per entrare nella connessione con Israele (sia attraverso la discussione sul crimine organizzato che attraverso la CIA), se ne allontana con cautela.

La ricerca di Scott è incompleta in quanto, nonostante la profondità e l'ampiezza del suo lavoro, non si lancia mai nell'Inchiesta Garrison. A mio parere, questo è un altro errore molto grave. Non sappiamo mai esattamente chi Scott sospetta sia responsabile dell'assassinio. Come ho detto, Scott dice molto, ma allo stesso tempo dice molto poco. Ciononostante, i suoi scritti sono degni di nota.

L'APPROCCIO "FITTIZIO

A questo punto, vorrei parlare di diversi romanzi apparsi nel corso degli anni sull'assassinio di JFK. Il più importante è *Executive Action* di Mark Lane e Donald Freed, apparso sulla scia dell'omonimo film (Mark Lane è stato la forza trainante del film, ma alla fine è rimasto deluso dal prodotto finale). Questo libro mostra come persone influenti possano aver orchestrato l'assassinio.

Il romanzo *Betrayal* di Robert Morrow assomiglia per molti aspetti a *Executive Action*. Viene presentato come un approccio romanzato alle presunte esperienze di Morrow come agente della CIA, coinvolto involontariamente nel complotto per l'assassinio di JFK. Morrow accusò Clay Shaw di essere uno dei cospiratori, forse il principale, e lo descrisse come una sorta di agente CIA "corrotto" che agiva senza l'approvazione ufficiale della CIA. Negli anni successivi Morrow pubblicò un'edizione riveduta di questo libro in una versione non narrativa, di cui parlerò più avanti.

Winter Kills di Richard Condon, un trattamento vagamente mascherato dell'assassinio di JFK, è una satira ma le persone possono trovarlo interessante. Io lo trovo interessante perché fornisce una buona panoramica della cospirazione in una famiglia come quella dei Kennedy e della loro interazione con la classe dirigente americana. (Questo libro è stato successivamente trasformato in un film di Hollywood, disponibile su videocassetta).

Promises to Keep (Promesse da mantenere) di George Bernau - un altro romanzo - ritrae un Presidente simile a Kennedy che sopravvive all'attentato e mostra la trama successiva all'attentato che coinvolge alcuni personaggi molto riconoscibili. Conclude spiegando come si è svolto l'attentato. È solo un romanzo, naturalmente, ma è interessante.

Libra di Don De Lillo ha come protagonista Lee Harvey Oswald e mostra come Oswald possa essere stato manipolato nella cospirazione dell'assassinio da complottisti legati alla CIA. Questo libro piuttosto surreale potrebbe anche contenere alcune pepite di verità. Nel libro c'è un personaggio che è un agente della CIA, come E. Howard Hunt, e questo personaggio viene ritratto mentre organizza un attentato "fittizio" che gli altri trasformano in realtà. (Come ho detto in *Giudizio finale*, penso che sia probabilmente quello che è successo).

American Tabloid di James Elliott presenta l'interazione tra la criminalità organizzata, Jimmy Hoffa, l'FBI e la famiglia Kennedy e si conclude con l'assassinio di JFK. Questo libro è interessante perché dà il tono a quella che è stata senza dubbio gran parte dell'interazione tra queste personalità reali che appaiono come personaggi del libro. Ci possono essere alcuni elementi "fittizi" che non sono troppo lontani dalla realtà.

STUDI SUL CASO DEL PRESIDIO

I libri apparsi sull'affare Jim Garrison-Clay Shaw hanno una classe a sé stante e sono importanti. Il primo libro importante sull'argomento è stato *The Kennedy Conspiracy* di Paris Flammonde. Si tratta di un volume molto difficile da reperire che è un classico sull'argomento. Il libro contiene molte informazioni sulla connessione con il Permindex di Shaw (e questo è forse uno dei motivi per cui il libro non è mai stato ristampato, se posso divagare per un momento dal pensiero paranoico cospiratorio). Sebbene il libro sia stato pubblicato prima della fine del processo a Shaw, contiene molto materiale prezioso ed è una lettura interessante. Vorrei sottolineare che, sebbene Flammonde citi il Permindex, non traccia il collegamento con Israele come avrebbe potuto e dovuto fare. Ma questo è solo un piccolo errore in un libro meraviglioso che dovrebbe essere una lettura "obbligata" per tutti i ricercatori.

American Grotesque di James Kirkwood è una critica feroce a Garrison. Kirkwood fu una delle principali forze trainanti per Shaw, ma il libro contiene molti dati presi direttamente dal processo di Shaw e contiene molti dettagli su molte delle persone interessanti che apparvero durante l'indagine di Garrison. Francamente, ogni volta che rileggo il libro continuo a stupirmi del fatto che l'autore non si sia accorto di quante prove ci fossero realmente contro Shaw, e queste sono in realtà le prove che Kirkwood presenta nel suo libro.

Counterplot di Edward Jay Epstein è un altro libro sull'indagine di Garrison su Clay Shaw. È un attacco totale a Garrison, un libro sottile che non avrei citato se non fosse stato scritto da Epstein.

Questo è importante, come ho notato in *Giudizio Finale*, in quanto Epstein era uno stretto collaboratore dell'uomo della CIA James Angleton, ed Epstein ha anche scritto il libro *Legend* (una biografia di Lee Harvey Oswald) che riflette più accuratamente la storia di Angleton sull'affare JFK, secondo cui, in definitiva, il KGB sovietico era dietro l'assassinio del Presidente Kennedy, sia accidentalmente che intenzionalmente. Epstein suggerisce che Oswald sia stato cooptato dal KGB e che abbia commesso il crimine agendo da solo, con o senza ordini dai suoi superiori del KGB. Questo libro è stato ampiamente diffuso dai media della classe dirigente.

È interessante notare che Epstein ha scritto anche il libro *Inquest, che è stato* salutato dai media come un'importante critica al rapporto della Commissione Warren. Tuttavia, ho sempre avuto l'impressione che questo libro fosse una "montatura" della classe dirigente per suggerire che, anche se c'erano problemi nel modo in cui la Commissione Warren aveva condotto le indagini, alla fine non c'era nulla di cui preoccuparsi. In ogni caso, nessuno dei libri di Epstein ha un valore reale.

Jim Garrison ha scritto il resoconto della sua indagine. Intitolato *Sulle tracce degli assassini*, è un libro interessante e ben scritto. Direi, tuttavia, che il libro è un po' deludente, in quanto si tratta più di un ricordo personale del caso, piuttosto che di un resoconto dettagliato dell'indagine che molti avrebbero trovato molto più istruttivo.

Lo studio più recente sull'inchiesta Garrison è *Destino tradito* di James Di Eugenio. Si tratta di un libro importante in quanto esamina molte delle prove dell'inchiesta di Garrison (persino più del libro dello stesso Garrison) e dimostra essenzialmente che Garrison aveva ragione quando prese di mira Clay Shaw per il suo ruolo nel complotto per l'assassinio di JFK. Non sappiamo esattamente quale ruolo abbia avuto Shaw nella cospirazione, ma Di Eugenio dimostra che era indiscutibilmente coinvolto in qualche modo.

Il libro presenta alcuni problemi. Trovo che l'adorazione eroica di JFK da parte di Di Eugenio sia un po' eccessiva. Si direbbe che JFK sia quasi un Dio. Poiché Di Eugenio sembra tradire un pregiudizio pro-Kennedy un po' ingenuo, provenendo da una prospettiva liberale, Di Eugenio cade nella trappola di percepire e ritrarre Clay Shaw come "di destra". Come ho detto a Di Eugenio in una lettera, il suo libro fallisce perché non approfondisce il legame con il Permindex di Shaw con il suo legame finale con Israele.

Potrebbe esserci una spiegazione. Il libro è stato pubblicato sotto gli auspici della Sheridan Square Press (che, per inciso, ha pubblicato anche il libro di Garrison), affiliata all'Institute for Media Analysis. Come già menzionato nell'Appendice 3, questo istituto riceve finanziamenti dal Family Stern Funds.

Questa fondazione è stata creata dalla famiglia Stern di New Orleans, che non solo era amica intima di Clay Shaw, ma era anche il principale finanziatore dell'ufficio di New Orleans dell'Anti-Defamation League (ADL), che era collegato a Guy Banister. Erano anche proprietari della radio e della televisione WDSU, che contribuì a dipingere Lee Harvey Oswald come un "agitatore pro-Castro".

Questi sono i libri principali sul caso Garrison. Se l'indagine di Garrison non fosse stata ripetutamente e inesorabilmente sabotata, avrebbe potuto rivelare la verità sull'assassinio di JFK molto prima della pubblicazione di *Giudizio Finale*. Suggerisco vivamente di concentrarsi sull'indagine di Garrison. Andando a fondo di ciò che Clay Shaw, Guy Banister e David Ferrie stavano facendo a New Orleans con Lee Harvey Oswald, possiamo avvicinarci un po' di più alla verità sull'assassinio di JFK.

OPERE "OFFBEAT"

La prossima serie di libri negli annali dell'assassinio di JFK sono quelli che potrebbero essere descritti, in mancanza di un termine migliore, come "anticonformisti". Ci sono molti libri di questo tipo, ma voglio concentrarmi su una manciata di essi.

Quello che mi viene subito in mente è *The Assassination Tapes* di George O'Toole, l'ex psicoanalista della CIA. Il libro descrive l'uso da parte di O'Toole dell'analisi dello stress vocale per determinare se i testimoni chiave del caso JFK (le cui voci sono state registrate in un momento o nell'altro) abbiano mentito. Egli conclude che Oswald non ha mentito quando ha negato di aver ucciso il Presidente e che anche alcuni agenti di polizia di Dallas potrebbero non aver detto la verità.

In quanto ex membro della CIA, O'Toole è un po' di parte, in quanto sembra suggerire che l'FBI possa essere stata in qualche modo colpevole dell'insabbiamento dell'assassinio di JFK (cosa di cui pochi francamente dubitano), ma tutto il libro vale la pena di essere letto e le persone lo troveranno divertente.

Il famoso *Best Evidence* di David Lifton, sostiene che ci fu un ritocco post mortem delle ferite del Presidente Kennedy anche prima dell'autopsia ufficiale a Washington. Questo libro è voluminoso e abbastanza dettagliato, ma devo dire che è così massiccio che ci si perde dentro. Molte delle prove tecniche sono al di là della comprensione del lettore medio e per questo motivo, temo che il libro non dia alcun contributo importante, se non quello di confondere ulteriormente la controversia sull'assassinio di JFK.

Il Flashback di Ron Lewis è un resoconto personale particolarmente interessante. Lewis è stato associato a Lee Harvey Oswald tramite l'operazione a contratto di Guy Banister con la CIA a New Orleans. Alcuni mettono in dubbio le credenziali di Lewis, ma il suo libro fornisce un resoconto dell'associazione di Oswald con Banister da una prospettiva unica e diretta. Non ho trovato nulla nel libro di Lewis che contraddica in qualche modo le mie conclusioni *del Giudizio Finale* sulle strane attività fuori dall'ufficio di Banister. È un libro difficile da trovare, ma vale la pena leggerlo.

Un altro libro poco conosciuto e piuttosto singolare è *Il secondo complotto* di Matthew Smith, uno scrittore inglese che ritrae Lee Harvey Oswald come un ufficiale dei servizi segreti patriottico che si imbatté in un complotto per uccidere JFK e cercò di smascherarlo. Un libro molto interessante.

JFK: Conspiracy of Silence del dottor Charles Crenshaw presenta un resoconto personale di ciò che il medico vide al pronto soccorso di Dallas e dimostra che i rapporti "ufficiali" sull'autopsia di JFK erano una schifezza. Crenshaw è stato molto criticato per aver osato esporre ciò che sapeva, e merita un certo credito per averlo fatto.

ERA DAVVERO UN "ERRORE FATALE"?

Errore mortale di Bonar Menninger è un altro libro che dovrei citare (perché mi è stato chiesto più volte). Questo libro sostiene che il colpo fatale che uccise il Presidente fu sparato accidentalmente da un agente dei servizi segreti dall'auto che seguiva la limousine di JFK. Ho letto il libro e dirò subito che non assomiglia alla storia assurda e insensata (a cui alcuni credono con fervore religioso) secondo cui JFK fu ucciso (deliberatamente) da un colpo sparato dal suo autista dei servizi segreti. Invece, il libro di Menninger è ben scritto e accuratamente studiato. Chiunque abbia letto il libro (e non sapesse assolutamente nient'altro sull'assassinio di JFK) potrebbe concludere che questo fu davvero il "giudizio finale".

La tesi del libro è che qualcuno (probabilmente Lee Harvey Oswald) stava sparando a JFK dal magazzino dei libri scolastici, con intento criminale, ma che lo sparo proveniva dalla pistola di un agente dei Servizi Segreti e ha concluso il lavoro dell'incompetente Oswald.

In ogni caso, questa tesi suscita qualche perplessità: è improbabile che Oswald abbia sparato un colpo nella Dealey Plaza quel giorno, e c'è anche un legittimo dibattito sul fatto che i colpi siano stati effettivamente sparati dalla finestra da cui si suppone che Oswald abbia sparato. Ma se, per caso, la tesi fosse corretta, non è fondamentalmente in contrasto con la tesi generale di *Giudizio Finale*, nella misura in cui *Giudizio Finale* sostiene che Oswald era nel mezzo di ambienti che cospiravano contro il Presidente e che cercavano di incastrare Oswald per far sembrare che avesse sparato dal magazzino dei libri. Se effettivamente un colpo è stato sparato accidentalmente contro JFK dai servizi segreti, ciò non toglie che il colpo sia stato sparato in risposta a un tentativo di assassinio proveniente da un altro luogo.

Detto questo, devo dire che, per quanto gli autori siano sinceri, il libro è un diversivo delirante per gli studenti accaniti della cospirazione JFK. È una teoria piuttosto ingegnosa, ma non credo che abbia molta credibilità, ad essere onesti.

C'è un altro libro che dovrei citare. Si tratta di *Kill Zone* di Craig Roberts. Sebbene il libro sia un classico resoconto dei fatti di base sull'ampio carattere della cospirazione contro JFK, menzionando attori tipici come la CIA e la mafia e persino approfondendo la cosiddetta connessione "francese" (senza spingersi fino all'innegabile collegamento con Israele), il libro è interessante e rinfrescante in quanto l'autore non ha paura di sollevare la possibilità che ci siano state influenze internazionali di alto livello all'opera nell'assassinio di JFK. Mi riferisco in particolare alla discussione di Roberts sul blocco di potere noto come Council on Foreign Relations (CFR) e sulle forze monetarie internazionali plutocratiche che controllano il CFR.

Non credo che si possa trovare uno straccio di prova che il CFR abbia dato inizio all'assassinio di JFK (e nemmeno l'autore, se è per questo), ma devo dare credito a ciò che è dovuto: questo è, dopo tutto, uno dei primi libri su JFK che ha il coraggio di suggerire che potrebbero davvero esserci gruppi di alto livello di questa natura che operano nel mondo di oggi, oltre alla CIA.

Questo porta all'estremo la cosiddetta "teoria del complotto", perché non c'è niente di più antiquato che parlare di gruppi segreti come il CFR. Parlare del CFR e di altri gruppi di questo tipo legati alla finanza internazionale oggi equivale ad invocare l'accusa di "antisemitismo". Si tratta quindi di un libro unico nel suo genere in termini di ricerca sulla vicenda JFK e che potrebbe aprire qualche occhio. Quindi, a mio parere, questo libro è essenzialmente un nuovo allargamento degli orizzonti per quanto riguarda la ricerca sul caso JFK.

FLETCHER PROUTY

Diamo uno sguardo alle opere di saggistica del colonnello L. L. Fletcher Prouty, ex ufficiale di collegamento tra il Pentagono e la CIA durante gli anni di Kennedy. Prouty, ovviamente, è stato il modello per il personaggio di "Mr X", l'uomo misterioso del film *JFK* di Oliver Stone. Il libro di Prouty *"The Secret Team"*, pur non trattando dell'assassinio di JFK in quanto tale, è uno studio della politica di potere nel mondo influenzata dai complotti della CIA. Il sottotitolo del libro è abbastanza descrittivo: "La CIA e i suoi alleati controllano gli Stati Uniti e il mondo".

Il libro di Prouty è uno studio sulle origini, la crescita, lo sviluppo e gli eccessi della CIA. Purtroppo, vorrei sottolineare che quando si tratta di discutere degli "alleati" della CIA, Prouty non approfondisce la questione del Mossad. Per il resto, si tratta di un libro molto importante e la CIA ha fatto del suo meglio per tenerlo segreto.

L'altro libro di Prouty, *JFK* (sottotitolato: "*La CIA, il Vietnam e il complotto per assassinare John F. Kennedy*") è altrettanto interessante. Il titolo stesso è in qualche modo fuorviante, come ha dichiarato lo stesso colonnello Prouty, sottolineando che è stato il suo editore a insistere sul titolo. In realtà, il libro si concentra sul ruolo degli Stati Uniti in Indocina e sulle manovre dietro le quinte che nel corso degli anni hanno portato al coinvolgimento americano nella tragedia. Il libro è importante perché dimostra in modo inequivocabile che il Presidente Kennedy voleva uscire dall'Indocina e che si scontrava con l'opposizione delle forze di potere - sia interne che internazionali - che fu una delle considerazioni chiave nella decisione della CIA di partecipare al complotto per assassinare JFK.

LA POLITICA MEDIORIENTALE DI JFK

Chi è interessato alla politica mediorientale di JFK dovrebbe fare riferimento ai libri citati in *Giudizio finale*, in particolare *Taking Sides* di Stephen Green, *Dangerous Liaisons* di Andrew e Leslie Cockburns e *The Samson Option* di Seymour Hersh. Mi affretto ad aggiungere che nessuno di questi libri suggerisce un legame tra i conflitti di JFK con Israele e il suo assassinio. Una volta studiati questi volumi, non c'è dubbio che la percezione popolare che JFK fosse un "amico" di Israele - almeno nella mente dei leader israeliani dell'epoca - è ben lontana dalla verità. Per usare un eufemismo.

Non c'è dubbio che, al momento della sua morte, JFK fosse considerato dalla leadership israeliana come una minaccia per la sopravvivenza di Israele. Chiunque abbia l'ambizione di essere un'autorità sull'assassinio di JFK non può, ripeto, esaminare l'assassinio senza leggere i libri che toccano questo aspetto della politica estera di JFK. Chi evita l'argomento ha ovviamente paura di essere infangato dal legame con Israele.

"LA MAFIA HA UCCISO JFK"

Sebbene i libri che suggeriscono che "la mafia ha ucciso JFK" siano una categoria a sé stante, non dedicherò ulteriori discussioni a queste opere in questa panoramica bibliografica storica dei libri sull'assassinio. Ho già discusso di questi libri e delle loro tesi molto fallaci in vari punti delle pagine di *Giudizio Finale*. Ciononostante, questi libri hanno ricevuto una grande copertura da parte dei media della classe dirigente perché, sono sicuro, questo distoglie l'attenzione dai veri cospiratori. Ma state tranquilli: la mafia non ha ucciso JFK.

ROBERT MORROW

Vorrei ora parlare delle opere di Robert Morrow. Prima ho parlato del suo romanzo, *Betrayal*. La sua edizione "saggistica", sostanzialmente migliorata e ampliata, di quel libro è *First-Hand Knowledge*, sottotitolata "*Come ho partecipato all'omicidio del Presidente Kennedy da parte della CIA e della mafia*". È un libro interessante, ma resto cauto al riguardo, se non altro per il semplice motivo, come ho sottolineato in *Giudizio finale*, che è stato stampato da un'affiliata americana di una casa editrice israeliana. A parte questo, direi che a mio avviso non c'è dubbio che Morrow stesso sia stato coinvolto nella cospirazione dell'assassinio, in particolare con i membri della CIA che collaboravano con gli esuli cubani anticastristi.

Tuttavia, come ho suggerito, la mia opinione è che l'aspetto cubano del complotto dell'assassinio sia stato esagerato dalla maggior parte dei ricercatori. Cioè, nel senso che non vedo gli esuli cubani come veri e propri cospiratori, ma piuttosto come "facilitatori" - persino capri espiatori - che sono stati manipolati tanto quanto Lee Harvey Oswald.

Il ruolo principale che i cubani svolsero nella cospirazione fu quello di contribuire a gettare le basi per la storia che lo sfortunato Oswald fosse un "agitatore pro-Castro". I cubani, che siano favorevoli o contrari a Castro, erano, a mio parere, solo altri "falsi vessilli" piantati nel bel mezzo del paesaggio del complotto dell'assassinio da coloro che in ultima analisi sono responsabili del crimine.

In *Giudizio finale*, mi sono basato molto sul libro di Morrow, *Il senatore deve morire*, per ottenere informazioni sull'assassinio del senatore Robert F. Kennedy. Il libro suggerisce che la SAVAK, la polizia segreta iraniana, abbia eseguito l'omicidio di RFK sulla base di un contratto con la CIA. Non ho visto prove che suggeriscano che Morrow non abbia in parte ragione su questo punto, e in *Giudizio finale* ho notato che la SAVAK era una creazione congiunta del Mossad e della CIA.

Da tempo esisteva una stretta relazione segreta tra il Mossad, la CIA e gli iraniani, anche se molti non ne erano a conoscenza. Quindi, se RFK è stato ucciso dal SAVAK, come dice Morrow, questo mi dice che dovremmo guardare più in là nella direzione di un collegamento israeliano, anche se Morrow, naturalmente, non lo menziona.

Devo dire che ho qualche dubbio sull'affidabilità complessiva di Morrow, nel senso che a volte è molto difficile determinare ciò che sa direttamente, ciò che pensa o ciò che gli hanno detto gli altri.

I libri di Morrow sono interessanti e offrono molti spunti affascinanti. Su questo non c'è dubbio. Tuttavia, mi preoccupa molto il fatto che Morrow sembra suggerire che James Angleton della CIA fosse in qualche modo fuori dal giro quando si trattava dell'assassinio di JFK e dell'insabbiamento - e niente potrebbe essere più lontano dalla verità.

Il fatto che Morrow fosse un agente della CIA che operava in ambienti poco raccomandabili è un altro fattore da tenere in considerazione. Chi si trova in una posizione del genere non sempre sa per chi sta lavorando. A volte pensano di lavorare per uno scopo, mentre in realtà stanno lavorando per un altro. E non sempre conoscono tutti i fatti. Quindi le esperienze di Morrow (e il racconto delle sue esperienze) sono state inevitabilmente colorate da tutto questo. Non sto dicendo che Morrow sia stato un capro espiatorio o un burattino, ma sto suggerendo che dovremmo esaminare il suo resoconto di prima mano con cautela.

Per intenderci: Sono stato informato in modo attendibile che Morrow è ben consapevole della tesi presentata in *Giudizio finale* e potrebbe aver già letto il libro. Non mi ha ancora contattato.

HUGH McDONALD

In *Giudizio Finale* ho discusso i libri *Appuntamento a Dallas* e *LBJ e la cospirazione JFK*, entrambi di Hugh McDonald, un altro ex agente dell'FBI e della CIA. Ho sottolineato che non trovo nessuna di queste opere particolarmente credibile. Il primo volume è stato scritto da Geoffrey Bocca, un ex propagandista dell'OAS francese sostenuta da Israele, e va da sé, alla luce di tutto ciò che ho già detto, che questo è di per sé un motivo per mettere in dubbio l'affidabilità del libro.

Il secondo libro, co-scritto da Robin Moore, che ha avuto a lungo legami con la comunità dei servizi segreti, ripete l'affermazione di James Angleton secondo cui i sovietici erano dietro l'assassinio di JFK. Il libro afferma anche che il KGB manipolò Lyndon Johnson per coprire la connessione sovietica. Questo per quanto riguarda i libri di McDonald. L'unica ragione per cui li cito qui è che le persone continuano a chiedermi di commentare il loro contenuto.

L'IMMAGINAZIONE DI HARRISON LIVINGSTONE

A questo punto, dobbiamo assumerci un pesante fardello esaminando quattro libri particolari scritti da un uomo particolare: Harrison Livingstone. I libri sono *Alto tradimento*, *Alto tradimento II*, *Uccidere la verità* e *Uccidere Kennedy*, tutti pubblicati da Carroll & Graf. Devo dire che il terzo titolo è un riassunto piuttosto azzeccato di ciò che i quattro volumi effettivamente fanno.

Come scrittore, odio criticare lo stile di scrittura di altri scrittori. Ho criticato le motivazioni di altri scrittori nel caso JFK, riconoscendo che hanno cose da sistemare e interessi personali che li spingono a promuovere i loro sforzi per cause spesso poco nobili. Nel caso di Harrison Livingstone, tuttavia, sono sorpreso che i suoi libri non siano mai stati pubblicati. Questo forse è più un riflesso del suo editore che di Livingstone stesso. Questi quattro volumi sono a dir poco strani. Il secondo e il terzo volume, in particolare, sembrano essere stati completamente rivisti. Si ha l'impressione che gli editori abbiano lasciato a Livingstone la libertà di sproloquiare da un argomento all'altro senza alcun freno.

A volte i commenti di Livingstone sembrano rasentare la diffamazione. Attacca i suoi stessi critici in modo molto personale e suggerisce di essere il solo e unico autore ad aver scritto qualcosa sull'assassinio di JFK che valga la pena di essere letto. Si muove avanti e indietro tra l'analisi delle prove autoptiche, le prove fotografiche e i resoconti dei testimoni oculari e, sebbene non sembri che Livingstone abbia avuto una formazione formale in nessuna delle aree che tratta con tale autorità e indignazione bigotta, Livingstone vorrebbe farvi credere che chiunque non sia d'accordo con le sue interpretazioni sia, nella migliore delle ipotesi, un bugiardo e, nella peggiore, un deliberato partecipante all'insabbiamento dell'assassinio! Anche il suo coautore nella prima edizione di *High Treason*, Robert Groden, un ricercatore molto rispettato, viene attaccato selvaggiamente da Livingstone in questi volumi. Sono sorpreso che Groden non abbia fatto causa per diffamazione.

Livingstone denigra in particolare Mark Lane. Infatti, afferma che, poiché Lane aveva la reputazione di essere "di sinistra", non aveva motivo di impegnarsi nella ricerca dei fatti sull'assassinio di JFK. Questo, secondo Livingstone, fa sembrare che solo i "sinistrorsi" fossero interessati all'assassinio e che gli americani medi non lo fossero. Livingstone si fa beffe anche dell'idea che la CIA fosse coinvolta nell'assassinio. Sostiene inoltre che, poiché Lane rappresentava la Liberty Lobby nel caso di diffamazione di E. Howard Hunt, potrebbe aver contribuito a coprire i cosiddetti baroni del petrolio del Texas che erano coinvolti nell'assassinio e che, sostiene Livingstone, sono i finanziatori della Liberty Lobby (il che, mi affretto ad aggiungere, non è affatto vero, nonostante le farneticazioni deliranti di Livingstone).

Queste opere gigantesche non contribuiscono assolutamente alla ricerca sull'assassinio di JFK, eppure un grande editore ha preso questi volumi, li ha stampati e li ha distribuiti ampiamente. Due di questi volumi sono stati addirittura bestseller del *New York Times*! Livingstone si è alienato tutti i principali ricercatori che si occupano dell'assassinio di JFK con il suo comportamento bizzarro eppure, stranamente, i suoi libri hanno ricevuto questa eccessiva distribuzione. Credo che ci sia un piano dietro l'ampia diffusione delle sciocchezze di Livingstone: confondere ulteriormente le acque e presentare al grande pubblico il carattere piuttosto particolare di Livingstone come la definizione di "ricercatore di successo".

Vorrei sottolineare che Livingstone suggerisce persino che forse Abraham Zapruder, che ha girato il famoso filmato domestico dell'assassinio, potrebbe aver fatto parte della cospirazione, posizionandosi sulla scena per fornire una registrazione dell'assassinio ai cospiratori! Tuttavia, ci sono sempre più prove che lo stesso filmato di Zapruder sia stato falsificato.

Come ho detto, l'unica ragione per cui ho dedicato tanto tempo alla discussione dei libri di Livingstone è che sono turbato dal fatto che siano stati ampiamente diffusi come sono stati fatti. Non biasimo Livingstone, e sottolineo che non dubito della sua sincerità personale, ma metto in dubbio le motivazioni e la correttezza del suo editore.

IL CASO GÉRALD POSNER

Il caso di Gerald Posner merita un'analisi a dir poco speciale. Sebbene *Il caso chiuso* di Gerald Posner sia stato ampiamente salutato dai media come "l'ultima parola" sul complotto per l'assassinio di JFK, il fatto è che il libro sarebbe più accuratamente descritto sotto molti aspetti come "la prima parola". Personalmente, ho scoperto più di una manciata di contraddizioni e distorsioni lampanti che appaiono nelle pagine del libro dopo solo un rapido esame sommario. Poi, leggendo il libro, mi sono reso conto che si trattava semplicemente di un rimaneggiamento della panoramica biografica sulla vita di Lee Harvey Oswald presentata nel rapporto della Commissione Warren.

Quindi, con *Caso chiuso*, abbiamo di fatto chiuso il cerchio con questo libro tanto decantato, che è poco più di una riproposizione riveduta della "prima parola" - il Rapporto Warren - unita a feroci e maligni attacchi personali a ricercatori e testimoni le cui opinioni sono in contrasto con la Commissione Warren.

Ci sono molte recensioni di *Case Closed* da parte di moltissime persone, ma io vi darò una panoramica di alcuni dei miei commenti tratti dalla mia recensione del libro. Se avessi dedicato più tempo alla revisione del volume di Posner, sono sicuro che avrei potuto trovare molte altre contraddizioni, ma quelle che cito qui, credo, sono molto rappresentative del suo lavoro molto fuorviante.

LE CONTRADDIZIONI DI POSNER

- In tutto il libro Posner cita i risultati della House Select Committee on Assassinations che concordano con la sua tesi che Oswald abbia commesso il crimine da solo. Tuttavia, quando un risultato dell'HSCA non è d'accordo con Posner, egli respinge l'HSCA a priori. In secondo luogo, sebbene Posner cerchi attivamente di screditare Anthony Summers, un ricercatore che lavorava sul caso JFK, in tutto il libro cita Summers come fonte (a pagina 144, per esempio) citando Summers che afferma che il caso di Jim Garrison contro Clay Shaw era "estremamente debole". In altre parole, Summers è una fonte inaffidabile quando le sue conclusioni puntano a una cospirazione, ma quando le sue conclusioni su certe questioni sono anche solo vagamente in linea con quelle di Posner, Posner trova Summers degno di essere citato per sostenere le proprie opinioni.

- Posner cita un testimone di nome Jack Tatum che avrebbe visto Oswald lasciare la scena dell'omicidio dell'agente di polizia di Dallas J. D. Tippit, affermando che Tatum "raccontò per la prima volta la sua storia agli investigatori della House Select Committee on Assassinations". Questo è interessante, perché in altri casi in cui altri testimoni che contraddicono la tesi di Posner non hanno reso note le loro opinioni in primo luogo, Posner mette in dubbio la loro affidabilità. Tuttavia, quando un testimone arrivato tardi, come questo, sembra confermare la tesi di Posner, egli cita tale testimone come affidabile e "prova" della sua accuratezza.

GLI INSULTI DI POSNER

- Il talento principale di Posner consiste nell'attaccare ad homenim i testimoni le cui prove non sono in accordo con le sue conclusioni, che ovviamente non sono altro che le stesse conclusioni raggiunte dalla Commissione Warren circa trent'anni prima. Per esempio, Posner definisce uno dei testimoni "un ubriaco dichiarato" (suggerendo, suppongo, che gli ubriachi sono costituzionalmente incapaci di dire la verità su qualsiasi cosa). Ma questo è solo un esempio tra i tanti.

- Nel tentativo di screditare Delphine Roberts, che era la segretaria e l'amante dell'agente della CIA Guy Banister, Posner attacca alcune sue convinzioni politiche e religiose piuttosto esotiche - che non hanno assolutamente nulla a che fare con l'affermazione della Roberts secondo cui Lee Harvey Oswald aveva una stretta relazione con Banister e le sue attività.

- Quando Posner discute le accuse sui legami di Oswald con la CIA fatte da Gerry Patrick Hemming, un noto ex agente della CIA, Posner definisce Hemming un "autopromotore" che ha fornito "rivelazioni stravaganti e non provate" sull'assassinio di JFK. Altri insulti.

- Quando Posner cercò di screditare l'affermazione di Jean Hill secondo cui era stata intimidita e maltrattata dall'avvocato della Commissione Warren Arlen Specter, Posner disse che "non c'è nulla che si avvicini a tale condotta da parte di Specter nella trascrizione letterale della deposizione dello stenografo". Tuttavia, Posner non dice mai ai suoi lettori che Hill ha ripetuto costantemente che la trascrizione della deposizione era imprecisa e travisava ciò che aveva inizialmente detto a Specter. Inoltre, ovviamente, sembra improbabile che Specter avrebbe permesso che le sue parole minacciose facessero comunque parte della trascrizione. Ma si tratta di un altro eccellente esempio di falsificazione dei fatti da parte di Posner.

- In un altro caso, Posner cerca di screditare uno dei testimoni di Jim Garrison che dice di aver contattato l'FBI su Oswald (dopo l'assassinio) per riferire su un'apparente visita di Oswald (prima dell'assassinio) a Clinton, in Louisiana. Secondo Posner, "non c'è traccia di tale chiamata". Questo suggerisce, ovviamente, che l'FBI fosse completamente onesto nell'indagare sull'assassinio di JFK e che tenesse i registri di tutte le questioni relative a Oswald e al complotto per l'assassinio di JFK - cosa che sappiamo non essere la verità. Ma Posner crede alla parola dell'FBI su questo punto e per Posner è deciso.

- Successivamente, sebbene nel corso del suo libro Posner abbia tentato di analizzare e psicoanalizzare i commenti fatti una volta o l'altra da Lee Harvey Oswald, Posner non ha mai commentato - o menzionato - il fatto che Oswald abbia anche detto di essere un "babbeo". Posner voleva farci credere che Oswald avesse appena realizzato il più grande risultato della sua patetica vita e non avesse più nulla da dire al riguardo.

- Nel tentativo di scartare la possibilità che Oswald fosse un agente della CIA, Posner si basa sul ripudio da parte della stessa CIA della denuncia di un ex dipendente della CIA secondo cui Oswald era effettivamente alle dipendenze della CIA (naturalmente, Gerald, la CIA sarà la prima ad ammetterlo).

- Posner afferma a pagina 49, da un lato, che il KGB non aveva alcun interesse per Oswald e, dieci pagine dopo, a pagina 59, dice che non meno di venti agenti del KGB tenevano d'occhio Oswald. (Non si sa mai!)

LE DISTORSIONI DELLA VERITÀ DI POSNER

- Nella sua appendice su alcune delle morti misteriose che circondano l'assassinio di JFK, Posner commette una serie di oltraggi alla verità. Inutile dire che molte di queste cosiddette "morti misteriose" non sono poi così misteriose. Personalmente, credo che molti ricercatori abbiano esagerato nel collegare alcune di queste morti alla cospirazione. Ma nel caso di Posner, ci sono almeno due casi lampanti in cui, ancora una volta, Posner falsifica i fatti.

(1) In riferimento alla morte di Maurice Gatlin, Posner si limita a dire che Gatlin morì in seguito a "ferite da caduta". In realtà, Gatlin morì dopo essere caduto da una finestra dell'hotel - forse dopo essere stato spinto, ovviamente. Ma Posner non menziona mai le circostanze. Posner dice anche che il nome di Gatlin "è probabilmente sulla lista perché è già stato assunto da Guy Banister per un'indagine non correlata". Posner non menziona che Gatlin sarebbe stato il corriere che ha trasportato diverse centinaia di migliaia di dollari in contanti in Europa ed è stato assegnato ai complottisti dell'OAS legati a Israele, che stavano anche cospirando contro la vita del Presidente francese Charles De Gaulle. Interessante, a dir poco.

(2) Un'altra morte misteriosa che Posner cerca di suggerire come non così misteriosa e probabilmente in qualche modo scollegata dall'assassinio è la morte per elettrocuzione di Thomas Eli Davis III. Posner dice che Davis era un trafficante

d'armi che "conosceva anche Ruby" e suggerisce che non c'è nulla che lo colleghi realmente alla cospirazione di JFK. Posner non menziona che Davis vendeva armi all'OAS francese e che era stato arrestato in Nord Africa poco prima dell'assassinio di JFK, quando fu inizialmente riferito che era in possesso di lettere che facevano riferimento a Lee Harvey Oswald.

(Va notato che da allora è stato stabilito che i documenti trovati su Davis erano lettere di raccomandazione a Victor Oswald, un trafficante d'armi con sede in Spagna. Tuttavia, Posner non racconta tutta la storia).

LA PIÙ GRANDE FRODE DI POSNER

Forse l'attacco più palese ai lettori da parte di Posner, attivamente aiutato e sostenuto dai suoi promotori mediatici della classe dirigente, è la sua pretesa di aver risolto il mistero JFK grazie alla magia indubbiamente indiscutibile dei computer. Nel suo libro Posner si basa molto su un'analisi dell'assassinio di JFK generata al computer da una società nota come Failure Analysis Associates, che "dimostra" che Lee Harvey Oswald ha agito da solo.

Posner induce essenzialmente i suoi lettori a credere che l'analisi al computer sia stata in qualche modo preparata esclusivamente per il suo uso personale, mentre in realtà è stata preparata per un processo simulato a Lee Harvey Oswald condotto dall'American Bar Association (che, tra l'altro, si è concluso con una giuria appesa).

Inoltre, Posner omette di dire ai suoi lettori che la società informatica aveva anche preparato un'analisi informatica alternativa dell'assassinio che forniva una tesi completamente diversa: specificare che poteva esserci più di un assassino coinvolto nell'assassinio del Presidente Kennedy. Quindi il principale argomento di vendita del libro di Posner - la famosa analisi computerizzata dell'assassinio - di cui i media hanno ampiamente parlato, si basa a sua volta su distorsioni della verità così come sono apparse nelle pagine del libro di Posner.

C'è un altro punto interessante che merita di essere ribadito. Come ho già sottolineato in *Giudizio Finale*, uno dei collaboratori di Posner, Johann Rush, che ha fornito a Posner una versione "migliorata" del famoso filmato di Zapruder dell'assassinio, è anche lo stesso Johann Rush che era uno dei cameraman della WDSU di New Orleans (di proprietà della famiglia Stern e di Clay Shaw, legata all'ADL) che sembrava sempre presente quando Lee Harvey Oswald faceva dichiarazioni "pro-Castro". Sembra che Rush sia ancora in missione. Questo per quanto riguarda Gerald Posner. Nessuno prende sul serio il suo libro, nemmeno, sospetto, i suoi finanziatori. Sanno chi ha ucciso JFK, ma non vogliono che lo sappiate, ed è per questo che tengono in giro persone come Posner, sempre pronte a tirare fuori qualcosa dal cilindro.

SEYMOUR HERSH

Dimenticate chi ha ucciso John F. Kennedy e perché. Dovreste invece concentrarvi sui peccatucci personali di JFK. Questo è il messaggio lanciato dai media controllati dallo Stato in questo Paese dopo l'uscita del nuovo libro di Seymour Hersh, *The Dark Side of Camelot*. Chi non ha sentito parlare del libro di Hersh che attacca il personaggio di John F. Kennedy non ha letto la stampa tradizionale in occasione del 34° anniversario dell'assassinio di JFK. Il libro veniva promosso ovunque, compresa una storia di copertina nel numero del 17 novembre della rivista *Time*.

Le recensioni - e anche l'articolo del *Time* - suggerivano unanimemente che c'erano dubbi sulla credibilità di Hersh, ma anche queste recensioni ebbero l'impatto di emettere così tanta "negatività" su JFK che i lettori pensarono quasi automaticamente che "dove c'è fumo, c'è fuoco".

Cosa c'è di nuovo nel libro di Hersh? Nulla, in realtà. Ci sono state decine - forse centinaia - di altri libri sui legami mafiosi della famiglia Kennedy, sulla promiscuità di JFK e così via. Lo stesso *Time* sottolinea (giustamente) che dagli anni '70 sono stati pubblicati molti libri che fanno quello che fa il libro di Hersh: "demistificare JFK".

Perché allora questa voglia di rivedere le malefatte di JFK? Tutti abbiamo sentito parlare degli anziani della famiglia Kennedy, oggetto di una copertura mediatica infinita per quasi trent'anni. È così da quando Mark Lane ha iniziato a porre domande su chi abbia realmente ucciso John F. Kennedy e perché. Il libro di Lane, *Rush to Judgment*, ha posto alcuni problemi reali alle persone che hanno orchestrato l'assassinio di JFK e il suo insabbiamento. La reazione dei "media tradizionali" è stata quella di cercare di dire: "John F. Kennedy non era poi un così bravo ragazzo". (suggerendo che forse meritava di essere ucciso o che, per lo meno, aveva preparato il terreno per la sua stessa morte). E poi, quando in *Plausible Denial* Lane documentò il legame della CIA con l'assassinio, la classe dirigente decise che le teorie cospirative sull'assassinio dovevano essere contenute. Le teorie "accettabili" sono quelle che dicono "è stata la mafia" e danno la colpa a mafiosi morti da tempo.

Time Magazine, che promuove il nuovo "debunking" di JFK, è di proprietà della grande famiglia Bronfman. E, naturalmente, come sottolinea il *Giudizio Finale*, lo scagnozzo della famiglia Bronfman Louis M. Bloomfield ha avuto un ruolo chiave nel complotto per l'assassinio di JFK.

Che ruolo ha Hersh in tutto questo? È stato il libro di Hersh, *L'opzione Sansone*, a rivelare per la prima volta che JFK si era impegnato in una lunga guerra nascosta e dietro le quinte con il Primo Ministro israeliano David Ben-Gurion per gli sforzi di Israele di costruire una bomba nucleare. *Giudizio Finale* cita ampiamente il lavoro di Hersh, con grande disappunto di coloro che vogliono tenere lontano dagli ammiratori del Presidente Kennedy il profondo e oscuro segreto della guerra di Israele con JFK.

Ma ecco qualcosa di molto interessante: il numero di novembre 1997 della rivista *Vanity Fair* ha rivelato che Hersh aveva lavorato a stretto contatto con Michael Ewing, che era stato coinvolto nell'indagine della Commissione della Camera del 1978 sull'omicidio del Presidente. Come abbiamo riportato in *Final Judgment*, Ewing ha citato la particolare "connessione francese" con l'assassinio di JFK, che era in corso di indagine quando la Commissione della Camera chiuse i battenti.

Giudizio Finale dimostra che la "connessione francese" è, in realtà, la connessione israeliana. Hersh deve aver sicuramente ascoltato Ewing a proposito della "French Connection". E alla luce di ciò che Hersh sapeva chiaramente su JFK e Israele, è chiaro che non poteva non avere un'idea della connessione israeliana. Certamente, Hersh sapeva che Israele aveva un movente.

Secondo *Vanity Fair*, Hersh ha gettato via le sue ricerche per un libro sull'assassinio di JFK e si è dedicato alle sue vicende personali. A quanto pare, ciò è avvenuto dopo la pubblicazione di *Giudizio finale* nel gennaio 1994, quindi sembra *Giudizio finale* abbia rubato la scena a Hersh.

Hersh ora dice di non aver mai trovato alcuna prova che ci fosse una cospirazione dietro l'assassinio di JFK. L'unica prova che riesce a trovare è il fatto che JFK aveva una vita personale molto interessante e sarebbe stato coinvolto in complotti per l'assassinio di altri. Tuttavia, c'è chi contesta le "prove" di Hersh, come ha ammesso *il Time*.

Il libro di Hersh è il suo modo di fare ammenda per aver rivelato fatti sorprendenti e sconosciuti sulla guerra segreta di JFK con Israele, prove che hanno portato alla stesura di *Giudizio Finale*? E l'enfasi dei media sulla credibilità di Hersh è in realtà un modo sottile per screditare i precedenti scritti di Hersh su JFK e Israele, screditando così indirettamente *Giudizio Finale*?

In ogni caso, il nuovo libro di Hersh ripropone vecchie affermazioni su Kennedy, rimettendole in circolazione. Ecco perché i mandanti dell'assassinio sono felici di fare al libro di Hersh tutta la pubblicità gratuita che sta ottenendo.

ESPRIMERE IL PROPRIO GIUDIZIO FINALE

Questo è un riassunto dettagliato delle mie reazioni e opinioni personali sui libri sull'assassinio di JFK. Se non avete letto i libri che vi ho consigliato, vi consiglio di farlo. Una volta letti tutti i libri, credo che sarete in grado di esprimere il vostro giudizio finale - e non credo che scoprirete che le mie conclusioni generali sono del tutto fondate.

Per coloro che sono interessati a scrivere i propri libri sull'assassinio di JFK, li esorto a evitare le distrazioni, le aree insensate che impantanano la ricerca seria. E non cercate di scrivere un'altra panoramica sulla cospirazione dell'assassinio. Io l'ho fatto, ma ho aggiunto una nuova prospettiva che non era mai stata considerata prima.

Penso che nelle pagine di *Giudizio Finale* ho gettato le basi per ulteriori ricerche in una serie di nuove aree poco esplorate o mai esplorate. Questo è ciò che incoraggio a fare. Trovate una nuova area di interesse legata all'assassinio di JFK ed esploratela in ogni modo possibile. C'è molto altro da fare.

APPENDICE 9

Quiproquo
Il legame di Pechino con la cospirazione per l'assassinio di JFK - L'alleanza nucleare segreta di Israele con la Cina comunista.

Non solo la politica statunitense nei confronti di Israele è stata invertita dopo l'assassinio di JFK. Ma è stato praticamente ignorato il fatto che John F. Kennedy stesse pianificando un attacco militare contro gli impianti di sviluppo di armi nucleari della Cina Rossa nei mesi precedenti il suo assassinio. Tuttavia, un mese dopo la morte di JFK, Lyndon Johnson annullò il piano e permise alla Cina di procedere all'assemblaggio del suo arsenale nucleare. Il grande segreto è che all'epoca dell'assassinio di JFK, i servizi segreti israeliani Mossad e la Cina rossa stavano lavorando dietro le quinte allo sviluppo congiunto di armi nucleari. Le prove suggeriscono che la "carta Cina" ha giocato un ruolo critico (segreto) nel coinvolgimento di Israele nel complotto per l'assassinio di JFK.

All'inizio del novembre 1997, mentre preparavo la quarta edizione di *Giudizio finale, mi sono imbattuto* inaspettatamente in un articolo sepolto in una pila di ritagli di giornale sull'assassinio di JFK. Si tratta di un articolo pubblicato nel 1970 da Paul Scott, un esperto opinionista di Washington, in cui sottolineava che, poco prima del suo assassinio, John Kennedy stava pianificando un attacco militare contro il programma di sviluppo di armi nucleari della Cina Rossa.

Inoltre, secondo Scott, un mese dopo l'assassinio di JFK, il suo successore, il presidente Johnson, ordinò di fermare l'attacco imminente.

In effetti, ho trovato interessante il fatto che JFK non solo si sia adoperato per ostacolare il programma di bombe nucleari di Israele (come ho documentato in *Giudizio finale*), ma abbia anche agito attivamente per ostacolare quello della Cina rossa.

Sapendo che oggi Israele è probabilmente il maggior fornitore di armi della Cina, ho iniziato a fare ricerche su un argomento nuovo che non conoscevo: la relazione segreta tra Israele e la Cina rossa. Mi sono chiesto se potesse esserci una sorta di "connessione cinese" con il ruolo del Mossad nel complotto per l'assassinio di JFK.

Poi, dopo una breve ricerca - in tutti i posti giusti - ho trovato questo link. Mi ha persino sorpreso. Penso che anche i lettori saranno incuriositi e concorderanno sul fatto che ciò che è descritto qui punta in direzione di un ruolo del Mossad nel complotto per l'assassinio di JFK.

Poco dopo, ho saputo che un gruppo di ricercatori che si occupava dell'affare JFK stava approfondendo il tema "La Cina e l'assassinio di JFK". Tuttavia, da allora, non ho ancora visto da nessuna parte - tranne che nelle pagine di *Giudizio Finale* -

alcun accenno al legame del Mossad con la "mappa della Cina" nel complotto per l'assassinio di JFK. Questo non mi sorprende, naturalmente, ma è una tragedia che anche i "ricercatori della verità" si rifiutino di guardare in faccia l'evidenza.

i lettori di *Giudizio Finale* potranno senz'altro constatare, non è possibile esaminare seriamente l'argomento "Cina e assassinio JFK" nel suo complesso senza considerare anche il collegamento con Israele. E così è praticamente per tutti i punti chiave dell'ampia gamma di settori legati alla ricerca sul complotto dell'assassinio di JFK.

ISRAELE E LA CINA ROSSA: IL LEGAME NUCLEARE

Qual è dunque il legame? Il fatto è che nel 1963 la Cina Rossa e Israele si impegnarono segretamente nello sviluppo congiunto di armi nucleari. Inoltre, la figura chiave nelle relazioni tra Cina Rossa e Israele non era altro che il defunto Shaul Eisenberg, socio d'affari di lunga data del capo dell'approvvigionamento e della finanza del Mossad, Tibor Rosenbaum, l'uomo dietro Permindex, che ha svolto un ruolo centrale nel complotto per l'assassinio di JFK.

Così, mentre ora è apparentemente "accettabile" nei circoli di ricerca sull'assassinio di JFK suggerire che JFK potrebbe essere stato assassinato perché ostacolava il programma di sviluppo di bombe nucleari della Cina Rossa, è ancora considerato "bizzarro" (e "antisemita") suggerire che la guerra segreta di JFK con Israele sul programma di bombe nucleari di Israele abbia avuto un ruolo nel suo assassinio. Ma i fatti sono lì per chi è interessato a trovarli, come ho fatto io.

Esaminiamo quindi il legame tra Pechino e la cospirazione per l'assassinio di JFK. Come la "connessione francese", questa "connessione cinese" è, in realtà, un cartello che indica la connessione israeliana.

IL PIANO DI JFK PER ATTACCARE LA CINA

Cominciamo con l'esaminare ciò che l'editorialista "conservatore" Paul Scott scrisse il 13 febbraio 1970, poco più di sei anni dopo l'assassinio di Kennedy. Secondo Scott:

"Rusk ha svolto un ruolo chiave nella cancellazione dei piani di emergenza per la distruzione delle centrali nucleari della Cina comunista ordinati dal defunto presidente Kennedy. Autorizzati da Kennedy circa 10 settimane prima del suo assassinio, il Presidente Johnson cancellò bruscamente i piani di emergenza poco dopo il suo insediamento.

"Sebbene i documenti della Casa Bianca rivelino il ruolo di Kennedy nella pianificazione della demolizione della capacità nucleare cinese, non esistono documenti ufficiali che dimostrino perché il progetto top secret sia stato interrotto nel dicembre 1963, ovvero circa un mese dopo la morte di Kennedy.

"Facendo ricerche sulla politica cinese delle amministrazioni Kennedy e Johnson, gli alti funzionari dell'amministrazione Nixon hanno potuto apprendere che il progetto era stato ufficialmente sciolto dopo che Rusk ne aveva informato il presidente Johnson, una volta diventato presidente.

"L'informazione secondo cui Rusk avrebbe raccomandato l'interruzione del progetto proviene da un funzionario della CIA incaricato di contribuire alla stesura dei piani. Egli afferma che il gruppo di pianificazione d'emergenza aveva appreso che Rusk era contrario al progetto sin da quando Kennedy lo aveva avviato nel settembre 1963....

"La grande importanza che Kennedy attribuiva a questo progetto top-secret è resa evidente da un resoconto scritto da Stewart Alsop dopo la morte di Kennedy su come il progetto era iniziato. Poco prima della sua morte, racconta Alsop, il presidente Kennedy aveva convocato nel suo ufficio uno dei maggiori esperti governativi dell'Estremo Oriente per una conferenza.

"La conversazione verteva su un argomento che... turbava il defunto Presidente più di ogni altro, ossia lo sviluppo della capacità nucleare cinese. Chiese se ci fosse la possibilità di trovare un "compromesso" con i comunisti cinesi. Quando l'esperto dell'Estremo Oriente rispose di no, il Presidente sembrò essere d'accordo. Chiese all'esperto cosa si sarebbe dovuto fare.

"Ho riflettuto molto su questa domanda", ha risposto l'esperto. Dovrebbe essere tecnicamente possibile, a questo stadio del loro sviluppo nucleare, distruggere le centrali nucleari cinesi in modo tale da farle sembrare un incidente atomico. Potrebbe essere un'operazione chirurgica, senza armi nucleari, utilizzando potenti esplosivi", ha proseguito il funzionario. "Potremmo avere dei piani per voi, con diversi mezzi operativi per distruggere le centrali nel prossimo futuro". Il funzionario raccontò ad Alsop che Kennedy lo aveva indicato e gli aveva detto: "Fallo".

"Subito dopo questo incontro alla Casa Bianca, all'interno dell'amministrazione Kennedy fu istituito un gruppo di pianificazione d'emergenza per intraprendere il progetto super-segreto. Durante la prima riunione, il gruppo fu informato che il Presidente Kennedy aveva deciso, in teoria, di impedire alla Cina, con ogni mezzo necessario, di diventare una potenza nucleare.

"Secondo uno dei membri del gruppo, la pianificazione si svolse senza intoppi nei mesi di settembre, ottobre e novembre 1963. I registri della Casa Bianca mostrano che poco dopo la morte di Kennedy, il presidente Johnson fu informato sul progetto da Rusk. Poco dopo questo briefing, il progetto fu cancellato".[205]

Il ricercatore Dick Russell, scrivendo di sfuggita dei piani di JFK per le strutture nucleari cinesi, riferisce che "i sovietici esortavano gli Stati Uniti a procedere con l'attacco proposto".[206]

Tra gli americani che esortavano Johnson a continuare l'attacco e ad opporsi allo sviluppo nucleare della Cina c'era il direttore della CIA John McCone. Secondo Seymour Hersh, in *The Samson Option* (il suo studio sul programma segreto di sviluppo nucleare di Israele): "McCone sentì crudelmente la perdita di John Kennedy; il suo rapporto con Lyndon Johnson era molto meno intimo e i suoi consigli non erano sempre ben accetti.

"La soluzione di McCone alla bomba cinese... fu l'invio dell'aviazione. "McCone scatenò l'inferno" sulla bomba cinese, ricorda [il suo aiutante di lunga data] Walt Elder.

---

[205] Colonna di Paul Scott del 13 febbraio 1970
[206] Dick Russell, *The Man Who Knew Too Much* (New York: Carroll & Graf, 1992), p. 353.

"Voleva il permesso di sorvolare il sito dei test e la sua richiesta fu negata". Il direttore della CIA non si è lasciato scoraggiare e ha avanzato "l'idea di cosa sarebbe successo se fossimo entrati e avessimo preso la capacità nucleare cinese". Pensavamo di usare bombardieri non contrassegnati per colpire i cinesi, evitando così l'identificazione".[207]

Tuttavia, come abbiamo visto, il Presidente Johnson rifiutò il progetto e i consigli dei sovietici e di McCone. In seguito alla decisione di Johnson di non agire, il 18 ottobre 1964, meno di un anno dopo l'assassinio di JFK, la Cina fece esplodere la sua prima bomba nucleare.[208]

È più che interessante notare che il direttore della CIA McCone, che, secondo Hersh, era "impegnato nel concetto di non proliferazione nucleare" e aveva sollecitato l'attacco agli impianti nucleari cinesi, era anche una delle forze principali che incoraggiavano JFK a opporsi alla proliferazione nucleare israeliana. Come abbiamo visto nel capitolo 5, fu nell'ufficio di McCone alla CIA che l'amministrazione Kennedy condusse la sua sorveglianza segreta sul programma di bombe nucleari di Israele. Kennedy si fidava chiaramente del suo amico di lunga data McCone - ma non della CIA come istituzione - per gestire questa operazione di intelligence delicata e altamente segreta.

JFK probabilmente sapeva che, come abbiamo notato nel capitolo 8, il lealista israeliano della CIA James Angleton aveva fornito a Israele informazioni nucleari segrete alla fine degli anni '50, molto prima che JFK stesso entrasse in carica. Ciò che è ancora più interessante, tuttavia, è che l'alleato di JFK, McCone, aveva combattuto il programma di bombe nucleari di Israele anche prima di accettare l'incarico di direttore della CIA nell'amministrazione Kennedy, dopo che JFK aveva licenziato il direttore della CIA Allen Dulles nel 1961 in seguito al disastro della Baia dei Porci.

Durante la precedente amministrazione Eisenhower, McCone era stato membro della Commissione per l'energia atomica (AEC) e, nel 1960, quando il mandato di Eisenhower volgeva al termine e lui si dimise, fu McCone a rivelare per primo al giornalista John Finney che Israele stava costruendo un reattore nucleare per produrre plutonio.[209]

La rivelazione, molto controversa, fu pubblicata sulla prima pagina del *New York Times* il 19 dicembre 1960.[210] Secondo Finney, "McCone era pazzo, pazzo di rabbia",[211] nei confronti di Israele, dicendo "Ci hanno mentito".[212] Secondo Walt Elder, assistente di lunga data di McCone, "pensò: "Sono finito [all'AEC] ed è mio dovere farlo sapere al pubblico"".[213] Un altro problema, secondo Elder, era quello che Hersh ha descritto come "la frustrazione di McCone per le continue bugie di Israele"[214] sul suo programma di sviluppo nucleare.

---

[207] Seymour Hersh. *L'opzione Sansone.* (New York: Random House, 1991), pp. 150-151.
[208] Hersh, p. 73.
[209] Hersh, pp. 72-73.
[210] *Ibidem*, p. 326.
[211] *Ibidem*, p. 71.
[212] *Ibidem*.
[213] Hersh, p. 73.
[214] *Ibidem*.

Ma McCone, chiaramente, era più che frustrato. Dice Elder: "C'era uno slancio per fargliela pagare".[215] Sono parole forti, davvero: "uno slancio per fargliela pagare". Si può solo immaginare la reazione degli israeliani incalliti e dei loro alleati a Washington quando hanno saputo dell'opposizione di McCone. E quando McCone divenne in seguito direttore della CIA di JFK e fu incaricato di supervisionare lo sviluppo nucleare di Israele, possiamo certamente capire perché Israele avrebbe considerato JFK come un pericolo per la sua stessa sopravvivenza.

Il frustrato McCone si dimise da direttore della CIA nell'amministrazione Johnson nel 1965, dicendo a un collega: "Quando non riesco a far leggere al Presidente i miei rapporti, è ora di andarsene".[216] Secondo Seymour Hersh, McCone "capì anche cosa significava il persistente rifiuto di Israele di consentire ispezioni internazionali complete del suo programma nucleare".][217] Cioè, tutto ciò che lui (McCone) e John F. Kennedy avevano fatto per impedire a Israele di costruire la bomba nucleare era fallito e Israele stava andando avanti con il suo programma determinato a farlo.

Inoltre, McCone aveva chiaramente buone ragioni per essere preoccupato del successo nucleare della Cina, nonostante i suoi precedenti e vigorosi sforzi (appoggiati da JFK e respinti da LBJ) per evitare che la Cina ottenesse una capacità di armamento nucleare.

IL DEBUTTO NUCLEARE DELLA CINA - E DI ISRAELE?

È a questo punto che ci soffermeremo sul "legame israeliano" con la Cina rossa e scopriremo che c'è molto di più di quanto inizialmente previsto. Infatti, si può giustamente sostenere che è stato Israele - lavorando dietro le quinte - a permettere alla Cina (che stava già sviluppando la sua bomba) di lanciare con successo il suo primo test nucleare.

Alla fine, se la verità verrà mai rivelata, probabilmente scopriremo che la prima esplosione nucleare cinese è stata, in realtà, un risultato congiunto israelo-cinese. Per il momento, ovviamente, si tratta di pura speculazione. Ma i fatti agli atti ci portano a questa conclusione.

Lo stesso Seymour Hersh sottolinea che il primo test nucleare cinese colse di sorpresa l'Occidente. Scrive: "La comunità nucleare americana era già stata scossa nell'ottobre 1964 quando apprese che la prima bomba nucleare cinese era stata fatta esplodere con l'uranio e non con il plutonio, come la CIA e altre agenzie di intelligence avevano ampiamente previsto".[218]

Ciò che Hersh aggiunge di nuovo è particolarmente interessante: "La Cina fu immediatamente sospettata di aver acquistato uranio arricchito sul mercato nero - o rubato - per la sua bomba (la CIA avrebbe appreso solo dopo circa un anno che la Cina aveva completato un enorme impianto di diffusione molto prima del previsto).[219] Chiaramente, la Cina rossa aveva fatto molti più progressi nel suo progetto di espansione nucleare di quanto si fosse mai sospettato. La Cina stava

---

[215] *Ibidem.*
[216] Hersh, p. 151.
[217] Hersh, p. 151.
[218] *Ibidem*, p. 246.
[219] *Ibidem.*

ricevendo aiuto da qualche parte. Allo stesso tempo, ovviamente, Israele stava facendo progressi graduali nel suo programma di sviluppo nucleare.

Nel frattempo, e nei decenni successivi, si stava evolvendo una strana storia di spionaggio che coinvolgeva un'azienda nucleare americana. Nel suo libro *L'opzione Samson*, Hersh ha esaminato la storia bizantina della Nuclear Materials and Equipment Corporation (NUMEC), con sede ad Apollo, in Pennsylvania (vicino a Pittsburgh).

La NUMEC era di proprietà dell'ebreo americano Zalman Shapiro, che aveva legami stretti e di lunga data con Israele, e nel 1965 un controllo della NUMEC da parte della Commissione per l'energia atomica rivelò che grandi quantità di uranio arricchito sembravano essere "scomparse" dall'inventario della NUMEC negli anni precedenti.

Il sospetto immediato - o almeno così si diceva - era che Shapiro avesse utilizzato le risorse del NUMEC e dirottato l'uranio arricchito verso Israele. Negli anni successivi, la storia del NUMEC è diventata uno spettacolo secondario per i giornalisti investigativi e all'interno della comunità dei servizi segreti, e alla fine è riuscita a trapelare - ripetutamente - nei media tradizionali negli Stati Uniti e in tutto il mondo.

Ma ecco il problema: Seymour Hersh concluse che non c'erano prove solide a sostegno della conclusione che Shapiro e la NUMEC fossero effettivamente responsabili del dirottamento di risorse nucleari verso Israele. Né Shapiro né la sua società sono mai stati ritenuti colpevoli di qualcosa.

Tuttavia, ancora oggi, alcuni continuano a insistere (ed evidentemente a credere) che il NUMEC fosse una fonte primaria dell'uranio arricchito necessario per la bomba nucleare di Israele. Tuttavia, come abbiamo notato, non ci sono prove reali a sostegno di questa conclusione, per quanto eccitante possa essere.

In breve, sembra - anche se Hersh non lo dice mai - che l'intera storia del NUMEC sia stata un diversivo accuratamente costruito e deliberatamente divulgato, che è servito come copertura per la vera fonte del successo nucleare finale di Israele. Alcuni critici di Israele (sempre ansiosi di trovare lo spionaggio israeliano all'opera) si sono buttati sulla storia e l'hanno diffusa in lungo e in largo, e almeno un funzionario della CIA si è giocato la sua reputazione. Ma non c'è mai stata - almeno secondo Hersh - una base reale per le accuse che sono state fatte.

LA GRANDE DOMANDA (SENZA RISPOSTA)...

Quindi ci rimane la grande domanda: dove ha preso Israele le risorse necessarie per raggiungere la sua capacità di produzione di bombe nucleari?

Come vedremo, i fatti pubblicamente disponibili (se raccolti ed esaminati nella loro completezza contestuale) suggeriscono effettivamente che è stato grazie alla cooperazione top-secret con la Cina rossa che Israele è riuscito a raggiungere il suo obiettivo di lunga data di costruire una bomba nucleare.

Nelle pagine del *Giudizio Finale* sosteniamo che fu proprio questa collaborazione congiunta tra Israele e Cina Rossa a giocare un ruolo nell'assassinio di John F. Kennedy e nelle conseguenze che ne seguirono: l'acquisizione di una capacità nucleare per Israele e la Cina Rossa. Tenendo conto di ciò, esaminiamo le prove.

Storicamente parlando, la Cina - forse l'unica tra le tante nazioni - è stata uno dei pochi Paesi in cui il popolo ebraico ha potuto svilupparsi e prosperare.

L'antisemitismo non è mai stato un criterio. Un qualsiasi riferimento alla storia tradizionale confermerà che in Cina non solo è esistita per secoli una piccola (e liberamente fiorente) comunità ebraica, ma anche che negli ultimi anni - prima della Seconda guerra mondiale - molti ebrei europei avevano cercato rifugio in Cina in seguito all'ascesa al potere di Hitler in Germania e all'espansione del potere militare tedesco in tutta Europa.

Lo scrittore ebreo S. M. Perlmann, nella sua *Storia degli ebrei in Cina*, riassume bene la situazione: "Per essere giusti nei confronti di questa antica e colta nazione cinese, [bisogna dire] che gli ebrei della Cina non hanno mai dovuto lamentarsi dell'intolleranza; non sono mai stati sottoposti a leggi eccezionali; non sono mai stati perseguitati o disprezzati a causa della loro religione". Hanno sempre avuto gli stessi diritti del popolo cinese".[220]

IL SOGNO DI BEN-GURION....

Non sorprende quindi che, al momento della fondazione dello Stato di Israele, David Ben-Gurion, il grande vecchio del sionismo, fosse ansioso di stabilire relazioni con il governo comunista appena insediato a Pechino, che all'epoca stava ancora consolidando il proprio potere dopo le lotte del dopoguerra.[221] Secondo lo scrittore israeliano Uri Dan, era il "sogno" del padre fondatore di Israele, David Ben-Gurion, creare legami con i cinesi e "unire due dei più antichi popoli del mondo".[222]

Secondo il biografo di Ben-Gurion, Dan Kurzman,[223] Ben-Gurion "sfidò le pressioni americane" e riconobbe il nuovo regime comunista, ma fu "un duro colpo" quando Pechino non riconobbe Israele in cambio.[224]

Ben-Gurion, osserva Kurzman, "si immerse nella storia e nella cultura cinese e studiò persino il pensiero buddista. La Cina, era convinto, si sarebbe inevitabilmente evoluta nella più grande potenza del mondo e il suo sostegno sarebbe stato inestimabile". I leader cinesi erano naturalmente comunisti militanti, ma il modo migliore per moderarli, secondo Ben-Gurion, era parlare e commerciare con loro, non costringerli all'isolamento. David Hacohen, inviato di Israele in Birmania, aveva incontrato a Rangoon il Primo Ministro cinese Chou En-lai, che aveva suggerito l'esistenza di legami diplomatici ed economici".[225]

Benjamin Beit-Hallahmi, uno storico israeliano che ha studiato i legami di Israele con il Terzo Mondo, osserva che: "Il governo di Israele, che allora aveva solo diciannove mesi, fu tra i primi a riconoscere la Repubblica Popolare Cinese. Nel gennaio 1950, Israele era ancora in trattative con l'Unione Sovietica e teoricamente non allineato. Con l'avanzare del decennio, furono i cinesi a interessarsi allo sviluppo delle relazioni.

"Ma a quel punto", dice Beit-Hallahmi, "Israele si era chiaramente unito al campo americano. Le proposte cinesi di relazioni diplomatiche ufficiali furono respinte nel

---

[220] S. M. Perlmann, *Storia degli ebrei in Cina* (Londra, 1913), p. 4.
[221] Uri Dan, nel *New York Post*, 30 marzo 1997.
[222] *Ibidem.*
[223] Dan Kurzman. *Ben-Gurion: Prophet of Fire* (New York: Simon & Schuster, 1983), pag. 403.
[224] *Ibidem.*
[225] *Ibidem.*

1954 e di nuovo nel 1955; Israele non voleva evidentemente contravvenire alla volontà degli Stati Uniti".[226]

Sebbene nel 1955 i cinesi si fossero allineati con il leader arabo Gamal Abdel Nasser, in Egitto, e non avessero ancora riconosciuto pubblicamente Israele, dietro le quinte erano all'opera molte forze invisibili. Infatti, il Mossad di Israele e i servizi segreti cinesi erano impegnati in una diplomazia discreta ai livelli più alti (e più intimi).[227]

Sebbene fino alla fine degli anni '70 il mondo fosse portato a credere che la Cina rossa sostenesse attivamente la causa palestinese in opposizione a Israele, lo storico dell'intelligence Richard Deacon ha rivelato nel 1977 che "i primi rapporti sul coinvolgimento cinese nei movimenti di guerriglia palestinesi possono ora essere scartati quasi completamente. Probabilmente sono nate perché la Cina è stata la prima grande nazione a concedere il riconoscimento diplomatico ad Al Fatah e ad aver addestrato i guerriglieri palestinesi all'Accademia militare di Nanchino".[228]

Tuttavia, Deacon ha osservato: "Le notizie riportate da giornali e radio sull'infiltrazione cinese nel movimento di guerriglia palestinese non solo sono state grossolanamente esagerate, ma in molti casi semplicemente non sono vere, anche se sia la Cina che la Russia hanno originariamente stabilito stretti rapporti con Al Fatah. Non va dimenticato che la Cina ha anche un grande interesse per il petrolio mediorientale ed è desiderosa di contrastare gli interessi sovietici in quella parte del mondo".[229]

"La verità dietro tutti questi timori di un intervento cinese contro Israele sul fronte della guerriglia era molto diversa", ha riferito Deacon. I cinesi avevano imparato la lezione dai loro sforzi di spionaggio apertamente aggressivi e un po' maldestri in Africa nei primi anni Sessanta". (Quando) i cinesi subirono un fallimento dopo l'altro in Africa cercando di competere troppo presto e troppo velocemente con l'infiltrazione russa".[230]

"A prescindere dalle loro dichiarazioni pubbliche sul Medio Oriente", scrive Deacon, "i cinesi riconoscono privatamente che Israele è di fatto un alleato in tutte le questioni relative all'Unione Sovietica".[231]

Deacon aggiunge: "Il lato privato dell'intelligence cinese è spesso totalmente diverso dalla voce pubblica propagandistica del governo cinese. In parte a causa dei fallimenti in Africa, ma anche a causa degli stretti legami tra Cina ed ebrei nel corso della storia (alcuni consiglieri e funzionari dell'intelligence dei precedenti governi cinesi erano ebrei), l'atteggiamento della Cina nei confronti del confronto arabo-israeliano [è stato] sempre più ambiguo".[232]

---

[226] Benjamin Beit-Hallahmi. *La connessione israeliana*. (New York: Pantheon Books, 1987), p. 36.
[227] Kurzman, *Ibid*.
[228] Richard Deacon. *I servizi segreti israeliani*. (New York: Taplinger Publishing Co., 1978), pp. 198-199.
[229] *Ibidem*.
[230] *Ibidem*, p. 199.
[231] *Ibidem*, p. 205.
[232] *Ibidem*.

L'ALLEANZA NUCLEARE SEGRETA

A Deacon va il merito di aver rivelato che Israele e la Cina rossa sono da tempo impegnati in programmi segreti di sviluppo nucleare dietro le quinte. Secondo Deacon:
"Anche gli israeliani hanno adottato una tecnica simile a quella cinese per ottenere segreti nucleari e tenersi aggiornati su ciò che accade in questo campo al di fuori del loro Paese: hanno fatto in modo di reclutare accuratamente l'aiuto di ebrei non israeliani di tutto il mondo che sono scienziati o studenti di fisica nucleare, raccogliendo pazientemente tutte le informazioni legittimamente disponibili nelle riviste scientifiche e nelle conferenze e analizzandone i risultati.
"Queste tattiche", ha osservato Deacon, "hanno permesso ai cinesi di raggiungere il mondo occidentale al punto da possedere un potente deterrente nucleare. La capacità di Israele di produrre un'arma del genere", ha aggiunto Deacon nel 1977, "è ormai fuori discussione".[233]
In realtà, come ha sottolineato Deacon, la produzione di bombe nucleari era una parte importante della relazione segreta tra Israele e la Cina rossa, condotta attraverso i rispettivi servizi di intelligence - anche se si trattava di un punto cruciale accuratamente soppresso altrove.
Secondo Deacon: "[La produzione di bombe nucleari] è stata una delle sfere in cui gli israeliani e i cinesi si sono realmente aiutati a vicenda - non ufficialmente, ma discretamente attraverso i servizi segreti". Gli "intermediari terzi coinvolti in questi affari sono stati talvolta ebrei non israeliani che lavoravano per i cinesi e talvolta persino albanesi".[234] Altrettanto importante è ciò che Deacon sottolinea più avanti: "Si tratta di un argomento raramente discusso dagli scrittori di questioni mediorientali, ma contatti così strettamente sorvegliati come quelli mantenuti dai due servizi segreti hanno un valore aggiunto per entrambe le parti. Nel complesso, i cinesi hanno forse tratto i maggiori benefici da questi scambi relativamente modesti e cauti".[235]
Questa relazione nucleare segreta tra la Cina rossa e Israele ha rafforzato i legami tra le due nazioni a tal punto che hanno iniziato a cooperare sempre di più in altri settori e a riconoscere gradualmente i loro contatti di lunga data dietro le quinte attraverso i loro due servizi di intelligence.

IL COMPLOTTO CINESE PER ISRAELE

Fu in seguito al ruolo di Israele nella cospirazione che privò John F. Kennedy della presidenza e salvò gli impianti di sviluppo di bombe nucleari della Cina dalla distruzione da parte delle forze statunitensi, che i cinesi iniziarono a complottare contro il loro ex alleato arabo, il presidente egiziano Nasser.
Secondo Deacon, scrivendo dei cinesi: "Nel 1965, sono stati così sciocchi da lasciarsi coinvolgere in un complotto comunista arabo per assassinare [Nasser] e

---

[233] *Ibidem*, p. 204.
[234] *Ibidem*, pp. 204-205.
[235] *Ibidem*.

l'ambasciatore cinese ha dovuto lasciare il Paese dopo che la polizia egiziana ha trovato collegamenti tra i complottisti e il capo della New China News Agency, che avrebbe contribuito a finanziare il colpo di Stato".[236]

Gli israeliani sono sempre stati veloci nell'individuare i dissensi nelle file arabe e il Mossad li ha sfruttati in più di un'occasione.[237] È quindi chiaro che il ruolo della Cina nella cospirazione contro Nasser è stato chiaramente quello di lavorare per conto del Mossad, suo alleato segreto.

Inoltre, come sottolinea Deacon, "è stato in parte grazie alle informazioni trasmesse ai cinesi e ad alcuni iracheni che l'Iraq ha tagliato i suoi legami con il KGB e ha abbandonato il governo filo-sovietico in Siria".[238]

Secondo Deacon, fu in questo periodo (che, va notato, seguì l'assassinio di Kennedy) che "la Cina divenne gradualmente disillusa nei confronti di quelli che vedeva come "regimi militari arabi borghesi" in Medio Oriente, e il sostegno cinese alla guerriglia palestinese si affievolì all'inizio degli anni Settanta, quando le accuse di Pechino a Israele sembrarono un po' smorzate".[239]

Nel 1973", sottolinea Deacon, "un doppiogiochista israeliano avrebbe condotto operazioni di intelligence israelo-cinese in Africa".[240] E dati gli stretti legami di Israele con i servizi segreti francesi (per non parlare del ruolo francese nello sviluppo nucleare di Israele), è più che interessante notare, come sottolinea Deacon, che "a Khartoum nei primi anni '70, il servizio di intelligence cinese era accreditato per aver stabilito legami speciali con l'intelligence francese nei territori vicini, a nord e a sud, così come con Israele".[241]

È evidente che vi erano molte aree in cui Israele e la Cina rossa avevano interessi comuni.[242] Richard Deacon ha giustamente affermato che uno di questi ambiti era "lo sforzo congiunto per contrastare l'influenza russa in Medio Oriente", che negli anni successivi portò i due Paesi a impegnarsi in un'ampia gamma di iniziative anche se, pubblicamente, Israele e il gigante comunista asiatico erano apparentemente in disaccordo.

Ad esempio, come ha notato Benjamin Beit-Hallahman, negli anni Settanta la combinazione di Israele, Arabia Saudita e Cina ha sostenuto le forze antisovietiche in Afghanistan.[243] Anche la Cina e il suo nemico Taiwan si sono uniti a Israele per fornire armi all'Iran durante la guerra Iran-Iraq.[244]

Fornendo armi all'Iran, la logica di Israele, secondo l'ambasciatore israeliano negli Stati Uniti dell'epoca, che parlò nel 1982, era quella di "tenere aperti i canali con l'esercito iraniano, con l'obiettivo finale di far cadere il regime di Khomeini".[245]

---

[236] *Ibidem*, p. 199.
[237] *Ibidem*, p. 205.
[238] *Ibidem*.
[239] *Ibidem*, p. 200.
[240] *Ibidem*, p. 205.
[241] *Ibidem*, p. 306.
[242] Diacono, p. 200.
[243] Benjamin Beit-Hallahmi. *La connessione israeliana*. (New York: Pantheon Books, 1987), p. 32.
[244] *Ibidem*, pag. 13
[245] *Ibidem*.

Secondo il Ministro della Difesa Ariel Sharon, "Israele voleva che l'Iran vincesse contro l'Iraq, che è uno Stato arabo nemico".[246]

IL MOSSAD E LA CINA

Nella loro storia dei servizi segreti israeliani, gli storici israeliani Dan Raviv e Yossi Melman hanno riassunto la natura delle relazioni segrete tra Israele e la Cina rossa, condotte dal Mossad:

"Agendo in gran parte come un servizio diplomatico alternativo, il Mossad ha aperto porte e coltivato relazioni con decine di Paesi che preferiscono che questi legami non siano noti.... Il Mossad offre semplicemente ad altre nazioni un modo semplice per sfuggire ai consigli militari, medici e agricoli di israeliani troppo entusiasti senza rischiare boicottaggi economici o politici da parte del mondo arabo...

"Sia le spie diplomatiche che i diplomatici ufficiali di Israele si rallegrano, infatti, quando una nazione straniera accetta di stabilire relazioni aperte con lo Stato ebraico... nella maggior parte dei casi, però, Israele deve convivere con la realtà che molti Stati stranieri insistono nel farlo in segreto. Temendo fughe di notizie alla stampa, si rifiutano di trattare con il Ministero degli Affari Esteri israeliano. Tuttavia, godono di una relazione bilaterale e hanno acquisito piena fiducia nella capacità del Mossad di essere il grande custode della segretezza".[247] E naturalmente la Cina era uno di questi Paesi, secondo Raviv e Melman.[248]

Tutto questo, naturalmente, indica un legame molto chiaro (ma a lungo segreto) tra Israele e la Cina rossa nel campo nucleare - proprio nel momento in cui JFK non solo cercava di fermare l'espansione nucleare di Israele, ma stava effettivamente pianificando un attacco militare contro gli sforzi della Cina.

Tuttavia, quando individuiamo il nome preciso dell'individuo che ha fatto da collegamento tra gli israeliani e i cinesi comunisti durante questo periodo critico, vediamo effettivamente che esiste un "collegamento cinese" (attraverso gli israeliani) alla cospirazione per l'assassinio di JFK.

CONNESSIONE CON IL PERMINDEX....

Il vecchio intermediario israeliano nelle relazioni segrete del Mossad con la Cina - Shaul Eisenberg - era così profondamente coinvolto nelle relazioni con la Cina rossa che quando morì per un improvviso attacco di cuore all'età di 76 anni, il 27 marzo 1997, non era nemmeno in Israele, ma a Pechino.

Eisenberg - che abbiamo incontrato per la prima volta nel capitolo 7 - era strettamente e direttamente collegato (all'epoca dell'assassinio di JFK) alla Permindex che tesseva la rete della cospirazione nell'assassinio di JFK.[249] Descritto da uno scrittore israeliano come "l'ebreo più ricco del mondo", Eisenberg era, come abbiamo visto, non solo una figura chiave nei programmi di sviluppo nucleare di Israele, ma

---

[246] *Ibidem*.
[247] Raviv e Melman, pag. 431.
[248] *Ibidem*.
[249] Uri Dan, nel *New York Post*, 30 marzo 1997.

anche un partner del banchiere della Permindex Tibor Rosenbaum nell'impresa finanziaria del Mossad nota come Swiss-Israel Trade Bank.

Dan Raviv e Yossi Melman descrivono Eisenberg e la sua lunga storia segreta come contatto di Israele con la Cina rossa:

"Eisenberg, l'uomo d'affari più ricco d'Israele, è nato in Europa e ha trovato rifugio in Estremo Oriente durante la Seconda Guerra Mondiale. Si stabilì in Giappone, dove sposò una donna giapponese e fece fortuna vendendo surplus bellici e rottami metallici.

"Eisenberg si è rapidamente affermato come uno dei migliori intermediari della regione. Tuttavia, non perse mai la consapevolezza di essere ebreo e i suoi legami affettivi lo portarono ad avviare attività commerciali in Israele e poi a stabilirvi la sua famiglia. Mantenne i suoi interessi in Estremo Oriente e alla fine degli anni '70 riuscì a spianare la strada alle esportazioni militari israeliane verso Pechino.

"Il suo strumento più formidabile era il suo jet privato, con il quale poteva ignorare l'ostilità ufficiale tra le due nazioni e far volare israeliani di alto livello direttamente in Cina. Eisenberg ha fatto molti viaggi, trasportando funzionari [dell'assistenza alla sicurezza], consiglieri dell'esercito, finanziatori e venditori militari per quelli che gli israeliani hanno descritto come i loro "negoziati più difficili di sempre".

"Dopo aver stabilito un solido contatto iniziale, Eisenberg ha lasciato il coordinamento delle transazioni e delle spedizioni segrete al Mossad, che ha svolto il suo ruolo tradizionale di ministero degli Esteri alternativo e segreto di Israele". [250][251]Eisenberg, che gestiva 20 aziende che facevano affari in più di 30 Paesi, era chiaramente una figura centrale e di importanza cruciale per la sopravvivenza e il posizionamento di Israele sulla scena mondiale.

Il Washington Times ha descritto il trasferimento di Eisenberg in Israele dopo gli anni trascorsi all'estero: "Trasferendosi in Israele, Eisenberg è diventato il più potente magnate della sua storia. La "legge Eisenberg" fu approvata negli anni '70 per liberarlo dall'enorme carico fiscale del Paese, in modo che potesse continuare a operare da lì... Controllava la gigantesca holding Israel Corporation e deteneva una quota del 49% della compagnia di navigazione nazionale, la Zim, una delle più grandi compagnie di navigazione e trasporto del mondo. Dominava anche la Israel Chemicals".[252]

Il ruolo di primo piano di Eisenberg nell'industria chimica israeliana è interessante, naturalmente, in quanto abbiamo notato nell'Appendice 4 che nel 1957, in collaborazione con la Swiss-Israel Trade Bank controllata da Rosenbaum e Eisenberg, l'industriale del Michigan Max Fisher - il sovrano politico dietro il membro della Commissione Warren Gerald Ford - acquisì una quota di maggioranza nel conglomerato israeliano che dominava l'industria petrolchimica di Israele. Lo stesso Eisenberg aveva quindi un legame diretto con uno dei cosiddetti "uomini misteriosi dietro Gerald Ford" che gli diceva "cosa fare e quando farlo".

---

[250] Dan Raviv e Yossi Melman. *Every Spy a Prince* (Boston: Houghton Mifflin Co, 1990), p. 346.
[251] *Washington Times*, 31 marzo 1997.
[252] *Ibidem*.

IL LEGAME FRANCESE DI EISENBERG

Per quanto riguarda la compagnia di navigazione Zim, si ricorda, come abbiamo notato nel capitolo 9, che è stata la Zim, di proprietà congiunta di Eisenberg e del governo israeliano, ad assumere il generale francese Maurice Challe, uno dei principali cospiratori dell'OAS sostenuti da Permindex, dopo che Challe era stato rilasciato dal carcere per il suo coinvolgimento in complotti contro Charles De Gaulle.

È chiaro che Eisenberg è stato per molti versi un "intermediario" rispetto ai protagonisti e agli eventi legati ai circoli interni della cospirazione che ha portato all'assassinio di JFK.

Tuttavia, nonostante l'immensa ricchezza di Eisenberg, secondo il *Washington Times*, "ciò che rendeva [Eisenberg] più interessante erano i suoi legami con il servizio segreto israeliano, il Mossad. Fonti dell'intelligence israeliana affermano che ha condiviso informazioni con il Mossad per decenni e ha assunto molti ex alti ufficiali dell'intelligence e dell'esercito".[253]

La storia "ufficiale" è che i rapporti di Eisenberg con la Cina (almeno per quanto riguarda i trasferimenti di armi) sono iniziati solo nel 1979. Sul *New York Post*, Uri Dan riporta che all'epoca il Primo Ministro israeliano Menachem Begin aveva ottenuto l'approvazione degli Stati Uniti affinché Eisenberg concludesse un accordo decennale da 10 miliardi di dollari per modernizzare le forze armate cinesi e quindi "rafforzare il contrappeso alla potenza militare sovietica".[254][255] Dan descrive l'accordo come "uno dei più importanti della storia israeliana" e che "i cinesi hanno insistito sulla segretezza assoluta... Ma la segretezza non era un problema per Eisenberg".[256]

Sembra che Israele avesse già calcolato che non avrebbe potuto aprire relazioni diplomatiche dirette e accordi commerciali con la Cina rossa - in primo luogo - finché gli Stati Uniti non avessero già aperto la porta. Nel 1969, Yigal Allon, allora vice primo ministro israeliano, disse pubblicamente: "Forse, quando si verificherà un cambiamento positivo nelle relazioni tra Stati Uniti e Cina, si verificherà una sorta di cambiamento nell'atteggiamento cinese nei nostri confronti".[257] Così, dopo che Richard Nixon, in qualità di Presidente degli Stati Uniti, aprì le porte alla Cina rossa, iniziarono le manovre di Israele ed Eisenberg lanciò gli accordi segreti "ufficiali" che alla fine divennero pubblici.

In effetti, solo molto tempo dopo l'entrata in vigore dell'accordo segreto (ma non così segreto) di Eisenberg sulla prima vendita di armi alla Cina, nel 1979, i principali media occidentali hanno iniziato a riportare (senza commenti) le rivelazioni sugli accordi di Israele sulle armi con la Cina rossa - il gigantesco colosso asiatico che ci era stato presentato come ostile al piccolo Israele.

---

[253] *Ibidem*.
[254] Uri Dan, nel *New York Post*, 30 marzo 1997.
[255] *Ibidem*.
[256] *Ibidem*.
[257] *Ibidem*, p. 37.

LA VERITÀ VIENE A GALLA

La prima menzione di un rapporto significativo tra Cina e Israele in materia di armamenti è apparsa sul giornale britannico *Jane's Defense Weekly*,[258] poco letto ma molto influente, nel novembre 1980, cinque anni dopo che Eisenberg aveva "ufficialmente" avviato negoziati con la Cina per conto di Israele.[259] *Jane's* stimava che il commercio di armi di Israele con la Cina potesse raggiungere i 3 miliardi di dollari, ma le esportazioni annuali di armi di Israele all'epoca si aggiravano intorno ai 4 miliardi di dollari, il che significa che il 75% delle esportazioni di armi di Israele era destinato alla Cina, rendendola chiaramente il suo miglior cliente.

Circa tre mesi dopo, l'opinione pubblica sentì i media mainstream parlare delle rivelazioni *di Jane's* sugli accordi di armi tra Israele e la Cina comunista. Il 24 gennaio 1985, ad esempio, il *Washington Times* riportò che "si ritiene che Israele abbia circa 200 consiglieri militari in Cina e che stia ricevendo da Pechino ordini di armi per un valore di oltre 1 miliardo di dollari".[260]

Il Times ha riferito che un portavoce dell'ambasciata cinese ha affermato che il suo governo non acquista armi da Israele; allo stesso tempo, un portavoce dell'ambasciata israeliana a Washington ha affermato di non poter "né confermare né smentire" le notizie di trasferimenti congiunti di armi tra Cina e Israele.[261]

Così, dopo quasi quarant'anni di operazioni segrete tra il Mossad e i servizi segreti cinesi, mai riportate dalla stampa, i media occidentali hanno iniziato a informare i loro lettori che Israele aveva venduto miliardi di armi alla Cina da quando Shaul Eisenberg aveva concluso l'accordo nel 1979.

Tuttavia, come abbiamo visto, la relazione segreta sembra essersi stabilita intorno al 1963, probabilmente il 22 novembre, quando i piani di John F. Kennedy per un attacco militare alle strutture nucleari della Cina Rossa subirono un brusco arresto. Meno di un anno dopo, la Cina Rossa fece esplodere la sua prima bomba nucleare.

Si è trattato in realtà di un'operazione congiunta sino-israeliana? Sebbene sia ormai un "segreto aperto" che Israele possieda armi nucleari, Israele deve aver testato le sue capacità da qualche parte. E nel 1964, sembra ormai probabile che Israele abbia testato la sua prima bomba nucleare, in collaborazione con il suo alleato segreto, la Repubblica Popolare Cinese. La storia "ufficiale" è che Israele "potrebbe" aver condotto il suo "primo" test atomico al largo delle coste del Sudafrica nel 1979, ma, come abbiamo visto, ci sono prove del contrario.

L'assassinio di John F. Kennedy da parte dell'alleato segreto della Cina Rossa, il Mossad, in collaborazione con gli altri alleati del Mossad nella CIA e nel sindacato criminale Lansky, ha reso possibile il successo del progetto congiunto di bomba nucleare Israele-Cina, che sarebbe stato sventato se JFK fosse sopravvissuto.

---

[258] *Washington Times*, 24 gennaio 1985.
[259] *Ibidem*.
[260] *Washington Times*, 24 gennaio 1985.
[261] *Ibidem*.

LA LOBBY ISRAELIANA REAGISCE

Negli Stati Uniti, la lobby israeliana - e i sostenitori di Israele in quella che era l'amministrazione "intransigentemente anticomunista" di Ronald Reagan - sembrano essere stati del tutto entusiasti della "nuova" alleanza di Israele con la Cina rossa (come se, ovviamente, non ne fossero già a conoscenza).

Per esempio, il *Washington Times* ha riportato che: "Il vice segretario alla Difesa Richard Perle, il funzionario dell'amministrazione [Reagan] più responsabile del tentativo di privare i paesi comunisti [del blocco sovietico] della tecnologia degli armamenti americani, si dice che sia favorevole al collegamento di Israele con la Cina.[262] Anche Stephen Bryen, vice segretario alla Difesa, [il principale vice di Bryan] che in passato è stato presidente dell'Istituto ebraico per gli affari di sicurezza nazionale", un'influente lobby per Israele, sarebbe favorevole.

Così i potenti mediatori ebrei ai vertici dell'amministrazione Reagan, noti per la loro devozione alla causa di Israele (e per le loro ferventi critiche all'Unione Sovietica), si presentarono come potenti sostenitori dell'alleanza Israele-Cina. Ci si chiede, ovviamente, quanto fossero realmente "anticomunisti" Bryen e Perle (dato che la Cina Rossa, ovviamente, è un Paese comunista). Tuttavia, è chiaro che Bryen e Perle, tra gli altri, hanno semplicemente sostenuto la nuova politica perché era proprio quello che Israele voleva.

E, naturalmente, nel 2003 - quando gli Stati Uniti hanno lanciato un'invasione "preventiva" dell'Iraq, con il vigoroso sostegno dei sostenitori filo-israeliani - è stato Richard Perle, già citato, a fare da maestro di cerimonie per le relazioni pubbliche a favore della guerra.

In ogni caso, sebbene i fatti di questa alleanza tra Israele e Cina fossero a disposizione degli interessati, la stampa (in quel periodo) non parlava troppo della relazione aperta tra la Cina rossa e Israele, poiché questo avveniva prima della caduta dell'Unione Sovietica e la guerra fredda era ancora ufficiosamente in corso. Inoltre, il comunismo sovietico e quello cinese suscitavano ancora profonde preoccupazioni in alcuni segmenti della popolazione americana, in particolare tra i sostenitori della "destra cristiana" di Israele, guidati in particolare da Jerry Falwell e Pat Robertson. Spesso Israele non voleva parlarne.[263]

Infatti, diversi anni dopo le prime notizie di nuovi accordi tra israeliani e cinesi comunisti, il 23 maggio 1988 il *Washington Post* riferiva senza mezzi termini (e a ragione) che "negli Stati Uniti era stato pubblicato poco sul fiorente rapporto di Israele con la Cina in materia di armamenti",[264] ma notava che una "rara discussione sul legame" era stata pubblicata nell'aprile 1988 dall'Agenzia statunitense per il controllo delle armi e il disarmo, un forum di difficile lettura per l'elettore americano medio che potrebbe avere domande sulle relazioni di Israele con l'impero comunista.

---

[262] *Ibidem.*
[263] *Washington Post*, 23 maggio 1988.
[264] *Ibidem.*

IL SOGNO DI BEN-GURION DIVENTA REALTÀ

²⁶⁵Tuttavia, il 13 giugno 1990, il *Los Angeles Times* riportava che Israele era diventato il principale fornitore di tecnologia militare avanzata della Cina. Nel giugno 1991, Cina e Israele hanno firmato un accordo bilaterale di cooperazione scientifica. Il 24 gennaio 1992, Cina e Israele stabilirono relazioni diplomatiche formali, con grande clamore della stampa mondiale e grande gioia dei media ebraici di tutto il mondo.

Esaminando le relazioni Israele-Cina, lo storico israeliano Benjamin Beit-Hallahmi ha dichiarato: "L'apertura di relazioni diplomatiche con la Cina sarebbe il più grande successo nella storia della diplomazia israeliana del Terzo Mondo".²⁶⁶ E così, dopo anni di delicate e segrete manovre tattiche tra il Mossad e i cinesi, il grande sogno dell'acerrimo avversario di John F. Kennedy, David Ben-Gurion, si era finalmente realizzato e "due dei più antichi popoli del mondo" si erano riuniti.

Analizzate nel loro insieme, le prove suggeriscono che l'unità tra Israele e la Cina rossa è stata forgiata, in gran parte, dal ruolo del Mossad nell'assassinio di John F. Kennedy.

Scrivendo qualche anno prima dell'aperta unità tra Israele e la Cina rossa, lo storico dell'intelligence Richard Deacon ha giustamente notato che "i cinesi e gli israeliani sanno di avere molti interessi comuni".²⁶⁷ E uno di questi interessi comuni era il successo congiunto dei rispettivi sforzi per costruire arsenali nucleari.

Sulla base di tutto ciò che abbiamo considerato nel *Giudizio Finale*, sembra probabile che ci sia stato un quid pro quo tra Israele e la Cina rossa: in cambio del sostegno di Pechino ai progetti israeliani di armi nucleari, Israele ha ottenuto che il Presidente Johnson annullasse il progetto di attacco di JFK alle strutture nucleari cinesi dopo che il Mossad, lavorando con i suoi alleati della CIA e della malavita, aveva insediato LBJ alla Casa Bianca.

Sembra anche che i cinesi fossero stati informati in anticipo dell'imminente assassinio del Presidente Kennedy, probabilmente da nientemeno che Shaul Eisenberg, che faceva parte del circolo del Mossad direttamente coinvolto nell'assassinio di JFK.

Sebbene la Cina Rossa abbia certamente tratto profitto dalla morte di John F. Kennedy, i fanatici anti-sovietici [e filo-israeliani] della CIA come James Angleton erano impegnati a puntare il dito contro Cuba e l'URSS. La possibilità che la Cina Rossa fosse coinvolta non fu mai menzionata, anche se ovviamente un movente cinese aveva più senso di qualsiasi legame con Cuba o la Russia sovietica.

In effetti, incolpare la Cina rossa avrebbe potuto spingere alcuni a rivolgersi a Israele se fosse venuta alla luce tutta la verità sugli accordi nucleari segreti della Cina con Israele. Se l'argomento dell'opposizione di JFK al programma di armi nucleari della Cina fosse stato messo in discussione, era del tutto possibile che qualcuno avesse osato far notare che JFK si opponeva anche alle intenzioni nucleari di Israele. E questo avrebbe aperto un vaso di Pandora che Israele voleva ovviamente tenere chiuso.

---

²⁶⁵ *Los Angeles Times*, 13 giugno 1990.
²⁶⁶ Beit-Hallahmi, p. 37.
²⁶⁷ Diacono, p. 205.

Guardando al quadro generale da una prospettiva a lungo termine, Israele decise che i suoi interessi risiedevano in un'alleanza con la Cina rossa (come aveva pensato a lungo David Ben-Gurion). Così, quando John F. Kennedy iniziò a prendere provvedimenti per impedire ai due Paesi (segretamente) alleati di costruire armi nucleari, Israele adottò misure positive per contrastare il presidente americano.

Così, mentre Shaul Eisenberg sarà ampiamente ricordato nelle storie "ufficiali" come la figura leggendaria che "aprì" la Cina Rossa a Israele, è anche chiaro (per coloro che riescono a vedere il quadro generale) che Eisenberg fu certamente una figura centrale nell'organizzazione dell'offset Cina Rossa-Israele che ebbe un ruolo nel complotto per l'assassinio di JFK.[268]

È quindi appropriato che lo scrittore israeliano Uri Dan abbia descritto questo potente trafficante d'armi del Mossad come "l'ultimo mandarino ebreo" (un "mandarino", ovviamente, è un signore della guerra cinese). Shaul Eisenberg non solo ha aiutato Israele a sopravvivere a un periodo critico della sua storia (quando David Ben-Gurion percepì JFK come una minaccia per la sopravvivenza di Israele), ma ha anche aiutato gli alleati cinesi di Israele a sviluppare il potere nucleare di cui avevano bisogno per diventare protagonisti sulla scena mondiale.

Quindi, sebbene alcuni ricercatori stiano ora rivolgendo la loro attenzione alla Cina rossa, non c'è nulla di nuovo nella "nuova" teoria secondo cui i cinesi potrebbero essere stati coinvolti nell'assassinio di JFK. Perché, se così fosse, i cinesi lo avrebbero fatto chiaramente in alleanza con i loro alleati israeliani del Mossad.

In breve, la "connessione cinese" all'assassinio di JFK - come la "connessione francese" - è in realtà la connessione israeliana. È una storia che non è mai stata raccontata prima.

---

[268] Uri Dan, nel *New York Post,* 30 marzo 1997.

APPENDICE 10

Il lato oscuro di Israele
I servizi segreti israeliani erano coinvolti nell'assassinio di Yitzhak Rabin?

Molti israeliani ritengono che i servizi segreti israeliani abbiano avuto un ruolo nell'assassinio del Primo Ministro israeliano Yitzhak Rabin. È davvero così straordinario suggerire che i servizi segreti israeliani abbiano avuto un ruolo nell'assassinio di John F. Kennedy? Pensateci.

Negli ultimi mesi del 1997, in Israele si è scatenata una frenesia politica molto intensa, che continua tuttora. La controversia nasce dalle accuse (fatte da cittadini israeliani) di coinvolgimento di membri dei servizi segreti israeliani nell'assassinio del Primo Ministro israeliano Yitzhak Rabin, avvenuto il 4 novembre 1995.[269]

Il quotidiano britannico *The Guardian* descrive il "tono prevalente di amarezza e divisione" in Israele che ha seguito la morte di Rabin, con accuse e controaccuse tra fazioni politiche rivali. Shimon Peres, successore di Rabin come Primo Ministro, ha attaccato i teorici della cospirazione, affermando che le loro accuse erano "voci contro lo Stato e le sue istituzioni".[270]

Il conflitto si è ridotto essenzialmente a un dibattito su quale fazione - il Partito laburista e i suoi alleati o il Partito del Likud e i suoi alleati - sia più genuinamente impegnata nella sopravvivenza dello Stato di Israele. Questo dibattito è in corso da molto tempo, ma l'assassinio di Rabin ha esacerbato notevolmente le cose. In un'intervista rilasciata pochi giorni dopo l'assassinio di Rabin, David Axelrod, un americano originario della Cisgiordania occupata da Israele, ha espresso il punto di vista di molti israeliani (e di alcuni ebrei americani) quando ha detto dell'assassinio di Rabin: "Non è stato ucciso un ebreo. È stato giustiziato un traditore".[271]

Sebbene Axelrod sia stato accusato di aver fatto questa dichiarazione altamente infiammatoria, alla fine è stato assolto, dimostrando che le sue opinioni godono di un ampio sostegno in Israele. Il sostegno popolare alle opinioni di Axelrod è confermato anche da un sondaggio tra gli ebrei israeliani adulti pubblicato in occasione dell'anniversario dell'assassinio di Rabin.[272]

Descrivendo i risultati del sondaggio come un riflesso del "lato oscuro di Israele", il giornale *Washington Jewish Week* ha affermato che, in base al numero di coloro che hanno risposto al sondaggio, ci sono 300.000 israeliani "che giustificano e sostengono l'omicidio politico in teoria",[273] 180.000 israeliani "che sostengono di fare del male a

---

[269] *The Guardian*, 5 novembre 1997.
[270] *Ibidem.*
[271] *Ibidem.*
[272] *Washington Jewish Week*, 13 novembre 1997.
[273] *Ibidem.*

qualsiasi primo ministro che voglia scambiare la terra con la pace, incluso Yitzhak Rabin",[274] 45.000 israeliani "che sostengono apertamente l'omicidio politico"[275] e 1.000 israeliani "che premerebbero il grilletto loro stessi"."[276]

È chiaro che il popolo israeliano prende sul serio la sopravvivenza della propria nazione - e molti di loro ucciderebbero uno dei loro primi ministri per assicurarsene. Si potrebbe persino arrivare a dire che Israele è forse "una nazione di violenza".

L'aspetto affascinante è che le teorie cospirative israeliane che circondano l'assassinio di Rabin sono complesse almeno quanto alcune di quelle emerse dopo l'assassinio del presidente John F. Kennedy.[277]

Secondo il settimanale ebraico americano *Forward*, "la maggior parte di queste teorie si concentra sulle azioni di Avishai Raviv, un agente provocatore che ha superato il mandato conferitogli dal Servizio di Sicurezza Generale [di Israele] di infiltrarsi e riferire sui gruppi di estrema destra che hanno generato" l'assassino del Primo Ministro Rabin, Yigar Amir. Lavorando con Amir, Raviv organizzò un addestramento paramilitare per la stessa cerchia di estremisti di destra che Raviv stava penetrando. Secondo *Forward*, i teorici della cospirazione sostengono che "Raviv ha spinto l'emiro verso la violenza insinuando che la sua virilità dipendeva dal tradurre il suo zelo in azione".[278]

Inoltre, secondo *Forward*, il giornale israeliano del partito nazional-religioso *Hatzofeh* ha accusato che "Rabin era a conoscenza del complotto per l'assassinio e lo ha lasciato fare a condizione che i proiettili della pistola di Amir fossero sostituiti con proiettili a salve". Seguendo questa logica, un attentato fallito avrebbe permesso a Rabin di sopprimere gli oppositori di destra che ritenevano che le sue concessioni ai palestinesi avessero dilapidato il patrimonio biblico e messo in pericolo lo Stato.

"All'ultimo minuto, secondo *Hatzofeh*, [Chimon] Peres e un funzionario dei servizi segreti si erano alleati per sostituire i proiettili a salve con proiettili veri. Secondo questa teoria, al funzionario dei servizi segreti era stata promessa una posizione di rilievo nel Servizio di Sicurezza Generale. Peres (allora ministro degli Esteri), naturalmente, ereditò il ruolo di primo ministro".[279]

JOHN F. KENNEDY Jr. PARLA

A peggiorare le cose per Israele, l'attenzione internazionale si è concentrata sul crescente conflitto derivante dall'assassinio di Rabin e sulle teorie cospirative che si sono sviluppate. Il primo importante servizio dei media mainstream americani sulla controversia in Israele proviene da una fonte molto interessante, soprattutto se si considera quanto abbiamo esplorato nelle pagine del *Giudizio Finale*.

Nel numero di marzo 1997 della rivista *George*, John F. Kennedy Jr. pubblicò un articolo della madre dell'assassino di Yitzhak Rabin in cui la donna, Geula Amir, affermava che suo figlio, Yigal Amir, era stato incitato a uccidere Rabin il 5 novembre

---

[274] *Ibidem*.
[275] *Ibidem*.
[276] *Ibidem*.
[277] *Avanti*, 4 novembre 1997.
[278] *Ibidem*.
[279] *Ibidem*.

1995 da Avishai Raviv, che era un agente sotto copertura dello Shin Bet, l'agenzia di sicurezza israeliana.

L'articolo fu molto controverso e alcuni accusarono il giovane Kennedy di interferire negli affari politici di Israele, non solo dando alla madre dell'assassino un forum per discutere la sua teoria del complotto, ma anche fornendo ai lettori americani una visione non proprio positiva degli affari israeliani che non avrebbero avuto leggendo i giornali ebraici americani.

In una nota editoriale, Kennedy affermò di aver pubblicato l'intervista con la madre dell'assassino nella speranza che "la storia della mia famiglia attirasse l'attenzione sulla loro storia".[280] Tuttavia, si trattava chiaramente di un intervento del giovane Kennedy negli affari politici interni di Israele - una mossa molto insolita, che non fu molto apprezzata in molti ambienti. Infatti, poco dopo, l'amico, socio in affari e coeditore di JFK Jr, Michael Berman, lasciò la rivista *George* per divergenze con il suo partner. Alcuni osservatori hanno suggerito che sia stato proprio questo articolo incendiario a offendere Berman, che è ebreo e noto per essere un ardente sostenitore di Israele.

Leah Rabin - la vedova del primo ministro assassinato - ha risposto con rabbia all'articolo di JFK Jr. chiedendo: "Come ha potuto, proprio lui, fare una cosa del genere?[281] La signora Rabin ha detto di non aver mai parlato dell'omicidio di suo marito, ma ha fatto un'eccezione per denunciare l'articolo di Kennedy, affermando che JFK Jr. aveva oltrepassato la "linea rossa" dando "una piattaforma nella sua rivista alla madre dell'assassino di mio marito".[282] "Tuttavia, per correttezza nei confronti della signora Rabin, in seguito ha chiesto pubblicamente la riapertura delle indagini sull'omicidio di suo marito, affermando che molte domande rimangono senza risposta".[283]

Alla fine - soprattutto dopo la tragica morte di JFK Jr nel 1999 - molte persone, tra cui il giornalista israeliano Barry Chamish, hanno suggerito che "John John" potrebbe aver sentito parlare di *Giudizio Finale*, e la sua decisione di pubblicare la storia dell'assassinio di Rabin ne era un segno.

Più tardi, nella sezione Domande e Risposte, discuteremo della strana morte di JFK Jr. e dimostreremo il ruolo particolare che un "ex" agente del Mossad ha avuto negli eventi che hanno circondato questa tragedia.

L'ASSASSINIO COME ARMA POLITICA

In ogni caso, ciò che è ancora più ironico è che, nonostante tutte queste accuse e controaccuse siano state fatte in Israele, il suo servizio di intelligence estero, il Mossad, è stato coinvolto in un imbarazzante e fallito tentativo di assassinio contro un leader palestinese in Giordania. Il complotto fallito ha dimostrato che il Mossad compie tentativi di assassinio in territorio straniero. Tuttavia, come la stampa internazionale ha ripetutamente riportato, la maggior parte degli israeliani non era particolarmente preoccupata che il Mossad fosse impegnato in tali attività. Sembra che, in larga misura,

---

[280] *George,* marzo 1997.
[281] *Washington Times,* 3 aprile 1997.
[282] *Ibidem.*
[283] Intervista a Peter Arnett, 9 agosto 1999 su foreigntv.

gli israeliani fossero turbati dal fatto che la loro agenzia di intelligence avesse sbagliato il lavoro, provocando la condanna internazionale di Israele.

Il *Washington Post*, in un provocatorio titolo di prima pagina, ha riassunto molto bene la situazione: "Per molti israeliani, l'assassinio è brutto quanto l'esecuzione".[284] Il *Post* ha riferito, senza mezzi termini, che "nella mortificazione nazionale seguita al fallito attentato in Giordania, gli israeliani stanno analizzando ogni difetto tattico, tecnico e procedurale del caso".

"Una domanda che ci si potrebbe aspettare altrove è sorprendentemente assente dal dibattito: il governo dovrebbe inviare assassini per uccidere i suoi nemici all'estero? Per gli ebrei israeliani, ancora nel 50° anno di esistenza dello Stato, la risposta sembra evidente".[285] Piuttosto che discutere la moralità dell'assassinio politico, secondo il *Post*, "gli israeliani discutono invece la meccanica del tentativo di assassinio e la calibrazione del rischio politico". Tra gli israeliani, gli unici critici fondamentali dell'assassinio come politica sono i cittadini arabi".[286]

Secondo il *Post*, un portavoce dell'attuale Primo Ministro israeliano Benjamin Netanyahu ha dichiarato che ordinando l'attentato del Mossad in Giordania, Netanyahu "ha fatto ciò che ogni altro Primo Ministro avrebbe fatto".[287] Il *Post* ha detto che "gli israeliani dicono di essere bloccati in una lotta per la vita o la morte e di non avere una scelta pratica di linee d'azione".

C'è un'altra cosa interessante in quello che riporta il *Post*: i funzionari israeliani hanno detto che quando si trovano di fronte a governi ostili - al contrario dei terroristi - gli israeliani "hanno altri mezzi di pressione e non ricorrono all'assassinio. Ma i terroristi... possono essere combattuti solo in questo modo".[288]

Israele ha effettivamente quello che il *Baltimore Sun* ha descritto come una "storia non riconosciuta ma ampiamente documentata di assassinii dei suoi nemici", e ora *Giudizio Finale* è diventato il primo libro che racconta non solo perché Israele percepiva John F. Kennedy come un nemico, ma anche come Israele abbia avuto un ruolo nel suo assassinio nel 1963.[289]

Sebbene la lobby pro-Israele in America abbia reagito in modo piuttosto isterico alle accuse fatte in *Giudizio finale*, abbiamo visto che non solo molti israeliani credono che sia possibile che la loro stessa agenzia di intelligence nazionale abbia avuto un ruolo nell'assassinio di Yitzhak Rabin, ma anche che molti israeliani hanno appoggiato l'assassinio, vedendo il loro primo ministro come una minaccia alla sopravvivenza di Israele.

Gli israeliani, in generale, credono che l'assassinio sia una forza di cambiamento politico e un mezzo per garantire la sopravvivenza del loro amato Paese. Come dicono molti conservatori americani: "Questi israeliani sono davvero duri. Non si bevono le sciocchezze di nessuno".

Tenendo presente tutto questo, è davvero così "inconcepibile" suggerire che nel 1963 - quando il Primo Ministro israeliano David Ben-Gurion considerava John F.

---

[284] *Washington Post*, 12 ottobre 1997, p. 1
[285] *Ibidem*.
[286] *Ibidem*.
[287] *Ibidem*.
[288] *Ibidem*.
[289] Doug Struck, nel *Baltimore Sun*, 15 gennaio 1996.

Kennedy una minaccia per la sopravvivenza di Israele - il Mossad fosse coinvolto in una cospirazione per assassinare il Presidente americano?

Se, come suggeriscono i sondaggi, molti israeliani danno così poco valore alla vita del loro Primo Ministro, Yitzhak Rabin (che molti israeliani considerano un "traditore") e "premerebbero il grilletto" loro stessi, è davvero così "ridicolo" suggerire che il Mossad abbia avuto un ruolo nell'assassinio di John F. Kennedy? Cosa ne pensate?

Epilogo

Camuffamento permanente

Oggi milioni di americani - e di persone in tutto il mondo - sono convinti che dietro l'assassinio del trentacinquesimo Presidente degli Stati Uniti ci sia una cospirazione e che il governo americano abbia partecipato volontariamente all'insabbiamento.

In seguito al rinnovato interesse dell'opinione pubblica, stimolato in gran parte dal controverso film *JFK* di Oliver Stone, le crescenti richieste di rilascio dei documenti segreti di JFK in possesso del governo sono arrivate a una svolta. Alla fine, il Congresso ha approvato una legge che chiedeva il rilascio degli archivi e molti documenti, ma non tutti, sono stati resi pubblici.

Quando si è trattato della legge sull'open record, molti hanno pensato che la legge stessa fosse sospetta. Ecco perché: in primo luogo, la persona che ha apportato la sua esperienza come architetto principale della legge era il controverso G. Robert Blakey, ex capo della commissione della Camera.

Nel Capitolo 10, abbiamo naturalmente esaminato le conclusioni spurie di Blakey, che suggerivano essenzialmente che "la mafia ha ucciso JFK", e abbiamo anche esaminato gli stretti rapporti di Blakey con la CIA, che hanno portato i suoi critici a sospettare che l'indagine della Commissione fosse stata forse sabotata dall'interno. Inoltre, abbiamo esplorato l'enigmatica relazione di Blakey con Morris Dalitz, uno dei più stretti collaboratori di lunga data di Meyer Lansky e uno dei principali finanziatori della lobby di Israele in questo Paese.

Con tutta questa storia - poco nota almeno al grande pubblico - Blakey era una scelta strana, a meno che, naturalmente, il Congresso (come molti sospetti) non volesse davvero sapere la verità.

Tuttavia, la legge elaborata da Blakey era altrettanto controversa. Secondo la proposta di Blakey, la Corte d'Appello del Distretto degli Stati Uniti a Washington avrebbe nominato un comitato cittadino di cinque membri per esaminare e decidere sulla pubblicazione dei documenti delle indagini sull'assassinio.

La legge specificava che chiunque fosse stato coinvolto in un'indagine sull'assassinio di JFK non avrebbe potuto essere nominato nel Consiglio. In realtà, sembra che la legge stessa facesse parte dell'insabbiamento, un modo per ammorbidire l'opinione pubblica e dare l'impressione che "si stesse facendo qualcosa per risolvere l'enigma dell'assassinio di JFK".

Il motivo per cui il Congresso e Blakey scelsero la Corte d'Appello Federale di Washington D.C. come organismo che avrebbe dovuto selezionare la commissione Blue Ribbon non è poi così misterioso - se si crede che la classe dirigente stia ancora cercando di nascondere e insabbiare per sempre la verità sull'assassinio. Sembra che la commissione proposta non fosse altro che una lavanderia della CIA sponsorizzata dal governo, che avrebbe garantito che qualsiasi prova incriminante contenuta nei fascicoli non avrebbe mai visto la luce.

In base al Blakey Act, uno dei giudici di questa corte d'appello che avrebbe selezionato la commissione era l'ex senatore James L. Buckley, fratello di William F. Buckley Jr., ex fratello della CIA e amico di lunga data di E. Howard Hunt, anch'egli implicato nell'omicidio di JFK. Buckley, in un'incarnazione ancora precedente, prima del suo unico mandato al Senato, prima di essere estromesso dagli elettori di New York, si era impegnato in lucrosi affari petroliferi di famiglia in Israele.

Come abbiamo visto nel capitolo 9, fu nell'ufficio di New York dell'ex senatore Buckley che i fratelli anticastristi cubani Guillermo e Ignacio Novo si incontrarono con il mercenario Michael Townley, legato al Mossad, per pianificare l'assassinio del diplomatico cileno Orlando Letelier. I fratelli Novo, ovviamente, sono stati nominati dall'ex agente della CIA Marita Lorenz tra coloro che hanno viaggiato in un convoglio di due auto da Miami a Dallas, arrivando il 21 novembre 1963. Al loro arrivo a Dallas, i dipendenti della CIA furono accolti dal loro manager, E. Howard Hunt. Anche Jack Ruby, la guardia del nightclub di Dallas, fece loro visita nel loro alloggio a Dallas.

Quindi il giudice James L. Buckley sarebbe stato uno di quelli che ha giocato un ruolo centrale nella selezione degli arbitri finali di ciò che il pubblico poteva vedere dei file dell'assassinio di JFK - dopo che, naturalmente, quei file erano stati accuratamente sbiancati dalla CIA.

Il Congresso ha agito, dopo un lungo dibattito, per approvare una legge a livello governativo che richiedeva la divulgazione di documenti relativi all'assassinio. Il Disclosure Act istituì una commissione di revisione composta da cinque membri con il potere di ottenere i documenti relativi agli omicidi da qualsiasi ufficio governativo, dalla CIA e dall'FBI e dalle commissioni del Congresso. La commissione iniziò effettivamente a rilasciare molti documenti - alcuni interessanti, naturalmente, ma nulla di così incandescente da richiedere ulteriori indagini.

MARWELL E IL MOSSAD

Francamente, il rilascio di documenti da parte della Commissione di revisione dei documenti sull'assassinio di JFK è stato un esercizio di futilità. I documenti rilasciati di recente non fanno altro che far salivare gli appassionati dell'assassinio di JFK. Finora non è emerso nulla di veramente esplosivo. I documenti che sono stati rilasciati sembrano solo aver confermato tutto ciò che faceva già parte della storia di JFK.

In realtà, le prove suggeriscono che la volpe era a capo del pollaio all'interno della Commissione di revisione dell'assassinio JFK. David Marwell, il primo capo della commissione di revisione, è un ex storico dell'Office of Special Investigations (OSI), l'unità di caccia ai "nazisti" del Dipartimento di Giustizia.

L'OSI, ovviamente, è nota soprattutto per aver guidato la persecuzione sconsiderata e ormai ampiamente screditata dell'ucraino-americano John Demjanjuk, l'uomo dell'Ohio che è stato scagionato dalle accuse dell'OSI da un tribunale israeliano dopo quasi un decennio di controverse indagini internazionali che hanno quasi visto Demjanjuk morire sotto il cappio del boia.

Ora, qualcuno potrebbe chiedersi: perché l'associazione di Marwell con l'OSI dovrebbe essere così controversa, dato che la "caccia al nazista" è generalmente considerata una professione altamente ammirevole? Ci sono diverse ragioni degne di nota:

In primo luogo, dato che ci sono ancora alcuni ricercatori (ma non molti) che ritengono che il KGB sovietico o membri sotto la sua influenza possano aver contribuito a orchestrare l'assassinio di JFK, la precedente affiliazione di Marwell all'OSI potrebbe rivelarsi imbarazzante.

Dopo tutto, nel caso Demjanjuk (per fare un esempio), l'OSI si basò pesantemente su documenti falsificati del KGB (che suggerivano falsamente che Demjanjuk fosse una guardia di un campo di concentramento nazista) per deportare Demjanjuk dagli Stati Uniti per processarlo in Israele (dove, ovviamente, alla fine fu scagionato). Il fatto è che l'OSI era stato seriamente compromesso dal KGB.

Quindi, se il KGB ha avuto un ruolo nell'assassinio di JFK, in qualsiasi forma, la precedente associazione di Marwell con l'OSI solleva dubbi sulla volontà di Marwell di divulgare tutte le informazioni sensibili contenute nei file di JFK.

Ora la questione del KGB, per quanto inquietante, è ulteriormente oscurata dall'inevitabile rapporto di Marwell (in quanto funzionario dell'OSI) con il Mossad israeliano. Il Mossad ha da tempo una stretta relazione con l'OSI, quindi non c'è motivo di dubitare che il Mossad, come il KGB, abbia usato i suoi talenti per compromettere questa agenzia americana.

(Per la cronaca: un accademico ha evidenziato i legami tra l'OSI e gli israeliani. Wayne Madsen, nell'*International Journal of Intelligence and Counterintelligence*, ha osservato: "C'è una strana relazione tra il Dipartimento di Investigazione sui Crimini Nazisti del Dipartimento di Giustizia israeliano e l'Office of Justice Programs (OJP) del Dipartimento di Giustizia degli Stati Uniti, precedentemente Office of Special Investigations.... [290] È probabile che nessun'altra agenzia come l'OJP del Dipartimento di Giustizia cerchi abitualmente nei numerosi archivi informatici che il governo federale conserva sui suoi cittadini e passi informazioni personali riservate agli israeliani").

Pertanto, possiamo davvero essere sicuri che Marwell sarebbe in grado di rivelare documenti nascosti che, a prescindere dalla probabilità, coinvolgerebbero il Mossad in qualche aspetto della cospirazione per l'assassinio del JFK, direttamente o indirettamente? E se ci fosse, ad esempio, un documento sepolto in un fascicolo JFK sotto la giurisdizione di Marwell che dice senza mezzi termini: "L'uomo d'affari di New Orleans Clay Shaw è considerato da alcuni un agente del Mossad". Questo documento sarà mai pubblicato? Dubito che lo sarà.

Ma c'è molto di più. C'è una seconda ragione per cui potremmo trovare preoccupante la presenza di Marwell nella Commissione di revisione dell'assassinio JFK. Questo motivo è particolarmente intrigante e dovrebbe indurre anche i ricercatori che rifiutano la mia teoria del coinvolgimento del Mossad a mettere in dubbio l'affidabilità di Marwell.

Durante la sua collaborazione con l'OSI, secondo il numero dell'8 settembre 1995 di *Forward*, l'influente settimanale ebraico, Marwell "ha svolto un ruolo chiave nel rintracciare Josef Mengele ed è un esperto del medico di Auschwitz".[291] Questo fatto

---

[290] Wayne Madsen, *"Le minacce delle agenzie di intelligence alla sicurezza informatica"*, International Journal of Intelligence and Counterintelligence. Inverno 1993.
[291] *Avanti*. 8 settembre 1995.

da solo è fonte di problemi per la credibilità di Marwell, e per un motivo molto interessante e intrigante.

IL LEGAME CON POSNER

Vedete, il già citato Gerald Posner, autore dell'ampiamente promosso *Caso chiuso* (che ribadisce le conclusioni fraudolente della Commissione Warren) ha scritto diversi libri e il suo primo, pubblicato nel 1986, è stato *Mengele: The Complete Story*. Il libro di Posner era un resoconto degli sforzi di Marwell e dell'OSI per rintracciare il famigerato medico di Auschwitz. Non è quindi una strana coincidenza, almeno per me, che due "vecchie conoscenze" del mondo elitario e affascinante della "caccia al nazista" sponsorizzata dalla classe dirigente e della sua promozione letteraria appaiano (quasi un decennio dopo) come "esperti" in un'altra area controversa: l'assassinio di JFK.

Il fatto stesso che due persone con stretti legami con il mondo dell'intelligence e con un particolare interesse ed esperienza in un'area di immenso interesse per il Mossad (cioè la caccia ai nazisti) debbano apparire come due dei principali attori nell'attuale controversia sull'assassinio di JFK è interessante, soprattutto alla luce della mia tesi sul coinvolgimento israeliano nell'affare JFK. Ovviamente, alla luce di tutto ciò, non considero Marwell - o la sua Assassination Records Review Commission - credibile.

In realtà, c'è chi sostiene che il Mossad sapesse da anni, molto prima che venisse annunciata la "scoperta" ufficiale della morte di Mengele, che Mengele era effettivamente morto e che non c'era motivo di continuare a dare la caccia al medico. Ma il Mossad ha tenuto tutto nascosto e ha permesso ai cacciatori di nazisti e ai raccoglitori di fondi ebraici di continuare a rivangare i ricordi di Mengele e lo spettro che il medico tedesco fosse ancora vivo a fare esperimenti su bambini ebrei nelle giungle del Sud America. Cosa sapeva Marwell e quando lo sapeva? È questa la domanda che mi pongo.

I documenti incriminanti sepolti negli archivi dell'assassinio di JFK sarebbero stati distrutti molto tempo fa e i documenti più incriminanti non sarebbero mai stati messi su carta. Non contate che sia stato scoperto qualcosa di veramente edificante, soprattutto perché l'amico di Posner, Marwell, era responsabile della pubblicazione dei documenti.

Marwell e il suo vice nel comitato di revisione, Douglas Home, sono passati a pascoli più verdi e redditizi. Ora lavorano per l'Holocaust Memorial Museum di Washington, che - inutile dirlo - collabora molto strettamente con il governo israeliano (e il Mossad) in varie iniziative di interesse per la comunità ebraica mondiale. Questo è un dato di fatto. Non chiamatemi "antisemita" per averlo detto. Quindi, ancora una volta, troviamo il signor Marwell coinvolto in attività strettamente legate allo Stato di Israele. Probabilmente è solo una coincidenza, ne sono certo.

Le attività del Comitato di revisione sono state una distrazione interessante e di fatto parte integrante dell'insabbiamento in corso.

PUBBLICAZIONE DELLE DEFORMAZIONI

Ci sono molti aspetti dell'insabbiamento in corso, come ho imparato quando ho cercato di far pubblicare questo libro. Sapendo che la casa editrice Shapolsky di New York aveva pubblicato due libri sull'assassinio di JFK, il mio agente pubblicitario inviò loro un'anteprima di *Giudizio finale*. Poco dopo, ricevemmo una cartolina scritta a mano da Isaac Mozeson, direttore editoriale della Shapolsky.

Non avevo mai visto tanta ferocia e isteria come nella risposta di Mozeson. Ha descritto la teoria delineata in *Giudizio finale* come "infantile" e ha parlato di "impotenza" del Mossad israeliano. Ero francamente divertito dalla sua risposta, ma incuriosito dal furore.

Così ho fatto qualche controllo. L'edizione 1992 di *Writer's Market* rivela che il 40% delle pubblicazioni di Shapolsky sono di "interesse ebraico".[292] Si scopre che è anche un affiliato della casa editrice israeliana Steimatsky of North America.[293] Interessante, non è vero?

I due libri di Shapolsky sull'assassinio sono degni di nota. Il primo di Shapolsky è stato *Contract on America* di David Scheim, che si distingue per essere principalmente un rimaneggiamento del libro di Robert Blakey, membro del sindacato Lansky e difensore della CIA, *The Plot to Kill the President*, che incolpa "la mafia".

Scheim, come abbiamo notato nel capitolo 10, vorrebbe farci credere che Meyer Lansky era un pesce piccolo in uno stagno molto grande, con un'influenza molto limitata. Si fa anche beffe dell'accusa di Jim Garrison a Clay Shaw, un passante innocente colpevole solo di aver restaurato dei bei palazzi antichi nel quartiere francese di New Orleans.

Il secondo libro di Shapolsky, *First Hand Knowledge*, dell'ex agente della CIA Robert Morrow, è sottotitolato "Come ho partecipato all'omicidio del Presidente Kennedy da parte della CIA e della mafia".

Questo libro, un'esposizione del precedente lavoro di Morrow, *Betrayal*, contiene molte informazioni utili, senza dubbio, ed è stato ovviamente scritto da qualcuno che era a conoscenza di gran parte di ciò che accadeva nella CIA all'epoca dell'assassinio.

Tuttavia, ciò che è notevole nel libro è che Morrow ritrae specificamente il contatto del Mossad con la CIA, James J. Angleton, come in qualche modo fuori dal giro quando si tratta di assassini e insabbiamenti. Come abbiamo visto, questo non è vero. Morrow ha persino accennato altrove al fatto che Angleton e Robert F. Kennedy erano amici famosi, senza documentare questo improbabile scenario.

E mentre Morrow accusa categoricamente Clay Shaw di essere stato coinvolto nella cospirazione per l'assassinio, notando persino il legame con Permindex - che dipinge come un'impresa della CIA e non direttamente collegata alla cospirazione per l'assassinio - vorrebbe far credere al lettore che la cospirazione contro JFK da parte di membri della CIA non andasse oltre Shaw.

L'argomentazione di Morrow è che Shaw era a capo di un elemento "ribelle" basato a New Orleans e operante al di fuori del controllo del quartier generale della CIA a Langley, dove l'influenza di Angleton era all'epoca suprema.

---

[292] *Writer's Market*. Edizione 1992.
[293] *Prodotto in Israele*. Edizione 1986. Pubblicato dalla Camera di Commercio Americano-Israeliana.

Curiosamente - per quel che vale - quando Morrow fu arrestato per il suo ruolo in uno schema orchestrato dalla CIA per contraffare la valuta cubana, l'avvocato che si occupava della sua difesa, Fred Weisgal, emigrò in Israele entro un anno dall'assassinio di JFK e divenne presto Vice Ministro della Giustizia israeliano, un grande onore. Forse Morrow non ci ha detto tutto quello che sa e forse l'alta carica di Weisgal era una ricompensa per aver contribuito in qualche modo a coprire l'assassinio di JFK.

LA LOBBY ISRAELIANA RISPONDE

La risposta della lobby israeliana alla pubblicazione della prima edizione di *Giudizio Finale* è stata a dir poco interessante. Il *Washington Jewish Week* (WJW), il più importante giornale della lobby pro-Israele della capitale, pubblicò un'esplosione di insulti contro *Giudizio Finale*, in un attacco a tutta pagina nel numero del 28 aprile 1994.[294]

Il settimanale attacca selvaggiamente il libro come una "teoria della cospirazione" che presenta "l'ultima fantasia sull'omicidio di JFK".[295] Secondo WJW, "Un nuovo libro folle della destra incolpa Israele".[296]

L'accusa che il *Giudizio Finale* sia in qualche modo "pazzo di destra" nel suo orientamento è, ovviamente, fuorviante nella migliore delle ipotesi, poiché molte delle principali fonti di dati sull'aspra lotta dietro le quinte di JFK con Israele sono tutt'altro che "di destra" e ancor meno "pazzo di destra".

Nessuno ha mai accusato il premio Pulitzer Seymour Hersh (ora critico di JFK), Andrew e Leslie Cockburn, l'ex ambasciatore George Ball, lo storico Alfred Lilienthal o Stephen Green, tra gli altri, di essere "pazzi di destra". E, in effetti, nessuno dei teorici del complotto JFK citati in *Giudizio finale* ha la reputazione di essere qualcosa di diverso dai liberali vecchio stile.

Il Washington Jewish Week ha affermato che "Piper trascorre la maggior parte delle sue 302 pagine citando fonti secondarie fuori contesto, facendo fragili collegamenti improbabili e affermando ripetutamente delle falsità come se la loro ripetizione conferisse magicamente validità".[297] In breve, la WJW stava suggerendo che questo autore stava semplicemente "inventando" i suoi fatti, chiaro e semplice.[298] Il WJW ha detto che la tesi presentata nel *Giudizio Finale* è "speculativa [e] bizzarra", ma, naturalmente, non ha mai dimostrato come o perché.[299]

Secondo il WJW, il libro è "fondamentalmente anti-ebraico", il che non ha alcun senso. Infatti, tra coloro che hanno letto il libro prima della sua pubblicazione c'erano autori ebrei, l'avvocato Mark Lane, il più grande esperto del Paese sull'assassinio di JFK, e il dottor Alfred Lilienthal, un pioniere della critica ebraica americana a Israele e alla sua potente lobby in questo Paese. Nessuno dei due ha trovato il libro "anti-ebraico".

---

[294] *Washington Jewish Week*, 28 aprile 1994.
[295] *Ibidem*.
[296] *Ibidem*.
[297] *Ibidem*.
[298] *Ibidem*.
[299] *Ibidem*.

Cercando di screditare il legame israeliano con il complotto per l'assassinio di JFK, la WJW è andata fuori strada e, di fatto, ha confermato la natura esplosiva dei fatti riguardanti il legame israeliano con l'assassinio di JFK.

Il WJW ha cercato di screditare il collegamento del Permindex all'assassinio di JFK facendo notare che il *Giudizio Finale* aveva notato che il Permindex è citato nel film di Oliver Stone, *JFK*.[300] Poi il WJW ha aggiunto che il film di Stone "non pretende mai di essere reale", suggerendo che il collegamento di Clay Shaw con il Permindex è uno dei casi di licenza artistica usati da Stone nella realizzazione del film (e, ironia della sorte, come abbiamo visto, lo stesso Stone è stato schivo nell'affrontare il cosiddetto "collegamento francese", cioè il collegamento israeliano).

In breve, il WJW ha criticato il film con una combinazione di insulti, insinuazioni e allusioni, il tutto manomettendo i fatti, ammettendo indirettamente che, evidentemente, *Giudizio Finale* potrebbe essere troppo vicino alla verità.

Poi, nel 1995, l'Anti-Defamation League (ADL) del B'nai B'rith, l'intelligence americana e l'intermediario della propaganda del Mossad, è intervenuta con alcune calunnie false e diffamatorie sul *Giudizio Finale*. I commenti sono apparsi in un saggio di un'antologia piuttosto turgida curata da Jérôme Chanes, intitolata *Antisemitism in America Today: Outspoken Experts Explode the Myths*. Il saggio in questione - "Antisemitism in America: The Perspective of the 'Defense' Agencies" - è stato scritto dal direttore nazionale dell'ADL, Abe Foxman.

Secondo Foxman dell'ADL: "Anche la Liberty Lobby, la più grande fabbrica di propaganda antisemita della nazione, si è unita alla mania del complotto JFK pubblicando *Final Judgment*, un libro che pretende di svelare "come la CIA, il Mossad e il Sindacato del Crimine di Meyer Lansky hanno collaborato all'omicidio di John F. Kennedy".... Il libro presenta anche nuove rivelazioni che dimostrano che la cosiddetta "connessione francese" all'assassinio di JFK è, in realtà, la connessione israeliana.... [Il libro fornisce nuove prove che collegano l'ex presidente George Bush alla cospirazione JFK". Naturalmente, l'avvocato Mark Lane, capo della Liberty Lobby, aveva già scritto un libro sulle cospirazioni JFK intitolato *Plausible Denial*; la passione dell'organizzazione per le cospirazioni, tuttavia, sembra abbastanza comprensiva da assimilare le due tesi. È facile capire lo sforzo dei gruppi d'odio di usare idee così inverosimili per attirare i creduloni ad accettare i loro programmi, o almeno alcuni di essi".[301]

Foxman ha citato accuratamente il materiale promozionale del *Giudizio Finale*, ma ovviamente non sono d'accordo con la descrizione che Foxman fa della Liberty Lobby. Vorrei anche notare che il portavoce dell'ADL descrive l'interesse degli americani per l'assassinio di JFK come una "infatuazione", il che riflette la mancanza di apprezzamento da parte dell'ADL per le preoccupazioni di molti americani riguardo a una possibile cospirazione dietro l'assassinio di un presidente americano.

Si noti anche che l'ADL ha liquidato Mark Lane semplicemente come "avvocato capo della Liberty Lobby", come se questa fosse l'unica pretesa di fama di Lane e che il suo lavoro pioneristico sull'assassinio di JFK - molto prima della sua associazione

---

[300] *Ibidem*

[301] Jerome Chanes, Ed. *Anti-Semitism in America Today* (New York: Birch Lane Press, 1995), p. 328.

con la Liberty Lobby - non fosse di alcuna importanza. L'ADL vuole che la gente dimentichi che è stato il libro di Lane *Rush to Judgment* a scatenare la mania per JFK.

È interessante notare che l'ADL ha notato che la cosiddetta "passione" di Liberty Lobby era "abbastanza comprensiva da assimilare entrambe le tesi" [presentate, presumibilmente, in *Final Judgment* e *Plausible Denial*]. Ovviamente, però, i libri non presentano affatto due tesi diverse, ma non è nell'interesse dell'ADL riportare accuratamente i dettagli specifici che compaiono in entrambi i volumi.

L'ADL respinge queste "idee stravaganti", ma è interessante notare che l'ADL si è sentita in dovere di affrontare il *Giudizio Finale* nelle pagine di questa raccolta di saggi. Chiaramente, due anni dopo la pubblicazione della prima edizione del *Giudizio Finale*, il libro stava avendo un impatto - e l'ADL lo sapeva. Un numero sufficiente di persone stava iniziando a prendere sul serio il libro, tanto che l'ADL ha ritenuto necessario rispondere.

In seguito, quando nel 1996 l'ADL pubblicò il suo stravagante rapporto intitolato *Danger: Extremism-The Major Vehicles and Voices on America's Far Right Fringe*, l'ADL rielaborò il precedente saggio di Foxman e aggiunse, gratuitamente ed erroneamente, che *Final Judgment* "tentò di dare la colpa dell'assassinio del Presidente Kennedy agli ebrei".[302]

Anche se, francamente, ero tentato di denunciare l'ADL per diffamazione, sarebbe costato più tempo, denaro e problemi di quanto ne valesse la pena. Tuttavia, se la causa fosse andata in giudizio - come quella di E. Howard Hunt contro *The Spotlight*, relativa all'assassinio di JFK (descritta nel capitolo 16) - avrebbe potuto portare ad alcune interessanti rivelazioni.

Comunque sia, è chiaro che il *Giudizio Finale*, a quel tempo, era una questione di reale interesse per l'ADL. Si rendevano conto che questo libro non poteva essere ignorato. Non sorprende quindi che nell'autunno del 1997, quando fui invitato a parlare del libro in un seminario universitario pubblico a Orange County, in California, si scatenò l'inferno.

Nella prefazione a questa quarta edizione del *Giudizio Finale* descrivo questa controversia in dettaglio. Ma va da sé, come ho già detto, che l'ADL non ha ascoltato il Giudizio Finale. Questo è solo l'inizio. Sebbene Uri Palti, diplomatico israeliano a Los Angeles, abbia dichiarato alla stampa che la tesi presentata in *Giudizio Finale* è "assurda", il grande problema per l'ADL e per Israele è che, ovviamente, molte persone non sono d'accordo.

Alla luce di tutta questa frenesia scatenata dall'ADL nel suo tentativo di mettermi a tacere, non posso fare a meno di riprendere le parole di un alleato dell'ADL, il superavvocato Alan Dershowitz, che si è proclamato a gran voce difensore della libertà accademica ed è intervenuto in difesa di un altro controverso ricercatore finito sotto tiro per i suoi studi su presunti rapimenti alieni. Dershowitz ha detto che coloro che hanno criticato questa ricerca dovrebbero "rispondere ai suoi meriti - con recensioni, confutazioni, dibattiti e libri propri". Il mercato delle idee accademiche è aperto... Alla fine la verità verrà fuori. Questo è il senso dell'università".[303]

---

[302] *Danger:Extremism-TheMajorVehiclesandVoicesonAmerica'sFar- Right Fringe* (New York: Ligue Anti-Diffamation, 1996), pag. 253.
[303] *Washington Times*, 31 maggio 1993.

Non posso fare a meno di chiedermi se Dershowitz condividesse le stesse preoccupazioni riguardo all'attacco dell'ADL alla mia ricerca. Ma Dershowitz aveva ragione su una cosa: la verità alla fine verrà fuori. E il fatto che finora nessuno sia stato in grado di confutare il *Giudizio Finale* è molto indicativo.

Ciò che è interessante è che, chiaramente, le accuse fatte in *Giudizio finale* non sembrano essere una novità per la gente del mondo arabo. Secondo un arabo-americano, M. Ali, che ha scritto nel numero di dicembre 1997 del *Washington Report on Middle East Affairs*: "Mentre gli americani continuano a elaborare nuove teorie sull'assassinio di John F. Kennedy nel 1963, per gli arabi è un caso chiuso. Essi sono certi che il giovane presidente americano sia stato ucciso perché stava rivalutando la politica filo-israeliana dell'America nel conflitto israelo-palestinese".[304]

E I "RICERCATORI" CHE LAVORANO AL CASO JFK?

A posteriori, il sorprendente successo di Oliver Stone con il film *JFK* potrebbe aver fatto più male che bene alla ricerca sulla controversia dell'assassinio di JFK. Come abbiamo notato nel capitolo 17, il film di Stone ha suscitato un nuovo interesse pubblico per la controversia e ha fornito a milioni di americani e di persone in tutto il mondo una nuova prospettiva sul caso. L'impatto del film è stato probabilmente maggiore, alla fine, di una dozzina di libri best-seller sull'assassinio.

Tuttavia, a causa dell'apparente determinazione di Stone a evitare la cosiddetta "connessione francese" (come documentato nel capitolo 17), e a causa dei molteplici legami con il binomio Israele-Lansky da parte dei finanziatori di Stone, dobbiamo interrogarci sulle reali motivazioni alla base della decisione di rendere pubblica una rappresentazione edulcorata e falsamente distorta dei fatti che circondano la controversia sull'assassinio di JFK.

Infatti, poiché l'angelo finanziario di Stone, Arnon Milchan, si è rivelato essere il più grande trafficante di armi di Israele, si potrebbe concludere che il film di Stone non è altro che una propaganda segreta a scopo di lucro, molto ben confezionata e pesantemente promossa.

Poiché molti importanti e rispettati ricercatori sull'assassinio di JFK hanno ricevuto denaro da Stone e dai suoi finanziatori - Jim Marrs, in particolare, che ha ricevuto 300.000 dollari per i diritti del suo libro *Crossfire* - potrebbero essere stati inconsapevolmente compromessi. Si trovano in una posizione sgradevole, in cui faranno una pessima figura se decideranno di criticare Stone.

I ricercatori possono ora criticare onestamente Oliver Stone? Possono ammettere che la versione di Stone sul complotto dell'assassinio è falsa? Possono riconoscere che i sostenitori di Stone hanno stretti legami con le forze più potenti che hanno tratto vantaggio dall'allontanamento di JFK dalla Casa Bianca? Queste sono domande che i ricercatori in cerca di verità devono porre ai ricercatori.

Anche James Di Eugenio, autore di *Destiny Betrayed* e fervente ammiratore di JFK, si starà chiedendo se è stato completamente sincero con i suoi lettori.

Nel suo libro ben scritto, che non è altro che un inno a Jim Garrison, Di Eugenio ha compilato una convincente apologia del caso di Garrison contro il membro del

---

[304] *Washington Report on Middle East Affairs*, dicembre 1997.

consiglio di amministrazione di Permindex Clay Shaw e il suo ruolo nel complotto per l'assassinio di JFK. Tuttavia, Di Eugenio è stato piuttosto circospetto nella sua disamina del legame di Shaw con Permindex. Di Eugenio non ha mai approfondito il legame con Israele.

E sebbene Di Eugenio si sia spinto fino a notare la relazione di Clay Shaw con la potente famiglia Stern di New Orleans, proprietaria della radio e della televisione WDSU, che ha avuto un ruolo centrale nella rappresentazione di Lee Harvey Oswald come "estremista filocastrista", Di Eugenio è rimasto a dir poco cauto nel trattare il legame tra Stern e Shaw.

Secondo Di Eugenio, il motivo per cui la famiglia Stern sostenne Shaw era "ovvio". Secondo Di Eugenio: "Non volevano vedere la loro città macchiata dalla condanna di uno dei suoi protagonisti per aver complottato l'assassinio del Presidente Kennedy".[305] La loro motivazione era davvero così "ovvia" o Di Eugenio stava solo raccontando la verità?

Di Eugenio, nonostante la sua ampia ricerca su altri aspetti della connessione di New Orleans con l'assassinio, non ha mai menzionato i legami dell'agente della CIA Guy Banister con l'agente dell'ADL A. L. (Bee) Botnick dell'ADL, il cui ufficio di New Orleans dell'ADL pro-Israele riceveva considerevoli finanziamenti dalla famiglia Stern (anche se, ad onor del vero, questa potrebbe essere una svista). L. (Bee) Botnick dell'ADL, il cui ufficio di New Orleans dell'ADL pro-Israele riceveva considerevoli finanziamenti dalla famiglia Stern (anche se, in tutta onestà, potrebbe trattarsi di una svista).

Come abbiamo visto, tuttavia, non è così fantasioso supporre che l'incarico di Lee Harvey Oswald di lavorare per Guy Banister - che ha dato a Oswald la sua immagine pubblica di "estremista filocastrista" - possa effettivamente essere stato parte di una "indagine" sponsorizzata dall'ADL e condotta dall'agenzia investigativa di Banister.

Di Eugenio aveva in realtà una buona ragione per essere così riluttante a usare le parole. Dopo tutto, è stata la Sheridan Square Press a pubblicare il suo libro. I principali promotori di Sheridan Square sono Ellen Ray e William Schapp, fondatori dell'Institute for Media Analysis che, come abbiamo detto in *Giudizio finale*, annovera tra i suoi finanziatori lo Stern Family Fund, creato dagli amici di Clay Shaw, la potente famiglia Stern di New Orleans.

Tutto questo, in ogni caso, dimostra forse come anche i più scrupolosi investigatori dell'assassinio di JFK possano essere distratti o fuorviati nei loro sforzi di ricerca della verità.

Nonostante avessi chiesto di poter intervenire al simposio del 1994 del JFK Assassination Information Center a Dallas e alla conferenza del 1996 del Political Assassinations Committee a Washington, le cricche al potere si sono rifiutate di farmi parlare. Allo stesso modo, né James Di Eugenio né altri "grandi nomi" tra i ricercatori sull'assassinio di JFK hanno tentato di confutare le accuse sostanziali contenute nelle pagine di *Final Judgment*. Se la mia tesi è folle, sbagliata o fuori strada, si potrebbe pensare che screditare questo libro sia un processo semplice.

---

[305] James Di Eugenio. *Destiny Betrayed* (New York: Sheridan Square Press, 1992), pag. 157.

INDIZI CHE PORTANO A ISRAELE...

Peter Dale Scott, uno dei più rinomati ricercatori di omicidi al mondo, ampiamente citato nelle pagine di *Giudizio Finale*, è arrivato a evocare possibili legami israeliani sepolti nelle torbide profondità del complotto per l'assassinio di JFK.

Nel suo eccellente libro *Deep Politics and the Death of JFK*, Scott si è spinto più in là della maggior parte dei ricercatori sull'assassinio di JFK, esplorando il ricorrente legame di Meyer Lansky con Jack Ruby e la CIA, ad esempio, e mettendo in evidenza il ruolo particolare del membro della CIA James Jesus Angleton nella controversia JFK, che abbiamo descritto in dettaglio in queste pagine.

In queste e altre aree Scott ha chiaramente fatto le sue ricerche, ma non si può leggere il suo libro senza pensare che Scott abbia fatto ricerche anche sul legame con Israele, ma si sia rifiutato di trarre conclusioni ovvie per i suoi lettori. Scott dice molto su molte cose, ma non dice nulla sui legami tra Israele e l'assassinio di JFK, che sono stati ampiamente documentati in *Giudizio finale*. E nonostante le sue ampie ricerche su un'ampia varietà di argomenti relativi alla controversia JFK, Scott non ha assolutamente nulla da dire sul legame di Clay Shaw con Permindex. Ovviamente Scott preferisce non parlarne.

È interessante notare che nei ringraziamenti per l'aiuto fornito nella preparazione del libro ci sono due fonti piuttosto interessanti: Wesley McCune del Group Research, Inc. e Michael Lerner.[306] Sebbene sia apparentemente un'organizzazione di ricerca "indipendente", Group Research è stata generalmente descritta dai suoi critici come una "facciata" per l'Anti-Defamation League (ADL) del B'nai B'rith, l'influente organizzazione autoproclamatasi "per i diritti civili" che è stata smascherata come un canale di intelligence e propaganda per il Mossad israeliano.

Come abbiamo notato nel capitolo 17, il sospetto di un legame di lunga data tra l'ADL e il Mossad è venuto alla luce durante un'importante indagine della polizia di San Francisco sulle operazioni segrete di spionaggio interno dell'ADL rivolte a un'ampia gamma di gruppi politici statunitensi, sia di "destra che di sinistra". L'altra fonte di Scott, Michael Lerner, un importante filosofo liberale, è anche l'editore della rivista *Tikkun*, un giornale ebraico che è diventato una voce importante per la lobby di Israele.

Il fatto che queste fonti abbiano avuto un ruolo nel giudizio finale di Scott (se così si può definire) forse spiega in parte i chiari e ripetuti sforzi di Scott per evitare di affrontare la connessione israeliana con l'assassinio del Presidente Kennedy.

L'autore può solo concludere che questi "ricercatori", che hanno lavorato duramente e speso un'enorme quantità di tempo, energia e denaro (per non dire che ci hanno guadagnato) sul caso JFK, preferiscono non oltrepassare il limite, per così dire. Capisco il loro ragionamento, naturalmente, ma allo stesso tempo sono costretto a mettere in dubbio la loro integrità.

Tuttavia, alcuni ricercatori di lunga data sull'assassinio di JFK hanno riconosciuto *privatamente il giudizio finale* e la sostanza delle sue affermazioni con favore, indipendentemente dal fatto che siano o meno d'accordo con le sue conclusioni nella loro interesse. Non farò i loro nomi in questa sede, per non gravarli della possibilità

---

[306] Peter Dale Scott. *Deep Politics and the Death of JFK* (Berkeley, California: University of California Press, 1993), p. VIII.

di essere tacciati di "antisemiti" - il termine preferito riservato a chi osa criticare le azioni di Israele - ma sanno chi sono e il loro sostegno è stato apprezzato.

CONCLUSIONI SIMILI

Poco prima della pubblicazione di *Giudizio Finale*, ho appreso con piacere che Philip Ten Brink, un ricercatore di lunga data sull'assassinio di JFK che lavora in modo indipendente da questo autore, è giunto senza sorpresa alle stesse conclusioni di *Giudizio Finale*, arrivando persino a includere una serie di sottigliezze che alcuni potrebbero trovare un po' esoteriche. Sono costretto a ripetere la vecchia credenza che "le grandi cose si uniscono", ma starei esagerando nel farlo. Semplicemente, i fatti sono lì per coloro che vogliono riconoscerli per quello che sono.

Ten Brink ha scoperto da solo che puntare il dito contro Israele e il Mossad non è una buona comunicazione. Quando ha condiviso le sue scoperte al simposio del 1993 del JFK Assassination Information Center a Dallas, Ten Brink mi ha informato che c'erano molte persone che erano a disagio, per non dire altro, con qualcuno dei loro ranghi che era "politicamente scorretto". Tanto di cappello a Ten Brink per aver avuto il coraggio di aprire la strada. Non si può dire lo stesso dei ricercatori che vedono la verità ma hanno paura di ammetterla.

Dopo la pubblicazione della quarta edizione di *Giudizio Finale* ho sentito parlare di un altro ricercatore, Dave Sharp, che da tempo era attivo nei gruppi di discussione su Internet, sostenendo che dietro l'assassinio di JFK ci fossero interessi politici ebraici - in particolare la famiglia canadese Bronfman. All'epoca, non avendo ancora letto *Giudizio finale*, Sharp non aveva apparentemente idea del conflitto tra JFK e Ben-Gurion per la bomba nucleare israeliana, quindi sembra *Giudizio finale* abbia effettivamente riempito un pezzo mancante del puzzle per Sharp.

Tuttavia, lo stesso Sharp ha successivamente criticato *Giudizio Finale*, suggerendo che non avevo compiuto la mia missione non parlando dell'Olocausto e di come fosse stato usato come strumento politico dalla lobby di Israele. Questo è il punto di vista di Sharp, naturalmente, ma, come ho detto più volte, *Giudizio Finale* riguarda l'assassinio di JFK, non l'Olocausto.

Sono comunque in debito con Sharp per avermi fornito dati preziosi sugli affari finanziari della famiglia Bronfman, compresi i loro legami poco noti con gli "interessi petroliferi texani" che sono spesso collegati all'assassinio di JFK.

RISPONDERE ALLA DOMANDA "PERCHÉ?

Purtroppo, la maggior parte di coloro che affermano di voler scoprire la verità sull'assassinio di JFK non sono disposti ad arrivare a tanto. I "ricercatori" continueranno a fare domande esoteriche su "quanti proiettili sono stati sparati?" o "dove sono finiti i proiettili?" o cercheranno una volta per tutte di rispondere alla domanda più dannosa e importante di tutte: perché John F. Kennedy è stato assassinato e chi, in ultima analisi, era il responsabile?

Per rispondere a questa domanda, non possiamo evitare il fatto che la battaglia di JFK per impedire a Israele di costruire una bomba nucleare è rimasta segreta fino ad oggi, perché Israele - come i suoi alleati della criminalità organizzata e della CIA - aveva forti ragioni per agire contro JFK e lo ha fatto.

Che dire di Israele e della sua aggressiva campagna per la costruzione di una bomba nucleare - la controversia che ha giocato un ruolo centrale negli eventi che hanno portato all'assassinio di John F. Kennedy? Alla fine, fu Israele - non JFK - ad avere l'ultima parola sulla questione.

Il numero di novembre 1994 di *Jane's Intelligence Review* riportava che Israele aveva ormai sviluppato sette impianti nucleari e fino a 200 armi nucleari - abbastanza da rendere il piccolo Israele la sesta potenza nucleare del mondo. Secondo un riassunto del rapporto di *Jane's* pubblicato dall'*Associated Press* il 19 novembre 1994: "Il governo israeliano non ha né confermato né negato di avere armi nucleari e ha cercato di mantenere segreto il programma nucleare del Paese. Non ha firmato il Trattato di non proliferazione nucleare, che aprirebbe i suoi impianti alle ispezioni internazionali".[307]

Questo per quanto riguarda gli sforzi incessanti di JFK per fermare l'espansione nucleare in Medio Oriente. Ogni speranza di successo finì il 22 novembre 1963.

E LA FAMIGLIA DI KENNEDY?

Molti lettori di *Giudizio finale* si sono chiesti se la famiglia Kennedy abbia risposto alle accuse contenute in questo volume. Non pubblicamente, almeno. Ma possiamo essere certi che la famiglia Kennedy - più di chiunque altro - conosce la verità sull'assassinio di JFK. Ma non aspettatevi che la famiglia renda pubblica qualsiasi informazione sul coinvolgimento del Mossad nel caso. Non succederà mai. La posta in gioco è troppo alta.

Poco dopo la pubblicazione della prima edizione di *Giudizio finale,* venni a sapere che una persona del Massachusetts, vicina alla famiglia Kennedy, aveva acquistato cinque copie del libro.

E, più recentemente, ho inviato copie di *Giudizio Finale* non solo a John F. Kennedy Jr. ma a tutti i redattori del suo mensile *George*. Sono sicuro che i redattori si sono divertiti a leggere il libro e a discuterne tra di loro, ma non mi aspetto di vedere un articolo su *George*...

Tuttavia, so che alcuni membri della famiglia Kennedy hanno sentito parlare di *Giudizio Finale*. Innanzitutto, un mio amico che vive nel Rhode Island ha incontrato il deputato Patrick Kennedy (figlio del senatore Ted Kennedy del Massachusetts) a una funzione pubblica. Lì ha mostrato una copia di *Final Judgment* al giovane Kennedy e gli ha fatto notare che il libro implicava il Mossad e il sindacato del crimine Lansky nell'assassinio. Secondo il mio amico, il giovane deputato indietreggiò inorridito.

Non mi sorprende. Dopo tutto, nessun politico americano vorrebbe essere identificato con una teoria del complotto che critica Israele - soprattutto, ovviamente, dopo quello che è successo a John F. Kennedy quando ha affrontato Israele. E come ho detto, se c'è qualcuno che sa chi ha veramente ucciso JFK, è la sua famiglia, quindi sentire che è stato scritto un libro sull'argomento deve essere stata una vera sorpresa.

---

[307] *Rapporto dell'Associated Press*, 19 novembre 1994.

Ma finalmente, il 20 dicembre 1995, ho avuto l'opportunità di parlare brevemente, per la prima volta, con un membro della famiglia Kennedy di questo libro. Mi trovavo alla Union Station di Washington D. C. e, con mia grande sorpresa, il deputato Joe Kennedy, figlio di un membro della famiglia Kennedy, ha parlato del libro. C. e, con mia grande sorpresa, il deputato Joe Kennedy, figlio del defunto Robert Kennedy, camminava nella mia direzione. Si fermò a meno di tre metri da me. Era in compagnia di una donna attraente che in seguito ho identificato come la sua seconda moglie.

Francamente, non volevo molestarlo. È un personaggio pubblico e un membro di una famiglia molto pubblica che è stata oggetto di un intenso scrutinio da parte dei principali media americani (gli stessi che hanno tenuto nascosta la verità sugli omicidi di suo padre e di suo zio). Ma d'altra parte, avevo scritto un libro sull'argomento (e, all'epoca, era un libro che la gente cominciava a prendere molto sul serio). Mi sono quindi sentito in dovere di parlargli.

Il deputato guardò nella mia direzione e i nostri occhi si incontrarono. Sapeva che lo avevo riconosciuto e sospettavo che sapesse anche che volevo parlargli, così decisi di farlo. Mi avvicinai e dissi: "Deputato, voglio solo 22 secondi del suo tempo". Sorrise. Sapevo che aveva sentito parole del genere così tante volte che avevo scelto deliberatamente questo approccio e credo che abbia apprezzato l'ironia, nel senso che ho parlato in tono divertito come per dire: "Sì, so che l'ha già sentita".

Lui annuì e io dissi: "Prima di tutto, vorrei presentarmi. Sono l'autore di un libro intitolato *Giudizio finale*. Ne ha mai sentito parlare?". Scosse la testa negativamente mentre ripassava il titolo nella sua testa. Non gli dissi che avevo inviato una copia al suo ufficio (cosa che avevo fatto). Non volevo sprecare i 22 secondi che mi erano stati concessi.

Ho continuato. "Il libro racconta il ruolo di una nazione mediorientale che ha una lobby molto potente qui a Washington nell'assassinio di suo zio". (Gli occhi di Kennedy lampeggiarono come per dire: "Ci risiamo". Ho visto la sua reazione e ho concluso dicendo: "Credo che lei debba sapere, francamente, che molte persone interessate all'assassinio di JFK prendono molto sul serio questo libro".

Mi sono tirato indietro. Vedevo che non si sentiva a suo agio con la natura di ciò che stavo suggerendo - cioè il coinvolgimento di Israele - e non volevo che pensasse che ero una di quelle persone che avrebbero continuato a occupare il suo spazio. Volevo che capisse che non avrei insistito ulteriormente sull'argomento. Ero un perfetto sconosciuto per lui e, per quanto ne sapeva, avrei potuto essere qualcuno che cercava di fargli fare una delle dichiarazioni antiebraiche per cui suo padre, in particolare, era ben noto (almeno in privato).

Comunque, quando me ne sono andato, il deputato Kennedy ha risposto: "Spero che non sia vero". (Ho sorriso, annuito e gli ho rivolto un saluto amichevole e di commiato per dirgli "grazie per l'attenzione".

Kennedy intendeva dire che sperava che non fosse vero che Israele fosse coinvolto nell'assassinio di suo zio, o che sperava che la gente non prendesse sul serio la mia tesi - o entrambe le cose? Alla fine, naturalmente, non ha molta importanza perché solo Kennedy sa esattamente cosa intendeva dire.

Tuttavia, il fatto è che ora posso dire con certezza che la famiglia Kennedy è effettivamente a conoscenza di *Final Judgment*. Non ho dubbi che un giorno, in un modo o nell'altro, questi due giovani membri del Congresso discuteranno con le loro famiglie le accuse contenute in *Final Judgment*. Ma ciò che la famiglia farà con queste informazioni è ancora da vedere.

In realtà, la famiglia Kennedy è stata cooptata dal Mossad stesso. La chiave di lettura è Jacqueline Kennedy Onassis, che prima di morire ebbe una relazione decennale con l'enigmatico mercante di diamanti ebreo di origine belga Maurice Tempelsman.

Dopo essersi posizionato come figura permanente al centro della vita di Jacqueline e poi essersi registrato come suo compagno convivente nell'elegante attico di Manhattan della vedova Kennedy, si dice che Tempelsman abbia raddoppiato (forse addirittura triplicato, secondo alcuni resoconti) la già consistente fortuna di Jacqueline.

Sebbene, alla sua morte, i media tradizionali abbiano drammatizzato la storia d'amore tra Jacqueline e il suo compagno, i media non hanno mai riportato il ruolo di lunga data di Tempelsman come agente internazionale in loco, che operava dentro e fuori l'Africa per il Mossad israeliano e i suoi alleati della CIA. Durante gli ultimi giorni di vita di Jacqueline, il Mossad israeliano era rappresentato negli ambienti più intimi della famiglia Kennedy.

Tuttavia, secondo Edward Klein, che scrive nel suo nuovo libro "*The Kennedy Curse*", sembra che dopo la morte di Jacqueline, il giovane JFK Jr. abbia ordinato a Templesman di lasciare l'appartamento che condivideva con la signora Onassis. Chiaramente, il giovane John non era così innamorato dell'intrallazzatore internazionale che, si dice, aveva avvertito John John dei pericoli del volo.

Ironia della sorte, alla fine per la famiglia Kennedy potrebbe non avere molta importanza chi ci sia dietro l'assassinio del Presidente e di suo fratello. Due membri della famiglia sono morti violentemente e tragicamente, chiunque fosse il responsabile. La perdita della famiglia era troppo personale, ben al di là di qualsiasi ramificazione geopolitica internazionale che sarebbe stata di grande interesse per i cospiratori responsabili di entrambi gli assassinii. La ricerca della verità su ciò che è realmente accaduto non è mai stata un'opzione.

Lo stesso senatore Edward M. Kennedy è probabilmente fortunato ad essere ancora vivo, ma non ha mai realizzato il suo sogno di rivendicare la Casa Bianca per la dinastia Kennedy. Le probabilità che altri futuri membri della famiglia occupino nuovamente lo Studio Ovale sono scarse, nella migliore delle ipotesi.

Il progetto del deputato Joe Kennedy di candidarsi alla carica di governatore del Massachusetts fu presto sabotato da una pesante campagna mediatica contro di lui. I suoi problemi personali, derivanti da una disputa con l'ex moglie, che ha scritto un libro molto pubblicizzato sul loro matrimonio, e le accuse che suo fratello minore avesse avuto relazioni extraconiugali con una ragazza adolescente, sono stati esposti dai media e Kennedy è stato costretto a ritirarsi dalla corsa.

A un certo punto, dopo l'estromissione di Kennedy dalla corsa, Steven Grossman, un magnate della stampa del Massachusetts che era stato nominato presidente nazionale del Partito Democratico, prese in considerazione l'idea di entrare nella corsa per uccidere Kennedy politicamente, ma Grossman cambiò improvvisamente idea. Alla luce di quanto ho riportato in *Giudizio finale*, vale la pena notare che prima di diventare presidente nazionale del Partito Democratico, Grossman era stato a capo dell'AIPAC, la lobby autorizzata da Israele. Probabilmente è solo una coincidenza, ma è comunque interessante.

In realtà, la famiglia Kennedy ha, a suo modo, tratto enormi benefici dalla doppia tragedia, assicurandosi un posto nella storia e una leggenda che altrimenti sarebbe andata perduta se JFK avesse vissuto il suo mandato. Ma, come abbiamo visto, i media stanno attaccando sempre più gli eredi Kennedy e JFK stesso.

IL "GIUDIZIO FINALE" DEI MEDIA

Nel *Washington Post* del 25 novembre 1993, il famoso economista Robert Samuelson si è allontanato dal suo campo di competenza per esaminare l'eredità di Kennedy.

La sua importante rubrica, che appare a destra della pagina editoriale, è un vero e proprio tributo alla memoria di John F. Kennedy, all'indomani del 30° anniversario di quello che potrebbe essere stato l'evento pubblico più mozzafiato della storia del nostro Paese.

Abbiamo vissuto un'altra orgia di ricordi di Kennedy", si è lamentato Samuelson, "e confesso che, alla fine, ne ho abbastanza". Non è solo che la sua vita e il suo assassinio sono stati drammatizzati, trasformandolo da figura politica a fenomeno di intrattenimento con un posto nella cultura pop più vicino a Elvis che a Harry Truman.

Il dissenso va oltre. La nostra ossessione per Kennedy oscura qualcosa di fondamentale.[308] Nel migliore dei casi, è stato un presidente mediocre o, meno caritatevolmente, un presidente scarso".

Samuelson ha poi incolpato Kennedy per la tragedia della guerra del Vietnam. "È stato Kennedy a prendere l'impegno critico in Vietnam. Tutte le speculazioni che sono seguite sul fatto che avrebbe aumentato o meno quell'impegno, come fece Johnson, sono davvero irrilevanti. Non potremo mai sapere cosa avrebbe fatto Kennedy, ma solo cosa fece. E ciò che fece fu impegnarsi militarmente (e politicamente) in un Paese la cui sopravvivenza non era un interesse nazionale vitale, impegnandoci così in un conflitto che politicamente non potevamo sostenere. Una volta che questo è accaduto, non c'è stata una facile via d'uscita. È stato un giudizio sbagliato".[309]

L'opinionista ha stabilito che JFK mancava di "saggezza o istinto" e che "non aveva le conoscenze o i valori per prendere buone decisioni da solo".[310]

"Il Kennedy che vive nell'oltretomba", conclude Samuelson, "non suscita la mia simpatia né il mio interesse. È semplificato, romanzato e sfruttato. Non è una persona, ma un'illusione popolare".[311]

Tanto per la memoria di John F. Kennedy nel giudizio di uno degli opinionisti più rispettati della nazione. Non sorprende quindi che il 22 novembre 1994, 31° anniversario dell'assassinio di JFK, il *Washington Post*, giornale politico ufficiale degli Stati Uniti, non abbia detto nulla per commemorare quel tragico giorno.

Il 22 novembre 1997, quattro anni dopo il duro attacco di Samuelson a John Kennedy, la grande "notizia" del giorno era l'uscita di *The Dark Side of Camelot*, il libro di Seymour Hersh sugli anni di JFK (di cui abbiamo parlato in precedenza in queste

---

[308] *Washington Post*, 25 novembre 1993.
[309] *Ibidem*.
[310] *Ibidem*.
[311] *Ibidem*.

pagine). Chiaramente, l'impulso dei nuovi media è quello di dire che John F. Kennedy non era poi così grande e che forse, come disse Malcolm X all'epoca dell'assassinio di JFK, le galline erano tornate al pollaio da sole.

UNA RICHIESTA DI DIBATTITO

Poco prima della pubblicazione della terza edizione del *Giudizio Finale*, ho inviato copie della seconda edizione a un certo numero di persone invitandole a discutere con me le tesi del *Giudizio Finale* alla radio, in un forum pubblico o per iscritto. Ho dato loro la possibilità di confutare il libro come volevano. Non era un'offerta ingiusta, credo.

Ecco coloro che hanno ricevuto copie del *Giudizio finale* e un invito al dibattito:

Jack Anderson - L'editorialista e commerciante internazionale di ruote che ha promosso una serie di teorie contraddittorie sull'assassinio di JFK, tra cui il mito che "Castro ha ucciso JFK".

Robert Dornan - all'epoca deputato del Partito Repubblicano della Contea di Orange, in California, e fanatico di Israele, Dornan si unì alla sua nemesi, Loretta Sanchez, per organizzare una raccolta di fondi il 19 settembre 1998 per aiutare l'ADL a rovesciare Steve Frogue, il preside dell'università che aveva osato invitarmi a parlare del *Giudizio Finale* nella Contea di Orange.

Jack Shafer - All'epoca caporedattore del popolare *City Paper di Washington*, un giornale liberale e "alternativo".

John Loftus - Autore di *The Secret War Against the Jews (La guerra segreta contro gli ebrei)*, un nuovo libro che sostiene che i sostenitori anti-Israele nella comunità dei servizi segreti statunitensi hanno cercato di sabotare lo Stato di Israele (Loftus è un ex avvocato dell'Office of Special Investigations Nazi Hunt).

Roland Pritikin - Generale di brigata in pensione e medico di fama internazionale, fondatore del Centre for Global Security, un gruppo di pressione ad hoc a favore di Israele, tra i cui consiglieri figurano Luis Kutner, ex avvocato di Jack Ruby, e il generale Julius Klein, l'ufficiale militare statunitense che ha svolto un ruolo fondamentale nella creazione del Mossad.

Bob Grant - il controverso conduttore della radio WABC di New York che si è spesso vantato dei suoi rapporti amichevoli con la Anti-Defamation League (ADL) di B'nai B'rith e della sua profonda devozione (che è un'evidente e ossequiosa ruffianeria) allo Stato di Israele.

Rush Limbaugh - Il più grande nome della radio "conservatrice", noto per essere un critico oltraggioso e audace di tutto, tranne che delle malefatte di Israele.

Chuck Harder - Ospite del programma radiofonico "*For the People*", Harder si rifiuta di menzionare il ruolo di Israele nei misfatti internazionali, anche se presto troverà cospirazioni e corruzione sotto quasi ogni pietra.

G. Gordon Liddy - Un ex agente della CIA e dell'FBI che ha avuto il coraggio di affrontare un giudice federale e di finire in prigione per essersi rifiutato di consegnare i suoi amici. Spesso accusato di essere un simpatizzante del nazismo, Liddy è oggi un popolare conduttore radiofonico, ma non ha mai criticato Israele.

William F. Jasper - Direttore della rivista americana *New American* della John Birch Society, ardente sostenitore dello Stato di Israele e ancora innamorato di James Jesus Angleton, membro della CIA alleato del Mossad.

David Scheim - Autore di *Contract on America*, che sostiene che "La mafia ha ucciso JFK" e ignora il ruolo integrale del lealista israeliano e collaboratore della CIA Meyer Lansky nel sindacato internazionale del crimine. Scheim è stato una figura importante nella comunità dei "ricercatori" dell'assassinio di JFK ma, come abbiamo notato in queste pagine, si rifiuta di riconoscere la possibilità di un coinvolgimento della CIA nel crimine.

Jack Newfield - editorialista liberale del *New York Post*, Newfield, un lealista israeliano, ha sostenuto che il defunto capo dei Teamsters Jimmy Hoffa fu il principale istigatore dell'assassinio di JFK.

La pubblicazione di un invito al dibattito non era una ricerca di pubblicità per il *Giudizio Finale*, anche se qualsiasi pubblicità sarebbe stata benvenuta e anzi notevole. Quello che cercavo sinceramente era qualcuno che venisse a dimostrarmi che mi sbagliavo, che mi mostrasse dove le conclusioni di *Giudizio Finale* erano infondate.

Di questa vasta gamma di persone invitate al dibattito, solo il generale Pritikin aveva risposto entro il 1° gennaio 1998. La lunga lettera di Pritikin diceva che "Tutte le affermazioni del suo libro possono essere confutate, ma non spetta a me farlo".[312] Pritikin mi disse che il generale Mark Clark aveva detto: "Non sarei sorpreso se trenta o quarant'anni dopo l'assassinio di John F. Kennedy uscissero libri che incolpano gli ebrei".[313]

"Il suo libro", scrisse Pritikin, "insieme agli scritti di Grace Halsell e George Ball (che aveva un lungo curriculum di tradimenti) sono considerati [dagli arabi] il trittico per la distruzione degli Stati Uniti e lo sterminio del popolo americano".[314]

(Grace Halsell è una giornalista liberale professionista di lunga data e rispettata che è stata molto critica nei confronti di Israele. L'ex sottosegretario di Stato George Ball è colpevole dello stesso reato. A quanto pare, Halsell, Ball e io siamo colpevoli di crimini della stessa portata per quanto riguarda il generale Pritikin).

"Nella sua lettera, lei afferma che nessuno si è fatto avanti per confutare le accuse contenute nel suo libro. Questo perché non ha un indice. È scritto nello stile di Victor Hugo e Alexander Dumas. Si legge come un bel romanzo di fantasia perché non ha un indice. Ecco perché nessuno ha contestato nulla".[315] (Le prime due edizioni del *Giudizio finale* non sono state indicizzate).

Pritikin ha aggiunto: "La scoperta del petrolio nella penisola arabica negli anni '30 ha portato alla rovina della libera civiltà occidentale, perché gli Stati Uniti non hanno avuto la lungimiranza, il coraggio e la volontà intransigente di combattere gli sceicchi ricchi di petrolio, e perché abbiamo avuto traditori come Michael Collins Piper, Grace Halsell e George Ball".[316]

---

[312] Lettera del generale Roland Pritikin all'autore.
[313] *Ibidem*.
[314] *Ibidem*.
[315] *Ibidem*.
[316] *Ibidem*.

LE "PROVE" DI PRITIKIN

Nella sua lettera, il generale Pritikin ha citato la presenza di un magnifico monumento a John F. Kennedy in Israele come "prova" che gli israeliani amavano JFK più di qualsiasi altro presidente americano.

Si tratta di una "prova" molto scarna: un cinico potrebbe essere così grossolano da suggerire che il monumento non è altro che un tributo degli israeliani a una delle loro esecuzioni pubbliche più oltraggiose e all'abilità con cui è stata eseguita.

Per evitare che qualche fanatico filo-israeliano sostenga che questa è la mia tesi, per la cronaca dirò che non è così. Sto dicendo che un monumento del genere non prova nulla: solo che la classe dirigente israeliana dominata dal Mossad vuole che sia messo a verbale - anche se i fatti dimostrano il contrario - che Israele amava JFK.

Forse la gente comune di Tel Aviv ammirava davvero John F. Kennedy. Ma il Primo Ministro David Ben Gurion, il capo degli assassini del Mossad Yitzhak Shamir e i loro alleati della CIA e del sindacato criminale Lansky no.

In ogni caso, posso solo concludere che il rifiuto di questi "grandi nomi" di discutere pubblicamente con me o di cercare di ripudiare in qualche modo il mio lavoro è dovuto proprio al fatto che non possono farlo. Quindi il *Giudizio Finale* è, a mio avviso, a tutti gli effetti, la sentenza definitiva su ciò che è realmente accaduto a Dallas. Ho ottenuto, come ho detto, una sentenza di default semplicemente perché nessuno ha parlato per rispondere alle mie accuse.

ALCUNI DOGMI DI FEDE

Sebbene Noam Chomsky, l'eminente linguista ribelle, abbia fatto arrabbiare Israele con le sue critiche alle sue malefatte internazionali, Chomsky stesso si rifiuta di interferire in qualsiasi dibattito sull'assassinio di JFK. In effetti, Chomsky ha descritto il flusso infinito di lettere che ha ricevuto sull'argomento, sottolineando che è stato costretto a ricorrere a un modulo di lettera che illustra le sue ragioni per non voler discutere l'argomento. Ma Chomsky, in quanto critico di Israele, riconosce la misura in cui il dibattito pubblico su questioni controverse è stato influenzato dai media e dalla comunità accademica. In un'introduzione a un libro che denuncia il complotto israeliano, Chomsky ha scritto:

> **La storia, in particolare quella recente, viene tipicamente presentata al grande pubblico nel quadro di un sistema dottrinale basato su alcuni dogmi fondamentali. Nel caso delle società totalitarie, la questione è troppo ovvia per richiedere un commento.**
>
> **La situazione è più intrigante nelle società che non hanno forme più crudeli di repressione e controllo ideologico. Gli Stati Uniti, ad esempio, sono certamente una delle società meno repressive della storia, passata o presente, per quanto riguarda la libertà di indagine e di espressione.**

> Eppure è raro che un'analisi di eventi storici cruciali raggiunga un vasto pubblico, a meno che non sia conforme a certe dottrine di fede...[317]

Le dottrine della fede - nel caso del dibattito sull'assassinio di JFK - sono molto restrittive: in breve, non c'è dibattito. Il caso è chiuso. Lee Harvey Oswald ha agito da solo. Non c'è stata alcuna cospirazione. Chiunque sostenga l'esistenza di una cospirazione è - Dio non voglia - un "teorico della cospirazione" e chiunque creda alle teorie della cospirazione potrebbe essere il tipo di persona che farebbe saltare in aria un edificio federale a Oklahoma City e ucciderebbe 168 uomini, donne e bambini innocenti. È proprio questa l'argomentazione sostenuta dai media "mainstream" in seguito a questa tragedia.

L'argomentazione era la seguente: il movimento delle milizie ha influenzato Timothy McVeigh. Le milizie credono nelle teorie cospirative. Tim McVeigh ha fatto esplodere l'edificio federale di Oklahoma City. Quindi se credete nelle teorie cospirative siete malvagi. Siete contro il governo. Siete contro l'America. Sostenete i terribili atti di McVeigh in Oklahoma. Non credete alle teorie della cospirazione - e questo include la teoria che ci sia una cospirazione dietro l'assassinio di JFK.

Non ha senso logico, ovviamente, ma è proprio questo che i media mainstream cercano di trasmettere ed è diventato un costante slogan. Le teorie del complotto sono semplicemente "sbagliate". E se ci credete, siete il tipo di persona che potrebbe pensare di far saltare in aria un edificio federale a Oklahoma City o altrove.

Chomsky, nel suo stile inimitabile, continua:

> Per accettare il dogma, una persona che non è in grado di tollerare un grado anche limitato di contraddizione interna deve evitare accuratamente le prove documentali, che non mancano in una società libera...[318]

Nel caso del *Giudizio Finale*, ovviamente, coloro che desiderano accettare il dogma ufficiale e rifiutare le conclusioni esposte nel *Giudizio Finale* devono ignorare tutte le prove (pubblicate molto prima della pubblicazione di quel libro) che suggeriscono non solo: a) che Israele aveva un movente per partecipare al complotto per l'assassinio di JFK; e b) che ci sono molteplici collegamenti israeliani al complotto che possono essere effettivamente provati. Chomsky:

> All'interno delle professioni accademiche e dei media, si può generalmente contare su un'intellighenzia che si chiude a riccio; si rifiuterà di sottoporre le dottrine di fede all'analisi critica, sfronderà la documentazione storica e documentale per isolare queste dottrine dal controllo e procederà a presentare una versione della storia al riparo dalla critica o dall'analisi istituzionale.[319]

I media hanno avuto un ruolo nell'occultare le conclusioni del *Giudizio Finale*.

Sebbene il libro abbia ricevuto un po' di pubblicità grazie agli sforzi dell'ADL per impedirmi di parlare al seminario del college pubblico di Orange County, le notizie pubblicate dai media erano legate all'accusa di essere una sorta di "negazionista dell'Olocausto" e quindi non credibile.

---

[317] Noam Chomsky, scrivendo nell'introduzione a : *Livia Rokach. Israel's Sacred Terrorism* (Belmont, Massachusetts: Association of Arab-American University Graduates, 1980), pp. XIII-XV.
[318] *Ibidem*.
[319] *Ibidem*.

Allo stesso modo, i cosiddetti "studiosi" come il professor Roy Bauer della Irvine Valley University si sono rifiutati di darmi l'opportunità di presentare il mio caso. Bauer non permetteva che le dottrine di fede fossero sottoposte ad analisi critica. Chomsky:

> Gli scostamenti occasionali dall'ortodossia hanno poca importanza finché sono confinati in cerchie ristrette che possono essere ignorate, o liquidate come "irresponsabili", "ingenue" o "incomprensibili" o "incapaci di comprendere le complessità della storia", o altrimenti identificate con parole in codice colloquiali inaccettabili...[320]

Il Giudizio Finale si allontanava dall'ortodossia e veniva liquidato con "parole in codice" (come "antisemitismo") e descritto - appunto - come "inaccettabile". Tuttavia, poiché *il Giudizio Finale* ha avuto improvvisamente l'opportunità di essere ascoltato da un pubblico accademico - piuttosto che da una ristretta lista di acquirenti di libri che hanno avuto accesso all'opera - i difensori delle dottrine della fede si sono scatenati. Chomsky:

> Salvo rare eccezioni, per entrare nell'arena del dibattito - almeno di fronte a un segmento sostanziale del pubblico - è necessario adottare determinate dottrine di fede...[321]

Nel caso del dibattito sull'assassinio di JFK, una delle "nuove dottrine di fede" che devono essere accettate per "entrare nell'arena del dibattito" è che - in nessun caso - si può proporre quanto segue:

1) che Israele è un Paese ostile a John F. Kennedy.

2) La politica americana in Medio Oriente ha subito una svolta di 180 gradi dopo la morte di John F. Kennedy;

3) che il Mossad di Israele abbia avuto un ruolo nell'assassinio di John F. Kennedy. Potreste credere che ci sia una sorta di "connessione con i dischi volanti". O che i nazisti fossero colpevoli. O, più comunemente, che la mafia abbia ucciso JFK. Potreste anche dire che c'erano alcuni "disonesti" nella CIA. Ma mai nominare Israele e il Mossad. È lì che si diventa "irresponsabili" e si oltrepassa il limite. Non fatelo!

Se così fosse, vi etichetteranno come "antisemiti" - o forse addirittura come "negazionisti dell'Olocausto", che è ovviamente l'ultimo stratagemma nello sforzo continuo di mettere a tacere coloro (come me) che hanno osato identificare pubblicamente il ruolo di Israele nel crimine del secolo. È qualcosa che, a quanto pare, non può essere fatto.

LA "VERA STORIA" DELL'ASSASSINIO DI JFK?

Il Washington Post - da sempre difensore degli interessi della CIA e dei suoi alleati del Mossad - ha recentemente suggerito ai suoi lettori che potrebbe esistere una determinazione popolare "ufficiale" - un "consenso" - sulla "vera storia dell'assassinio di Kennedy".[322] In altre parole, una "storia" che soddisfi praticamente tutti. In altre

---

[320] *Ibidem*.
[321] *Ibidem*.
[322] Colonna pubblicata sul *Washington Post*, originariamente pubblicata sulla rivista trimestrale dell'Assassination Archives and Research Center.

parole, la vera verità su chi ha ucciso John F. Kennedy - e perché - l'abbiamo vista tutti.

Nel promuovere questa presunta imminente "storia vera", il *Post* ha pubblicato un "pezzo di riflessione" straordinariamente rivelatore scritto da uno dei suoi redattori, Jefferson Morley, in cui il giovane Morley affermava che "siamo più vicini che mai ad avere una solida base fattuale per un consenso sull'assassinio".[323]

Morley, infatti, non si preoccupa tanto di individuare i responsabili dell'assassinio del presidente americano, quanto piuttosto di ripristinare la fiducia del popolo americano nel governo la cui agenzia di intelligence, la CIA, ha svolto un ruolo centrale nell'assassinio e nell'insabbiamento. Secondo Morley, "l'assassinio di Kennedy è un fattore della crisi di legittimità che ora mina la capacità del governo americano di affrontare un'ampia varietà di problemi pubblici. L'incapacità del governo di presentare una spiegazione credibile di come Kennedy sia stato ucciso non è l'unica o la principale ragione di questo declino. Ma ha certamente giocato un ruolo. Raggiungere una comprensione comune della catena causale degli eventi che hanno portato all'omicidio di Kennedy sarebbe un importante passo simbolico verso il ripristino della fiducia nella democrazia americana".[324]

Morley afferma che "non dovremmo [sottolineatura di Morley] preoccuparci di raggiungere un consenso per paura che ipotetiche persone complici dell'assassinio del presidente Kennedy siano una minaccia per la democrazia di oggi. Questa è la posizione paranoica...".[325] (In altre parole, chiunque cerchi di incolpare qualcuno - a quest'ora tarda - è un inquietante pazzoide teorico della cospirazione e quindi una minaccia per la democrazia).[326]

Pur ammettendo che ci sono prove che la cospirazione dietro l'assassinio di JFK era più importante di un "pazzo solitario", Morley suggerisce anche che l'obiettivo più importante non è quello di determinare chi ha effettivamente ucciso John F. Kennedy ma, invece, di rendersi conto che la controversia sull'assassinio derivava dalla "segretezza del governo sull'assassinio e sulle conseguenze dell'indagine".[327] Questa segretezza, sostiene giustamente, era sbagliata, ma afferma che "il velo di segretezza è stato finalmente sollevato dalla Assassination Review Commission".[328] Ora, secondo Morley, il lavoro della Commissione di revisione rende di fatto superata ogni "controversia [su chi ci fosse dietro l'assassinio]".[329]

Morley ammette che "la spiegazione più probabile della causa della morte di Kennedy risiede nelle sue politiche" (e su questo ha certamente ragione), ma Morley aggiunge che nella ricerca di un "consenso" "non dovremmo usare individui, gruppi, credenze politiche o istituzioni come capri espiatori".[330] (In altre parole, nessuna persona o istituzione - come la CIA o il Mossad - dovrebbe essere ritenuta responsabile del crimine).

---

[323] *Ibidem*.
[324] *Ibidem*.
[325] *Ibidem*.
[326] *Ibidem*.
[327] *Ibidem*.
[328] *Ibidem*.
[329] *Ibidem*.
[330] *Ibidem*.

Aggiungendo che "dobbiamo rispettare la complessità della storia",[331] Morley afferma che "stanno emergendo le basi di un consenso" e che "la storia dell'assassinio di Kennedy e del mistero che l'ha circondato non è la saga di un'enorme cospirazione monolitica. Non è nemmeno la storia di un singolo pazzo solitario. È piuttosto un capitolo della storia della Guerra Fredda, un monito alle generazioni future sui pericoli della segretezza in una democrazia".[332]

Quindi, secondo Morley, il vero problema è la segretezza del governo. La questione principale non è chi abbia davvero ucciso John F. Kennedy - e perché. Nella percezione distorta di Morley, sembra che il motivo per cui John F. Kennedy è stato assassinato o il responsabile non abbiano molta importanza. La preoccupazione più seria è ripristinare la fiducia degli americani nel loro governo.

Non sono d'accordo con Jefferson Morley e il *Washington Post* o con la maggior parte degli americani.[333]

Gli americani sono, nelle parole di Noam Chomsky, "coloro che sono interessati a scoprire il mondo reale dietro la storia ufficiale" e che non sono interessati al tipo di "consenso" artificiale propagandato *dal Washington Post*. È questo tipo di approccio nuovo all'assassinio di JFK che dobbiamo tenere in considerazione quando consideriamo il modo in cui la verità sull'assassinio viene gestita dai media e come i fatti e i cosiddetti fatti saranno resi pubblici.

ALCUNE OSSERVAZIONI CONCLUSIVE...

Coloro che apparentemente cercano la verità sull'assassinio del Presidente Kennedy, ma continuano a ignorare il ruolo molto chiaro svolto da Israele e dal suo Mossad nell'assassinio, sono forse, in ultima analisi, i più grandi nemici della verità.

Se mi sbaglio sul coinvolgimento del Mossad, chiedo ai miei critici di mostrarmi dove sbaglio. Se persino gli ammiratori di JFK non sono in grado di affrontare la verità e di esporla alla luce del sole, allora l'America e il mondo si trovano di fronte a una crisi molto grave.

Trovo francamente frustrante - ma ne capisco il motivo - che altri si siano allontanati da questa controversa area di ricerca, così importante per far luce sull'assassinio del Presidente Kennedy.

Dopo tutto, il 28 novembre 2003, l'influente giornale della comunità ebraica *Forward* ha "celebrato" il 40° anniversario dell'assassinio cercando di confutare le "teorie del complotto", in particolare quelle presentate in *Final Judgement*, che *Forward ha* descritto come "più sinistre".[334]

Non ho rimpianti per la mia decisione di scrivere questo libro. Alcuni hanno suggerito che avrei dovuto prendere uno pseudonimo per proteggermi dall'inevitabile clamore che ne sarebbe seguito. Tuttavia, se lo avessi fatto, non sarei stato in grado di difendere pubblicamente il mio lavoro se avessi scelto di nascondermi dietro uno pseudonimo.

---

[331] *Ibidem*.
[332] *Ibidem*.
[333] Chomsky, *Ibidem*.
[334] *Avanti*, 28 novembre 2003.

In fin dei conti, credo di aver messo insieme un libro che ha senso e la maggior parte delle persone di mentalità aperta, una volta letto, concorderà sul fatto che presenta una tesi che ha senso.

La maggior parte - probabilmente tutti - coloro che hanno attaccato il libro non lo hanno letto. Hanno preferito sedersi in disparte e attaccare la tesi, ma non le prove che la sostengono. I fatti parlano da soli. Mi dispiace che questi fatti abbiano turbato così tante persone.

Spero che *Giudizio Finale* contribuisca, in qualche modo, alla piena comprensione non solo della morte di John F. Kennedy, ma anche di tutti gli eventi sconvolgenti che ne sono seguiti, eventi che hanno cambiato la storia. Ma, cosa ancora più importante, spero che abbiamo imparato da tutto questo e che il popolo americano faccia tutti i passi necessari per riparare a questo grande torto.

- MICHAEL COLLINS PIPER

POSCRITTO

Un diplomatico francese di alto livello, Bernard Ledun, è morto a Parigi il 1° febbraio 1994. La sua morte improvvisa all'età di 50 anni, forse a causa di un attacco cardiaco, potrebbe essere un'altra delle morti "utili" avvenute sulla scia dell'assassinio di JFK e del suo insabbiamento, conseguenza diretta dell'annuncio, il 22 novembre 1993, dell'imminente pubblicazione della prima edizione del *Giudizio Finale*.

Ledun era a conoscenza di informazioni "interne" che confermavano l'alto livello di intelligence della fonte francese - citata nel capitolo 16 di *Giudizio Finale* - che ha fornito all'autore queste informazioni che stabiliscono che la tanto discussa "connessione francese" all'assassinio di Kennedy è, in realtà, un termine improprio e che si tratta, piuttosto, della connessione israeliana.

Poco prima della sua morte improvvisa, Ledun, ufficiale di carriera del corpo diplomatico francese, sarebbe diventato Console generale di Francia a Johannesburg, in Sudafrica. Dall'ottobre 1989 al dicembre 1993 è stato Console generale del suo Paese natale a Vancouver, nella Columbia Britannica, in Canada.

Mentre era di stanza a Vancouver, Ledun commise un grave errore - anche se onesto - che potrebbe aver segnato il suo destino. La sua azione involontaria ha dimostrato lo status di intelligence francese di alto livello della fonte citata in *Giudizio finale*. La fonte, Pierre Neuville, sosteneva (sulla base delle proprie conoscenze interne) che il servizio segreto israeliano, il Mossad, stava utilizzando i collegamenti con i servizi segreti francesi per ingaggiare uno o più degli assassini coinvolti nell'esecuzione del Presidente Kennedy.

Nel 1976, mentre si trovava al Consolato francese di Vancouver, in Canada, Ledun consegnò a Pierre copie di documenti interni dei servizi segreti francesi, confermando che Pierre era stato effettivamente un agente dei servizi segreti francesi a conoscenza di segreti di Stato esplosivi.

A causa della natura incendiaria delle informazioni di cui Pierre era venuto a conoscenza, i servizi segreti francesi avevano negato per anni che Pierre fosse coinvolto in attività di intelligence per il suo Paese. La pubblicazione dei documenti da parte di Ledun, tuttavia, ha fornito una prova tangibile del contrario.

Non solo Pierre aveva appreso dettagli precisi su come l'intelligence francese era stata manipolata dal Mossad nella cospirazione per l'assassinio del JFK - informazioni fornite dai suoi stessi alleati nell'intelligence francese - ma Pierre stesso era stato coinvolto in un precedente complotto per l'assassinio condotto congiuntamente dal Mossad e dall'intelligence francese.

Il Mossad aveva contrattato con il colonnello Georges De Lannurien, il suo contatto chiave nei servizi segreti francesi, affinché Pierre svolgesse involontariamente il ruolo di "patsy" (in stile Lee Harvey Oswald) in un complotto del Mossad per uccidere il presidente egiziano Gamal Abdel Nasser nell'ultima settimana di ottobre del 1956, poco prima dell'invasione di Port Said durante la crisi di Suez.

(Si tratta di De Lannurien, come abbiamo notato nel capitolo 16, che in seguito fu il principale intermediario tra Yitzhak Shamir del Mossad e James J. Angleton della CIA nel complotto per l'assassinio di JFK).

Quando Pierre si rese conto di essere in realtà il mandante del complotto di Nasser, si recò dai servizi segreti egiziani all'aeroporto internazionale del Cairo.

Per aver rifiutato di rinunciare alla sua vita in una cospirazione sponsorizzata dal Mossad, Pierre, figlio di una famiglia illustre e figlio del famoso diplomatico francese René Neuville, capo del Consolato Generale di Francia a Gerusalemme fino alla sua morte nel 1952, è diventato un uomo senza patria.

Dopo essere fuggito in Sud America e poi in Canada, Pierre è stato processato in contumacia da un tribunale militare francese e condannato a 24 anni di lavori forzati per "tradimento" e "minaccia alla sicurezza esterna dello Stato".

Quando nel 1976, ancora in esilio, Pierre chiese clemenza al Consolato Generale di Francia a Vancouver, in Canada, dove viveva all'epoca, la sua richiesta fu respinta.

All'epoca, in un documento datato "5 OTTOBRE 1976", il Ministero della Difesa francese informò il Console generale francese a Vancouver che la domanda di Pierre era stata respinta. Fu Bernard Ledun, presso il Consolato generale francese, a consegnare a Pierre questa lettera di rifiuto, non rendendosi conto della natura esplosiva del documento.

Come racconta Pierre, l'intelligence francese era "furiosa per la gaffe del signor Ledun, un atto molto infido, quello di consegnare agli stranieri una lettera del Ministro della Difesa che dava credito alle mie affermazioni di essere stato un diplomatico e un ufficiale dell'intelligence al servizio della Francia in Libia e in Italia".

Potreste obiettare", ha ammesso Pierre, "che questa lettera non prova che io abbia servito il governo francese. Ebbene, dove avete visto un comune cittadino francese accusato di tradimento e di "minare la sicurezza dello Stato", condannato alla terribile pena di 20 anni di lavori forzati?

Solo se si crede a Babbo Natale", commenta Pierre, "si può credere che qualcuno possa essere colpevole di crimini così orribili senza essere a conoscenza di segreti di Stato. Inoltre, "attentare alla sicurezza dello Stato" significa, in inglese, "tentare di rovesciare lo Stato con un atto sovversivo".

"Presuppone che io abbia avuto il potere di tradire e danneggiare lo Stato francese nel periodo citato. Cioè negli anni '50. Questo è il merito delle mie accuse. Ed è per questo che il signor Ledun ha dovuto pagare con la morte il prezzo del suo errore".

Pierre sostiene: "Il signor Ledun è stato assassinato a Parigi dai servizi segreti francesi il 1° febbraio 1994. Mi ha dato l'arma con cui sostenere le mie accuse. Se sono stato giudicato colpevole di "tradimento" una volta, perché non una seconda volta?

"Senza questa lettera, i servizi segreti francesi risponderebbero alle vostre affermazioni nel *Giudizio Finale* che non hanno mai sentito parlare di me, che sono un impostore o una specie di pazzo, folle, maniaco o altro. Ma la maledetta lettera è nelle vostre mani. Se decidete di fare altre domande, potrebbero dirvi che sono un "povero figlio di puttana". Sì!

"Pregate per l'anima del signor Ledun che era un vero gentiluomo, la prima vittima del *Giudizio Finale*.

"Grazie per il *Giudizio Finale*", ha detto Pierre in una lettera all'autore. "Il tuo libro è giustizia fatta. Ora posso morire in pace". Come disse Dag Hammarskjold, il defunto segretario generale dell'ONU: "La verità è così semplice da essere considerata una banalità pretenziosa". "

Pierre ritiene senza dubbio che Ledun sia stato assassinato come ritorsione per il suo errore in seguito all'imminente pubblicazione di *Jugement Final*. Ecco perché...

Il primo annuncio pubblico delle accuse contenute in *Final Judgment* è stato pubblicato il 22 novembre 1993 a Dallas, in Texas, nel programma del simposio annuale gestito dal JFK Assassination Information Centre, in uno speciale annuncio a tutta pagina.

L'annuncio ha rivelato che *Final Judgement* era basato, in parte, su una fonte giornalistica francese che descriveva il legame del Mossad israeliano con l'assassinio di JFK e il ruolo dell'intelligence francese nel caso.

Pierre ritiene che questo annuncio abbia informato il Mossad e l'intelligence francese che lui era la fonte citata in *Jugement Final*. Di conseguenza, l'omicidio di Ledun è stato un atto di vendetta contro Ledun per il suo errore di diversi anni prima, confermando che Pierre era stato effettivamente coinvolto (anche se inconsapevolmente) in una collaborazione delicata e di alto livello tra il Mossad e i servizi segreti francesi.

Se Pierre non avesse coraggiosamente parlato, completando l'anello mancante nel complotto dell'assassinio di JFK, Bernard Ledun avrebbe potuto vivere il resto della sua vita in pace... ma la verità sull'assassinio di Kennedy non sarebbe mai stata rivelata.

Pierre Neuville può essere certo di aver svolto un ruolo importante nella soluzione del più grande mistero della nostra epoca moderna: la questione di chi abbia realmente orchestrato la morte di John F. Kennedy e perché.

- **MICHAEL COLLINS PIPER**

BIBLIOGRAFIA

Adelson, Alan. *L'affare Ruby-Oswald*. Seattle, Washington: Romar Books, Ltd. 1988.

Agnew, Spiro T. *Andare in silenzio o altro*. New York: William Morrow & Company, 1980.

Anson, Robert Sam. *Hanno ucciso il presidente! La ricerca degli assassini di John F. Kennedy*. New York: Bantam Books, 1975.

Baer, Jean. *Il sé scelto*. New York: Arbor House, 1982.

Ball, George e Douglas Ball. *L'attaccamento appassionato: America's Involvement With Israel, 1947 to the Present*. New York: W. W. Norton & Company, 1992.

Bass, Warren. *Sostenere qualsiasi amico*. New York: Oxford University Press, 2003.

Beit-Hallahmi, Benjamin. *La connessione israeliana: chi arma Israele e perché*. New York: Pantheon Books, 1987.

Birmingham, Stephen. *La nostra folla*. New York: Harper & Row, 1967.

Blakey, G. Robert & Richard N. Billings. *Il complotto per uccidere il presidente: la criminalità organizzata ha assassinato JFK - La storia definitiva*. New York: Times Books, 1981.

Blitzer, Wolf. *Tra Washington e Gerusalemme*. New York: Oxford University Press, 1985.

Blumenthal, Sid. *Governo a colpi di pistola*. New York: Signet Books, 1976.

Brown, Walt. *Tradimento a Dallas*. New York: Carroll & Graf, 1995.

Bruck, Connie. *Il maestro del gioco*. New York: Simon & Schuster, 1994.

Canfield, Michael & Alan J. Weberman. *Coup d'État in America: La CIA e l'assassinio di John F. Kennedy*. New York: The Third Press, 1975.

Chamish, Barry. *La caduta di Israele*. Edinburg, Scozia: Canongate Publishers, 1992.

Chamish, Barry. *Chi ha ucciso Yitzhak Rabin?* Venice, California: Feral House Press, 1998.

Chernow, Ron. *I Warburg.* New York: Vintage Books, 1994.

Cockburn, Andrew e Leslie Cockburn. *Liaison pericolosa.* New York: Harper Collins Publishers, 1991.

Cohen, Avner. *Israele e la bomba.* New York: Columbia University Press, 1998.

Cohen, Mickey con John Peer Nugent. *Mickey Cohen: In My Own Words.* Englewood Cliffs, New Jersey: Prentice-Hall, Inc. 1975.

Corbitt, Michael con Sam Giancana. *Doppio affare.* New York: William Morrow, 2003.

Curtiss, Richard. A *Changing Image: American Perceptions of the Arab-Israeli Dispute.* Washington, D.C.: American Educational Trust, 1986.

Davis, Deborah. *Caterina la Grande.* New York: Sheridan Square Press, 1991.

Davis, John H. *Mafia Kingfish: Carlos Marcello e l'assassinio di John F. Kennedy.* New York: McGraw-Hill Publishing Company, 1989.

Deacon, Richard. *I servizi segreti israeliani.* New York: Taplinger Publishing Co, Inc, 1978.

De Camp, John. *L'insabbiamento di Franklin.* Lincoln, Nebraska: AWT, Inc. 1996.

Demaret, Pierre e Christian Plume. *Obiettivo De Gaulle.* New York: Dial Press, 1975.

Demaris, Ovidio. *Città prigioniera.* New York: Lyle Stuart, 1969.
Demaris, Ovidio. *L'ultimo mafioso: il mondo infido di Jimmy Fratianno.* New York: Bantam Books, 1981.

Di Eugenio, Giacomo. *Il destino tradito.* New York: Sheridan Square Press, 1992.

Ehrenfeld, Rachel. *Evil Money: Encounters along the Money Trail (Il denaro malvagio: incontri lungo il sentiero del denaro).* New York: Harper Collins Publishers, 1992.

Eisenberg, Dennis e Uri Dan e Eli Landau. *Meyer Lansky: il magnate della mafia.* New York: Paddington Press, 1979.

Eveland, Wilbur Crane. *Corde di sabbia: il fallimento dell'America nella guerra di Medio Oriente*. New York: W. W. Norton & Company, 1980.

Revisione dell'intelligence esecutiva. *Dope, Inc.* New York: New Benjamin Franklin House, prima edizione, 1978; seconda edizione, 1986.

Executive Intelligence Review. *L'arma segreta di Mosca: Ariel Sharon e la mafia israeliana*. Washington, D.C.: Executive Intelligence Review, 1986.

Executive Intelligence Review. *Progetto Democrazia: il "governo parallelo" dietro l'affare Iran-Contra*. Washington, D.C.: Executive Intelligence Review, aprile 1987.

Executive Intelligence Review. *La brutta verità sull'ADL*. Washington, D.C.: Executive Intelligence Review, 1992.

Fensterwald, Bernard e il Comitato d'indagine sugli assassinii. *Coincidenza o cospirazione?* New York: Zebra Books, 1977.

Findley, Paul. *Osano parlare: persone e istituzioni si confrontano con la lobby di Israele*. Westport, Connecticut: Lawrence Hill & Company, 1985.

Flammonde, Paris. *The Kennedy Conspiracy: An Uncommissioned Report on the Jim Garrison Investigation*. New York: Meredith Press, 1969.

Ford, Gerald R. *A Time to Heal: The Autobiography of Gerald R. Ford*. New York: Harper & Row, 1979.

Forster, Arnold. *Square One*. New York: Donald I. Fine, Inc. 1988.

Forsyth, Frederick. *Il giorno dello sciacallo*. New York: Bantam Books, 1972.

Fox, Stephen. *Sangue e potere: il crimine organizzato nel ventesimo secolo*.

L'America del secolo. New York: William Morrow & Company, 1989.

Friedman, Robert I. *Il falso profeta: il rabbino Meir Kahane: da informatore dell'FBI a membro della Knesset*. New York: Lawrence Hill Books, 1990.

Furiati, Claudia. *Fucile ZR: il complotto per uccidere Kennedy e Castro*.

Victoria, Australia: Ocean Press, 1994.

Garrison, Jim. *Sulle tracce degli assassini: la mia indagine e il mio processo sull'omicidio del Presidente Kennedy.* New York: Sheridan Square Press, 1988.

Gentry, Curt. *J. Edgar Hoover: l'uomo e i segreti.* New York: W. W. Norton & Company, 1991.

Ghareed, Edmund (a cura di). *Split Vision: The Portrayal of Arabs in the American Media.* Washington, D.C.: Consiglio per gli Affari Arabi Americani, 1983.

Giancana, Sam e Chuck Giancana. *Double Cross: L'esplosiva storia interna del mafioso che controllava l'America.* New York: Warner Books, 1992.

Gosch, Martin A. e Richard Hammer. *L'ultimo testamento di Lucky Luciano.* Boston: Little Brown and Company, 1974.

Green, Stephen. *Taking Sides: America's Secret Relations With a Militant Israel.* New York: William Morrow & Company, 1984.

Goldberg, J. J. *Jewish Power: Inside the American Jewish Establishment.* Reading, Massachusetts: Addison-Wesley Publishing Company, Inc. 1996.

Haldeman, H. R. *The Ends of Power.* New York: Times Books, 1978. Hamburg, Eric. ed. *Nixon: An Oliver Stone Film.* New York: Hyperion Books, 1995.

Harrison, Alexander. *Challenging De Gaulle: The OAS and the Counterrevolution in Algeria.* New York: Praeger Publishers, 1989.

Hart, Alan. *Arafat-Terrorista o pacificatore?* Londra: Sidgwick & Jackson, 1984.

Haslam, Edward T. *Mary, Ferrie e il virus della scimmia.* Albuquerque, New Mexico: Wordsworth Communications, 1995.

Henissart, Paul. *Lupi in città: la morte dell'Algeria francese.* New York: Simon and Schuster, Inc, 1970.

Hepburn, James. *Addio America.* Liechtenstein: Frontiers Company, 1968.

Hersh, Seymour M. *L'opzione Samson: l'arsenale nucleare di Israele e la politica estera americana.* New York: Random House, 1991.

Hinckle, Warren e William W. Turner. *Segreti mortali: la guerra CIA-Mafia contro Castro e l'assassinio di JFK.* New York: Thunder's Mouth Press, 1992.

Hoover, J. Edgar. *I maestri dell'inganno.* New York: Henry Holt & Company, 1958.

Horne, Alistair. Una *selvaggia guerra di pace*. Middlesex, Inghilterra: Penguin Books, 1977.

Hougan, Jim. *Secret Agenda: Watergate, Gola Profonda e la CIA*. New York: Random House, 1984.

Hougan, Jim. *Spooks: The Haunting of America - L'uso privato degli agenti segreti*. New York: William Morrow & Company, Inc, 1988.

House Select Committee on Assassinations, *The Final Assassinations Report*. New York: Bantam Books, 1979.

Hurt, Henry. *Il dubbio ragionevole*. New York: Holt, Rinehart & Winston, 1985.

Hutchison, Robert. *Vesco*. New York: Praeger Publishers, 1974. Kantor, Seth. *Chi era Jack Ruby?* New York: Everest House, 1978.

Katz, Leonard. *Zio Frank: la biografia di Frank Costello*. New York: Drake Publishers, Inc. 1973.

Kenan, I. L. *Israel's Defense Line: Her Friends and Foes in Washington*. Buffalo: Prometheus Books, 1981.

Kirkwood, James. *American Grotesque: An Account of the Clay Shaw- Jim Garrison Affair in New Orleans*. New York: Simon & Schuster, 1970.

Krefetz, Gerald. *Gli ebrei e il denaro: i miti e la realtà*. New York: Ticknor & Fields, 1982.

Kurzman, Dan. *Ben-Gurion: Profeta di fuoco*. New York: Simon & Schuster, 1983.

Kwitny, Jonathan. *I crimini dei patrioti: una storia vera di droga, soldi sporchi e CIA*. New York: W. W. Norton & Company, 1987.

Kwitny, Jonathan. *Endless Enemies: The Making of an Unfriendly World*. New York: Penguin Books, 1986.

Lacey, Robert. *Little Man: Meyer Lansky e la vita da gangster*. Boston: Little, Brown & Company, 1991.

Lacouture, Jean. *De Gaulle: il sovrano*. New York: W.W. Norton & Company, 1993.

LaFontaine, Ray e Mary. *Oswald ha parlato*. Gretna, Louisiana: Pelican Publishing, 1996.

Lambert, Patricia. *Falso testimone.* New York: M. Evans & Company, 1998.

Lane, Mark. *Il dissenso di un cittadino.* New York: Dell, 1975.

Lane, Mark. *Negazione plausibile.* New York: Thunders Mouth Press, 1991.

Lane, Mark. *Rush to Judgment.* New York: Thunder's Mouth Press, 1992.

Lane, Mark e Donald Freed. *Azione esecutiva.* New York: Dell Books, 1973.

Lasky, Victor. *JFK: l'uomo e il mito.* New York: Arlington House Publishers, 1966.

Porro, Sybil e Burt Sugar. *La catena dell'assassinio.* New York: Corwin Books, 1976.

Lewis, Ron. *Flashback.* Medford, Oregon: Lewcom Productions, 1933.

Lobby della Libertà. *Riflettori puntati sui Bilderberger.* Washington, DC: Liberty Lobby, 1997.

Lilienthal, Alfred M. *The Zionist Connection II.* New Brunswick, New Jersey: North American, 1982.

Loftus, John e Mark Aarons. *La guerra segreta contro gli ebrei,* New York: St. Martin's Press, 1994.

Mangold, Tom. *Il guerriero del freddo - James Jesus Angleton: il maestro cacciatore di spie della CIA.* New York: Simon & Schuster, 1991.

Marrs, Jim. *Crossfire: il complotto che uccise Kennedy.* New York: Carroll & Graf Publishers, Inc. 1989.

Marshall, Jonathan, Peter Dale Scott e Jane Hunter. *La connessione Iran-Contra.* Boston: South End Press, 1987.

Martin, David C. *Wilderness of Mirrors.* New York: Harper & Row, 1980.

Martin, Malachia. *Le chiavi di questo sangue.* New York: Simon & Schuster, 1990.

McClellan, Barr, *Sangue, denaro e potere.* New York: Hannover House, 2003.

McCoy, Alfred W. *The Politics of Heroin: CIA Complicity in the Global Drug Trade.* Chicago: Lawrence Hill Books, 1991.

Messick, Hank. *Lansky.* New York: Berkley Medallion Books, 1971.

Messick, Hank e Burt Goldblatt. *Le mafie e la mafia.* New York: Ballantine Books, 1972.

Messick, Hank. *Fascicolo segreto.* New York: G. P. Putnam's Sons, 1969.

Milan, Michael. *The Squad: The U.S. Government's Secret Alliance With Organized Crime.* New York: Shapolsky Publishers, Inc. 1989.

Miller, Marvin. *La rottura di un presidente: la connessione con Nixon.* Covina, California: Classic Publications, 1975.

Moldea, Dan. *Vittoria oscura.* New York: Viking Press, 1986.

Moldea, Dan. *The Hoffa Wars: Teamsters, Rebels, Politicians and The Mob.* New York: Paddington Press, 1978.

Morris, Roger. *Partners in Power.* New York: Henry Holt & Company, 1996.

Morrow, Robert D. *Betrayal: A Reconstruction of Certain Clandestine Events from the Bay of Pigs to the Assassination of John F. Kennedy.* Chicago: Henry Regnery Co, 1976.

Morrow, Robert D. *Il senatore deve morire: l'assassinio di Robert F. Kennedy.* Santa Monica, California: Roundtable Publishing, Inc. 1988.

Mullins, Eustace. *L'ordine mondiale.* Staunton, Virginia: Istituto Ezra Pound, 1992.

Nelson, Jack. *Terrore nella notte: la campagna del Klan contro gli ebrei.* New York: Simon & Schuster, 1993.

Newman, John. *Oswald e la CIA.* New York: Carroll & Graf Publishers, 1995.

O'Brien, Lee. *Le organizzazioni ebraiche americane e Israele.* Washington, D.C.: Istituto per gli studi sulla Palestina, 1986.

Oglesby, Carl. *L'assassinio di JFK: i fatti e le teorie.* New York: Signet Books, 1992.

Oglesby, Carl. *La guerra degli yankee e dei cowboy.* Kansas City, Kansas: Sheed Andrews & McMeel, Inc, 1976.

O'Leary, Brad e L. E. Seymour. *Triangolo della morte,* Nashville: WND Books, 2003.

Ostrovsky, Victor e Claire Hoy. *By Way of Deception: The Making and Unmaking of a Mossad Officer.* New York: St. Martin's Press, 1990.

Ostrovsky, Victor. *L'altra faccia dell'inganno.* New York: HarperCollins, 1994.

Pepper, William. *Un atto di Stato.* New York: Verso Books, 2003. Pepper, William. *Ordini di uccidere.* New York: Carroll & Graf, 1995. Perlmann, S. M. *Storia degli ebrei in Cina.* Londra, 1913.

Pilat, Oliver. *Drew Pearson: una biografia non autorizzata.* New York: Harper's Magazine Press, 1973.

Prouty, L. Fletcher. *The Secret Team: The CIA and Its Allies in Control of the United States and the World.* Costa Mesa, California: Institute for Historical Review, 1992.

Rafizadeh, Mansur. *Witness: From the Shah to the Secret Arms Deal-An Insider's Account of U.S. Involvement in Iran.* New York: William Morrow & Company, 1987.

Rappleye, Charles e Ed Becker. *Il mafioso americano: la storia di Johnny Rosselli.* New York: Doubleday, 1991.

Raviv, Dan e Yossi Melman. *Ogni spia è un principe.* Boston: Houghton Mifflin Co, 1990.

Reid, Ed. *The Grim Reapers: The Anatomy of Organized Crime in America, City by City.* New York: Bantam Books, 1970.

Reid, Ed e Ovidio Demaris. *La giungla di feltro verde.* New York: edizione Pocket Books, 1964.

Riebling, Mark. *Wedge: La guerra segreta tra l'FBI e la CIA.* New York: Alfred A. Knopf, 1994.

Riordan, James. *Pietra.* New York: Hyperion Books, 1995.

Rockwell, George Lincoln. *Questa volta il mondo.* Liverpool, West Virginia: White Power Publications, 1963.

Roemer, William F. *La guerra dei padrini.* New York: Donald I. Fine, Inc, 1990.

Rokach, Livia. *Il terrorismo sacro di Israele.* Belmont, Massachusetts: AAUG Press, 1986.

Russell, Dick. *L'uomo che sapeva troppo.* New York: Carroll & Graf Publishers, 1992.

Russo, Gus. *Vivere di spada*. Baltimora: Bancroft Press, 1998. Ryskind, Allan H. *Hubert*. New York: Arlington House, 1968.

Sale, Kirkpatrick. *Power Shift: The Rise of the Southern Rim and its Challenge to the Eastern Establishment*. New York: Random House, 1975.

Scheim, David E. *Contract on America: The Mafia Murder of President John F. Kennedy*. New York: Shapolsky Publishers, Inc. 1988.

Schoenbaum, David. *Gli Stati Uniti e lo Stato di Israele*. New York: Oxford University Press, 1993.

Scott, Peter Dale. *Crime and Cover-Up* Berkeley, California: Westworks Publishers, 1977.

Scott, Peter Dale. *La politica profonda e la morte di JFK*. Berkley, California: University of California Press, 1993.

Segev, Samuel. *Il triangolo iraniano*. New York: The Free Press, 1998.

Sheridan, Walter. *La caduta e l'ascesa di Jimmy Hoffa*. New York: Saturday Review Press, 1972.

Smith, Richard Norton. *Thomas E. Dewey e i suoi tempi*. New York: Simon & Schuster, Inc. 1982.

Steven, Stewart. *I maestri di spionaggio di Israele*. New York: Ballantine Books, 1980.

Summers, Anthony. *Conspiracy*. New York: McGraw-Hill Book Company, 1980.

Summers, Anthony. *Official and Confidential: The Secret Life of J. Edgar Hoover*, New York: G. P. Putnam's Sons, 1993.

Tarpley, Webster Griffin e Anton Chaitkin. *George Bush: la biografia non autorizzata*. Washington, D.C.: Executive Intelligence Review, 1992.

Thompson, Scott. *La famiglia Buckley: i fabiani di Wall Street nel movimento conservatore*. New York: Campaigner Publications. (senza data; circa 1980).

Tivnan, Edward. *La lobby: il potere politico ebraico e la politica estera americana*. New York: Simon & Schuster, 1987.

Truman, Margaret. *Harry S. Truman*. New York: William Morrow & Company, Inc. 1973.

Wean, Gary L. *There's a Fish in the Courthouse*. Oak View, California: Casitas Books, 1987.

Whalen, Richard J. *Il padre fondatore: la storia di Joseph P. Kennedy*. New York: New American Library, 1964.

Winks, Robin W. *Cloak and Gown*. New Haven, Connecticut: Yale University Press, 1996 (seconda edizione).

Winter-Berger, Robert N. *The Washington Pay-off. Una visione da insider della corruzione nel governo*. Secaucus, New Jersey: Lyle Stuart, Inc. 1972.

Wise, David. *Lo Stato di polizia americano: il governo contro il popolo*. New York: Random House, 1976.

Wise, David e Thomas B. Ross. *Il governo invisibile*. New York: Random House, 1964.

Wise, David. *Caccia alla talpa*. New York: Avon Books, 1992.

PER QUANTO RIGUARDA LE FONTI

Affinché i miei detrattori non dicano che ho "omesso di riportare alcune citazioni", farò notare che ci sono una manciata di citazioni dirette che appaiono nel libro che non sono note a piè di pagina di per sé, ma sono chiaramente citate come fonte nel testo del libro stesso.

Alla luce degli oltraggiosi e malevoli (e, devo dire, infruttuosi) tentativi di confutare le precedenti edizioni del *Giudizio Finale* - in particolare le calunnie e le palesi travisazioni e distorsioni da parte di una cricca unipersonale della Biblioteca di Schaumburg, nell'Illinois, una patetica "squadra" guidata dall'israeliano Uri Toch - mi sento in dovere di fare queste annotazioni.

(Il caso Shaumburg è descritto in dettaglio nel resto di questo libro - "La parola finale?" che, come suggerisce il titolo, indica che probabilmente c'è ancora molto da dire, in ultima analisi, sulla tesi presentata in *Giudizio finale*).

Inoltre, nella sezione Domande e Risposte intitolata "Giudizio per difetto", affronto una serie di accuse specifiche fatte da una manciata di critici che hanno sostenuto (erroneamente) che la mia tesi si basava su fonti "di parte", "estremiste" o "anti-israeliane".

Come ogni lettore onesto può vedere, semplicemente facendo riferimento alle note di riferimento e alla bibliografia, non c'è assolutamente modo per i miei critici di sostenere che *il Giudizio Finale* sia basato (anche solo marginalmente) su fonti "fuori dal mainstream", nonostante le affermazioni dei miei critici.

E come ho notato nella "Sfida ai lettori" nelle ultime pagine del *Giudizio Finale*, invito caldamente i miei critici a mostrare dove ho travisato, interpretato o citato male gli scritti di altri. Finora nessuno è stato in grado di farlo.

Tuttavia, come vedrete, i miei critici della biblioteca di Schaumburg sono riusciti non solo a citare erroneamente me, ma anche altri scrittori, e a distorcere ciò che altri (e io) hanno scritto. Trucchi ignobili come questo, comuni alla maggior parte dei miei critici, mi portano a credere che la mia tesi sia sulla strada giusta. Quando i critici devono ricorrere a menzogne e travisamenti, c'è da chiedersi quali siano le loro motivazioni.

A causa della natura controversa della mia tesi, sono probabilmente uno dei pochi scrittori che deve difendere il proprio lavoro con tale precisione. Tuttavia, sono felice di farlo. Non ho scuse da fare.

-MCP

SENTENZA DI INADEMPIMENTO

Domande, risposte e riflessioni sul crimine del secolo

Una raccolta di domande pertinenti rivolte a Michael Collins Piper, l'autore di *Giudizio finale*, e le risposte di Piper.

DEDICA

A Pierre Neuville.
Questo coraggioso patriota francese, che ha rischiato la vita per denunciare il piano di Israele di assassinare il presidente egiziano Gamal Abdel Nasser, mi ha fornito informazioni e spunti critici che hanno contribuito a sviluppare la tesi esposta in Giudizio finale.

UNA NOTA INTRODUTTIVA DI MICHAEL COLLINS PIPER

Il titolo di questa serie di domande e risposte sull'assassinio di JFK ha un doppio significato. Da un lato, è un gioco di parole sul titolo *Giudizio finale*, con tutto il merito di Mark Lane, la cui *Rush to Judgment* è stata la prima opera importante a far esplodere il rapporto della Commissione Warren. Dall'altro lato, però, è essenziale capire esattamente cosa sia una "sentenza di contumacia" per apprezzare l'ironia del titolo: una sentenza di contumacia è quella che viene emessa a favore di una persona in tribunale quando l'opposizione non si presenta in tribunale per difendersi dalle sue accuse. Credo di aver sostanzialmente vinto una sentenza di contumacia nel caso della cospirazione per l'assassinio di JFK. Ecco perché:

In *Giudizio Finale*, credo di aver dipinto un quadro completo che essenzialmente lega insieme tutte le teorie più comunemente accettate sulla cospirazione per l'assassinio di JFK in un formato denso che spiega come e perché si è sviluppata la cospirazione per uccidere John F. Kennedy e chi esattamente c'era dietro. Più di 25.000 copie di *Final Judgment* sono ora in circolazione negli Stati Uniti (e in tutto il mondo), ma nessuna persona ha ancora confutato in alcun modo un solo fatto relativo alla mia teoria così come appare in *Final Judgment*.

Ritengo quindi di aver vinto una "sentenza di contumacia" incontestata nel caso JFK e che la tesi di base del libro sia stata confermata, non solo perché nessuno è stato in grado di confutarla, ma soprattutto perché i numerosi e zoppicanti tentativi di smentire il libro sono falliti.

Ora cerco di rispondere a molte delle domande e dei commenti, nonché ad alcune critiche, che ho ricevuto da molti lettori. Sono lieto di dire che su diverse centinaia di biglietti, telefonate e lettere che ho ricevuto dai lettori, solo uno mi ha detto che il libro non gli è piaciuto, lamentando che la mia scrittura era "pretenziosa". Ma non ha mosso alcuna critica sostanziale al contenuto del libro stesso. Francamente, mi è sembrato che la persona volesse solo lamentarsi.

Un altro individuo, il noto editorialista Sam Francis, ha detto a qualcuno che, sebbene *Giudizio Finale* contenesse quelle che ha definito "un sacco di informazioni preziose", continuava a credere che Lee Harvey Oswald avesse agito da solo nell'assassinio di JFK (non farò commenti su questo).

Nel complesso, sono stato soddisfatto del numero di domande affascinanti e stimolanti che ho ricevuto dai miei lettori. Spesso si trattava di domande molto puntuali, che mi chiedevano perché non avessi parlato di una questione o di un'altra, o perché avessi evitato un argomento che secondo loro meritava di essere approfondito.

In Judgment by Default, che viene ora pubblicato in un formato aggiornato e rivisto come supplemento a *Final Judgment*, molte delle domande poste sono state rivolte a me direttamente dai lettori di *Final Judgment*. In altri casi abbiamo combinato una serie di domande correlate provenienti da fonti diverse. È interessante notare che molte persone hanno rivolto le loro domande esattamente agli stessi interessi.

Anche se non c'è un ordine particolare in cui le domande e le risposte appaiono in queste pagine, abbiamo cercato di categorizzare le domande in modo fluido e logico da un argomento all'altro. Le domande coprono un'ampia gamma di argomenti e sono organizzate in modo tale che anche chi non ha letto *Giudizio Finale* possa comprendere l'argomento, anche se è inutile dire che prima di leggere questo documento, il lettore dovrebbe prima consultare *Giudizio Finale*.

Penso che il contenuto sia istruttivo e che fornisca ai lettori nuovi spunti di riflessione su vari aspetti della controversia sull'assassinio di JFK. Se ho tralasciato qualcosa, spero che i lettori si sentano liberi di scrivermi e di chiedermi di rispondere alle loro domande. Penso che *il Giudizio Finale* sia una sentenza definitiva, almeno per ora, l'ultima parola sull'assassinio di JFK, ma penso anche che il Giudizio per Default aiuti a far luce su alcune delle zone d'ombra su cui le persone potrebbero avere delle domande. Quindi, sì, credo che sia stato emesso un giudizio di default a favore della *Sentenza Finale*.

- MICHAEL COLLINS PIPER

Di seguito troverete le domande rivolte a Michael Collins Piper, autore di *Giudizio finale*, e le sue risposte a tali domande. Le domande coprono sia un'ampia gamma di argomenti trattati sia argomenti che vengono menzionati solo nelle pagine di *Giudizio finale*. Le domande appaiono in grassetto. Le risposte di Piper sono in testo normale.

Come si è imbattuto nella teoria che vede il Mossad, il servizio segreto israeliano, coinvolto nell'assassinio del presidente Kennedy? È un'affermazione molto controversa, viste tutte le altre teorie che sono state avanzate. Come è arrivato a ricercare e scrivere questo libro?

Non è una domanda facile a cui rispondere, perché il processo che ha portato all'idea del libro è stato qualcosa che suppongo sia nato molto presto, quando ho iniziato a leggere libri sull'assassinio di JFK alla fine degli anni '60, quando frequentavo la scuola elementare. Ho toccato vari aspetti della risposta a questa domanda nelle pagine di *Giudizio finale*, ma dato che molti continuano a porla, intendo svilupparla ulteriormente e forse fornire ai lettori qualche nuova idea.

Come chiunque abbia anche solo una vaga familiarità con l'argomento sa, sono stati scritti letteralmente migliaia di libri sull'argomento. Io ne avrò letti al massimo un centinaio. Ho una vasta biblioteca personale sull'argomento (e anche su molti altri argomenti, in particolare sulla politica americana in Medio Oriente) e ho letto molti dei libri su JFK molte, molte volte nel corso degli anni e, nel frattempo, ho assorbito i dettagli essenziali.

Ricordo che una volta all'università stavo discutendo dell'assassinio di JFK con mia madre (che ne sapeva molto) e lei mi disse: "Perché non ci scrivi un libro?". Le risposi: "Beh, sarebbe essenzialmente una perdita di tempo. Ci sono pochissime informazioni nuove da scrivere. I libri sono già stati scritti". (Non sapevo cosa avrei scoperto in seguito!).

Ad ogni modo, è stato soprattutto intorno al 1992 che il mio interesse per l'assassinio ha cominciato a svilupparsi in modo più marcato, soprattutto perché *The Spotlight*, il giornale per cui avevo lavorato per dieci anni, era stato coinvolto nel caso di diffamazione di E. Howard Hunt. Nel 1991 uscì il libro di Mark Lane, *Plausible Denial*, che descriveva le circostanze della causa per diffamazione intentata da Hunt contro *The Spotlight*; era anche il periodo in cui veniva realizzato e distribuito il film *JFK* di Oliver Stone. Di conseguenza, c'era un rinnovato interesse per l'assassinio di JFK.

Quando ho letto il libro di Mark Lane, che si concentra sul ruolo della CIA nell'assassinio del Presidente Kennedy, mi è apparso chiaro che una delle figure chiave della CIA che stava manipolando dietro le quinte gli eventi che hanno portato alla convinzione che il presunto assassino del Presidente, Lee Harvey Oswald, potesse essere una sorta di "agitatore filo-castrista" legato all'Unione Sovietica, era James Jesus Angleton, il Direttore della CIA.

Angleton non era solo il numero tre della CIA e uno dei suoi veterani, ma era anche, nel nostro contesto, molto vicino al Mossad israeliano per il suo ruolo di gelosissimo custode dell'ufficio Mossad della CIA. Queste informazioni sono da tempo di dominio pubblico. I legami di Angleton con il Mossad non erano davvero sorprendenti.

Tuttavia, il fatto stesso che Angleton sia stato l'attore centrale nel rapporto della CIA con le circostanze dell'assassinio di JFK mi ha interessato, in quanto nel corso degli anni, sebbene ci siano state molte ricerche e indagini su quello che si potrebbe definire il "chi era chi nell'assassinio di JFK", la cospirazione e l'insabbiamento, il ruolo principale di Angleton non è mai stato esaminato in modo approfondito come meritava. Viene citato in alcuni (ma non in tutti) i libri sull'argomento, ma di solito solo di sfuggita. In effetti, Angleton è visto solo come una sorta di "anticomunista di destra" coinvolto con la CIA.

Per inciso, devo dire che molti dei ricercatori che hanno studiato gli intrighi della CIA in relazione all'assassinio sembrano avere questo desiderio di negare qualsiasi coinvolgimento istituzionale della CIA e di presentare i cospiratori della CIA o coloro che erano legati alla CIA e che sono stati coinvolti nell'assassinio, come in qualche modo "elementi canaglia".

Tuttavia, come Lane ha mostrato in *Plausible Denial* e come credo di aver fermamente amplificato in *Final Judgement*, questi membri della CIA operavano a livello istituzionale. Non si trattava di "elementi disonesti", ma lavoravano per conto della CIA stessa, in collaborazione con il Mossad israeliano e con membri della criminalità organizzata, a cui erano da tempo strettamente legati. In ogni caso, *Plausible Denial* ha rafforzato nella mia mente il fatto che l'attore della CIA - in questo caso Angleton - coinvolto nel complotto per l'assassinio era in realtà l'uomo chiave del Mossad all'interno della CIA.

Nello stesso periodo sono successe altre cose che mi hanno portato a guardare più a fondo nella direzione del Mossad. Devo dare credito a ciò che è dovuto. La rivista dell'organizzazione di Lyndon LaRouche, *Executive Intelligence Review*, a metà degli anni '80 aveva pubblicato un libro ben studiato intitolato *Dope, Inc.* e in quel libro si concentrava sul ruolo della società Permindex, il cui consiglio di amministrazione era guidato da Clay Shaw.

Shaw era il dirigente d'azienda di New Orleans che il procuratore Jim Garrison accusò di essere coinvolto nel complotto dell'assassinio. Il processo Shaw-Garrison è stato, ovviamente, il soggetto del film *JFK* di Oliver Stone. In *Dope, Inc,* i redattori hanno evidenziato che due delle principali forze trainanti di questa società segreta, la Permindex, erano il maggiore Louis M. Bloomfield e il rabbino Tibor Rosenbaum.

Tuttavia, devo ammettere che, pur avendo letto *Dope, Inc.* non ho mai capito perché gli israeliani, in quanto tali, avrebbero avuto interesse a farsi coinvolgere in un complotto per assassinare JFK. Nel libro, i redattori sostengono che il Mossad israeliano non è altro che uno strumento dell'intelligence britannica e che fu il servizio segreto britannico a essere responsabile dell'assassinio del Presidente Kennedy.

Non sono d'accordo con questa analisi, ma ciò non significa che LaRouche non sia una fonte affidabile. In effetti, molte persone (compresi i loro critici) hanno riconosciuto l'eccellenza e l'ampiezza della ricerca svolta da LaRouche, anche se i critici non sono necessariamente d'accordo con le conclusioni specifiche di LaRouche. Per quanto riguarda i dati di Permindex, LaRouche si è basato molto su documenti già pubblicati dalla stampa europea, quindi i documenti non erano affatto eccezionali.

Tuttavia, *Dope, Inc.* non esamina mai la politica mediorientale di JFK che, ovviamente, era l'interesse primario degli israeliani nel loro contesto nazionale e che, allo stesso tempo, spiegava l'interesse di Bloomfield e Rosenbaum a essere coinvolti nella cospirazione per contribuire a finanziare e orchestrare l'assassinio di JFK.

Dovrei anche notare un monologo registrato di un certo John Coleman, che dice di essere un ex ufficiale dei servizi segreti britannici. Nel suo rapporto Coleman ha affermato che, come ha detto lui stesso, dietro l'assassinio di JFK c'era il "sionismo" e ha sostanzialmente ripreso le connessioni tra Bloomfield, Shaw, il Permindex, ecc. che erano già state documentate. Tuttavia, per alcuni aspetti il dottor Coleman si sbagliava in alcuni dei suoi "fatti" sull'assassinio di JFK. Quindi conoscevo bene il suo lavoro, ma mi affretto a sottolineare che non ha mai spiegato perché, come diceva lui, il "sionismo" avesse motivo di allontanare JFK dalla Casa Bianca.

Quindi, vedete, c'era qualche base letteraria per le affermazioni che ho fatto nel *Giudizio Finale* (e che ho messo insieme, credo, in un bel pacchetto che ha senso), ma quelle affermazioni erano sepolte in un mucchio di altro materiale. Francamente, sono sorpreso che nessuno dei miei predecessori abbia esaminato queste altre ricerche.

C'è un altro punto in cui mi sono imbattuto e che mi ha incuriosito a lungo. È apparso in *The Kennedy Conspiracy* di Paris Flammonde, un resoconto molto simpatico e affascinante dell'indagine di Jim Garrison su Clay Shaw. In esso, Flammonde sottolinea che la persona principale coinvolta nella liquidazione della Permindex e nel suo trasferimento da Roma in Sudafrica era il dottor David Biegun.

Biegun è stato descritto come un "sostenitore finanziario di alto livello" di Permindex ed era il segretario nazionale del Comitato nazionale dei lavoratori israeliani a New York. Ecco quindi un'altra figura chiave della rete israeliana che ha svolto un ruolo centrale nell'operazione Permindex. Oggi, questo fatto è stato nuovamente rilevato nel libro *Coup d'État in America* di A. J. Weberman e Michael Canfield. Essi sottolineano che l'ex funzionario della CIA Philip Agee ha descritto l'Israel Workers National Committee come una sorta di padrone di casa della CIA.

Tutto ciò va bene, ma il fatto è che esiste un legame molto chiaro con Israele.

Per quanto riguarda Weberman e Canfield, probabilmente vale la pena di notare (come sottolineo nel *Giudizio Finale*) che sono stati la fonte della cosa che ho trovato più affascinante - e in effetti, il primo vero riferimento a qualsiasi suggerimento che in qualche modo ci fosse una "connessione ebraica", per così dire, con l'assassinio di JFK.

Mi riferisco all'affermazione contenuta nel loro libro: "Dopo l'assassinio, un informatore dei Servizi Segreti e dell'FBI che si era infiltrato in un gruppo di esuli cubani e stava vendendo loro mitragliatrici, riferì che il 21 novembre 1963 gli era stato detto: "Non appena si occuperanno di JFK, d'ora in poi avremo un sacco di soldi - i nostri nuovi finanziatori sono gli ebrei". Quest'uomo aveva fornito informazioni affidabili in passato.

Era la prima volta che vedevo qualcosa che suggeriva il coinvolgimento degli "ebrei" nell'assassinio di JFK. Ho letto per la prima volta questo libro e questa citazione nel 1978 (molto prima di aver sentito parlare della ricerca in *Dope, Inc.* o di altre affermazioni del dottor John Coleman, tra le altre).

Poi, negli anni successivi, sfogliando e rileggendo *Coup d'État in America*, il significato e l'impatto di questo insolito riferimento cominciarono a farsi sentire mentre esploravo non solo le diverse sfaccettature dell'assassinio di JFK, ma anche tutte le diverse forze che si opposero al presidente americano al momento del suo assassinio.

Ovviamente non si trattava di un "complotto ebraico" per assassinare JFK, ma alla fine ho capito che c'era un legame israeliano con l'omicidio, che coinvolgeva persone molto ben posizionate che si dava il caso fossero ebree e che erano interessate a promuovere la cospirazione per portare avanti gli interessi dello Stato ebraico.

Molti dei ricercatori più ingenui e forse "liberali" che si occupano dell'assassinio di JFK (in particolare quelli che non hanno mai approfondito la politica mediorientale di JFK, che lo portò in conflitto con Israele) sarebbero stati senza dubbio confusi e sconcertati dall'idea che "gli ebrei" avessero il desiderio di "colpire" John F. Kennedy. Dopo tutto, come ha detto uno dei miei giovani critici: "Perché gli ebrei dovrebbero voler uccidere John F. Kennedy? Hanno votato per lui nel 1960". Gli dissi: "Leggi *Giudizio Finale*. Il libro risponderà alla tua domanda". (Dopo aver finalmente letto il libro, ha commentato: "È molto interessante. Non lo sapevo". E non c'è bisogno di dire che ho sentito questo commento abbastanza spesso).

Inutile dire che, nonostante tutte queste accuse e l'accusa del dottor John Coleman di "sionismo" dietro l'assassinio di JFK, non ho mai trovato un movente. Mi è sempre stato detto che qualsiasi indagine su un omicidio deve esaminare i possibili moventi. Ebbene, con il proseguire delle mie ricerche, ho iniziato a trovare i motivi del coinvolgimento israeliano nell'assassinio di JFK.

La mia prima indicazione di un movente israeliano è arrivata quando nel 1991 è stato pubblicato il libro di Seymour Hersch, *The Samson Option: Israel's Nuclear Arsenal and American Foreign Policy*. In questo libro Hersh descrive molto chiaramente il fatto che JFK e Israele erano seriamente e pericolosamente in disaccordo sul desiderio di Israele di costruire una bomba nucleare, vista da Israele come essenziale per la propria sopravvivenza. Hersh analizza anche lo status di James J. Angleton come principale difensore di Israele all'interno della CIA.

Nello stesso periodo è stato pubblicato un altro libro fondamentale: *Dangerous Liaison: The Inside Story of the U. S. -Israeli Covert Relationship* di Andrew e Leslie Cockburn. Questo libro esplorava il conflitto tra JFK e Israele con gli stessi dettagli e, come il libro di Hersh, iniziò a gettare nuova e interessante luce (per me e per altri) su un aspetto poco conosciuto della politica estera di JFK e iniziai a vedere come tutto ciò fosse direttamente collegato ad alcune delle forze che avevano un interesse nel suo assassinio.

Poi ho iniziato a pensare al coinvolgimento della criminalità organizzata nell'assassinio di JFK e a come potrebbe esserci un legame tra Israele e la criminalità organizzata.

Ho iniziato a esaminare i legami tra la criminalità organizzata e la CIA e, da lì, il Mossad israeliano. Sapevo che Meyer Lansky, il personaggio della criminalità organizzata, si era stabilito in Israele, ma non mi ero mai reso conto, prima di iniziare la mia ricerca, di quanto fosse strettamente legato allo Stato ebraico. Né mi ero reso conto di quanto fosse impreciso il termine "mafia" per descrivere il sindacato del crimine organizzato.

In definitiva, se si vuole guardare seriamente alla storia della criminalità organizzata, non si può assolutamente guardare realisticamente a questa storia senza prendere in considerazione il ruolo di Meyer Lansky. Questo è essenziale perché quando si gira la lapide di Lansky, si trovano i vermi della CIA e del Mossad israeliano che strisciano, forse anche nutrendosi l'uno dell'altro.

Cominciai così a capire che c'erano legami molto stretti tra la CIA, il Mossad e la criminalità organizzata e che non solo i tre stavano lavorando insieme in una serie di sfere di influenza per un lungo periodo di tempo, ma che avevano tutti un motivo ben preciso per voler rimuovere JFK dalla presidenza americana.

Come è accaduto, naturalmente, nel corso degli anni, molti di coloro che hanno suggerito che la CIA abbia avuto un ruolo nell'assassinio hanno paura di suggerire che si trattasse di un ruolo istituzionale e affermano invece che si trattava di elementi "disonesti" della CIA. A mio parere, questa è una posizione piuttosto timida.

Per quanto ne so, l'unico e solo autore (oltre a me, ovviamente) a dire che la CIA ha avuto un ruolo istituzionale in questa vicenda è stato Mark Lane in *Plausible Denial*. Quindi, per qualche motivo, molti "ricercatori" non hanno voluto o non hanno saputo riconoscere la profondità dei dettagli emersi in *Plausible Denial* che identificano il coinvolgimento istituzionale della CIA nell'omicidio del Presidente.

Ora, sarei negligente se non rendessi omaggio all'ex detective della polizia di Los Angeles Gary Wean, il cui libro, *There's a Fish in the Courthouse*, mi ha fornito una grande quantità di informazioni preziose che suggeriscono il coinvolgimento di Israele nell'assassinio di JFK.

Il libro di Gary, poco conosciuto, contiene alcune informazioni particolarmente interessanti su strane attività della CIA a Dallas, legate a Gary e all'ex sceriffo di Dallas Bill Decker in compagnia del defunto attore ed eroe di guerra Audie Murphy (amico comune di Wean e Decker) e sono stato lieto di poter dare al libro di Gary un po' di pubblicità in più che altrimenti non avrebbe ricevuto.

Ironicamente, però, Gary ha poi suggerito che il *Giudizio Finale* era sbagliato perché il mio libro si concentrava sul Mossad e non incolpava la comunità ebraica in generale per l'assassinio di JFK. Mi ha anche attaccato in diversi punti. Non si può accontentare tutti.

La vera "nascita" del libro, *Giudizio Finale*, avvenne una sera, credo, quando mi sedetti con un pezzo di carta e scrissi otto o nove frasi chiave, tra cui "la politica mediorientale di JFK", "Mossad", "Lansky", "La mafia" e alcuni nomi chiave. A quel punto ho iniziato a prendere una serie di libri dagli scaffali e a fare delle ricerche; a quel punto i sospetti non si sono più sviluppati nella mia mente, ma erano lì, davanti ai miei occhi.

Sono rimasto sorpreso da ciò che ho scoperto. Mi ha stupito quello che ho trovato nel libro di Stephen Green, *Taking Sides: America's Secret Relations With a Militant Israel*, pubblicato nel 1984, che è stato una miniera d'oro. Ironia della sorte, avevo letto il libro circa sette anni prima, ma all'epoca non mi aveva colpito il fatto che Green avesse sottolineato - e credo che questo sia piuttosto profondo - che la politica americana sul Medio Oriente all'epoca dell'assassinio di JFK aveva fatto un'incredibile inversione di 180 gradi.

Mi colpì come una mazzata perché avevo letto il libro di Green solo dopo che la mia tesi di base per il *Giudizio Finale* aveva iniziato a svilupparsi. Mi ha spinto sulla strada della ricerca che, francamente, man mano che andavo avanti, mi ha stupito per la quantità di dettagli fattuali che indicavano un legame con Israele che stavo scoprendo nelle cosiddette fonti "mainstream".

Ironia della sorte, ho anche scoperto che nel corso delle mie ricerche non mi sono necessariamente affidato a libri sull'assassinio di JFK per ottenere molti dei dettagli che sono stati poi pubblicati in *Giudizio finale*. Questo è interessante di per sé, se non altro perché evidenzia il fatto che nessun ricercatore ha mai indagato seriamente su un possibile ruolo israeliano.

Come ho detto più e più volte, sono disposto a scusare la negligenza di molti ricercatori, se non altro perché fino a tempi relativamente recenti (a partire forse dal libro di Green, ma certamente dai libri di Hersh e Cockburn) c'erano pochissime informazioni pubbliche sul difficile rapporto tra Israele e JFK. Tuttavia, naturalmente, avevo trascurato di farlo io stesso quando ho letto il libro di Green.

È ovvio che dietro l'assassinio di JFK c'è tutta questa storia della "mafia" e così via, ma come vedremo in seguito (e come ho sottolineato in *Giudizio finale*), non si può fermare la ricerca sul crimine organizzato quando si arriva a Carlos Marcello, il boss della mafia di New Orleans, e Santo Trafficante, il boss della mafia di Tampa.

Bisogna guardare più lontano, a Meyer Lansky. Guardando a Lansky si risale ai servizi segreti americani e israeliani. Come ho esposto in *Giudizio finale*, tutti questi aspetti e tutte queste persone si intersecano molto chiaramente a Dealey Plaza, a Dallas, il 22 novembre 1963.

La ricerca per il *Giudizio finale* era quindi iniziata. La stesura vera e propria del libro ha comportato la creazione di varie sezioni che alla fine sono diventate capitoli del libro e in cui ho organizzato i dati della ricerca. Durante questo periodo, mi sono reso conto che c'era davvero molta documentazione disponibile e ho trovato gran parte di essa nella mia biblioteca personale. È stato come comporre un puzzle. Nel complesso, è stato un processo molto interessante.

La ricerca iniziale e l'assemblaggio del materiale da includere nel libro hanno richiesto circa due mesi. La stesura vera e propria è stata tutta un'altra cosa, ma devo dire che mentre scrivevo continuavo a fare ricerche su ciò che stavo scrivendo e a guardare ad altri settori. Continuavo a scoprire che c'era una storia da raccontare.

Anche se fino alla fine del processo di scrittura ho continuato a pensare che avrei trovato fatti o dettagli che avrebbero contraddetto la mia tesi, non ho mai trovato nulla di simile. Ci sono stati momenti in cui ho pensato che forse stavo esagerando e quando ho controllato tutti i fatti e i dettagli possibili, non ho mai trovato nulla di contraddittorio.

Mentre stavo già scrivendo il libro, mi sono imbattuto in un articolo dell'ex deputato Paul Findley (R-Ill.) nel numero di marzo 1992 del *Washington Report on Middle East Affairs*, una pubblicazione pubblicata da un gruppo di ex diplomatici americani piuttosto ostili a Israele (per non dire altro). Sono rimasto sorpreso quando Findley ha detto: "È interessante - ma non sorprendente - notare che in tutte le parole scritte e pronunciate sull'assassinio di Kennedy, l'agenzia di intelligence israeliana, il Mossad, non è mai stata menzionata. Eppure, il movente del Mossad è ovvio... La complicità del Mossad è plausibile come qualsiasi altra teoria".

Inutile dire che ero già a quattro mesi dalla stesura del libro, ero stupito e felice di vedere che Findley si era sforzato di scrivere una rubrica così controversa, ma di certo non aveva ricevuto alcuna pubblicità al di fuori delle pagine di questa rivista a tiratura limitata.

Quindi, sebbene Findley non abbia presentato alcuna prova concreta, ho avuto l'impressione che qualcuno avesse parlato con Findley e che ci fossero persone "informate" che parlavano della possibilità di un coinvolgimento del Mossad, e l'ho trovato molto incoraggiante.

A dire il vero, ho detto a pochissime persone che stavo scrivendo il libro, perché mi sono reso conto che la tesi era piuttosto sensazionale. Quando ne parlai a una persona, mi disse, un po' sarcasticamente: "Tutti vogliono dare la colpa di tutto agli ebrei". Questa era l'affermazione definitiva. Tuttavia, quando scrissi il libro ero assolutamente convinto che stavo davvero scavando in un'area dell'assassinio di JFK che non era mai stata esplorata seriamente prima. In un certo senso, suppongo che fosse una miniera d'oro che non era ancora stata scoperta. Posso quindi capire perché molte persone non abbiano mai guardato in quella direzione.

Un'altra cosa importante da considerare in relazione a tutto questo è che la ricerca sull'assassinio di JFK è stata (e continua ad essere) un campo notevolmente e particolarmente incestuoso. Le persone si sono basate sulle ricerche degli altri, riscrivendo e rielaborando le informazioni fino al punto in cui non è stato aperto alcun nuovo terreno.

Per inciso, devo dire che dopo l'uscita di *Rush to Judgment* di Mark Lane, la maggior parte dei libri sull'assassinio di JFK (con alcune eccezioni degne di nota) ha essenzialmente ripreso i dati iniziali che Mark aveva scoperto. Ha gettato le basi per l'opinione nazionale e internazionale che c'era un'altra storia da raccontare: che il rapporto della Commissione Warren era falso e che Lee Harvey Oswald non era affatto "un pazzo solitario".

È sufficiente dire che *Rush to Judgment* ha gettato le basi per tutti gli sforzi futuri. Tuttavia, se i futuri "ricercatori" avessero fatto ricerche più approfondite, un libro simile a *Giudizio finale* avrebbe potuto essere scritto un anno o due dopo la pubblicazione di *Rush to Judgment*. Invece non è stato così e l'intero progetto controverso è finito nelle mie mani.

Avete fonti segrete che non potete chiamare?

No, non ho avuto "fonti segrete" in quanto tali. La maggior parte dei dati che ho utilizzato nella preparazione del *Giudizio Finale* erano essenzialmente di dominio pubblico, in quanto tutti pubblicati - tutto è apparso su riviste popolari, libri distribuiti da eminenti case editrici e così via. Tutto è accuratamente documentato e solo nella terza edizione ci sono 746 note a piè di pagina (contro le 677 delle edizioni precedenti). Naturalmente, questa quarta edizione è ora notevolmente ampliata e ancora meglio documentata.

Francamente, l'unica fonte "indipendente" utilizzata per la stesura di *Final Judgment* è stata la documentazione preparata dalla LaRouche Intelligence Review. Ora, la maggior parte dei dati riguardava l'organizzazione segreta Permindex, ma in realtà gran parte di essi erano un rimaneggiamento di informazioni originariamente apparse in *The Kennedy Conspiracy* di Paris Flammonde (che a sua volta si era basato su notizie di stampa estera riguardanti il Permindex).

Non ho usato nulla di "fuori dall'ordinario" - nessuna letteratura estremista di "destra" o "sinistra" (comunque definita). Né ho usato fonti "antisemite". Anche le fonti critiche nei confronti di Israele difficilmente potrebbero essere definite "antisemite", in particolare le opere di Stephen Green e Seymour Hersh, entrambi autori rispettati e a loro volta ebrei.

Le mie fonti non erano nemmeno stampa "alternativa" o "anticonformista". Tutto il materiale grezzo su tutti i punti chiave del *Giudizio Finale* proveniva da fonti "rispettabili", "mainstream" e "responsabili".

L'unica "fonte segreta" su cui ho fatto affidamento è stato un ex agente dei servizi segreti francesi, Pierre Neuville, di cui ho mantenuto il nome fino a questa quinta edizione di *Giudizio finale*.

Tuttavia, devo sottolineare che ho invocato Pierre come fonte solo dopo la prima stesura di *Giudizio finale*. E quando Pierre è arrivato, ero finalmente convinto che la tesi esposta in *Giudizio finale* fosse completa e pertinente, e che avessi esaurito tutte le risorse disponibili. Ma l'arrivo di Pierre Neuville mi riservò un'affascinante sorpresa.

Come è entrato in contatto con la sua fonte francese, Pierre?

Le circostanze in cui ho scoperto questa fonte sono di per sé interessanti. Alla fine della prima stesura del *Giudizio Finale*, ho telefonato a Paul Findley (Rill.), un ex membro del Congresso di lungo corso, ampiamente conosciuto come "liberale", che era stato in qualche modo critico nei confronti di Israele e della sua lobby negli Stati Uniti.

Pensai che Findley avrebbe potuto trovare il libro interessante e lo chiamai per dirgli: "Vorrei inviarti una copia". Non mi conosceva, ma conosceva bene *The Spotlight* (che, in effetti, lo aveva criticato in passato) e gli inviai una copia della prima stesura del libro (che, all'epoca, ritenevo fosse essenzialmente la versione definitiva, in attesa di una serie di piccole raccomandazioni di editing e così via).

Sono rimasto sorpreso quando ha accusato il ricevimento del libro dicendo che, come ha scritto nella sua lettera, "vi dirò che negli ultimi quattro anni ho avuto una lunga corrispondenza con un diplomatico in pensione di una nazione dell'Europa occidentale la cui famiglia (compreso lui stesso) ha avuto esperienze disastrose con Israele e il Mossad". Mi ha esortato a fare quello che avete fatto voi".

Come potete immaginare, ho passato tutto questo tempo a scrivere il libro e a cercare di farlo pubblicare, ed ecco che un noto ex membro del Congresso (e certamente non un "estremista") mi dice che un diplomatico in pensione lo aveva esortato a scrivere un libro che conteneva proprio le tesi esposte in *Giudizio finale*.

Mi resi conto che non ero l'unico a pensare quello che stavo pensando. Disse che avrebbe inviato il manoscritto al diplomatico con il mio permesso, e naturalmente dissi: "Per favore, fallo".

In seguito fui sorpreso quando ricevetti una lettera da Findley in cui mi diceva che, pur ritenendolo un buon libro, era inconcludente e che non avevo dimostrato la mia tesi. Questo dopo aver letto la prima stesura (francamente, non pensavo che l'avrebbe sostenuta. Non vuole essere accusato di essere un "teorico della cospirazione", oltre a essere spesso accusato di essere un "antisemita" per aver criticato Israele.

Comunque sia, a posteriori, sapendo cosa c'era in quella prima stesura (e che ritenevo buona), devo dire che la versione finale - quella che poi è stata pubblicata - era di gran lunga di qualità migliore e molto più completa.

Detto questo, ricevetti anche una lettera dall'ufficiale dei servizi segreti che ora viveva in Canada. Questo signore, che mi disse di essere un ex ufficiale dei servizi segreti francesi, all'inizio non mi rivelò il suo nome, ma mi fornì dettagli che riempirono gli spazi vuoti e indicarono quella che chiameremo in breve 'la connessione francese'".

Da un lato, il francese mi suggerì che stavo andando nella direzione giusta, ma insistette sul fatto che non stavo usando le munizioni giuste. Stavo cercando di abbattere un elefante con una pistola o un fucile da caccia, quando invece era necessario un fucile.

In ogni caso, il francese mi diede ciò che mi serviva per far funzionare la mia teoria. In particolare, mi disse che le informazioni in suo possesso confermavano la mia affermazione, contenuta nella prima stesura del libro, che James J. Angleton, l'uomo di Israele nell'ufficio del Mossad della CIA, era stato direttamente coinvolto nel complotto per l'assassinio.

Ha anche nominato specificamente il colonnello Georges De Lannurien, un membro di alto livello dei servizi segreti francesi, lo SDECE, come coinvolto in modo significativo nella cospirazione. Nella mia prima stesura di *Giudizio finale*, ho sottolineato che Shamir era stato il capo dell'ufficio europeo del Mossad, con sede a Parigi, e, cosa più importante, che era stato il capo della squadra speciale del Mossad per gli omicidi, che era stata resa pubblica da un giornale israeliano nel periodo in cui stavo scrivendo *Giudizio finale*.

Il francese mi disse che Shamir aveva organizzato, con l'aiuto di De Lannurien, una squadra di assassini francese coinvolta nell'omicidio di JFK. Questa informazione indicava una nuova angolazione, per così dire, nel complotto per l'assassinio di JFK. Aggiungeva un altro elemento alla cospirazione che, francamente, all'epoca non avevo compreso appieno.

Tuttavia, questa cosiddetta "connessione francese" era qualcosa di cui altri ricercatori avevano parlato, ma che si erano rifiutati di perseguire fino al suo culmine, cioè la connessione israeliana, o che non avevano capito. In altre parole, per ribadire che la "connessione francese", che potrebbe anche essere chiamata "connessione algerina", è senza dubbio la connessione israeliana.

Così mi sono allertato e ho iniziato a rivedere tutte le informazioni che ho potuto trovare sulle relazioni tra la Francia, la sua colonia di lunga data, l'Algeria, Israele e gli Stati Uniti e tutti i principali attori coinvolti.

Per coloro che non hanno familiarità con questo aspetto, rimando al famoso romanzo di Frederick Forsyth e al film che ne è stato tratto, *Il giorno dello sciacallo*. Il romanzo, basato su fatti reali, racconta la storia di una cospirazione di ex alti ufficiali militari e diplomatici francesi per uccidere il Presidente francese Charles De Gaulle. Erano arrabbiati con lui, in parole povere, per la sua decisione di concedere l'indipendenza alla colonia francese di lunga data dell'Algeria, un grande Stato arabo del Nord Africa.

Questi nazionalisti francesi consideravano l'Algeria come una parte separata della Francia e vedevano la resa di De Gaulle all'Algeria e ai ribelli nazionalisti algerini come un tradimento della Francia. Di conseguenza, i critici francesi di De Gaulle formarono la cosiddetta Organisation de l'Armée Secrète, nota come OAS. L'OAS operò in opposizione a De Gaulle sia in Francia che in Algeria e in tutto il mondo. Trattandosi dell'OAS e di elementi francesi che lavoravano per e contro l'OAS, si trattava di un incrocio sorprendente e affascinante della società francese e, più in particolare, dell'intelligence francese.

Sebbene De Gaulle abbia effettivamente intrattenuto una lunga e amichevole relazione con Israele, fornendo allo Stato ebraico materiali vitali per lo sviluppo nucleare, per non parlare di altri tipi di sostegno, il fatto è che l'indipendenza algerina non era desiderata dagli israeliani, poiché avrebbe ovviamente creato un nuovo gigantesco Stato arabo in opposizione a Israele.

Di conseguenza, gli israeliani iniziarono a sviluppare una forte e distinta alleanza con elementi dell'esercito e dell'intelligence francese che si opponevano alla decisione di De Gaulle di concedere l'indipendenza all'Algeria. Ciò presentava un'interessante configurazione di conflitti. De Gaulle era al vertice della gerarchia e governava una nazione divisa.

C'erano i cosiddetti elementi della mafia francese, alleati con il sindacato del crimine di Lansky e che in passato si erano alleati anche con la CIA, dopo che quest'ultima aveva utilizzato la mafia corsa per combattere l'infiltrazione comunista nei sindacati francesi dopo la Seconda guerra mondiale. Tuttavia, questi membri della mafia corsa francese venivano utilizzati dai servizi segreti di De Gaulle contro l'OAS, alleata di Israele.

Questo è di per sé interessante, perché i Corsi fanno parte di uno strano triangolo. Da un lato, i corsi erano legati al sindacato del crimine di Lansky, che a sua volta era vicino al Mossad israeliano. Dall'altro, i corsi facevano il lavoro di De Gaulle nella lotta contro l'OAS. Tuttavia, l'OAS lavorava a sua volta con il Mossad israeliano e, cosa interessante, con un gruppo anticomunista ebraico noto come Lega anticomunista ebraica (JACL, per ricapitolare), tutti in lotta contro De Gaulle sulla questione dell'Algeria. Né si può dimenticare che la stessa OAS riceveva anche il sostegno segreto degli alleati del Mossad all'interno della CIA. In breve, vi erano vari elementi francesi che interagivano con coloro che lavoravano a favore e contro gli interessi di Israele.

Si tratta dello stesso gruppo OAS che ha lavorato per far cadere De Gaulle e Guy Banister a New Orleans. Banister, ovviamente, è l'ex agente dell'FBI che era andato a lavorare come agente della CIA per finanziare e rifornire gli esuli cubani anticastristi nel periodo precedente l'assassinio di JFK. Ed è stato Banister ad avere un rapporto molto stretto e speciale con nientemeno che Lee Harvey Oswald nel periodo in cui Oswald si trovava a New Orleans.

Tutto questo, senza contare il fatto, come sottolineato in *Giudizio Finale* (e anche da alcuni ricercatori che però evitano il collegamento israeliano), che la società segreta Permindex, nel cui consiglio di amministrazione sedeva l'uomo d'affari di New Orleans Clay Shaw, era anch'essa legata agli attentati dell'OAS a Charles De Gaulle, con denaro riciclato attraverso la Banque De Credit del rappresentante israeliano Tibor Rosenbaum. Un mondo davvero piccolo.

Alla fine, questa "connessione francese" o "connessione algerina" è in realtà la connessione israeliana all'assassinio di JFK, da qualunque punto di vista la si guardi.

Per tornare alla mia fonte francese: mi aveva indirizzato in una direzione che, all'epoca, non avevo compreso appieno. Ho dovuto fare molte ricerche aggiuntive per capire la storia dell'Algeria francese, i conflitti di De Gaulle con l'OAS, l'alleanza di De Gaulle con la mafia corsa che combatteva l'OAS per suo conto, e naturalmente i conflitti all'interno dei servizi segreti di De Gaulle, dove c'erano enormi conflitti di lealtà di fronte alla controversia algerina.

Tutto questo non mi era familiare e alla fine risultò chiaro che si trattava di un'area con cui anche molti studiosi "anziani" non avevano familiarità, anche se molti di loro avevano parlato della "French Connection". Henry Hurt, in *Reasonable Doubt*, e Dick Russell, in *The Man Who Knows Too Much*, avevano scritto del punto di vista francese, ma nessuno dei due aveva cercato di analizzare l'intera dinamica in atto nella French Connexion. Coloro che combattevano De Gaulle erano proprio alleati con i servizi segreti israeliani, ma questi ricercatori semplicemente non lo capivano, per così dire.

Persino le storie della classe dirigente sul conflitto algerino riconoscevano che, di fatto, israeliani e persone simpatizzanti degli interessi di Israele lavoravano con l'OSA. È tutto nei libri di storia. Quindi, se qualcuno vuole provare a incolpare l'OAS per l'assassinio di JFK, non può farlo onestamente senza toccare il legame con Israele.

Negare il legame con Israele significa rendere un cattivo servizio alla ricerca. I legami tra gli israeliani e l'OAS risalgono a Clay Shaw di New Orleans e, naturalmente, a Guy Banister. Non si può ignorare il legame israeliano con Permindex in relazione all'assassinio di JFK, così come non si può ignorare l'essenziale legame israeliano con Permindex in relazione ai tentativi dell'OAS di assassinare Charles De Gaulle.

Il motivo per cui Permindex voleva uccidere Charles De Gaulle è perché Permindex era un fronte israeliano e la politica di De Gaulle sull'Algeria era contraria agli interessi di Israele, proprio come, a sua volta, la politica di JFK era ostile a Israele. Quindi chi preferisce ignorare tutto questo è, a dir poco, disonesto. Il legame con la Francia è fondamentale per comprendere l'assassinio di JFK.

In ogni caso, alla luce di tutti questi collegamenti francesi, ho rivisto in modo sostanziale la prima stesura del *Giudizio finale*, cosa che mi ha un po' sorpreso in quanto non mi aspettavo di doverlo fare, essendo molto soddisfatto della prima stesura stessa.

Tuttavia, dopo aver cercato il collegamento con la Francia, mi sono reso conto che c'era davvero un collegamento con la Francia che, ovviamente, era in ultima analisi il collegamento con Israele. Così ho rivisto il libro e l'ho mandato in stampa.

Quando fu pubblicata la prima edizione, inviai *Jugement Final* al diplomatico francese, che mi rispose dicendo "buon lavoro" e aggiungendo che JFK sarebbe stato orgoglioso di me. È stata una soddisfazione, a dir poco.

Quanto era affidabile la sua fonte francese, Pierre Neuville?

Francamente, non so quanto sia affidabile, così come nessuno sa quanto sia affidabile una fonte su qualsiasi aspetto che abbia a che fare con l'assassinio di JFK. Nessuno può garantire la totale affidabilità di una fonte. Tuttavia, tutto ciò che so di lui (sulla base delle informazioni che mi ha fornito su di sé, oltre al sostegno ricevuto dall'ex deputato Paul Findley che mi ha messo in contatto con lui) mi porta a credere che la mia fonte francese non solo sia sincera, ma anche totalmente affidabile.

Lo stesso Pierre Neuville ha detto: "Negli affari sospetti non ci sono i buoni, ma solo i cattivi". In altre parole, quelle che sembrano essere fonti "amiche" negli "affari sospetti" [cioè il mondo dell'intelligence] potrebbero, in realtà, provenire da nemici che vi forniscono disinformazione e disinformazione. Ed è stato persino l'uomo del Mossad alla CIA, James Jesus Angleton, a definire il mondo dell'intelligence un "deserto di specchi".

Comunque sia, il punto fondamentale è che *Giudizio Finale* può essere giudicato per i suoi meriti, senza l'apporto specifico di questa fonte francese. Inoltre, come ho già detto, avrei potuto facilmente pubblicare il libro senza dover approfondire la connessione francese e, nonostante ciò, ritengo che abbia fornito ai lettori un argomento molto forte a favore del coinvolgimento del Mossad nell'assassinio del JFK.

Ciò che credo di aver fatto, tuttavia, in *Giudizio Finale* è stato tracciare una linea molto sottile e significativa tra la connessione francese all'assassinio di JFK e la connessione di New Orleans (per così dire) che coinvolge le due risorse della CIA, Guy Banister e Clay Shaw, fino alla connessione con Israele. Chiunque avrebbe potuto farlo senza la mia fonte francese.

Dopo la pubblicazione della sentenza finale, qualcuno ha fornito informazioni "interne" che non sono apparse nell'edizione originale?

Non ho ricevuto altro che comunicazioni dalla mia fonte francese, che finalmente si è identificata per nome e mi ha fornito la sua storia completa, compresi alcuni dettagli piuttosto sorprendenti sulla sua interessante famiglia e sul suo background. Nel poscritto *di Giudizio finale*, ho fornito informazioni sulle esperienze personali di Pierre con il Mossad. Tuttavia, dopo la pubblicazione del libro, nessuno si è fatto avanti con nuove informazioni di natura "interna". Io stesso ho scoperto altre informazioni pubblicate che confermano altri dettagli apparsi nell'edizione originale di *Giudizio finale* e nelle edizioni rivedute, compresa questa più recente.

Quanto tempo ha impiegato per scrivere il libro?

Dal momento in cui l'idea ha cominciato a formularsi nella mia mente, quando ho iniziato la ricerca seria, al momento in cui la prima bozza è stata completata, ci sono voluti circa sette mesi. Dopo aver iniziato a ricercare il legame con la Francia, dopo che la mia fonte francese aveva letto la prima bozza e mi aveva indirizzato in quella direzione, ci sono voluti altri tre mesi per perfezionare il manoscritto e aggiungere le nuove scoperte che avevo fatto. Tuttavia, è stato un processo senza fine, come ho scoperto dopo la pubblicazione del libro ed è per questo che, nella terza edizione del libro, ho incluso molti, molti nuovi dettagli che hanno chiuso il cerchio della tesi. Le edizioni successive contengono molto di più. Sono stupito di quanta strada ho fatto.

Non posso fare a meno di ricordare che, letteralmente un giorno prima che il libro andasse in tipografia per la prima volta e che sentissi di aver messo tutto quello che potevo nelle pagine del libro e di essere contento che il libro fosse completo (comprese tutte le informazioni extra sulla cosiddetta connessione francese), mi capitò di essere seduto sul pavimento del mio salotto a sfogliare la copertina rigida di una newsletter ormai defunta. In quel momento mi imbattei in qualcosa che mi fece letteralmente dire ad alta voce: "Oh mio Dio!". Avevo scoperto un'altra cosa che doveva assolutamente essere aggiunta al manoscritto.

Avevo scoperto un fatto molto, molto importante, che finalmente apparve nel capitolo 15 di *Giudizio Finale*, dove sviscero il mistero del Permindex: i legami tra il Mossad, la CIA, il Sindacato Lansky, l'OAS francese e il complotto per uccidere JFK.

Ho scoperto i dettagli di un uomo che era andato a trovare il procuratore di New Orleans Jim Garrison quando era ancora nelle prime fasi della sua indagine sull'assassinio.

Non dimentichiamo che a quel tempo Garrison non aveva ancora trovato il nome di Clay Shaw. In quel periodo Garrison ricevette la visita di un uomo d'affari di nome John King. La visita di King è stata menzionata in diversi libri su JFK e gli autori continuano a riferirsi a King come a un "petroliere di Denver" con legami con il Partito Repubblicano, ecc. Altri autori su JFK suggeriscono che King era interessato a interferire nelle indagini di Garrison, ovviamente, perché era un uomo cattivo e probabilmente stava cercando di coprire qualcuno, probabilmente il Partito Repubblicano, Richard Nixon e altri cattivi.

King ovviamente sapeva che Garrison era sulla strada giusta e offrì a Garrison un accordo: se Garrison avesse ritirato l'indagine, King promise di organizzare la nomina di Garrison a giudice federale. Anche in questo caso, ciò avvenne prima che venisse fuori il nome di Clay Shaw. Tuttavia, si scopre, come ho sottolineato in *Final Judgment*, che proprio nel periodo della visita di King a New Orleans questo "petroliere di Denver" era anche coinvolto in lucrose transazioni commerciali internazionali condotte insieme a Bernard Cornfeld, capo della corrotta società finanziaria nota come Investors Overseas Services (IOS).

Cornfeld, infatti, era un amico intimo e un candidato di Tibor Rosenbaum, il diplomatico israeliano veterano e funzionario del Mossad che era una figura finanziaria chiave dietro Permindex, nel cui consiglio di amministrazione Clay Shaw lavorava!

Altri ricercatori si erano concentrati sui legami "repubblicani" di King e sui suoi legami con l'industria petrolifera, ma non avevano colto l'indizio più ovvio: King aveva legami molto stretti con Clay Shaw, il membro del consiglio di amministrazione della Permindex, che Garrison non aveva nemmeno identificato come sospetto nella cospirazione. Qualcuno da qualche parte (e ora sappiamo chi) aveva tutto l'interesse a impedire che Garrison andasse oltre e si mettesse in contatto con Clay Shaw (cosa che, ovviamente, Garrison fece).

King - il cosiddetto "petroliere di Denver" - è un'altra connessione israeliana nel complotto dell'assassinio di JFK, per quanto difficile possa essere per i ricercatori che cercano di usare l'interferenza di King nell'indagine di Garrison come "prova" che, ad esempio, dietro l'assassinio di JFK ci sia l'amico di King, Richard Nixon (Nixon è davvero comodo come cattivo, non è vero?).

Io stesso sono rimasto sorpreso nell'apprendere del legame di King con Israele, dato che lo conoscevo già. Ma, come ho detto, sono venuto a conoscenza dei suoi legami con Permindex solo un giorno prima di prepararmi a mandare stampa *Giudizio Finale*.

Questo è solo un esempio, ma significativo, dell'infinito processo di ricerca sul complotto dell'assassinio di JFK. Credo che alla fine, se non si hanno **tutte le** informazioni necessarie davanti a sé (e molti ricercatori per molti anni non le hanno avute), non si può dare, diciamo, un "giudizio finale".

Forse un giorno, in un lontano futuro, ci sarà davvero un giudizio finale, nonostante il titolo del mio libro, se qualcuno avrà davanti a sé tutto ciò che ho scritto e tutto ciò che verrà scritto che potrà essere raccolto **nel** giudizio finale.

È possibile che nel Mossad ci siano stati elementi cosiddetti "disonesti" che hanno partecipato all'assassinio di JFK e che abbiano agito da soli, senza alcuna autorizzazione ufficiale?

Questo non è possibile. Il coinvolgimento del Mossad nell'assassinio di JFK fu ordinato ai massimi livelli. Sulla base di quanto ho appreso sulla struttura del Mossad, credo fermamente che il Primo Ministro israeliano David Ben-Gurion sia stato l'individuo che ha ordinato la collaborazione del Mossad nel complotto dell'assassinio e che questo sia stato probabilmente il suo ultimo atto prima di dimettersi dall'incarico in segno di disgusto per la posizione di JFK nei confronti di Israele. Credo che il coinvolgimento del Mossad fosse istituzionale. Aggiungerei che è stato lo stesso per la CIA.

Tuttavia, nel caso del coinvolgimento del colonnello francese Georges De Lannurien dello SDECE - come sottolineo in *Giudizio Finale* - si trattava di un classico caso di agente "corrotto". Questo cospiratore francese non rispondeva certo agli ordini del Presidente francese Charles De Gaulle, ma aiutava il suo alleato del Mossad, Yitzhak Shamir, e il suo alleato della CIA, James Angleton, con il quale De Lannurien trascorse la giornata al quartier generale della CIA a Langley il 22 novembre 1963. E si può scommettere sull'argento di famiglia che quel giorno De Lannurien e Angleton non erano insieme a discutere del tempo.

Che cosa ha detto Mark Lane sul giudizio finale?

Quando stavo scrivendo *Giudizio Finale* non ho detto a Mark che stavo scrivendo il libro. Come ho detto, ho detto a pochissime persone che stavo scrivendo il libro. Non volevo che Mark - o chiunque altro - giudicasse il libro prima che fosse finito da un abbozzo. Volevo che Mark (e altri) leggessero l'intero libro. Gli ho dato la prima bozza e gli ho detto: "Fammi sapere cosa ne pensi".

La risposta di Mark è stata incoraggiante. Ha detto che il libro presenta una "forte argomentazione" per il coinvolgimento del Mossad e che non crede che il libro sia in conflitto con il suo stesso libro, *Plausible Denial*, che evidenzia il ruolo della CIA nell'assassinio del Presidente Kennedy.

Che l'idea dell'assassinio sia stata proposta dalla CIA o dal Mossad, resta il fatto che coloro che alla CIA erano i principali protagonisti della cospirazione per l'assassinio erano strettamente legati al Mossad e operavano nelle sue sfere d'influenza, compresa la cosiddetta "connessione francese". Quindi, nell'assassinio di JFK, la CIA e il Mossad erano essenzialmente due facce della stessa medaglia.

Per quanto riguarda l'opinione di Mark Lane sul *Giudizio Finale*, prima della pubblicazione mi è stato suggerito di chiedergli di scrivere un'introduzione al libro. Ho rifiutato di buon grado questo suggerimento. Non che non sarebbe stato un onore e un privilegio avere Mark a scrivere l'introduzione.

Tuttavia, il fatto è che Mark aveva dato un calcio alla strada con i suoi libri sull'assassinio di JFK e su altri argomenti.

Mark non aveva fatto ricerche sull'aspetto del Mossad come le avevo fatte io, e quindi non ritenevo appropriato aspettarmi che mettesse il suo nome a difesa o a sostegno di una tesi - piuttosto rivoluzionaria, suppongo - che lui stesso non aveva elaborato. Inoltre, per il fatto stesso che *Giudizio Finale* collega Israele all'assassinio di

JFK, non ritenevo appropriato che Mark aggiungesse il suo nome a un'introduzione del libro, proprio perché Mark stesso era coinvolto nella controversia sul Medio Oriente ed era stato un critico di Israele.

Ho riconosciuto che la tesi del *Giudizio Finale* era di per sé infiammatoria e non volevo mettere Mark nella posizione di dover difendere il mio lavoro. È già abbastanza impegnato a combattere gli sforzi della CIA, dell'FBI e dei media per ignorare, sopprimere o distorcere i suoi sforzi.

Il Giudizio Finale non contraddice il libro di Mark Lane Plausible Denial, che sostiene che la CIA è responsabile dell'assassinio di JFK?

Non c'è conflitto. *Plausible Denial* è innanzitutto un resoconto della difesa di Mark Lane del quotidiano *The Spotlight* contro la causa per diffamazione di E. Howard Hunt. *Giudizio Finale*, a mio parere, amplifica molti dei risultati di *Plausible Denial*, conferma ulteriormente le conclusioni di *Plausible Denial* e aggiunge ulteriori dettagli che dimostrano che la CIA era effettivamente coinvolta nell'assassinio. Il più grande punto di forza del libro di Mark, a mio avviso, è quello di sfatare il mito secondo il quale ci sarebbero stati "elementi disonesti" nella CIA coinvolti nell'omicidio del Presidente. Non c'erano "elementi disonesti". L'assassinio fu un atto che coinvolse la CIA ai più alti livelli, e in particolare James Angleton, l'alleato del Mossad all'interno della CIA.

Una volta qualcuno ha descritto *Giudizio Finale* come un "seguito" di *Negazione plausibile* e mi piace pensare che sia una descrizione accurata. Ma non si può fare uno studio serio sull'assassinio di JFK senza leggere *Plausible Denial*.

Che cosa hanno detto i critici dei media di Final Judgement?

Con l'eccezione della frenetica copertura mediatica di cui ho parlato nell'introduzione nel gennaio 1998, non ci sono state critiche ufficiali a *Giudizio Finale* nei principali media "mainstream", anche se ci sono state alcune recensioni di questo tipo:

La prima recensione è apparsa sul mio settimanale nazionale, *The Spotlight*, e probabilmente non sorprenderà nessuno che la recensione sia stata piuttosto entusiastica. Sono lieto di dire, tuttavia, che la recensione in questione non era stata richiesta ed era stata presentata da nientemeno che Eustace Mullins, uno dei più rispettati e prolifici scrittori e studiosi del movimento populista in America. La seconda recensione di *Final Judgment* è apparsa sulla *Washington Jewish Week* il 28 aprile 1994 ed è discussa nell'epilogo *di Final Judgment*.

Il terzo articolo è apparso nel già citato numero 11 di *Steamshovel Press*, non datato. Sebbene il recensore suggerisse che il libro potesse avere un tono antisemita, ebbe a dire questo riguardo alla mia affermazione che il Mossad potesse aver avuto un ruolo nella cospirazione: "La tesi è stata certamente poco esaminata in passato e solleva interessanti questioni storiche sul rapporto tra i Kennedy e Israele che risalgono all'atteggiamento di Joseph Kennedy che salutava i nazisti come Neville Chamberlain".

A parte questo cauto commento, Steamshovel è stato notevolmente riluttante a menzionare il libro o a darmi l'opportunità di discutere, ad esempio, con un certo

Dave Emory, che sostiene effettivamente che esiste un legame "nazista" con l'assassinio di JFK.

A parte queste recensioni (insieme a molte altre discusse altrove in queste pagine, non ce ne sono state altre, anche se ho inviato copie a tutti i principali membri editoriali *del Washington Post*, del *Washington Post Book World* e del *New York Times*, oltre a molti altri media. Ho dato personalmente una copia del libro a Michael Isikoff di *Newsweek*, ma non ho ancora sentito un lamento da parte sua).

Credo che il silenzio assordante parli da sé.

A quali fonti ha attinto per scrivere Giudizio Finale?

Dopo la pubblicazione delle precedenti edizioni del *Giudizio finale*, ci sono stati diversi tentativi di suggerire che il libro si basava su fonti inaffidabili - che le mie fonti erano di parte, che erano "anti-israeliane" o che forse erano "troppo di destra". Sono tutte sciocchezze. Non credeteci. Per la cronaca, esaminiamo le fonti che ho citato.

A detta di tutti, delle 111 opere citate nella bibliografia della terza edizione di *Giudizio Finale*, almeno l'85% di queste fonti proveniva da editori "mainstream" o "major". Inoltre, circa il 73% dei riferimenti citati non aveva nulla a che fare con l'assassinio di JFK.

A mio parere, solo il 2% delle fonti citate nella terza edizione proviene da case editrici "filoarabe". Inoltre, come ho notato in *Giudizio finale*, le mie fonti principali sulla lotta di JFK con Israele provengono da autori come Seymour Hersh, Stephen Green e Andrew e Leslie Cockburn, nessuno dei quali può essere definito estremista.

Solo il 7% delle fonti citate nella bibliografia della terza edizione potrebbe essere chiaramente indicato come proveniente da fonti "di destra" e una di queste fonti - le memorie dell'ex leader del partito nazista americano George Lincoln Rockwell - è citata nella bibliografia solo perché alludo brevemente al fatto che Rockwell ha dedicato il suo libro a un uomo, DeWest Hooker, che è citato in *Giudizio finale*.

Il libro di Rockwell è stato citato nella bibliografia solo per dovere di cronaca e non è stato fornito come "prova" o "evidenza" del coinvolgimento di Israele nell'assassinio di JFK. Quindi, per favore, cari critici, non cercate di citare Rockwell come una delle mie fonti. Ciò dimostrerebbe solo quanto siete determinati a cercare di screditare la mia teoria in ogni modo.

I tentativi di screditare la mia ricerca non hanno portato a nulla se si osservano i fatti. Si pensi allo stratagemma utilizzato da Richard Morrock di *Bay Terrace*, a New York, quando scrisse una lettera alla Steamshovel Press (pubblicata senza commenti) in cui sosteneva che "circa un terzo" delle fonti citate in *Final Judgment* proveniva da pubblicazioni di Lyndon LaRouche. In realtà, delle 746 citazioni presenti nella terza edizione di *Final Judgment*, solo 30 - il quattro per cento - provenivano da fonti di LaRouche, e la maggior parte di queste erano riferimenti storici di passaggio che non toccavano nemmeno la tesi di *Final Judgment*. Per la cronaca, ecco un'analisi delle citazioni di LaRouche.

- Otto (cioè il 27%) delle 30 note che citavano le pubblicazioni di LaRouche erano brevi riferimenti alla Anti-Defamation League di B'nai B'rith e al suo legame con un certo numero di banchieri con legami con il sindacato di Lansky, ecc. Solo uno di questi riferimenti all'ADL aveva un legame diretto con l'assassinio di JFK in sé: il fatto che l'agente dei servizi segreti di New Orleans Guy Banister fosse vicino al "supercacciatore" di JFK. Solo uno di questi riferimenti all'ADL aveva un legame diretto con l'assassinio di JFK in sé: il fatto che l'agente dei servizi segreti di New Orleans Guy Banister fosse vicino al "super cacciatore di comunisti" che l'ADL stessa aveva descritto come un "super comunista", A. I. Botnick.

• Quattro delle note a piè di pagina della citazione di LaRouche (il 13% del totale) compaiono in due appendici (nella terza edizione) di natura supplementare e non centrali rispetto alla tesi di fondo del libro. (Una delle appendici in questione, sulle strane attività dell'informatore governativo Roy Frankhauser, è stata aggiunta per la prima volta quando è stata pubblicata la terza edizione di *Giudizio Finale*).

• Due note erano dettagli biografici sul rabbino Tibor Rosenbaum e una riguardava un banchiere israeliano che faceva parte del consiglio di amministrazione della Bank of International Credit di Rosenbaum.

• Due note fanno riferimento a una sparatoria avvenuta in Israele negli anni Quaranta. Un'altra nota di questo tipo sottolineava che il fratello di un fondatore di Permindex era stato attivamente coinvolto nel traffico di armi per l'Irgun di Israele.

• Una di queste riguardava i legami di Meyer Lansky con la famigerata "Operazione Underworld", che utilizzava la malavita contro le potenze dell'Asse.

• Tre note riguardavano vari legami bancari e commerciali con la mafia e il Mossad che non avevano alcun legame diretto con l'assassinio di Kennedy.

• Una nota sottolineava che lo studio legale del presidente di Permindex Louis Bloomfield aveva legami con gli interessi di Bronfman.

• Quattro note contenevano informazioni generali su quattro persone collegate al Permindex di Tibor Rosenbaum.

• Una nota si riferiva al fatto che l'OAS francese aveva ricevuto denaro da Guy Banister.

• Una nota riguardava i legami dell'ex agente dell'FBI Walter Sheridan con Resorts International.

• Una nota riguardava i possibili legami della famiglia Hunt con lo sviluppo nucleare israeliano. (Altre due note di questo tipo erano tra quelle, già citate, che trattavano di sfuggita dell'ADL).

• Una nota è una citazione approfondita dell'ex informatore federale sotto copertura Roy Frankhauser, a proposito del quale ho detto che "molto di ciò che Frankhauser dice è vero e va oltre lo scopo di questo libro". In realtà, questa è l'unica citazione di LaRouche sul tema dell'assassinio di JFK in sé.

• Vorrei anche sottolineare che gran parte del materiale di cui sopra, proveniente da fonti di LaRouche, appare anche in altri libri sull'assassinio di JFK e sulla storia del crimine organizzato, tra gli altri.

• Quando ho contattato il suddetto Morrock - che ha ammesso di considerarsi un "sionista" - e l'ho messo di fronte alla disinformazione, mi ha detto senza mezzi termini che non avrebbe creduto a "nulla" di ciò che avevo detto. Ha anche ammesso di non aver mai indagato a fondo sull'assassinio di JFK - un fatto che suggerisce che la sua vera motivazione per cercare di screditarmi era stimolata in gran parte dal fatto che avevo osato mettere in mezzo Israele. Morrow ha anche affermato in modo stravagante che era chiaro che il mio datore di lavoro, Willis Carto, era essenzialmente il vero autore del libro e che Carto aveva "dettato" il libro, il che, ovviamente, non è affatto vero. Ma questo è il tipo di critiche che ho dovuto affrontare.

- In questa edizione di *Giudizio Finale* ho incorporato molte nuove informazioni provenienti da fonti aggiuntive e ho incorporato ulteriori informazioni da diverse fonti che sono state citate nelle note di riferimento delle edizioni precedenti. Tuttavia, vorrei aggiungere, per dovere di cronaca, che l'inclusione di queste nuove informazioni non altera in alcun modo le statistiche sopra menzionate. Le mie fonti sono varie e provengono da punti di vista diversi. La maggior parte di esse sono citate per la prima volta (come nelle precedenti edizioni) in un libro sull'assassinio di JFK. Sono abbastanza soddisfatto della scelta delle fonti e credo che il lettore di mentalità aperta converrà che le fonti si completano a vicenda. Come sempre, lascio al lettore il giudizio finale.

Come si fa a sapere quali fonti sono affidabili?

Come ho detto prima, mi sono basato su un gran numero di fonti e la stragrande maggioranza di queste fonti sono fonti "mainstream", anche quelle che fanno parte dei libri sulla cospirazione dell'assassinio di JFK. Non ho trovato nulla su nessun punto importante in nessuna parte del libro che non sia supportato da altre fonti. Il punto è che il libro si basa su fonti classiche. Suppongo che il problema più grande della ricerca in un settore come questo sia che si trovano molte fonti che sono propaganda di parte: disinformazione progettata per confondere. Tuttavia, ho fatto un serio sforzo per cercare di avere sempre (soprattutto nei casi in cui avevo dei dubbi) un certo numero di fonti che confermassero i fatti fondamentali della particolare area di cui stavo scrivendo.

Che cosa hanno detto del Giudizio Finale gli autori di altri libri su JFK?

È una domanda molto interessante, a dir poco. Prendiamo ad esempio Jim Marrs. Marrs è l'autore del monumentale libro *Crossfire*, che esamina quasi tutti i complotti per assassinare JFK. Questo libro è uscito prima del *Giudizio Finale* e il libro di Marrs, a sua difesa, approfondisce la connessione con il Permindex e cita l'*Executive Intelligence Review* dell'organizzazione LaRouche in relazione al Permindex.

Tuttavia, Marrs non va oltre a menzionare la possibilità - anche se non la riconosce necessariamente come un fatto - che Permindex avesse legami con il traffico internazionale di droga. (Marrs non menziona mai Lansky. Per lui si tratta solo di "mafia"). E, naturalmente, Marrs non entra mai nel merito della connessione israeliana, anche se, come ho già sottolineato, la fonte di Marrs, l'*Executive Intelligence Review*, si concentra sul ruolo del Mossad Tibor Rosenbaum in Permindex.

Comunque, ho inviato a Marrs una copia di *Giudizio Finale* dopo la sua pubblicazione. Tuttavia, devo ammettere che nella mia lettera a Marrs ho sottolineato alcune cose su Oliver Stone che mi rendevano sospettoso delle motivazioni di Stone nel portare *JFK* sullo schermo. Ho fatto notare a Marrs che mi era stato detto (anche se non l'ho mai confermato, a dire il vero) che Stone era uno dei maggiori finanziatori dell'AIPAC, la lobby registrata da Israele. Feci anche notare che Stone aveva ignorato la "connessione francese" (come avevo già notato).

D'ora in poi dirò (come ho fatto in *Giudizio finale*) che Oliver Stone ha pagato Jim Marrs circa 200.000 dollari o più quando Stone stava montando *JFK*. Posso quindi capire perché Marrs fosse riluttante a criticare o a riconoscere le critiche nei confronti di un uomo che lo aveva ovviamente reso ricco da un giorno all'altro.

E non dimentichiamo che il "pezzo grosso" dietro Oliver Stone e il film *JFK* era Arnon Milchan, il produttore esecutivo del film, che è stato descritto dall'editorialista liberale Alexander Cockburn come "il più grande trafficante di armi di Israele". Detto questo, più recentemente Marrs ha detto cose amichevoli sul *Giudizio Finale*, anche se non lo ha approvato completamente.

Ho inviato una copia del libro anche a William Turner, investigatore sull'assassinio e coautore di *Deadly Secrets* (già *The Fish is Red*), che tratta dei complotti congiunti della CIA e della criminalità organizzata contro Fidel Castro, che sembrano sovrapporsi al complotto per l'assassinio di JFK. Ho anche inviato una copia di *Giudizio finale* a Gaeton Fonzi, autore di *L'ultima indagine*, che era un investigatore della Commissione d'inchiesta sull'omicidio di JFK. Ho anche fatto notare a Fonzi che io e lui avevamo almeno una conoscenza in comune. Tuttavia, non ho mai ricevuto una conferma di ricezione né da Turner né da Fonzi.

Né ho avuto notizie da Jack Newfield del *New York Post*, al quale ho inviato una copia del libro. L'affermazione più recente di Newfield è la sua storia secondo cui il capo dei Teamsters Jimmy Hoffa era dietro l'omicidio di JFK, una teoria che ha colpito nel segno. La storia di Newfield secondo cui "Hoffa ha ucciso JFK" è nata dalla sua relazione con Frank Ragano, ex avvocato di Hoffa e del boss della mafia di Tampa Santo Trafficante. Ho persino sfidato Newfield a discutere l'argomento in un programma radiofonico nazionale chiamato Radio Free America, condotto dal mio collega di *Spotlight* Tom Valentine.

Ho anche inviato una copia del mio libro a David Scheim, autore di *Contract on America*, che sostiene che la mafia abbia ucciso JFK. Il libro di Scheim, a mio parere di autore ed editore attento a questi temi, non è altro che una riscrittura arricchita e ampliata di *The Plot to Kill the President* di G. Robert Blakey, che fu direttore dell'indagine della Commissione per l'Assassinio e che, in quanto tale, fu determinato a non trovare alcun coinvolgimento della CIA, dell'FBI o della comunità dei servizi segreti nell'assassinio del Presidente.

Come ho sottolineato in *Giudizio finale*, Scheim tendeva a ritrarre Meyer Lansky come un personaggio insignificante, una figura mafiosa di basso livello, un fallito della mafia, mentre era ovviamente molto più grande di così. Scheim - oso dirlo? -è ebreo e questo può essere stato un fattore di pregiudizio. Resta il fatto che, a prescindere dai suoi pregiudizi, Scheim gode di una certa credibilità in certi ambienti. Eppure non ha mai dichiarato di aver ricevuto il libro e non ha mai accettato di discutere con me come avevo richiesto.

Se la mia teoria è così ridicola, penso che a Scheim piacerebbe avere l'opportunità di demolirla, non solo perché crede che "la mafia abbia ucciso JFK", ma anche perché come ebreo americano (e forse come devoto di Israele) avrebbe la possibilità di confutare l'affermazione che lo Stato ebraico abbia avuto un ruolo nell'assassinio. Pensavo che avrebbe sfruttato questa occasione d'oro per demolirmi pubblicamente. Ma Scheim non accettò mai la mia offerta di discutere.

Un mio caro amico, Donald L. Kimball, ha scritto tre libri sull'assassinio di JFK. È uno scrittore prolifico e un americano convinto, ma per quanto ne so non ha mai letto *Giudizio Finale*. Ho sentito dire che Don ha rifiutato di punto in bianco *Giudizio*

Finale dopo aver saputo dell'uscita del libro e ha detto: "Oh, beh, Mike si sta occupando di tutte queste cose del Mossad".

Cosa posso dire? Credo che Don abbia lo stesso atteggiamento dei più famosi ricercatori sull'assassinio di JFK e cioè che sono pronti a scrivere e a parlare dell'assassinio di JFK purché non pestino i piedi a Israele e alla sua lobby americana.

Ammettiamolo: la lobby israeliana ha stretti legami con i media americani, e in particolare con l'industria dell'editoria e della distribuzione. Chiunque neghi l'esistenza di un forte pregiudizio filo-israeliano nei media americani è ancora una volta un bugiardo o un pazzo, o entrambi. Capisco quindi perché gli autori dei libri sull'assassinio di JFK non vogliano confrontarsi con i media. Non è nel loro interesse finanziario farlo.

Nella sezione "Un'ultima parola?" di questo libro, parlo delle mie avventure nei forum di discussione su Internet dedicati all'assassinio di JFK, scambiando idee (e insulti) con gruppi di persone eccezionalmente eclettici - alcuni di mentalità aperta, altri di mentalità ristretta, ma tutti con opinioni diverse. Certo, c'era molta ostilità nei confronti del mio particolare approccio, ma sono stato piacevolmente sorpreso (come vedrete) di trovare un buon numero di persone disposte a darmi la loro opinione amichevole e che non erano disposte a respingere completamente la mia teoria. Allo stesso tempo, però, ho scoperto che anche alcuni dei critici più competenti della mia teoria non erano in grado di confutarla (almeno per quanto mi riguardava) e questo è stato un sollievo per me, perché temevo francamente di aver tralasciato un dettaglio da qualche parte che avrebbe fatto crollare la tesi del Giudizio Finale. Ma non è successo - e non credo che succederà mai.

E che dire del JFK Assassination Research and Information Centre di Dallas? Fino a quando non ha chiuso i battenti, il centro organizzava un incontro annuale in cui gli appassionati e i fanatici di JFK venivano a Dallas per parlare del loro argomento preferito: riflettere su tutte le possibili teorie per stabilire se il colpo fatale fosse stato sparato da un tombino o da un disco volante. Discutono di questi argomenti per ore. Tuttavia, quando ho chiesto di venire a Dallas per parlare di *Giudizio Finale*, che aveva già venduto 8.000 copie in tutta l'America, non ho ricevuto nemmeno una risposta da queste persone che si suppone si dedichino alla ricerca della verità.

Ora, o sono un maniaco o ho ragione e non vogliono parlarne. Lascio che siano i lettori di *Final Judgement* a decidere. Non credo che chi abbia letto Giudizio *Finale* con un approccio aperto e onesto mi consideri un maniaco. Eppure le persone del JFK Center di Dallas hanno adottato l'atteggiamento del mio amico Don Kimball, che ha paura di essere coinvolto in qualsiasi cosa abbia a che fare con il Mossad.

Il Centro JFK era un'attività lucrativa che aveva bisogno di pubblicità. Non avrebbero ottenuto una buona pubblicità (o qualsiasi pubblicità, se è per questo) se avessero iniziato a parlare di un possibile coinvolgimento di Israele nell'assassinio.

Ho pubblicizzato *Giudizio Finale* nel programma della conferenza annuale del Centro JFK del 1993 e ho inviato un mailing a circa 300 persone presenti alla conferenza, ricevendo diverse lettere amichevoli da parte di alcuni ricercatori. Tuttavia, sono giunto alla conclusione che queste persone sono più interessate a discutere di cose che non potranno mai avere una risposta: quanti colpi sono stati sparati, che tipo di proiettili sono stati usati, dove sono caduti i proiettili, e così via. L'elenco di queste domande - e delle risposte mancanti - è lungo.

Tuttavia, non sono queste le questioni che dobbiamo risolvere. Quello che dobbiamo risolvere è chi ha veramente ucciso John F. Kennedy e perché. Perseguire questa domanda significa trovare la risposta più sgradevole: che gli israeliani erano effettivamente coinvolti nel complotto per assassinare JFK. Questo è qualcosa che i fifoni non vogliono ammettere.

Ha apportato qualche modifica sostanziale alle conclusioni a cui è giunto nel giudizio finale dalla prima pubblicazione del libro?

Nelle precedenti edizioni del libro c'erano molti errori tipografici. Ma, soprattutto, sono stati corretti i piccoli errori di fatto che comparivano nelle edizioni precedenti e che, nella mia speciale "sfida ai lettori", ho evidenziato per la cronaca, sottolineando che non avevano nulla a che fare con la tesi del libro. A parte queste correzioni, non ho rivisto la tesi originale presentata nella prima edizione.

Ho rafforzato il libro qua e là, ma non ho eliminato alcun dato sostanziale relativo alla tesi stessa. Quindi il libro è essenzialmente come è stato scritto originariamente, ma ora è molto più forte e completo che mai, coprendo aree relative all'assassinio e all'insabbiamento che non erano state trattate nelle edizioni precedenti, in particolare le nuove scoperte che ho portato alla luce sul lavoro poco conosciuto di Frank Sturgis, un agente di lunga data della CIA per il Mossad - un dettaglio davvero esplosivo.

Dopo la pubblicazione della prima edizione sono giunto alla conclusione che il cosiddetto legame della "mafia" con l'assassinio di JFK è più che altro una distrazione e nel riassumere le mie scoperte ho citato questa rivalutazione a beneficio dei lettori, anche se chi ha letto anche la prima edizione scoprirà che fin dall'inizio avevo definito con molta attenzione la probabilità di un coinvolgimento della "mafia" come superficiale, nel migliore dei casi.

Lei ha criticato il film JFK di Oliver Stone. Perché lo ha fatto? Stone non ha fatto un buon lavoro nell'esporre nuovi fatti sull'assassinio di JFK a un pubblico più vasto di quanto non avesse fatto nessuno prima?

I difensori di Stone hanno sottolineato che Stone aveva un argomento molto complicato da trattare nel film e che non poteva includere tutto, e questo è assolutamente vero. Non posso non essere d'accordo. I difensori di Stone dicono anche: "Beh, se voleva far conoscere almeno una parte della storia, Stone non poteva approfondire il legame con Israele - anche se voleva farlo - perché non sarebbe stato in grado di ottenere finanziamenti o distribuzione per il film". È la verità.

Tuttavia, gli interessi finanziari dietro la produzione, la distribuzione e la promozione della "storia alternativa" o "teoria alternativa" di Oliver Stone sull'assassinio di JFK sono legati sia a Israele che al sindacato del crimine Lansky, a sua volta legato sia al Mossad che alla CIA, e ancora più specificamente durante il periodo dei complotti della CIA e della mafia contro Castro, che secondo tutti i ricercatori sembra aver avuto un ruolo almeno periferico negli eventi che hanno portato all'omicidio del Presidente.

Devo quindi chiedere ai difensori di Stone: qual è la loro opinione sul film di Stone alla luce di quelle che ritengo essere prove significative del fatto che il Mossad ha svolto un ruolo chiave nell'assassinio di JFK? Il film di Stone era in realtà una "propaganda di parte" progettata per dare al popolo americano un "giudizio finale" divulgato, per così dire, su ciò che sarebbe accaduto a Dallas? È proprio questo che ha fatto il film, e lo ha fatto in modo tale che la "soluzione" è ben lontana da tutto ciò.

Qual è la sua opinione sul film "*Executive Action*"?

Mark Lane è stato uno dei principali promotori di questo film, ma alla fine Lane non era soddisfatto della versione finale del film in quanto, a suo parere, non affrontava a sufficienza il ruolo della CIA nell'assassinio del Presidente Kennedy. Nel complesso, tuttavia, *Executive Action* è un film valido e ben realizzato, e non c'è dubbio che Stone abbia attinto a piene mani dalle fondamenta di *Executive Action* per strutturare il suo film. Come il film di Stone, anche *Executive Action* non fa nomi di cospiratori di alto livello. Il film, come quello di Stone, tradisce un certo pregiudizio "liberale", se così si può dire. Trovo comunque molto istruttivo guardare il film, in quanto delinea una teoria, molto concisa, su come un piccolo gruppo di cospiratori potrebbe aver compiuto l'assassinio di JFK. Invito chiunque voglia farsi un'idea della cospirazione per l'assassinio di JFK a guardare *Executive Action*.

Come ha reagito il mondo arabo al suo libro, visto che accusa Israele dell'assassinio di JFK?

Gli arabo-americani che hanno letto il libro hanno detto che è un libro eccellente. Un pastore cristiano arabo-americano, che tra l'altro non è uno stereotipo di "arabo ricco", ha comprato ben 102 copie. Ho inviato copie a tutte le ambasciate arabe e ho ricevuto una lettera di ringraziamento che diceva: "Non vedo l'ora di leggere il suo libro".

L'ambasciata libica a New York ha acquistato altre tre copie del libro dopo aver ricevuto la mia copia gratuita. Ma il libro non è stato sovvenzionato dagli arabi e non è propaganda araba. Né è stato progettato dagli arabi. Solo dopo la pubblicazione della quarta edizione una casa editrice araba ha deciso di pubblicare una traduzione in arabo del libro. Quindi il denaro arabo non è mai stato un fattore dietro la pubblicazione e la distribuzione della pubblicazione originale del libro e la verità è che anche l'editore in lingua araba del libro non ha fornito al libro il tipo di distribuzione che avrei voluto.

Devo dire, tuttavia, che ho ricevuto con piacere l'invito a parlare al secondo Dialogo Verde per un Ordine Mondiale Alternativo che si è tenuto a Tripoli, in Libia, sotto il patrocinio della Società Viennese Jamahir per la Filosofia e la Cultura.

Purtroppo, a causa delle restrizioni all'ingresso in Libia (imposte agli americani su pressione della lobby israeliana), non ho potuto partecipare. Tuttavia, gli organizzatori mi hanno chiesto di presentare una dichiarazione scritta che è stata letta ai partecipanti di tutto il mondo. In seguito, ho ricevuto lettere meravigliose da persone di Malta, Ghana, Guyana e Nuova Zelanda che, a quanto pare, sono rimaste profondamente sorprese nell'apprendere che alcuni americani non hanno paura di sollevare questioni sulle relazioni USA-Israele. Sono grato alle persone del cosiddetto "Terzo Mondo" che hanno trovato il tempo di scrivere e sono grato che ci siano alcuni luoghi in cui la libertà di parola (quando si tratta di intrighi israeliani) esiste ancora.

Potrei menzionare, inoltre, che quando il mio editore cercò di acquistare un annuncio a tutta pagina per il *Giudizio Finale* sulle pagine di una pubblicazione "filo-araba", *The Washington Report on Middle East Affairs*, i redattori rifiutarono. Non perché l'annuncio fosse "controverso", ma perché gli editori temevano che l'Anti-Defamation League (ADL) di B'nai B'rith avrebbe usato la pubblicazione dell'annuncio per suggerire che erano in qualche modo collegati al mio datore di lavoro di allora, Liberty Lobby, che l'ADL dichiarava "antisemita". (Il *Washington Report* pubblicò comunque una mia lettera all'editore - una piccola concessione, suppongo). Ma l'influenza dell'ADL si fa sentire anche tra coloro che sono inclini al punto di vista "arabofono".

Nel numero di ottobre/novembre 1999 del *Washington Report*, Tim Hanley, autore di una lettera, affermava: "Ci sono prove considerevoli che collegano gli israeliani all'assassinio di JFK. È un argomento troppo scottante per il [*Washington Report*], ma ci sono prove nondimeno.... Perché dubito che questo sia un argomento da esaminare pubblicamente?".

L'editore ha risposto alla lettera del signor Hanley come segue: "... Aggiungiamo che, pur sapendo che molte persone in Medio Oriente associano l'assassinio di JFK alla possibilità che egli stesse per riorientare la politica statunitense in Medio Oriente verso un approccio più equo, non ci sono prove concrete che colleghino questo alla sua morte".

È chiaro che i redattori *del Washington Report* non sono disposti a pubblicare *Giudizio Finale*, nonostante il fatto che molti dei loro lettori abbiano ovviamente letto *Giudizio Finale* o sentito parlare del libro. Dubito del loro giudizio, ma la decisione spetta a loro.

Nel marzo 2003, ho avuto l'opportunità unica di tenere una conferenza presso uno dei principali think-tank arabi del Medio Oriente, lo Zayed, il Centro Internazionale di Coordinamento e Monitoraggio - con grande disappunto della Anti-Defamation League, che ha sollevato un polverone per la mia presenza in quella sede - ma il tema del *Giudizio Finale* è stato menzionato solo di sfuggita nell'ambito della mia conferenza sulla parzialità dei media americani a favore di Israele.

Ci sono state reazioni al suo libro in Israele?

Finora la reazione in Israele è stata limitata. La prima reazione è stata un'analisi piuttosto interessante su Internet di *Final Judgment*, scritta da Barry Chamish, un giornalista israeliano anticonformista, secondo il quale *Final Judgment* "dimostra che il Mossad è stato la forza trainante dell'assassinio di JFK". Descritto come un "sionista" che dice di essere "impegnato per la forza e la sopravvivenza di Israele", Chamish ha contribuito a provocare una tempesta in Israele dimostrando, con soddisfazione di molti, che i servizi segreti israeliani erano coinvolti nell'assassinio del Primo Ministro israeliano Yitzhak Rabin.

Nella sua analisi del *Giudizio Finale*, afferma di accettare la mia tesi secondo cui Permindex era effettivamente una copertura del Mossad per operazioni segrete. Si tratta di una concessione importante, visto il dibattito tra i ricercatori su cosa fosse o meno Permindex.

Chamish ha mosso diverse critiche, ma nessuna di esse ha pregiudicato la tesi di fondo che Chamish ha essenzialmente sostenuto. Ha detto che, a suo parere, "Piper ha ragione e torto... la cosa inquietante è che non ci vuole molto di ciò che ha trovato giusto per fornire prove del coinvolgimento di Israele" nell'assassinio di JFK.

Chamish ha detto che una delle cose che ho sbagliato è che ho descritto l'ex Primo Ministro israeliano Menachem Begin (che Chamish ammira) come un ex "terrorista". Questa descrizione è una questione di opinione, aperta al dibattito. Begin ha ucciso ufficiali britannici in Palestina. Li ha fatti saltare in aria con le bombe. Questo è terrorismo, secondo la mia definizione.

Tuttavia, Chamish concorda sul fatto che il mio suggerimento che il Primo Ministro israeliano David Ben-Gurion (arrabbiato con JFK per aver cercato di impedire a Israele di costruire la bomba nucleare) abbia deciso di, secondo le parole di Chamish, "utilizzare l'esperienza del Mossad nell'assassinio di [JFK]" è una speculazione ragionevole. Chamish ha dichiarato che, a suo avviso, "il complotto principale per l'assassinio era americano e la sua genesi precedeva qualsiasi possibile coinvolgimento israeliano". Egli ritiene che "l'America abbia corrotto Israele e non viceversa".

Chamish ha detto che in precedenza sarebbe stato propenso a liquidare la mia tesi come "una storia fantastica", se non fosse che nella sua ricerca sull'assassinio di Yitzhak Rabin ha "scoperto in modo indipendente troppi fatti in comune con il Piper".

Notando che ero un corrispondente di *Spotlight* (sul quale Chamish ha probabilmente sentito qualche pettegolezzo), Chamish ha detto che "non è molto eccitante per me", ma sottolinea che "circa la metà delle fonti di Piper sono ebree" e che "tutto sommato, Piper non sembra un antisemita e posso riconoscerlo a un miglio di distanza". Penso che sia un sincero ricercatore della verità".

Chamish afferma che "il peso delle prove [di Piper] è 'circostanziale' ma comunque 'impressionante', anche se 'lontano dall'essere conclusivo'". Tuttavia, sono stato il primo a sottolineare che, sebbene le prove presentate nel *Giudizio Finale* siano circostanziali, non sono meno circostanziali di quelle presentate da coloro che sostengono, ad esempio, che "la mafia ha ucciso JFK".

Chamish si è anche spinto a collegare il *Giudizio Finale* alla morte di JFK Jr, figlio del defunto Presidente. Chamish ha sottolineato - come ho notato nella quarta edizione di *Final Judgment* un anno prima della morte del giovane Kennedy - che JFK Jr. aveva pubblicato un rapporto dettagliato nel numero di marzo 1997 della sua rivista *George*, sostenendo che l'intelligence israeliana era dietro l'assassinio di Rabin. Quindi, conclude Chamish, "non sappiamo cosa abbia spinto [JFK Jr.] a cercare da solo la verità su Rabin, ma potrebbe aver avuto molto a che fare con le informazioni contenute in *Final Judgment*". Per un israeliano, è ovvio che si tratta di un'approvazione molto forte e onesta.

Più recentemente, il dissidente israeliano di fama internazionale Israel Shamir ha citato il *Giudizio Finale* in uno dei suoi scritti. Shamir - da non confondere con il Primo Ministro israeliano Yitzhak Shamir - ha fortemente criticato la continua violenza di Israele e la cospirazione internazionale contro i suoi nemici.

In *Giudizio finale*, lei accusa il primo ministro israeliano di lungo corso Yitzhak Shamir di essere direttamente coinvolto nel complotto per l'assassinio di JFK. Non teme una denuncia per diffamazione da parte di Shamir?

Shamir era a capo della squadra ufficiale del Mossad all'epoca dell'assassinio di JFK, quindi è improbabile che voglia attirare l'attenzione su questo fatto intentando una causa per diffamazione contro di me. Ciò aprirebbe una spiacevole scatola di vermi che gli israeliani preferirebbero tenere nascosta.

Lei non ha mai detto chi pensa siano stati i veri assassini del Presidente Kennedy a Dallas. Chi erano?

Nel libro faccio notare che a Dallas sono stati fatti diversi nomi di possibili assassini "francesi", tra cui un certo Michael Mertz. Questi aveva legami non solo con i servizi segreti francesi e con le forze anti-De Gaulle dell'OAS, ma anche con la rete del traffico di droga di Lansky e Trafficante e con la cosiddetta mafia corsa, i cui membri a loro volta combattevano l'OAS. Si capisce quindi che questo possibile assassino ha legami in molte direzioni con varie fazioni dell'intelligence francese e con tutti gli elementi appunto non francesi che lavoravano contro JFK.

Esistono prove inconfutabili che gli esuli cubani anticastristi siano stati coinvolti in un modo o nell'altro negli eventi di Dealey Plaza. Abbiamo i fratelli Novo (Guillermo e Ignacio) che l'ex agente della CIA Marita Lorenz dice di aver accompagnato a Dallas il giorno prima dell'assassinio. Non va dimenticato che il "supervisore" della signorina Lorenz e dei Novo era Frank Sturgis, che ha lavorato per anni per la CIA e il Mossad; lo stesso Sturgis ha poi detto alla Lorenz che la sua squadra era coinvolta nell'assassinio, anche se non ha mai detto che erano stati loro a sparare. La signorina Lorenz ha testimoniato che Sturgis le aveva detto che avrebbe agito come "esca" nell'operazione e che solo dopo l'assassinio si è resa conto che le sue attività l'avevano portata nella sfera della cospirazione dell'assassinio.

Probabilmente ci sono state molte persone che sono state portate a Dallas come parte di potenziali o possibili squadre di assassini che non sono mai state effettivamente utilizzate o che possono aver avuto un ruolo in qualche modo prima o dopo il crimine. Alla fine, i veri assassini erano solo dei "sicari" per persone di livello molto più alto. L'importante è sapere chi ha pianificato l'assassinio. Questo è ciò che conta davvero.

Perché non affrontare domande come da dove sono stati sparati i colpi, dove sono caduti i colpi o che tipo di proiettili o armi sono state usate? Presi insieme, questi elementi non aiutano a risolvere il mistero dell'assassinio di JFK?

Il punto cruciale è: "Chi ha ucciso John F. Kennedy e perché?". In *Giudizio Finale*, ho citato Vincent Salandria, ricercatore di lunga data sull'assassinio di JFK, che ha detto: "Mentre i ricercatori sono stati coinvolti in indagini microanalitiche su come è stato compiuto l'assassinio, non c'è stata quasi nessuna riflessione metodica sul perché il Presidente Kennedy è stato ucciso". Credo che questo riassuma abbastanza bene la situazione.

Quel giorno a Dallas morì John F. Kennedy. Come conseguenza diretta della sua morte, la politica estera americana non solo cambiò in relazione al Vietnam, ma fece anche una svolta di 180 gradi nell'area della politica americana verso Israele e il mondo arabo. Credo che il grande problema di molti ricercatori sull'assassinio di JFK sia che non hanno guardato in direzione della controversia sul Medio Oriente e questo è un problema importante che non sono riusciti a superare.

I responsabili dell'omicidio di John F. Kennedy non trovano nulla di più divertente dello spettacolo di "ricercatori seri" che si pestano i piedi a vicenda e sputano informazioni di seconda, terza e quarta mano, cercando di determinare la provenienza degli spari trent'anni dopo il delitto. Questo non risolve in alcun modo la controversia.

Mark Lane ha dimostrato in *Rush to Judgment* che c'era molto di più nella storia e libri successivi come, in particolare, *Six Seconds* in Dallas di Josiah Thompson, analizzano gli aspetti forensi in modo convincente. Tuttavia, la questione della cospirazione e dell'insabbiamento non era più in dubbio dopo la comparsa di questi libri.

Ecco perché da trent'anni sappiamo che c'era una cospirazione, che erano coinvolti diversi assassini. Non importa come abbiano commesso il crimine, alla fine, perché il crimine è stato un successo. Le armi usate per il crimine non sono mai state trovate e molte delle prove autoptiche e balistiche esistenti potrebbero essere dei falsi. È improbabile che troveremo mai un'"arma del delitto" acquistata da un noto assassino del Mossad.

Smettiamo quindi di cercare di rispondere a domande che non troveranno mai risposta e iniziamo a esaminare le connessioni di coloro che furono coinvolti in un modo o nell'altro nel complotto: Clay Shaw, David Ferrie, Guy Banister, Carlos Marcello, Santo Trafficante, gli assassini francesi e molti altri. Quando si esaminano i legami tra questi nomi noti, come ho fatto in *Giudizio finale*, non si può fare a meno di inciampare nel legame con Israele. È un legame onnipresente.

Perché nessuno ha scoperto il collegamento israeliano con l'assassinio di JFK prima della pubblicazione di Giudizio Finale?

Come ho sottolineato in precedenza, è solo relativamente di recente che la difficile relazione tra John F. Kennedy e Israele è stata ampiamente svelata dal pubblico. Quindi la maggior parte delle persone non sapeva nemmeno di dover guardare prima in direzione di Israele. Quando l'autore liberale Richard Reeves è apparso al programma radiofonico di Pat Buchanan, presentando la sua nuova storia sull'amministrazione Kennedy, ho telefonato e ho chiesto informazioni sulla politica mediorientale di JFK nel contesto del possibile coinvolgimento di Israele nell'assassinio di JFK. Reeves riconobbe brevemente che JFK era impegnato in una situazione tutt'altro che amichevole con Ben-Gurion, ma prima che potessi approfondire la questione, il co-conduttore di Buchanan, Ben Wattenberg, un fanatico di Israele, mi interruppe tagliandomi fuori dalla trasmissione, potrei aggiungere, e cambiò l'argomento della discussione sulla salute di JFK. Alla faccia della politica mediorientale di JFK!

Perché il procuratore distrettuale di New Orleans Jim Garrison non ha mai rivelato i legami di Clay Shaw con gli israeliani e il sindacato del crimine Lansky attraverso la sua partecipazione al consiglio di amministrazione di Permindex? Garrison sapeva di Permindex.

Penso che questo sia dovuto al fatto che Garrison stesso era chiaramente all'oscuro della relazione con Israele e non aveva motivo di sospettare un coinvolgimento israeliano, dato che a quel punto, alla fine degli anni Sessanta, il conflitto di JFK con Israele era davvero un segreto profondo e oscuro.

Tuttavia, come ora sappiamo, secondo il ricercatore A. J. Weberman, Garrison giunse evidentemente in seguito alla conclusione che esisteva una connessione con il Mossad, resa evidente dalla diffusione di un manoscritto per un romanzo (mai pubblicato) in cui identificava nel Mossad la forza trainante della cospirazione per l'assassinio.

Come ho sottolineato in *Giudizio Finale*, Garrison non ha considerato (almeno inizialmente) le connessioni Permindex di Shaw come centrali per gli eventi di Dallas. Questo indica che Garrison aveva davvero perso il filo del discorso, poiché si era imbattuto nella chiave delle connessioni di Clay Shaw con l'intelligence e chiaramente non le aveva capite. Uno dei miei più grandi rimpianti è che Jim Garrison non sia vissuto per leggere *Giudizio Finale*.

Come ho già detto, tuttavia, coloro che hanno identificato il legame con Permindex, come il dottor John Coleman e l'*Executive Intelligence Review*, non hanno individuato con precisione il motivo per cui gli stessi israeliani avevano interesse a eliminare JFK. Non hanno esaminato la politica mediorientale di JFK e il modo in cui tale politica è stata invertita dopo la sua morte, per non parlare del fatto che JFK stava cercando di impedire a Israele di costruire la bomba nucleare, che alla fine è stata quasi certamente la forza trainante del coinvolgimento di Israele nella cospirazione per l'assassinio.

In effetti, dopo aver scritto *Giudizio Finale*, ho trovato due articoli molto vecchi e relativamente oscuri che evidenziavano il ruolo del Mossad e del Sindacato del Crimine di Lansky nella cospirazione.

L'articolo apparve a un certo punto negli anni '80 nel rapporto della Christian Defence League con sede a Metairie, in Louisiana, e questo articolo riassumeva sostanzialmente l'idea di base della teoria esposta in *Giudizio Finale* in una decina di paragrafi dicendo, essenzialmente, che era probabile che gli israeliani fossero coinvolti nell'assassinio di JFK a causa dei problemi che JFK aveva con gli israeliani e con la cosiddetta "mafia", spesso incolpata dell'omicidio di JFK, che in realtà era dominata dal discepolo di Israele, Meyer Lansky.

Ho parlato con il dottor James K. Warner della Christian Defence League e gli dissi che dovevo dare credito a ciò che era dovuto. All'epoca, Warner aveva persino dimenticato che l'articolo era stato pubblicato! Ma è interessante notare che questo breve articolo trattava molto bene l'argomento.

Devo anche rendere omaggio al defunto Ned Touchstone, anch'egli della Louisiana, che era l'editore di un giornale chiamato *The Councilor*. Touchstone aveva effettivamente indagato sull'assassinio di JFK e ora ho appreso che è stato Touchstone una delle prime persone a imbattersi nell'agente della CIA David Ferrie, di cui si parla in dettaglio nell'Appendice 3.

A merito di Touchstone, egli ha effettivamente evidenziato i legami di alto livello con la lobby di Israele della potente famiglia Stern di New Orleans, proprietaria della radio e della televisione WDSU di New Orleans e amica intima di Clay Shaw. Come ho descritto in dettaglio in *Giudizio Finale*, sono stati i media WDSU ad essere in gran parte responsabili dello sforzo mediatico che ha gettato le basi per il profilo preassassinio di Lee Harvey Oswald come "agitatore pro-Castro". Fu Touchstone a suggerire che in qualche modo gli Stern avrebbero potuto essere la chiave del puzzle dell'assassinio di JFK, ma evidentemente non aveva prove solide, forse perché nessuno sapeva esattamente quanto problema si fosse sviluppato tra JFK e gli israeliani prima dell'assassinio.

Touchstone ha scoperto per la prima volta la foto di Clay Shaw a una festa sponsorizzata dalla rete WDSU della famiglia Stern a New Orleans. Per molti anni si è creduto che nella foto ci fosse anche Ferrie. Recentemente sono stati sollevati seri dubbi sul fatto che Ferrie fosse effettivamente la persona nella foto con Shaw, ma altre fonti hanno affermato che Shaw e Ferrie si conoscevano. Quindi, se fosse o meno Ferrie nella foto è del tutto irrilevante al momento.

C'è molto altro da dire sui rapporti di JFK con Israele. Solo di recente, nel 1995, dopo la pubblicazione di *Giudizio finale*, il Dipartimento di Stato ha reso pubblico un enorme volume di documenti inediti sulle relazioni degli Stati Uniti con Israele durante l'amministrazione Kennedy. Si tratta di documenti che confermano che JFK e il Primo Ministro israeliano Ben-Gurion erano impegnati in un aspro conflitto dietro le quinte sul desiderio di Israele di costruire un'arma nucleare.

Il libro del Dipartimento di Stato, pubblicato attraverso il Government Printing Office, è *Foreign Relations of the United States (1961-1963) Volume XVII - Near East (1961-1962)*. Un campione di questi documenti è citato in questa edizione di *Final Judgment* e fornisce una forte prova dell'aspro conflitto tra JFK e Ben-Gurion sul programma di bomba nucleare di Israele.

Inoltre, naturalmente, il nuovo libro di Avner Cohen, *Israel and the Bomb*, ha fornito una grande quantità di nuove informazioni sulla guerra non ufficiale di JFK con Israele. Cohen ha dichiarato di rifiutare la mia teoria del coinvolgimento di Israele nella cospirazione di JFK, quindi non c'è dubbio che il suo libro (che gli piaccia o meno) conferisce credibilità alla mia tesi, che a Cohen piaccia o meno.

In Giudizio finale c'erano molte ripetizioni. Molto spesso lei dice quello che dirà nei capitoli successivi o quello che ha spiegato nei capitoli precedenti. Il libro non sarebbe molto più efficace se lei avesse avuto un editor che avesse eliminato questi riferimenti ripetitivi dal libro?

È una domanda interessante. Nella mia cerchia ristretta di persone che hanno letto il libro prima o dopo la pubblicazione, la ripetizione è stata un aspetto che hanno quasi sempre sottolineato quando ho chiesto loro cosa fosse piaciuto o meno del libro. In effetti, circa sette su dieci hanno detto di apprezzare la ripetizione, spiegando che legava insieme tutti gli argomenti complessi.

Il libro è piuttosto dettagliato e cerca di collegare tra loro argomenti che inizialmente non sembrano collegati (anche se lo sono sicuramente). Quindi, durante la stesura del libro, ho deciso consapevolmente di cercare di collegare tutti questi argomenti il più spesso possibile. Se questi riferimenti ripetitivi fossero stati eliminati, il libro sarebbe stato più breve, ma per una persona che non conosceva molti dettagli sull'assassinio di JFK, sulla storia del rapporto tra JFK e Israele, sul crimine organizzato, sarebbe stato più difficile capire l'intera tesi se non fosse stata collegata ripetutamente nel modo in cui l'ho fatto.

In ogni caso, apprezzo i commenti critici dei lettori, perché è sempre interessante vedere come gli altri percepiscono il mio lavoro. Tuttavia, anche a posteriori, nonostante le critiche di alcune persone che conosco bene e di cui rispetto le opinioni, ritengo che il mio giudizio in materia sia stato corretto.

Nel Giudizio Finale, lei non afferma mai con precisione se sia stata la CIA o il Mossad il principale istigatore dell'assassinio di JFK. In altre parole, chi pensa che fosse il "partner principale" nel complotto per assassinare JFK? Non si possono avere entrambe le cose. È stata la CIA o il Mossad?

Non so se sia stata la CIA o il Mossad a istigare la cospirazione. Vorrei sottolineare che nel campo della politica americana in Medio Oriente, la CIA e il Mossad erano, come ho già detto, praticamente due facce della stessa medaglia. James J. Angleton, alleato del Mossad nella CIA, ha trasformato molti agenti della CIA in agenti del Mossad, che lavoravano per conto degli interessi di Israele, non solo in Medio Oriente ma in tutto il mondo.

In molti casi, c'erano indubbiamente molti agenti della CIA - e agenti a contratto della CIA, per esempio - che stavano facendo il lavoro del Mossad e non lo sapevano, non solo in relazione all'assassinio di JFK, ma anche in varie attività segrete in tutto il mondo.

Credo che il complotto per l'assassinio sia stato in gran parte uno sforzo di cooperazione, ma ritengo che il legame con il Mossad sia stato centrale nella cospirazione e sia stato attivamente sostenuto e attuato su insistenza di Angleton alla CIA di Washington.

L'assassinio probabilmente non sarebbe mai stato portato a termine senza la collaborazione attiva della CIA e, chiaramente, i membri della CIA che erano attivamente coinvolti nel complotto dell'assassinio (Angleton in particolare) erano vicini al Mossad o operavano all'interno della sua sfera d'influenza in una serie di settori.

Ad esempio, E. Howard Hunt, l'uomo della CIA che lavorò a stretto contatto con i cubani e Guy Banister a New Orleans, era anche un ufficiale di collegamento della CIA con l'OAS francese che, a sua volta, lavorava a stretto contatto con gli israeliani. Lo stesso vale per Banister, un altro protagonista di almeno un aspetto della cospirazione: in particolare il processo di creazione della leggenda di Lee Harvey Oswald come "agitatore filo-castrista" mentre viveva a New Orleans. Poi, naturalmente, c'è Frank Sturgis, che ha lavorato per la CIA e il Mossad e ha ammesso di aver preso parte all'assassinio.

Quindi, in molti dei casi chiave in cui sembriamo trovare un "collegamento della CIA" al complotto per l'assassinio di JFK, scopriamo anche che si tratta di un collegamento israeliano molto importante: che si tratti di Banister, Sturgis, Hunt o, a un livello più alto, di James Angleton.

Per non parlare dell'agente di lunga data della CIA Clay Shaw, che era collegato agli israeliani attraverso la Permindex, sponsorizzata dal Mossad. In un certo senso, tutti questi attori chiave indossavano due cappelli. In questa particolare area di intrighi di intelligence (l'assassinio di JFK), quando si guarda alla CIA, si guarda anche al Mossad.

In una situazione come questa, in cui interagiscono vari gruppi di potere - in questo caso, una cospirazione per uccidere il Presidente degli Stati Uniti - si potrebbe vedere Ben-Gurion in Israele dire a James Angleton della CIA a Washington (direttamente o indirettamente, ovviamente): "JFK non è solo una minaccia per Israele, ma sta anche per far saltare in aria la CIA e gettarla al vento". Rovinerà i vostri piani per andare più a fondo in Vietnam".

Allo stesso tempo, i lobbisti di Ben-Gurion potevano sussurrare alle orecchie dei lobbisti degli appaltatori della difesa a Washington dicendo, ad esempio: "Non otterrete i vostri grandi profitti se JFK esce dal Vietnam. E se LBJ entra in carica, sappiamo in buona fede che inizierà un processo di armamento di Israele importante e molto redditizio. Ma nulla di tutto ciò accadrà se JFK resterà in carica ancora a lungo". Gli appaltatori della difesa si girano e dicono ai loro amici della CIA e del Pentagono: "Quel figlio di puttana di Kennedy deve andarsene".

È molto semplicistico, naturalmente, ma è un modo molto istruttivo di vedere come si è sviluppato il processo di complotto per l'assassinio.

Ovviamente Angleton e i suoi collaboratori della CIA non avevano bisogno che Ben-Gurion dicesse loro quale fosse il problema di JFK con la CIA. Ma di certo non faceva male ad Angleton sapere che avrebbe avuto l'influenza politica e la protezione, per non dire l'aiuto, di Israele e della sua rete mondiale e il sostegno dei media americani se lui e la CIA avessero deciso di agire contro il Presidente Kennedy.

Nel complesso, c'era un gruppo affiatato di persone - sia cospiratori veri e propri che potenti simpatizzanti - che si relazionavano regolarmente tra loro su base intima e segreta.

Ho detto molte volte che, sebbene la cospirazione per l'assassinio di JFK sembri a prima vista composta da molti cerchi diversi che si sovrappongono, sarebbe più appropriato pensare alla cospirazione come a un cerchio molto ampio che continua a espandersi verso l'interno in un vortice molto stretto. Non si tratta di una "grande famiglia felice", ma di una "piccola famiglia felice" che collabora alla cospirazione del JFK. Con pochi contatti, queste persone sono state in grado di mettere in moto, finanziare e orchestrare questa cospirazione, che ovviamente ha attraversato diversi continenti.

Non sapremo mai chi ha detto: "Uccidi JFK". Sarebbe presuntuoso da parte mia cercare di commentare questo fatto e ovviamente non è stata conservata alcuna documentazione di questa cospirazione. Nel film *JFK* di Oliver Stone, il personaggio interpretato da Donald Sutherland, noto come "Mister X", dice di ritenere che la cospirazione sia iniziata "nell'aria". Kennedy, dice, era come Cesare, circondato da nemici. C'era qualcosa in ballo. Eppure tutti gli addetti ai lavori sapevano cosa sarebbe successo: che JFK sarebbe stato assassinato. È stato un colpo di Stato, ed è così che funzionano. Questo è il modo migliore per capire come si è evoluta la cospirazione.

Secondo Pierre Neuville, la mia fonte francese, Yitzhak Shamir, capo del Mossad per gli omicidi, ha subappaltato almeno un assassino o una squadra di assassini attraverso il colonnello Georges De Lannurien dei servizi segreti francesi. E poiché De Lannurien era con Angleton al quartier generale della CIA a Langley il giorno dell'assassinio, sembra probabile che De Lannurien sapesse esattamente chi questi assassini a contratto avevano nel mirino. Non sembra essere stato "fuori dal giro". Quindi, secondo me, c'è stato un gesto affermativo da parte del Mossad per uccidere John F. Kennedy. Forse Shamir lo fece su richiesta di Angleton.

Non c'è dubbio che siano state le relazioni tese di JFK con Israele a costituire una delle motivazioni principali della cospirazione finale, dato il ruolo di James Angleton, un collaboratore israeliano della CIA, nella cospirazione. Angleton aveva diverse motivazioni per avviare il coinvolgimento della CIA nella cospirazione e una delle motivazioni principali era certamente la sua posizione di leader e difensore di Israele presso la CIA a Washington.

Credo che la mia conclusione in *Giudizio Finale* sia che non si può assolutamente guardare al complotto per l'assassinio del JFK senza tenere conto del ruolo del Mossad, a prescindere da altri fattori, per quanto importanti.

In Giudizio finale, lei parla molto poco del ruolo del complesso militare-industriale e dei suoi alleati del Pentagono nel complotto per l'assassinio di JFK.

Francamente, ho sempre considerato la teoria secondo cui "il complesso militare-industriale ha ucciso JFK" come una teoria di ripiego. Quando si incolpa il (cosiddetto) complesso militare-industriale si incolpano industriali senza volto, militari senza volto, finanziatori senza volto. È un'area grigia e torbida con pochi dettagli. Tuttavia, se si vuole usare la terminologia del "complesso militare-industriale", che comprende ancora un'ampia varietà di gruppi di potere, essi sono tutti interdipendenti. Il fatto è che la lobby di Israele è un elemento chiave del complesso militare-industriale, soprattutto oggi. Non era così ai tempi di JFK, ma la lobby israeliana stava iniziando a mostrare maggiore assertività e, come diretta conseguenza della morte di JFK, il complesso militare-industriale iniziò a produrre le armi che Israele iniziò a ricevere in gran numero quando LBJ invertì la politica mediorientale di JFK.

LBJ non solo iniziò ad armare Israele fino ai denti, ma fornì anche massicci aiuti esteri che lo Stato ebraico utilizzò per acquistare le armi da guerra costruite dai demoni senza volto del "complesso militare-industriale". Conosco almeno un lobbista dell'industria della difesa israeliana che in quel periodo ha esercitato pressioni anche per conto di alcuni dei principali appaltatori della difesa statunitense - e per la CIA. E non è l'unico. Quindi non è stato solo il complesso militare-industriale a trarre enormi profitti dalla guerra del Vietnam. Questi industriali senza volto avevano anche un grande interesse ad armare Israele, da qualsiasi punto di vista lo si guardi.

Coloro che vogliono incolpare il "complesso militare-industriale" per la morte di JFK farebbero meglio ad iniziare a far notare che Israele e la sua lobby americana fanno parte di quello spauracchio così popolare nella leggenda cospirativa dell'assassinio di JFK. Ci sono molte persone tra i ricercatori che potrebbero avere paura di menzionare il ruolo di Israele nel complesso militare-industriale, ma l'elemento è presente, che piaccia o no.

La cospirazione che lei descrive in Giudizio finale è una "cospirazione di destra" o una "cospirazione di sinistra"?

Non credo che i termini "destra" e "sinistra" abbiano più molto significato e non credo che si possa usare questa terminologia in riferimento all'assassinio di JFK. Ci sono molti altri fattori all'opera nella cospirazione. I membri della CIA che hanno cospirato contro JFK in un modo o nell'altro, in particolare James Angleton, David Atlee Phillips, capo della Divisione Emisfero Occidentale della CIA, E. Howard Hunt, Frank Sturgis e figure minori come Guy Banister e David Ferrie a New Orleans, per non parlare dei molti esuli cubani che lavoravano per la CIA, erano "di destra" e "anticomunisti". Tuttavia, il fatto è che il governo del Primo Ministro israeliano David Ben-Gurion era un regime socialista di sinistra sotto il governo del Partito Laburista. Quindi i sostenitori della CIA di destra lavorano con i sostenitori della sinistra in Israele.

Si trattava di una cospirazione di poteri politici: una varietà di interessi particolari che lavoravano insieme. C'erano anche i membri della "mafia" dominata da Lansky, che erano preoccupati per la guerra dell'amministrazione Kennedy al crimine organizzato e che stavano anche contribuendo a finanziare gli esuli cubani anticastristi su vari fronti. E come molti sanno, anche la "mafia" aveva finanziato Castro nei primi tempi, sperando di essere nelle sue grazie se e quando fosse salito al potere. Quindi c'erano sicuramente molte forze contrastanti all'opera. Vorrei anche aggiungere che anche all'interno della comunità degli esuli cubani anticastristi, che tra i molti ricercatori era "di destra", il fatto è che c'erano in realtà molti "di sinistra" che si opponevano a Castro.

All'interno della comunità cubana esistevano molte fazioni. In effetti, molti veterani delle guerre anticastriste dei primi anni Sessanta hanno persino percepito E. Howard Hunt come simpatico ai membri della sinistra tra i cubani anticastristi. L'orientamento liberale della comunità di ricerca sull'assassinio di JFK non lo comprende, ma è certamente un fattore da considerare. Quindi non si può nemmeno identificare la CIA come "di destra" o "di sinistra" quando si inizia ad analizzare la situazione. Ci sono molti vecchi della CIA che ancora oggi sono amareggiati per l'influenza dei "liberali" nelle dispute tra le fazioni della CIA sulla guerra contro Fidel Castro.

Abbandoniamo termini come "sinistra" e "destra" e guardiamo alla cospirazione per l'assassinio di JFK come a un'alleanza di interessi diversi (molti dei quali si sono sovrapposti), ma tutti hanno tratto profitto dall'assassinio del Presidente Kennedy.

Non è forse possibile, dopo tutto, che il KGB sovietico - o una fazione all'interno del KGB - fosse in realtà dietro il complotto per l'assassinio di JFK, manipolando i "destri" nella CIA e gli esuli cubani anticastristi, e persino nella mafia e nel Mossad?

Sì, è del tutto possibile, ma altamente improbabile. Nel mondo dell'intelligenza, tutto è possibile. Le cose non sono sempre come sembrano. Ma guardiamo alle motivazioni sovietiche in generale. Quali motivazioni avevano i sovietici per uccidere JFK e sostituire Lyndon Johnson come presidente americano? In un certo senso, LBJ aveva la reputazione di essere ancora più anticomunista di JFK. È molto improbabile che preferissero LBJ al suo predecessore. Non ho mai visto nessuno presentare qualcosa che abbia anche solo una parvenza di credibilità che lo dimostri. È possibile che ci fosse qualcuno, da qualche parte nel mezzo della cospirazione per l'assassinio di JFK, che fosse una specie di agente doppiogiochista del KGB, ma ovviamente c'era così tanta sovrapposizione tra i vari servizi segreti in quella cospirazione che è possibile che ci fosse anche un agente segreto irlandese coinvolto nella cospirazione, deliberatamente o inconsapevolmente.

Come ha sottolineato Mark Lane in *Plausible Denial,* il tentativo di attribuire la colpa dell'assassinio al KGB fu una delle tante messe in scena dai veri cospiratori. Forse la scusa del KGB era una delle tante storie che i cospiratori tenevano nascoste nel caso avessero avuto bisogno di un asso nella manica. E ricorderete che fu James Angleton il funzionario della CIA che difese con maggior vigore la teoria secondo cui Lee Harvey Oswald era, come minimo, un "agitatore filo-castrista" impegnato in un incontro con un esperto di omicidi del KGB in Messico.

Nel suo libro *"L'uomo che sapeva troppo"*, l'autore Dick Russell presenta un caso molto plausibile in cui un ufficiale dell'intelligence statunitense di lungo corso, Richard Case Nagell, potrebbe essere stato sotto la direzione del KGB nel tentativo di infiltrarsi nel complotto dell'assassinio. Nagell sembra essere stato coinvolto in vari aspetti della cospirazione, ma questo non significa che il KGB stesse manipolando la cospirazione, ma che piuttosto stava supervisionando una o più cospirazioni - e forse all'inizio non sapeva nemmeno che si trattava di una cospirazione per un assassinio.

È assolutamente contrario a qualsiasi coinvolgimento del dittatore cubano Fidel Castro nell'assassinio?

Assolutamente sì. Non credo ci sia il minimo dubbio che lo stesso Castro si sarebbe reso conto dell'errore radicale che avrebbe commesso se fosse stato coinvolto in qualsiasi aspetto della cospirazione, anche solo vagamente associato all'assassinio o al tentato assassinio di John F. Kennedy. Fidel Castro non è stupido. Se la colpa fosse stata di Castro, ci sarebbe stata senza dubbio una richiesta nazionale e internazionale per la sua testa. Castro non aveva chiaramente alcun interesse a conficcare un paletto nel cuore di John F. Kennedy.

Oggi sappiamo, a distanza di molti anni, che JFK si stava muovendo verso una forma di distensione con Castro, ma allo stesso tempo sembra che JFK stesse indubbiamente tenendo aperte le sue opzioni nei confronti del leader cubano. Tuttavia, è molto chiaro che i veri cospiratori dietro l'assassinio, che stavano manipolando Lee Harvey Oswald, lo stavano facendo in modo tale da dare l'impressione di essere un "agitatore pro-Castro". Che cosa significa? Se dietro il complotto ci fosse stato Castro, di certo non avrebbe manipolato Oswald in questo modo. Se Castro avesse avuto idea di un complotto, avrebbe avuto interesse a riferirlo a JFK. Castro non sapeva nulla di una cospirazione. Possiamo escludere il coinvolgimento di Castro.

Non è possibile che "elementi disonesti" della CIA e del Mossad fossero coinvolti nell'assassinio di JFK e che alti funzionari della CIA e del Mossad non avessero nulla a che fare con la cospirazione?

No, non è possibile che l'assassinio di JFK sia stato orchestrato da "elementi disonesti" della CIA e del Mossad. La scusa fasulla degli "elementi criminali" è stanca e logora. Quando si esaminano i membri della CIA coinvolti in strane attività legate all'assassinio, in particolare gli sforzi per suggerire che Lee Harvey Oswald si fosse incontrato con uno specialista di omicidi del KGB a Città del Messico, si trovano non solo David Atlee Phillips, capo della Divisione Emisfero Occidentale della CIA, ma anche, naturalmente, Angleton, direttore del controspionaggio della CIA. Non si tratta di dipendenti di basso livello che si sono smarriti. Si tratta di uomini di alto livello. Non c'è dubbio. E che dire di una persona come E. Howard Hunt? Sebbene Hunt fosse certamente al di sotto di Phillips o Angleton nella gerarchia della CIA, era comunque una figura di lunga data della CIA che aveva svolto un ruolo importante negli affari segreti della CIA. Anche Hunt non era un agente "disonesto".

Non c'è alcuna prova che John McCone - un vecchio amico della famiglia Kennedy - nominato da JFK direttore della CIA (in sostituzione di Allen Dulles, licenziato da JFK), abbia avuto a che fare con la cospirazione. In realtà, come si legge in *Giudizio finale*, McCone era un critico acerrimo del programma israeliano per le bombe nucleari e in precedenza, alla fine dell'amministrazione Eisenhower, quando era membro della Commissione per l'energia atomica, fu McCone a rivelare per primo la verità sulle intenzioni nucleari di Israele.

È interessante notare che quando l'amministrazione Kennedy ordinò alla CIA di iniziare a spiare il programma segreto di sviluppo nucleare di Israele, lo spionaggio fu effettuato dall'ufficio di McCone. In altre parole, JFK non si fidava dell'operazione di spionaggio gestita da Angleton, che tutti sapevano essere un agente israeliano cooptato all'interno della CIA, ma JFK si fidava di McCone. Quindi, sebbene McCone non avesse nulla a che fare con l'assassinio di JFK, coloro che lo circondavano ai più alti livelli avevano certamente a che fare con l'assassinio.

Non bisogna nemmeno dimenticare che, al momento dell'omicidio di JFK, molti membri della CIA erano rimasti fedeli al direttore Allen Dulles, che era stato licenziato da Kennedy. Il coinvolgimento della CIA nell'assassinio fu una risposta istituzionale alla minaccia di JFK di sciogliere la CIA e di gettarla al vento.

Tutto ciò non significa che un giorno, durante una riunione generale dello staff della CIA, John McCone sia stato colpito da un raffreddore e Angleton abbia annunciato: "Uccideremo il Presidente". "Lavoriamo insieme per tenere il signor McCone fuori dal giro". Le cose non funzionano così. I veri cospiratori del loop erano un gruppo affiatato con immense risorse a disposizione, tra cui non solo la burocrazia della CIA e il suo famigerato budget nero, ma anche le competenze della rete di reperibilità del Mossad.

Inoltre, grazie all'interazione della CIA con gruppi periferici come gli esuli cubani anticastristi, per non parlare dei contatti con la criminalità organizzata, c'era un numero sufficiente di persone che potevano essere manipolate senza necessariamente sapere di essere manipolate e coinvolte. E una volta coinvolte, queste persone avevano interesse non solo a tacere, ma anche a contribuire all'insabbiamento. Senza dubbio c'erano molte persone nella CIA e altrove che erano coinvolte in qualche aspetto della cospirazione e che non avevano idea di essere usate per raggiungere l'obiettivo finale di eliminare JFK.

Per quanto riguarda il Mossad, gli agenti del Mossad non avrebbero potuto agire senza gli ordini diretti del Primo Ministro David Ben-Gurion e del capo degli assassini del Mossad Yitzhak Shamir. Il Mossad è in realtà un'organizzazione istituzionale molto piccola, come ha sottolineato Victor Ostrovsky, un ex agente del Mossad. È ancora più unito della CIA.

In effetti, secondo Ostrovsky, esiste quello che potrebbe essere definito un "consiglio di amministrazione" degli assassinii all'interno del Mossad e nessun assassinio può essere orchestrato dal Mossad senza un voto formale di approvazione da parte di questo consiglio.

C'è un'altra cosa importante da ricordare: è altamente improbabile che il Mossad - almeno in quel momento storico - avrebbe mai preso in considerazione l'idea di uccidere il Presidente degli Stati Uniti, se non avesse saputo di avere almeno il consenso istituzionale della CIA. La posizione di Israele era molto precaria nel 1963 e per il Mossad - o anche per i cosiddetti "elementi disonesti" del Mossad - tentare di assassinare il Presidente degli Stati Uniti senza la certezza di avere il sostegno della CIA, ad esempio, sarebbe stata una mossa avventata. Quindi non c'erano elementi "criminali" all'interno del Mossad coinvolti nell'assassinio di JFK.

A questo punto, credo valga la pena di tornare su James Jesus Angleton in modo più dettagliato. Anche se non c'è dubbio che, per scelta personale (per qualsiasi motivo), Angleton fosse un fervente amico del sionismo e dello Stato di Israele e utilizzasse ogni risorsa a sua disposizione per influenzare le decisioni della CIA a favore di Israele.

Tuttavia, che sia stato ricattato o meno, resta il fatto che Angleton era il principale difensore di Israele nella CIA. Era un uomo potente e discreto, che ha anche svolto un ruolo chiave in gran parte della cospirazione mondiale della CIA in vari settori, dove ha trattato a stretto contatto e in modo persistente con figure legate, a loro volta, al Mossad e al sindacato del crimine di Lansky. Angleton non era un criminale. È stato il più influente, anche se controverso, responsabile della CIA e una delle figure più notevoli nella bizzarra e affascinante storia dell'agenzia. È stato anche uno dei più diretti responsabili dell'avvio e dell'organizzazione dell'assassinio del Presidente John F. Kennedy.

Che ruolo hanno gli esuli cubani anticastristi nella cospirazione di JFK?

I cubani erano in fondo alla scala. Erano impiegati pubblici di livello inferiore, forse il più basso di tutti. Potrebbe essere stato un cubano a premere il grilletto a Dallas. L'ex agente della CIA Marita Lorenz (che si recò a Dallas con un convoglio di cubani che arrivarono poco prima dell'assassinio) ha osservato che il suo supervisore a Dallas le disse che avrebbe dovuto fungere da "esca" e mi sembra probabile che molti dei cubani che furono coinvolti nello scenario dell'assassinio agissero come tali. I cubani si sono rivelati un'eccellente "falsa bandiera" per i veri cospiratori, poiché c'erano un sacco di false piste che venivano lanciate per far sembrare che Lee Harvey Oswald fosse un "agitatore pro-Castro". Chi meglio dei cubani anticastristi, che ovviamente avrebbero visto i vantaggi di una simile mossa, poteva manipolare Oswald in questo modo e recitare il ruolo di Oswald?

Come ho sottolineato in *Giudizio finale*, l'agente della CIA Jerry Patrick Hemming, che era vicino agli anticastristi cubani, aveva da tempo affermato che i cubani erano stati manipolati e che se ne erano resi conto. Io sostengo, ovviamente, che sono stati manipolati dalla CIA e dal Mossad facendogli credere che stavano giocando un ruolo nella vendetta di JFK per la Baia dei Porci, ad esempio, quando la posta in gioco era molto, molto più alta.

Va anche detto che i servizi segreti francesi erano strettamente coinvolti nella situazione cubana dell'epoca, anche se questo non è ben noto. C'erano francesi da entrambe le parti del conflitto. È quindi ipotizzabile che il Mossad utilizzasse anche i suoi alleati nei servizi segreti francesi per manipolare la clandestinità cubana in quel periodo. È un argomento che alcuni ricercatori potrebbero voler approfondire. Potrebbe aggiungere benzina al fuoco di un libro molto interessante.

Se qualcuno trovasse la prova inconfutabile che Lee Harvey Oswald è stato l'unico assassino di Dallas ad aver sparato tutti i colpi che sono stati esplosi, non demolirebbe completamente la sua teoria?

Se qualcuno producesse tali "prove", direi che sono state falsificate. In ogni caso, però, nessuno troverà mai tali prove. Tuttavia, accettare l'argomentazione che Oswald, ad esempio, sia stato l'unico a sparare, non pregiudica in alcun modo la mia teoria di base. Ricordiamo che non c'è dubbio che Lee Harvey Oswald fosse associato a (e manipolato da) persone che avevano legami con la CIA e il Mossad. Nel caso del socio di Oswald a New Orleans, Guy Banister, che "travestì" Oswald da agitatore filocastrista, Banister aveva legami con l'OAS francese sostenuta da Israele. In ogni caso, anche se Oswald fosse stato il "pistolero solitario" e fosse riuscito a portare a termine l'assassinio da solo, il fatto è che Oswald era un pistolero solitario che è stato usato con successo dai suoi responsabili di livello superiore che agivano per conto della CIA e del Mossad. È così semplice.

È possibile che a Lee Harvey Oswald sia stato fatto il lavaggio del cervello e che sia stato in qualche modo un "candidato manciuriano" e una vittima del controllo mentale?

È possibile. Non è un'area che ho esplorato nei minimi dettagli e non intendo continuare. Né credo che sia fondamentale per risolvere il mistero di chi ha ucciso JFK e perché. Alla fine, qualunque sia il caso, Oswald finì per essere il "patsy", come egli stesso si descrisse quando era in custodia.

Credo sia importante notare a questo punto che i programmi di controllo mentale della CIA in uso all'epoca dell'assassinio di JFK erano, di fatto, sotto il diretto controllo della divisione di controspionaggio di James J. Angleton. Quindi, se Oswald era un candidato manciuriano (un candidato manciuriano è un individuo a cui è stato fatto il lavaggio del cervello) sotto le misure disciplinari delle operazioni di controllo mentale della CIA, questo ci riporta ancora una volta al discepolo israeliano altamente posizionato nella CIA.

Sebbene il dottor Sidney Gottlieb, che era il tecnico capo dei programmi di controllo mentale della CIA, sia stato esposto al pubblico, Gottlieb stesso lavorava direttamente sotto Angleton. Se Oswald era un candidato manciuriano, era il candidato manciuriano di Angleton.

Quale ruolo pensa abbia avuto Oswald (oltre a quello di "capro espiatorio") nell'assassinio di JFK? Oswald era a conoscenza in anticipo di un complotto per uccidere JFK? È possibile che abbia aiutato la cospirazione, magari come lealista della CIA, per esempio, senza sapere che avrebbe dovuto essere il capro espiatorio? Era un agente della CIA o dell'FBI o cosa?

Sono domande che probabilmente non saranno mai risolte. Oswald era effettivamente il capro espiatorio. Ho sempre pensato, tuttavia, che probabilmente a Dallas il 22 novembre 1963 c'erano altre persone che erano capri espiatori sostitutivi - altri che erano già stati "mascherati" come era stato fatto con Oswald. Forse i responsabili di questi altri capri espiatori erano gli stessi che avevano incastrato Oswald - o forse no.

Oswald era uno dei tiratori di Dallas? Non credo che Oswald abbia sparato a John F. Kennedy o a John Connally, se ha sparato quel giorno. La mia sensazione generale è che Oswald possa essere stato coinvolto nella cospirazione quando ha saputo che si trattava di un attentato "fittizio" progettato per spaventare il popolo americano e fargli credere che bisognava agire contro Fidel Castro.

Oswald potrebbe aver ricevuto l'ordine di portare un fucile al magazzino dei libri di Dallas (da dove la Commissione Warren sostiene che Oswald abbia sparato i colpi fatali). Se si trattasse del suo fucile o di un altro, o se fosse stato usato per sparare uno dei colpi, probabilmente non lo sapremo mai (alcuni si chiedono se sia stato proprio Oswald a far arrivare per posta la presunta arma del delitto).

Mi sembra probabile che Oswald sapesse che quel giorno nella Dealey Plaza stava accadendo qualcosa che avrebbe potuto comportare, come minimo, lo sparo di pistole. Dubito che Oswald pensasse davvero che le armi sarebbero state puntate contro JFK o John Connally. Sospetto che Oswald fosse un po' sorpreso, per dirla in parole povere, di sapere che avevano sparato al Presidente.

Era a conoscenza di una cospirazione per uccidere JFK? Come ho suggerito in precedenza, non credo che fosse a conoscenza di una tale cospirazione. Al contrario, probabilmente credeva di essere parte di una "montatura" orchestrata dallo stesso JFK. Oppure, come ho suggerito, potrebbe aver creduto che la CIA stesse facendo in modo che JFK avesse dei dubbi su Castro. Chi lo sa?

Il nuovo libro del professor John Newman, *Oswald e la CIA*, ci dice molto su Oswald e la CIA, citando numerosi documenti dei servizi segreti, ma ci dice anche molto poco. Tutto ciò che ci dice è che la CIA e altre agenzie governative erano interessate a Lee Harvey Oswald da tempo. Non è una sorpresa. Tuttavia, come Newman chiarisce abbondantemente, la divisione di Angleton alla CIA era onnipresente, a quanto pare, quando la CIA stava raccogliendo informazioni su Oswald. In breve, Angleton sapeva chi era Lee Harvey Oswald molto prima dell'assassinio (in effetti, a posteriori, potrebbe essere stato Angleton a concepire l'idea del capro espiatorio di Lee Harvey Oswald. Molto probabilmente, direi).

Dopotutto, Oswald era un ex marine americano che aveva apparentemente "disertato" dall'Unione Sovietica - un'impresa non comune, per usare un eufemismo. È chiaro quindi che la CIA era interessata a Oswald, indipendentemente dal fatto che all'epoca fosse o meno un vero disertore. E se la diserzione di Oswald fosse stata reale, è del tutto plausibile che abbia fatto marcia indietro e sia andato a lavorare per la CIA piuttosto che opporsi ad essa.

Quindi, anche se mi dispiace dirlo, non credo che John Newman abbia dato un contributo sostanziale con il suo nuovo libro. Tutto quello che ci ha detto lo sappiamo da anni. Da anni si dice che Oswald fu reclutato come marine per lavorare per la CIA. E alcuni dicono che non fu reclutato come falso "disertore" dalla CIA, ma piuttosto dall'Office of Naval Intelligence. Ma è del tutto possibile che abbia lavorato per un'altra agenzia governativa segreta che gestiva agenti nell'URSS.

Oswald era un agente dell'FBI? A causa del suo profilo di "disertore", che sia vero o meno, non sorprende che l'FBI fosse interessata a Oswald. Se Oswald fosse stato un "disertore" sponsorizzato dalla CIA, l'FBI potrebbe non esserne necessariamente a conoscenza e potrebbe aver creduto che Oswald fosse "il vero affare", per così dire, e che al suo ritorno avrebbe potuto metterlo sotto sorveglianza per questo motivo. E se Oswald fosse stato un vero disertore che alla fine avesse ritrattato al suo ritorno negli Stati Uniti, è possibile che abbia offerto i suoi servizi all'FBI o che sia stato reclutato dall'FBI.

Poco dopo l'assassinio, circolò la notizia che Oswald potesse essere stato assunto dall'FBI come informatore, ma ci sono molte prove che suggeriscono che questa storia non è affatto vera. Tuttavia, se la storia non è vera, ha comunque preso piede e compare spesso nella documentazione sull'assassinio di JFK.

Il fatto stesso che Oswald lavorasse per Guy Banister a New Orleans lo pone nella sfera d'influenza dell'FBI, in quanto Banister era stato a lungo un alto funzionario dell'FBI. Il legame con Banister poneva Oswald anche nella sfera d'influenza della CIA, per non parlare di quella dell'Intelligence Navale (ONI), in quanto Banister non solo era un agente della CIA, ma era anche un ex membro dell'ONI.

Alcuni hanno suggerito che Oswald potrebbe addirittura aver lavorato come informatore per il Dipartimento del Tesoro, indagando sulle vendite di armi tra gli Stati. Alcuni hanno dedicato molte ricerche a questo argomento.

Da parte mia, tendo a pensare che il collegamento con la CIA (tramite Banister) sia l'area su cui dobbiamo concentrarci e ne parlerò più approfonditamente tra un momento. Tuttavia, è probabile che se il lavoro di Oswald per Banister era coordinato dalla CIA, Oswald stesso non ne fosse a conoscenza.

In definitiva, si scopre che Oswald operava in molte sfere di influenza e, già solo per questo motivo, era un capro espiatorio ideale, poiché poteva essere legato a uno o a tutti i vari gruppi che, a loro volta, avrebbero avuto motivo di voler nascondere la loro associazione con un presunto assassino del Presidente.

Ritengo che ci siano forti prove, apparse in un gran numero di libri sull'assassinio di JFK, che le persone si spacciavano per Lee Harvey Oswald. Tuttavia, sembra improbabile che questi impostori sapessero di farlo per favorire un aspetto della cospirazione dell'assassinio. La cospirazione era troppo compartimentata perché ogni partecipante a qualsiasi aspetto del complotto potesse sapere esattamente come veniva manipolato o usato in relazione alla trappola di Oswald. Alcuni di questi impostori probabilmente non avevano mai visto Oswald e probabilmente non sapevano chi fosse fino a quando il vero Oswald non fu arrestato dalla polizia di Dallas.

In *Giudizio Finale*, credo di aver aperto una strada seria nel sottolineare che l'associazione di Oswald con Guy Banister potrebbe indicare un possibile ruolo dell'Anti-Defamation League (ADL) del B'nai B'rith (un ramo del Mossad israeliano) nel "travestimento" di Oswald come agitatore pro-Castro. Data la stretta relazione di Banister con A. L. (Bee) Botnick dell'ufficio di New Orleans dell'ADL, dobbiamo considerare seriamente se l'uso di Oswald da parte di Banister sia stato organizzato dall'ADL, che spesso si avvaleva di agenzie investigative private come quella di Banister a New Orleans.

È una questione che dovremmo affrontare. Sebbene il profilo storico di Banister sia quello di un "estremista razzista anticomunista di destra" ecc. ecc. (un profilo che i ricercatori "liberali" amano rappresentare), il fatto è che Banister lavorò a stretto contatto con l'ufficio dell'ADL di New Orleans. A detta di tutti, A. L. Botnick era un "estremista anticomunista" con una nota ostilità nei confronti del movimento per i diritti civili dei neri, nonostante la posizione pubblica dell'ADL come gruppo per i "diritti civili".

Sebbene Botnick non fosse nell'ufficio di New Orleans dell'ADL nel 1963 (essendo stato trasferito all'ufficio di Atlanta e poi di nuovo a New Orleans nel 1963), Banister ha certamente mantenuto i suoi preziosi legami con l'ADL.

La mia sensazione sul "travestimento" di Oswald da parte di Banister è che i soci di Oswald nell'ADL stessero cercando gruppi di sinistra come il Comitato di Aiuto a Cuba e potessero quindi usare Oswald nel movimento pro-castrista, come parte di un tentativo deliberato di ritrarre Oswald come un castrista. In breve, Oswald pensava di lavorare per Banister, mentre in realtà stava agendo come "investigatore" per l'ADL.

A Banister potrebbe essere stato detto che l'ADL voleva "fatti" sul movimento filocastrista e che Oswald era l'uomo giusto. Banister potrebbe anche non aver saputo che Oswald era stato camuffato per il suo ruolo finale nell'assassinio di Kennedy. Deve essere stata una sorpresa per Banister quando Oswald è stato indicato come l'assassino.

In retrospettiva, in questo contesto, non credo che Banister abbia avuto un ruolo così centrale nel complotto dell'assassinio come molti hanno creduto per anni. Banister era, da questo punto di vista, un "utile idiota" al servizio dell'ADL e del Mossad e dei suoi alleati della CIA. Arriverei persino a dire che sembra probabile che persino gli amici di Banister all'ADL non avessero idea che Oswald fosse stato scelto per svolgere il ruolo di capro espiatorio nell'assassinio.

Peter Dale Scott, l'eminente ricercatore sull'assassinio di JFK, ha sottolineato (come ho notato in *Final Judgment*) che si può guardare al ruolo di Oswald come dipendente di Banister e trovare diverse spiegazioni: da un lato, si può vedere Oswald come un funzionario della comunità dell'intelligence (dati i suoi legami con Banister), dall'altro lato, si può anche vedere Oswald come un capro espiatorio della "mafia", dato che Carlos Marcello, il boss della mafia di New Orleans, finanziava gli esuli cubani anticastristi attraverso Banister e le sue operazioni della CIA.

Tuttavia, Scott riconosce che l'interazione tra questi gruppi di interesse attraverso il legame con Banister fa parte di un'area "oscura" che rappresenta il ventre della finanza, della politica e degli intrighi internazionali dell'epoca a New Orleans.

Sono fermamente convinto che il probabile coinvolgimento dell'ADL nella manipolazione di Oswald da parte di Banister sia una delle aree inesplorate dell'assassinio di JFK - un'area che, purtroppo, probabilmente non sarà mai esplorata dai ricercatori più di quanto non sia già stata esplorata in *Giudizio Finale*. Non aspettiamoci di trovare alcun dossier dell'ADL su Lee Harvey Oswald.

Il fatto è che Lee Harvey Oswald stesso probabilmente non sapeva esattamente per chi stesse lavorando e questo è ciò che volevano gli organizzatori dell'assassinio. Oswald è probabilmente uno degli individui più analizzati e discussi della storia, ma non sapremo mai chi fosse veramente e quali fossero le sue motivazioni. È ipotizzabile che Oswald pensasse di fare il doppio o il triplo gioco e di ingannare tutti, e che fosse un capro espiatorio ancor più di quanto pensiamo. In ogni caso, è un personaggio tragico e un capro espiatorio ideale.

In questo contesto c'è un interessante parallelo che vale la pena notare di sfuggita. Si dice che Oswald sia stato affascinato e ispirato dalla serie televisiva degli anni Cinquanta, I Led Three Lives, la storia di un agente dell'FBI sotto copertura nel Partito Comunista. Pare che abbia ispirato anche un altro agente dei Servizi Segreti sotto copertura, Roy Bullock, che nel 1993 è stato smascherato come agente dell'ADL di lunga data.

Ispirato dal libro, Bullock si è offerto volontario per infiltrarsi nei gruppi di odio. Ha svolto un lavoro simile anche per l'FBI. Ha lavorato anche per il Dipartimento di Polizia di Indianapolis. Nel 1957, Bullock si recò al Sesto Festival Mondiale della Gioventù e degli Studenti di Mosca come informatore dell'FBI. Di conseguenza, è del tutto possibile che esista un dossier della CIA su Bullock come possibile "comunista", se l'FBI non ha mai fatto sapere alla CIA che Bullock era uno dei loro uomini.

Quindi, dato che Bullock si era infiltrato per anni in gruppi sia di "sinistra" che di "destra", Bullock sarebbe stato un capro espiatorio ideale. In *The Man Who Knew Too Much*, Dick Russell ha rivelato la possibilità che ci fossero diverse persone che erano state designate come possibili capri espiatori per l'assassinio di JFK a causa della loro associazione con il Cuban Aid Committee, di cui Oswald era chiaramente il capo a New Orleans.

Un altro avventuriero dell'intelligence internazionale di molti anni, il colonnello Robert K. Brown (ora meglio conosciuto come editore della rivista *Soldier of Fortune*) sarebbe stato lui stesso un infiltrato del Dipartimento di Polizia di Chicago nella sezione di Chicago del Cuban Aid Committee, più o meno nello stesso periodo in cui Lee Harvey Oswald bazzicava a New Orleans. È interessante anche il fatto che Brown avesse legami di lunga data con l'intelligence israeliana. Mi piacerebbe che qualcuno desse seguito a questo pettegolezzo, che sembra aver funzionato bene con i ricercatori dell'assassinio di JFK.

La questione dei "disertori", degli "infiltrati" e degli "agenti sotto copertura" è molto complessa e non è sempre possibile determinare le motivazioni di chi opera in questo particolare mondo sotterraneo. Si tratta di una combinazione di psicologia personale unita alla capacità dei manipolatori di manipolare le attività di una persona senza farle sapere per chi lavora e perché.

Che ruolo ebbe George De Mohrenschildt, il nobile russo spesso indicato come il "babysitter della CIA" di Lee Harvey Oswald a Dallas, nella cospirazione dell'assassinio?

L'inimitabile De Mohrenschildt è probabilmente uno dei personaggi più interessanti che hanno attraversato il palcoscenico del dramma noto come controversia sull'assassinio di JFK. Non sono convinto che De Mohrenschildt abbia avuto un ruolo consapevole in un complotto per l'assassinio.

De Mohrenschildt aveva ovviamente molti contatti e interazioni con la CIA e altre agenzie di intelligence nel corso degli anni, e ovviamente parlò con un funzionario della CIA che gli chiese di tenere d'occhio Oswald quando quest'ultimo arrivò a Dallas dopo il suo ritorno dall'Unione Sovietica. In questo caso particolare, tuttavia, potrebbe essersi trattato di una questione di routine di scarso rilievo che, alla fine, non aveva assolutamente nulla a che fare con l'assassinio stesso.

Come abbiamo notato, a causa dello status di "disertore" di Oswald, che fosse vero o meno, i servizi segreti avevano un ovvio interesse per Oswald. Non ho visto alcuna prova che suggerisca che De Mohrenschildt fosse a conoscenza in anticipo di qualsiasi cospirazione per "mascherare" Lee Harvey Oswald ai fini della cospirazione per l'assassinio stesso. Tuttavia, è probabile che De Mohrenschildt abbia effettivamente lavorato in qualche misura come uno di coloro che facevano parte della cospirazione per manipolare Oswald nel ruolo di capro espiatorio. Quindi, in questo senso, era il "baby-sitter" di Oswald, ma anche altri avevano questa stessa responsabilità.

Ricordiamo che Oswald lasciò Dallas per New Orleans nell'estate del 1963 e che il legame tra Oswald e De Mohrenschildt terminò ancora prima, quando De Mohrenschildt lasciò il Paese, presumibilmente per affari ad Haiti. È stato suggerito che le attività di De Mohrenschildt ad Haiti potrebbero avere qualcosa a che fare con l'assassinio di JFK, ma non ho ancora visto prove concrete di questo. È chiaro, tuttavia, che quando De Mohrenschildt andò ad Haiti, il suo controllo e/o la sua supervisione di Oswald terminarono. Altri si assunsero quella responsabilità.

Trovo interessante, tuttavia, che mentre i ricercatori sorvolano sui legami di De Mohrenschildt con la CIA, spesso ignorano il fatto che egli fosse anche legato ai servizi segreti francesi. Quindi, dato il legame con la Francia che ho documentato in *Giudizio finale*, questo potrebbe aver portato De Mohrenschildt nella sfera di influenza del Mossad.

Un'altra cosa che vale la pena menzionare è che ho visto "autorità" sull'assassinio di JFK ritrarre De Mohrenschildt come una sorta di "estremista anticomunista" a causa, presumo, del suo background di russo bianco. Al contrario, nonostante il suo background, sembra che De Mohrenschildt fosse poco interessato al comunismo o all'anticomunismo di qualsiasi tipo ed era di fatto un emarginato nella comunità russa bianca. Pertanto, coloro che vogliono renderlo parte di una "cospirazione anticomunista di destra" non colgono il punto.

De Mohrenschildt ha indossato molti cappelli, ma non ci sono prove concrete di una sua complicità nell'assassinio di JFK. Può darsi che sapesse qualcosa, o che l'abbia scoperto per caso, prima o dopo l'assassinio, o che si sia reso conto in seguito di aver effettivamente saputo qualcosa che non doveva sapere.

Dal resoconto storico redatto da coloro che hanno avuto contatti con De Mohrenschildt risulta chiaramente che dopo l'assassinio egli si rese conto di essere stato usato in qualche modo per "controllare" o "manipolare" Oswald. Forse il "suicidio" di De Mohrenschildt è stato in realtà un omicidio. Forse è stato ucciso perché sapeva qualcosa.

E devo sottolineare che l'ultima persona che avrebbe visto De Mohrenschildt prima della sua morte non era altro che Edward Jay Epstein, uno studente diventato giornalista e stretto collaboratore dell'uomo del Mossad della CIA James Jesus Angleton (Epstein, come ho notato in *Giudizio finale*, è stato il principale scrittore a sostegno della messa in scena di Angleton secondo cui i sovietici erano collegati all'assassinio di JFK).

Non sto insinuando che Epstein abbia premuto il grilletto contro De Mohrenschildt. Ma trovo interessante che sia stato l'ultimo a riconoscere pubblicamente di aver visto De Mohrenschildt. Uno scrittore di spy fiction potrebbe raccontare una storia affascinante partendo da questo scenario.

Vorrei aggiungere qualcosa in conclusione. Penso che, alla fine, i ricercatori potrebbero probabilmente imparare di più su chi stava realmente manipolando Oswald esaminando Michael e Ruth Paine, la giovane coppia di Dallas con cui la famiglia Oswald visse nel periodo precedente l'assassinio.

Alcuni ricercatori hanno diffuso voci sui Paine, ma credo che se si approfondisse la questione, si scoprirebbe che i Paine - più dell'onnipresente ed enigmatico DeMohrenschild - lavoravano come "babysitter di Oswald" per la CIA. Tendo a pensare che la storia dei Paine necessiti di ulteriori indagini e incoraggio alcuni giovani e dinamici ricercatori a portarla avanti.

Dovrei probabilmente notare che le informazioni biografiche sulla signora Paine, fornite da Priscilla Johnson McMillan nel suo libro *Marina and Lee*, descrivono il coinvolgimento della signora Paine nelle attività di un centro comunitario ebraico, quindi la signora Paine, questa quacchera non ebrea, aveva lei stessa legami di questo tipo. Sarebbe interessante descrivere con precisione le opinioni della signora Paine su Israele. Alcuni hanno sospettato che la signora Paine avesse legami con la CIA. È possibile che avesse rapporti anche con il Mossad? Chi lo sa? Sono tutte speculazioni.

Lee Harvey Oswald sparò davvero un colpo (prima dell'assassinio di JFK) al Maggiore Generale Edwin Walker, che era a sua volta un importante critico della "destra" del Presidente Kennedy? Il generale Walker prese parte all'assassinio?

Il generale Walker era un feroce anticomunista e i ricercatori "liberali" hanno cercato in qualche modo - senza riuscirci - di collegare Walker alla cospirazione per l'assassinio di JFK. Il "ruolo" di Walker nel caso deriva dal fatto che il Rapporto Warren sostiene che Oswald aveva sparato a Walker poco prima dell'assassinio e che, secondo il rapporto, questa era una "prova" delle tendenze criminali di Oswald. Tuttavia, se Oswald non fosse mai stato collegato a questo attacco al generale Walker, il nome del buon generale probabilmente non sarebbe mai stato collegato in alcun modo alla controversia JFK! La gente sembra dimenticarlo.

Nel suo libro *"L'uomo che sapeva troppo"*, Dick Russell ha tracciato alcune delle strane attività delle persone che circondavano il generale Walker e, in effetti, queste persone potrebbero essere collegate a Oswald. Sembra che il generale Walker sia stato incastrato come una sorta di "capro espiatorio di destra" nel complotto per l'assassinio di JFK.

Quasi mi dispiace dirlo, ma la cricca di giovani militari che circondava Walker - che si faceva chiamare "Conservativismo USA" - era composta da cinque ragazzi ebrei usciti dall'esercito americano in Europa. Così scrive Dick Russell nel suo imponente studio *"The Man Who Knew Too Much"* (*L'uomo che sapeva troppo*).

Come ho già detto, probabilmente ci sono stati diversi sospetti che sono stati incastrati a Dallas e le persone che li hanno incastrati probabilmente non sapevano che l'assassinio di JFK era imminente. Sembra, almeno da ciò che ha scritto Dick Russell, che questa cricca intorno a Walker possa aver in qualche modo manipolato Oswald. Sebbene molti ricercatori e altri avessero sentito parlare dell'ebreo "di destra" Bernard Weissmann, che aveva pubblicato un annuncio a tutta pagina per attaccare il Presidente Kennedy sul giornale di Dallas il 22 novembre, ciò che nessuno notò - tranne Russell - fu che questi giovani militari "di destra" erano ebrei. Ecco quindi un'altra "connessione ebraica" che sembra essersi persa nella confusione. Contate su di me per parlarne nel contesto di ciò che ho scoperto. Odio farlo.

Oswald si muoveva chiaramente in ambienti legati a Walker, ma solo coloro che vogliono dipingere il crimine come una "cospirazione di destra" credono che Walker abbia avuto un ruolo nell'assassinio. Walker raccontò in seguito che intorno a lui stavano accadendo cose strane che non capiva bene e che probabilmente indicavano esattamente ciò che ho suggerito: che lui e i suoi soci erano potenziali vittime dell'assassinio. Chi ha incastrato Walker?

Che dire del ruolo dei Minutemen e di altri "estremisti di destra" nella cospirazione? Guy Banister era legato ai Minutemen. E non è forse vero che Joseph Milteer, un uomo di destra, sapeva in anticipo che JFK sarebbe stato ucciso da un edificio alto e che Milteer era a Dallas per l'assassinio?

Questa è un'altra delle distrazioni popolari che ha tenuto impegnati i ricercatori. Milteer non fu una delle menti della cospirazione per l'assassinio di JFK, né fu un attore del vero e proprio complotto per uccidere JFK che alla fine ebbe successo. È possibile che Milteer fosse a conoscenza di un presunto complotto per uccidere JFK a Miami. È possibile che Milteer sia stato informato da uno dei cospiratori di basso livello di un complotto e che abbia voluto credere, essendo un nemico di Kennedy, di essere "all'interno" di una cospirazione, ma si può essere certi che non lo era.

Milteer si è vantato delle sue "conoscenze" con un informatore della polizia e queste "informazioni", in realtà, potrebbero essere state disinformate da Milteer per distogliere l'attenzione dalla vera cospirazione. Milteer potrebbe essere stato portato a Dallas all'epoca dell'assassinio di JFK per un'altra ragione e con un pretesto diverso, ad esempio credendo di far parte di un tentativo di assassinio "fittizio" per provocare una reazione contro Fidel Castro. Ancora una volta, non lo sapremo mai. Possiamo immaginare ogni sorta di scenario. Personalmente, non sono convinto che le fotografie che sembrano mostrare Milteer a Dallas il 22 novembre siano fotografie di Milteer.

L'ex agente della CIA Gerry Patrick Hemming ha dichiarato di aver quasi partecipato all'incontro in cui Milteer fece le osservazioni sull'imminente attacco a JFK e che lui (Hemming) evitò l'incontro perché sentiva che era in corso una messinscena; Hemming ha ipotizzato che anche lui (Hemming) pensasse di essere incastrato come possibile "patsy". Questo è un vero spunto di riflessione.

Per quanto riguarda i Minutemen e Guy Banister: è ormai risaputo che i Minutemen sono stati infiltrati per anni da agenti dei servizi segreti governativi e ci sono molti sospetti che anche il fondatore dei Minutemen, Robert De Pugh, possa essere stato una sorta di agente governativo.

Come ho sottolineato nell'Appendice 2 di *Final Judgment*, Roy Frankhauser era un informatore governativo di lunga data dei Minutemen e di altri gruppi "di destra", che sostiene di essere stato in contatto con Oswald quando lui (Frankhauser) si stava infiltrando in un gruppo di sinistra a cui Oswald avrebbe dovuto essere associato. E si ricorderà che Dan Burros, l'ex ufficiale del Partito Nazista Americano, morì misteriosamente nella casa di Frankhauser in Pennsylvania. Sebbene il nome di Burros compaia nella rubrica di Oswald, nessun ricercatore ha indagato su questo possibile strano legame tra Oswald e un informatore di lunga data dei servizi segreti federali.

Come ho sottolineato, potrebbe esserci una ragione per questo: in almeno un caso che è stato evidenziato, il lavoro sotto copertura di Frankhauser per il governo era in effetti finanziato da un'organizzazione ebraica, e sembra probabile che anche molte altre sue attività lo fossero. Chiaramente, molti ricercatori procedono con cautela quando considerano la questione di un possibile legame tra gruppi come l'Anti-Defamation League e i membri della cerchia di collaboratori di Oswald.

In definitiva, se c'è stata davvero una connessione "di destra" con l'assassinio di JFK, è sempre possibile che queste persone di destra siano state manipolate dalla rete ADL del Mossad, che ha certamente giocato un ruolo nella manipolazione della destra in America. Quindi, se c'erano persone "di destra" coinvolte in qualche modo nella cospirazione per l'assassinio, è del tutto concepibile che fossero, in qualche modo, soggette alle regole del Mossad e del suo ADL. E questo, ovviamente, spaventa a morte alcuni ricercatori sull'omicidio JFK.

Che dire delle accuse secondo cui H. L. Hunt, un miliardario di destra del Texas, era una delle persone coinvolte nel complotto per l'assassinio?

Nonostante gli sforzi più decisi di una manciata di difensori della teoria, non c'è assolutamente alcuna prova che H. L. Hunt abbia avuto a che fare con il complotto per l'assassinio di JFK, né che abbia investito denaro per favorire la cospirazione. Era, come molti altri, un critico di JFK, ma Hunt è semplicemente un comodo bête-noire. Coloro che accusano i "baroni del petrolio del Texas" come Hunt di essere dietro la cospirazione di JFK non sottolineano che anche con Hunt c'è una connessione israeliana molto significativa, analizzata in dettaglio nell'Appendice 2 del *Giudizio Finale*.

È del tutto plausibile che H.L. Hunt abbia pagato denaro per tangenti che facevano parte di un aspetto dell'assassinio di JFK e che lui stesso non sapesse a cosa servissero i soldi. Potrebbe anche essere stato deliberatamente e inconsapevolmente coinvolto nella cospirazione in questo modo, proprio perché ciò dava ai veri cospiratori un vantaggio su Hunt, che era influente a Dallas e si poteva contare su di lui per contribuire all'insabbiamento o usare la sua influenza per aiutarlo, se necessario. A Hunt potrebbe essere stato detto che il denaro veniva usato per promuovere il "movimento dei patrioti".

Il punto cruciale è che se H. L. Hunt è stato coinvolto in qualsiasi aspetto dell'assassinio di JFK - consapevolmente o meno - il fatto è che esiste un legame molto forte tra Israele e l'impero di Hunt proprio nell'area - lo sviluppo nucleare - che è stato un fattore così importante nel conflitto tra JFK e Israele. I ricercatori che desiderano incriminare Hunt per il suo coinvolgimento nella cospirazione farebbero bene a esaminare questa connessione israeliana, anche se francamente non credo che lo faranno. Ancora una volta, è "troppo controverso".

Non ci sono ora prove concrete che Lyndon Johnson sia dietro l'assassinio del presidente Kennedy?

LBJ fu il principale beneficiario dell'omicidio di JFK. Se sapesse che sarebbe accaduto o se avesse avuto un ruolo nell'organizzazione dell'assassinio è un'altra questione. Il fatto che sia stato il beneficiario dell'assassinio non è tuttavia una prova sufficiente per condannarlo. Il libro di Craig Zirbel, *The Texas Connection*, che attribuiva la responsabilità dell'assassinio di JFK esclusivamente a LBJ, era sbagliato. LBJ non era la mente dell'assassinio di JFK. Il libro di Barr McClellan del 2003, *Blood, Money & Power*, ha ricevuto molta più attenzione del libro di Zirbel. Il libro di McClellan non è altro che una lunga raccolta (mal scritta e a volte indecifrabile) di aberrazioni texane su LBJ con uno scenario altamente speculativo, per così dire, con un complotto per uccidere JFK basato interamente in Texas.

L'autore non sostiene mai che la CIA abbia avuto un ruolo in questa vicenda e afferma persino che Oswald fu uno degli assassini - che è essenzialmente un'affermazione del Rapporto Warren!

Sebbene sia possibile che Mac Wallace, uno dei vecchi amici di LBJ in Texas, fosse effettivamente coinvolto nel complotto e facesse parte del magazzino di libri - come McClellan sostiene di avere le prove per dimostrarlo - questo non prova l'intera "teoria" di McClellan: che l'avvocato di LBJ, Ed Clark, abbia ordito la cospirazione di JFK. In realtà, era ragionevole che il Mossad e la CIA coinvolgessero uno dei collaboratori di Johnson nell'assassinio, che fosse Wallace o Clark, al fine di garantire un insabbiamento da parte di LBJ dopo l'evento. Ma sembra che io sia l'unico critico di McClellan che si sia preoccupato di menzionare questa possibilità.

McClellan crea persino delle presunte conversazioni - molto dettagliate - tra LBJ e i cospiratori, conversazioni destinate a "dimostrare" la sua teoria. Ricco di incredibili qualificazioni, in cui si afferma che conversazioni ed eventi "indubbiamente" o "quasi certamente" hanno avuto luogo, il libro è piuttosto brutto, nonostante tutta la pubblicità che ha ricevuto nei media "mainstream". È chiaro che i controllori dei media hanno concluso che "il minimo comune denominatore" - l'idea che dietro l'omicidio di un presidente ci sia un vicepresidente - è l'unica teoria che soddisfa tutti.

Un'altra osservazione: si dà il caso che l'autore (McClellan) sia il padre dell'addetto stampa del presidente George W. Bush, figlio dell'ex presidente (e direttore della CIA) George H. W. Bush. Questo potrebbe spiegare perché il libro di McClellan non ha nulla da dire su tutte le note e ben documentate macchinazioni della CIA che coinvolgono Oswald? O sono solo uno di quei "teorici della cospirazione" che sollevano la questione?

Il Giudizio Finale sembra basarsi in gran parte sul fatto che Clay Shaw, perseguito dal procuratore di New Orleans Jim Garrison per il suo ruolo nell'assassinio di JFK, aveva legami con il Mossad attraverso la società Permindex. E se Shaw non avesse nulla a che fare con la cospirazione? Non significa che la sua tesi è sbagliata?

Niente affatto. Infatti, *Giudizio Finale* potrebbe reggersi da solo con la tesi intatta anche se Clay Shaw non fosse mai vissuto. Ci sono così tanti collegamenti multipli al Mossad attraverso così tante altre persone coinvolte nella cospirazione che Clay Shaw è solo un personaggio periferico nel lungo periodo. E non credo che il libro sia davvero imperniato sul legame con Shaw, anche se è certamente significativo.

A causa del fatto che Garrison avrebbe potenzialmente portato alla luce il legame con Israele (tramite Shaw), fu necessario interrompere l'indagine di Garrison. Ho notato in precedenza che i veri tentativi di fermare Garrison sono iniziati ancor prima che egli incontrasse Shaw. L'uomo che cercò effettivamente di corrompere Garrison per fermare l'indagine, il petroliere internazionale John King, era strettamente legato al Mossad e alla rete Permindex.

Il collegamento con Permindex è importante, ma non pretendo di sapere esattamente quale ruolo giocò Shaw nella cospirazione. È possibile che Shaw non abbia mai saputo che l'assassinio era in corso e che i suoi legami con il collega della CIA Guy Banister e con Lee Harvey Oswald siano sembrati a Shaw del tutto innocenti (nella misura in cui, ovviamente, qualsiasi macchinazione di intelligence di qualsiasi tipo può essere descritta come "innocente").

L'indagine di Garrison era imperfetta sotto molti aspetti, naturalmente, e forse anche in parte per colpa di Garrison. Tuttavia, è molto chiaro che Garrison era un uomo con una missione e che può essere andato fuori strada in alcune delle sue presunzioni e affermazioni. Ma è chiaro che ha lottato con l'inchiesta Shaw.

Shaw conosceva l'agente della CIA David Ferrie e durante il processo mentì alla sbarra, affermando di non conoscerlo. Alcuni hanno voluto difendere Shaw, dicendo che potrebbe aver mentito perché non voleva essere associato a un omosessuale noto e piuttosto esuberante come Ferrie (Shaw era gay a sua volta), ma questa è una scusa queer, non è un gioco di parole. Cosa più importante, Shaw aveva una relazione di lunga data con la CIA, come ora sappiamo, ma Garrison non fu mai in grado di provare questo legame all'epoca. Se lo avesse fatto, è probabile che Shaw sarebbe stato condannato. Tuttavia, la giuria concluse che non c'erano prove sufficienti per collegare Shaw a qualsiasi cospirazione.

Non dimentichiamo che a uno dei testimoni chiave di Garrison, un ufficiale di polizia di New Orleans di nome Aloysius Habighorst, non fu mai permesso di testimoniare sull'ammissione di Shaw all'ufficiale che a volte usava lo pseudonimo "Clay Bertrand". Questo fatto è significativo perché era stato proprio un "Clay Bertrand" a chiamare l'avvocato Dean Andrews di New Orleans e a chiedere ad Andrews di rappresentare Oswald dopo il suo arresto a Dallas.

Andrews disse di aver avuto a che fare con "Clay Bertrand" in passato, quindi quando ricevette la telefonata dopo l'assassinio, il nome di Clay Bertrand non era sconosciuto. Ed è chiaro che Shaw era effettivamente "Clay Bertrand". Se la giuria avesse ascoltato la testimonianza del poliziotto, ovviamente, avrebbe probabilmente segnato il destino di Shaw durante il processo di New Orleans.

Perciò credo fermamente che la tesi del *Giudizio Finale* starebbe in piedi con o senza il caso di Clay Shaw. L'indagine su Shaw, suppongo, sarebbe la ciliegina sulla torta, per così dire.

Francamente, credo che ci siano buone ragioni per credere che Shaw, nonostante i suoi legami di lunga data con la CIA, possa essere stato anche un agente del Mossad. Mi rendo conto che è rischioso, ma non l'ho mai escluso del tutto.

Nello scrivere *Giudizio Finale*, ho pensato a lungo a questo aspetto. Dopo tutto, Shaw non era esattamente un nome noto in America, ma era stato scelto per far parte del consiglio di amministrazione della società Permindex, dominata dal Mossad e con sede in Europa. Come mai Shaw - più di chiunque altro - è entrato nel consiglio di amministrazione? Ecco la domanda: Shaw era più "CIA" che "Mossad" o viceversa, oppure indossava diversi cappelli?

G. Robert Blakey, ex direttore del Comitato della Camera dei Rappresentanti, e David Scheim, autore di Contract on America, sostengono

entrambi che "la mafia ha ucciso JFK" e suggeriscono che Carlos Marcello, il boss della mafia di New Orleans, sia la mente dell'assassinio. Non è forse del tutto possibile che Marcello sia stato il principale istigatore del crimine e che non abbia avuto alcun aiuto dal Mossad o dalla CIA, e che membri della CIA come Guy Banister, David Ferrie e Clay Shaw fossero nella sfera di influenza di Marcello a New Orleans?

È del tutto inverosimile. Marcello, ovviamente, era un protetto e un subordinato di Meyer Lansky e regnava come boss della mafia di New Orleans proprio perché Lansky lo aveva messo lì. Questo è un fatto semplice che Blakey e Scheim non menzionano mai. Persino John Davis, il biografo di Marcello, lo sottolinea in *Mafia Kingfish* (anche se lo stesso Davis sostiene che Marcello fu la mente dell'assassinio di JFK).

Sebbene Marcello fosse da solo uno dei boss mafiosi più potenti del Paese, doveva il suo status al favoritismo di Lansky e gli affari di Marcello a New Orleans e la loro estensione in Texas erano tra i più redditizi del sindacato di Lansky. Marcello non avrebbe orchestrato da solo l'omicidio del Presidente degli Stati Uniti senza l'approvazione di Meyer Lansky.

Lansky, ovviamente, era strettamente legato al Mossad e alla CIA (e non dobbiamo dimenticare che Marcello stesso era legato, come minimo, alla CIA in quanto contribuiva a finanziare la guerra della CIA contro Castro, comprese, ovviamente, le operazioni di Guy Banister a New Orleans. E dato il fatto accertato che gli affari internazionali di Marcello erano piuttosto distanti tra loro, è inevitabile (considerando i suoi legami con Lansky) che egli stesso abbia avuto rapporti con il Mossad.

Ma Carlos Marcello non fu la mente e la forza motrice dell'assassinio di JFK. Marcello è un personaggio colorato e un facile bersaglio per gli studenti della cospirazione dell'assassinio di JFK, ma nonostante il fatto che Marcello fosse un personaggio molto potente di per sé, la cospirazione era di dimensioni troppo grandi (per non parlare dell'insabbiamento) per essere semplicemente il prodotto dell'organizzazione di Marcello.

La teoria secondo cui "la mafia ha ucciso JFK" è seducente, ma in realtà è totalmente fuori strada. Dovrei aggiungere - e chiamatelo pure "antisemita", se volete - che la mia vera convinzione è , essendo David Scheim, l'autore di *Contratto con l'America*, ebreo, sia così desideroso di sminuire l'importanza di Meyer Lansky nel crimine organizzato (cosa che Scheim fa nel suo libro incolpando Marcello dell'omicidio di JFK).

Nel corso degli anni, la comunità ebraica si è preoccupata molto di rappresentare l'influenza (direi la predominanza) degli ebrei nella criminalità organizzata, ma non si può esaminare seriamente il ruolo di Marcello nell'assassinio senza riconoscere che era un protetto di Lansky. Posso capire i timori di Scheim di fomentare l'antisemitismo rivelando il ruolo preminente di Lansky nella criminalità organizzata, ma se è un ricercatore serio come sostiene di essere, sarebbe pronto ad affrontare i fatti e non a nasconderli come fa.

Jack Ruby era un agente della CIA o un informatore dell'FBI? Che ruolo ebbe, se ne ebbe, nella pianificazione dell'assassinio di JFK?

Non ho dubbi sul fatto che Ruby conoscesse Lee Harvey Oswald prima dell'assassinio. Se non lo conosceva di persona, ne aveva sentito parlare. Tuttavia, ci sono troppe storie di probabili legami personali tra i due per ignorare il fatto che i due si conoscevano e stavano lavorando insieme a qualche tipo di cospirazione.

Ci sono storie molto convincenti sul fatto che Ruby avesse contatti con la CIA attraverso le sue attività di trafficante d'armi sia per Fidel Castro (prima che Castro prendesse il potere) sia, in seguito, per gli esuli anticastristi. L'ex agente della CIA Marita Lorenz, naturalmente, ha testimoniato che Ruby si presentò la notte prima dell'assassinio nel motel di Dallas dove lei, Frank Sturgis, membro della CIA legato al Mossad, e un gruppo di esuli cubani alloggiavano. La sua storia è solo una delle tante che collegano Ruby, in un modo o nell'altro, non solo alla CIA, ma anche agli eventi che portarono all'assassinio.

Ruby, ovviamente, non apparteneva alla mafia. Ruby era ebreo. Veniamo al dunque. La presenza di Jack Ruby nello scenario dell'assassinio di JFK non indica la "mafia". In Giudizio Finale, ne parlo in dettaglio. Ruby faceva piuttosto parte della parte ebraica del sindacato del crimine di Lansky. Naturalmente ci sono molte persone che hanno paura di addentrarsi in questo campo perché temono di essere etichettate come "antisemite".

Un'altra cosa da tenere presente: coloro che, come David Scheim e Robert Blakey, sostengono che "La mafia ha ucciso JFK", sottolineano il fatto che poco prima dell'assassinio di JFK Ruby era in contatto con molti individui legati al crimine organizzato e affermano che questo dimostra che Ruby aveva a che fare con "la mafia". Il problema principale è che i cosiddetti "mafiosi" con cui Ruby era in contatto erano in gran parte ebrei. Quindi, se posso usare la terminologia etnica: qualunque cosa Ruby abbia detto a queste persone, si trattava di bagel piuttosto che di pasta.

In Giudizio Finale, ho stabilito con fermezza un legame tra Ruby, Israele e il Mossad attraverso l'avvocato Luis Kutner (amico di lunga data di Ruby a Chicago) e ho anche descritto gli altri legami di Ruby, precedentemente ignorati, con il contrabbando di armi verso Israele e il coinvolgimento di Ruby con i cosiddetti "giornalisti" di giornali israeliani a Dallas.

Le connessioni israeliane sono lì per chi vuole trovarle - e per chi non le vuole trovare.

Per quanto riguarda l'uccisione di Oswald da parte di Ruby, mi sembra che si sia trattato di qualcosa che Ruby "doveva" fare - qualcosa che gli era stato ordinato di fare. Probabilmente pensava di farla franca da uomo libero.

In *Giudizio finale*, lei suggerisce che Jack Ruby non è morto quando la sua morte è stata annunciata e che in seguito è andato in Israele. Questa storia sembra inverosimile e mette in dubbio la credibilità complessiva del libro.

Non sto dicendo che sia vero. Sto semplicemente citando una fonte che ha raccontato questa storia. La storia è stata raccontata da una donna che conosceva Jack Ruby e che ha lavorato con lui molti anni fa a San Francisco. La donna che ha raccontato la storia, Grace Pratt, era ovviamente una donna affidabile che non era nota per aver inventato storie del genere e aveva così paura di ciò che pensava di sapere - che Ruby fosse ancora vivo - che ha chiesto che la storia non venisse mai ripetuta in vita sua. Ero francamente riluttante a pubblicare questa storia, riconoscendo quanto fosse sensazionale, e ho esitato molto prima di ingoiare la pillola e decidere di inserirla nel libro. Ho ritenuto che, per dovere di cronaca, la storia della signora Pratt dovesse essere raccontata, in quanto introduceva definitivamente un'altra possibile connessione israeliana che chiudeva il cerchio della tesi del *Giudizio Finale*.

Il fatto stesso che la storia non sia mai stata riportata altrove - nonostante le molte altre bizzarre leggende sull'assassinio di JFK che sono state ampiamente diffuse - conferisce in realtà una certa credibilità alla storia della signora Pratt.

Tenete presente che se Ruby non è morto quando doveva morire - e se mi sbaglio completamente e Israele non ha nulla a che fare con l'assassinio di JFK - è del tutto possibile che Jack Ruby sia stato allontanato dagli Stati Uniti, anche solo per motivi umanitari. È possibile che ci siano stati ebrei negli Stati Uniti e in Israele che erano solidali con Ruby e che hanno detto che aveva commesso un atto "patriottico" - uccidere l'assassino del Presidente - e che gli doveva essere data l'opportunità di iniziare una nuova vita. Questo ha perfettamente senso. Molti hanno chiesto che il traditore ebreo-americano Jonathan Pollard, che ha fatto la spia per Israele, sia rilasciato dalla prigione e gli sia permesso di iniziare una nuova vita in Israele. Perché questo non sarebbe potuto accadere a Ruby? Non è un'idea così sensazionale.

Inoltre, si potrebbe sostenere che annunciare la morte di Ruby e permetterle di lasciare il Paese sarebbe stato giustificato in quanto avrebbe "risparmiato al Paese il tumulto di un altro processo". E Ruby sarebbe stata effettivamente processata un'altra volta. So che Grace Pratt credeva di aver visto Jack Ruby in una fotografia mentre si imbarcava su un aereo per Israele e so che non ha mai raccontato la storia pubblicamente o cercato di ottenere un riconoscimento. Aveva paura. Quindi non sto liquidando la storia.

È interessante notare che, dopo la pubblicazione di *Giudizio Finale*, Beverly Oliver ha pubblicato un libro, *Incubo a Dallas*, in cui afferma semplicemente che alcuni anni fa è stata in contatto con qualcuno che ritiene essere Jack Ruby. La sua storia è che "Ruby" ha affermato di essere stato sottoposto a mascheramento chirurgico e a una qualche forma di ipnosi e presenta questa storia come se fosse credibile.

Oggi questa storia può sembrare strana come la storia di Grace Pratt per alcuni, ma non scarto la possibilità, né penso che sia in conflitto con la storia della signora Pratt. Entrambe le cose potrebbero essere accadute: Ruby potrebbe essere andata in Israele e lui potrebbe essersi sottoposto a chirurgia plastica. Con tutte le storie che sentiamo sul Programma Federale di Protezione dei Testimoni, perché non possiamo considerare la possibilità che qualcosa di insolito sia avvenuto al momento della morte di Ruby?

Quindi c'è un'altra storia che circola e che suggerisce che dietro la morte di Ruby c'è molto di più di quanto sembri. Invito alcuni ricercatori ad affrontare questa controversia e ad andare a fondo. Io stesso non ho intenzione di farlo. In ogni caso, concludo sottolineando che la questione se Jack Ruby sia morto quando doveva morire - o meno - è irrilevante per la tesi del *Giudizio Finale*. Chiunque cerchi di screditare *Giudizio Finale* citando la storia di Grace Pratt e suggerendo che essa rifletta il tono generale o la tesi del libro è falso.

Qual è, secondo lei, il più grande difetto della teoria ampiamente diffusa secondo cui "la mafia ha ucciso JFK"?

Chiunque avrebbe potuto uccidere JFK, anche un pazzo solitario, come sostenne la Commissione Warren. La grande domanda sulla cospirazione dell'assassinio è: chi aveva il potere di nascondere la cospirazione? La mafia non aveva questo potere, nonostante le sue vaste connessioni nazionali e internazionali. E non fu la mafia a convocare la Commissione Warren e a dettare le sue azioni da cima a fondo. Non c'è dubbio che ci siano stati ripetuti legami con la mafia in tutto il complotto per l'assassinio di JFK, anche tra coloro che avevano legami con la CIA. Ma la mafia non aveva il potere di manipolare le bizzarre attività della CIA a Città del Messico, che cercava di collegare Lee Harvey Oswald a un presunto esperto di omicidi del KGB sovietico. Nelle pagine di *Giudizio Finale*, credo di aver demolito con fermezza ogni suggerimento che la mafia fosse in ultima analisi responsabile dell'assassinio di JFK. Ora, con la rivelazione che Hyman Lamer, legato al Mossad, era il vero "capo" di Sam Giancana, il famigerato boss della "mafia" di Chicago, la vecchia leggenda secondo cui "la mafia ha ucciso JFK" si trova invischiata in un collegamento molto significativo con il Mossad che getta nuova luce sulla storia segreta del crimine organizzato.

Il direttore dell'FBI J. Edgar Hoover era coinvolto nella pianificazione dell'assassinio di JFK? Hoover sapeva che JFK sarebbe stato assassinato? Hoover era coinvolto nell'insabbiamento? In Giudizio finale non si risponde mai con precisione a queste domande.

Tenderei a pensare che Hoover probabilmente sapeva in anticipo che c'era uno o più complotti contro JFK - forse anche quello che alla fine ebbe successo - se non altro grazie alla sua vasta rete di intelligence che aveva collegamenti con gli stessi cospiratori che erano intimamente coinvolti nella pianificazione dell'assassinio. Aggiungerei che probabilmente permise che l'assassinio avesse luogo e non fece nulla per ostacolare il progresso della cospirazione. Hoover non avrebbe avuto alcun interesse a impedire l'assassinio. È altamente improbabile che Hoover abbia avuto un ruolo nella pianificazione dell'assassinio e nessuno è mai stato in grado di trovare prove in tal senso. L'effettiva partecipazione di Hoover non era ovviamente essenziale per l'effettiva realizzazione dell'atto.

Francamente, sarebbe stato meglio (dal punto di vista dei cospiratori) se Hoover non ne fosse stato a conoscenza o non ne fosse stato informato. Avrebbe solo dato a Hoover più influenza e meno persone sapevano, meglio era.

Ho sentito dire che Hoover avrebbe partecipato a una festa a Dallas nel ranch del suo buon amico Clint Murchison, il barone del petrolio del Texas, la sera prima dell'assassinio, facendo festa in compagnia di LBJ e, a quanto pare, anche di Richard Nixon, ma mi sembra che questa sia solo un'altra di quelle voci eccitanti che hanno una loro dinamica.

La gente ama questo tipo di storie, ma anche se Hoover fosse stato a Dallas il giorno prima dell'assassinio (e non ho mai visto una conferma che lo fosse, e francamente ne dubito), questo non significa che abbia avuto a che fare con l'assassinio.

Se Hoover fosse coinvolto nell'insabbiamento è un'altra storia, poiché fu l'FBI a fornire informazioni all'indagine della Commissione Warren. In questo senso, Hoover era coinvolto nell'insabbiamento. Hoover è un grande cattivo, ma il suo unico crimine in relazione all'assassinio di JFK, suppongo, è di essere J. Edgar Hoover.

E Richard Nixon e George Bush? Pensa che uno di loro abbia avuto a che fare con qualche aspetto della cospirazione per l'assassinio? Ci sono storie che circolano da anni.

Richard Nixon è diventato un altro bête-noire tra i teorici dell'assassinio di JFK, ma non ci sono più prove per collegare Nixon all'assassinio di quante ce ne siano per collegare Hoover. È una teoria eccitante, ma è solo questo, e teniamolo a mente.

Anche il nome di George Bush viene spesso collegato all'assassinio e in *Giudizio Finale* ho approfondito la questione, ma anche in questo caso sembra altamente improbabile che Bush sia stato coinvolto nella pianificazione dell'assassinio, ma a quanto pare, nell'ambito del suo lavoro per la CIA - sebbene egli neghi di aver lavorato per la CIA nel 1963 - Bush aveva legami con gli esuli cubani anticastristi ed è probabile che Bush, in un momento o nell'altro, possa essersi imbattuto in persone che potrebbero essere state direttamente coinvolte nella manipolazione di una parte dell'intera cospirazione.

George Bush potrebbe essere accusato e condannato per diversi crimini, ma la cospirazione nell'assassinio di JFK non è probabilmente uno di questi. La storia completa di George Bush e del suo passato di macchinazioni della CIA non è ancora stata raccontata - e, purtroppo, probabilmente non lo sarà mai - ma ho pensato che, per dovere di cronaca, sarebbe stato opportuno esplorare i possibili legami di Bush con l'assassinio nelle pagine di *Giudizio Finale*.

Per la cronaca, vorrei esporre la mia piccola teoria sul legame di Bush con l'affare JFK. È certamente controversa e non ho le prove per dimostrarla, ma la espongo perché altri possano rifletterci. Mentre la maggior parte dei ricercatori sull'assassinio di JFK è convinta che la misteriosa figura della CIA "Maurice Bishop" (che si suppone sia stato visto una volta in Texas con Lee Harvey Oswald) fosse in realtà David Atlee Phillips, ho sempre pensato personalmente che il famoso ritratto di "Bishop", che molti ritengono abbia una forte somiglianza con Phillips, potrebbe essere altrettanto facilmente George Bush.

E se si confrontano le foto di Bush e Phillips, è plausibile che qualcuno trovi che i due si assomiglino. È possibile che "Maurice Bishop" fosse davvero un nome in codice per George Bush della CIA durante la cospirazione di Bush con i cubani all'epoca dell'assassinio di JFK? È possibile che il nome in codice "Maurice Bishop" sia stato usato da più persone, compreso Bush? È possibile che, dal momento che David Atlee Phillips è stato riconosciuto come una figura della CIA, quest'ultima abbia pubblicato la storia che Phillips era in realtà "Bishop" per tenere nascosto il legame di Bush con la CIA? Come ho detto, si tratta di pure speculazioni e non pretendo che ci siano prove per dimostrarlo. Tuttavia...

Molto prima della pubblicazione del libro di Mark Lane *Plausible Denial* (per non parlare dell'articolo di The Spotlight che ha dato il via alla causa per diffamazione contro l'ex membro della CIA E. Howard Hunt, descritto nel

libro di Lane), si ipotizzava che Hunt fosse coinvolto nell'assassinio di JFK e che potesse essere uno dei famigerati "barboni" fotografati in Dealey Plaza poco dopo l'assassinio del Presidente. Pensa che Hunt fosse uno di questi "barboni" o che questi "barboni" fossero coinvolti nella cospirazione per l'assassinio?

Innanzitutto, conosco bene tutte le ricerche e gli scritti sui cosiddetti "vagabondi". Tuttavia, non sono convinto che E. Howard Hunt fosse uno di questi vagabondi. Ho persino visto un'altra foto, pubblicata da un giornale scandalistico, che mostra Hunt mentre raccoglie un proiettile nella Dealey Plaza subito dopo l'assassinio (in realtà, l'individuo che dovrebbe essere Hunt assomiglia di più all'ex presidente Gerald Ford, che faceva parte della Commissione Warren, e non credo che si tratti di Ford). Hunt è un personaggio sospetto ed è stato coinvolto negli intrighi che circondano l'assassinio, come evidenziato da *Negazione plausibile* e *Giudizio finale*. Il libro *Coup d'État in America* di A. J. Weberman e Michael Canfield sostiene che Hunt era uno dei fannulloni, ma, come ho detto, non me la bevo.

Ora, ci sono nuove informazioni rilasciate dalla polizia di Dallas negli ultimi anni che dimostrano che ci sono stati dei vagabondi prelevati nella Dealey Plaza e che sono stati fermamente identificati come vagabondi - non assassini o cospiratori. Tuttavia, ci sono ancora ricercatori che discutono su questo punto e dicono che la storia completa deve ancora essere raccontata. Una delle storie più recenti è quella raccontata da Chauncey Holt, che sostiene di essere il "vagabondo" che secondo tutti era E. Howard Hunt, mentre risulta che Holt non è uno dei vagabondi i cui nomi compaiono nei registri della polizia di Dallas. Ci sono quindi molti ricercatori che non credono alla storia di Holt, ma ci sono anche quelli che ci credono.

Se questi uomini sono stati coinvolti nell'assassinio, è improbabile che siano stati loro a sparare. Robert Groden, ricercatore sull'assassinio di JFK, ha pubblicato foto migliorate di quello che probabilmente è un uomo armato che spara dal butte e questo assassino sembra indossare l'uniforme di un agente di polizia. Di certo non è uno di quei barboni. Non credo che i cosiddetti barboni abbiano molta importanza alla fine, ma è un bel diversivo. Gli uomini che sono stati fotografati in Dealey Plaza erano probabilmente ciò che sembravano. Sarebbe bello risolvere il problema solo per rendere tutti felici.

Che ruolo ha avuto E. Howard Hunt nella cospirazione di JFK?

È una domanda molto interessante e la risposta è complessa. Ne ho parlato nel capitolo 16 di *Giudizio finale*, ma vorrei discuterne ulteriormente qui. Non sappiamo esattamente dove si trovasse Hunt al momento dell'assassinio di JFK. Questo è un aspetto che non è mai stato stabilito con certezza nemmeno durante il processo per diffamazione di Hunt e le risposte di Hunt durante il controinterrogatorio di Mark Lane non sono state davvero conclusive.

Hunt ha insistito sul fatto che il 22 novembre, giorno dell'assassinio, si trovava nella zona di Washington D. D. C. (a casa sua in periferia, in ufficio o in centro, dove ha fatto acquisti in uno o più luoghi durante la giornata) il 22 novembre, il giorno dell'assassinio. Tuttavia, non ha mai affrontato l'affermazione fatta sotto giuramento durante il secondo processo dalla sua ex collaboratrice della CIA, l'agente Marita Lorenz, secondo cui lei, l'agente della CIA Frank Sturgis e un gruppo di esuli cubani si incontrarono con Hunt a Dallas il 21 novembre, il giorno prima dell'assassinio (e questo, ovviamente, avrebbe dato a Hunt il tempo di tornare a Washington per essere nella capitale il giorno dell'assassinio).

Inoltre, come abbiamo notato in precedenza, la signora Lorenz ha detto che anche Jack Ruby, che uccise Lee Harvey Oswald pochi giorni dopo, andò a trovarli in questo motel. Quindi non c'è dubbio che ci fosse un complotto che coinvolgeva Hunt a Dallas e che lo collegava a un complotto che coinvolgeva individui collegati alla CIA che erano in qualche modo legati alla cospirazione dell'assassinio.

Non sto dicendo - e nemmeno Mark Lane, se è per questo - che Hunt abbia sparato a John F. Kennedy o che abbia puntato nella sua direzione il 22 novembre. Credo che Hunt fosse a Dallas almeno poco prima dell'assassinio. Quello che stava facendo lì è la storia interessante di cui sappiamo così poco.

Come abbiamo visto nel capitolo 16, è stato chiaramente James Angleton della CIA a far trapelare la nota interna della CIA che colloca Hunt a Dallas al momento dell'assassinio, gettando le basi per la storia che alla fine ha portato alla causa per diffamazione di Hunt contro *The Spotlight*.

Secondo il giornalista investigativo Joe Trento (che, per inciso, è un nemico giurato di *The Spotlight*, essendo stato costretto a patteggiare una causa per diffamazione contro di lui da Willis Carto, l'editore di *The Spotlight*), è probabile che non solo Hunt si trovasse a Dallas, ma che Angleton lo abbia mandato lì. Tuttavia, Hunt non ammette nulla.

Mi sembra che Hunt sia stato un facilitatore, per così dire, del complotto per l'assassinio di JFK, coinvolto a Dallas (e a New Orleans) con altri che erano coinvolti con Lee Harvey Oswald. È del tutto plausibile che Hunt non avesse idea che la sua missione a Dallas coinvolgesse un vero e proprio complotto per l'assassinio - forse era solo coinvolto in un complotto "fittizio" per l'assassinio che è stato manipolato e superato da forze esterne ed è diventato reale - e ho esplorato questa possibilità nel Capitolo 16.

Considerate questo: Sebbene Hunt si sia incontrato con la signora Lorenz e Frank Sturgis, e il denaro sia passato da Hunt a Sturgis, ciò non indica necessariamente che Hunt sapesse che era in atto un vero e proprio assassinio, anche se Sturgis in seguito disse a Lorenz che la sua squadra era stata coinvolta nell'omicidio del Presidente. Forse lo sapeva, ma non necessariamente. Tuttavia, si mise nella posizione in cui, a posteriori, sembrava dannatamente colpevole, data la successiva testimonianza di Lorenz.

Tuttavia, dobbiamo tenere presente che, qualunque cosa sia accaduta a Dallas, Hunt si alleò nuovamente con Frank Sturgis durante il fiasco del Watergate, che portò all'"assassinio" di un altro Presidente; nel caso del Watergate, come abbiamo visto, c'era anche un chiaro collegamento con Israele, che coinvolgeva anche Angleton.

Se si considera il fatto - come ora sappiamo - che Frank Sturgis non solo era un agente della CIA, ma era anche da tempo coinvolto nella cospirazione del Mossad, si scopre un insieme di ingranaggi molto complesso, per così dire.

Ma Hunt era ed è un fedele uomo della CIA e non ammetterà nulla né in un senso né nell'altro. E quando Hunt aveva bisogno di un testimone della CIA nel suo processo per diffamazione, fu il vice di Angleton, Newton "Scotty" Miler, a venire in soccorso. Non credo sia una sorpresa.

Quindi, anche se sembra che nel 1978 la CIA avesse inizialmente intenzione di far cadere Hunt e di incastrarlo per il coinvolgimento nell'assassinio - dipingendolo come un agente "disonesto" - attraverso i suoi ex superiori della CIA, nel momento in cui si stava svolgendo il suo processo per diffamazione contro *The Spotlight*, lui e la CIA avevano raggiunto un accordo e si stavano offrendo di aiutare. Sembra che sia stato proprio perché *l'*articolo di *The Spotlight* ha rivelato la "situazione limitata" contro Hunt che l'operazione è stata sospesa. Ricordiamo che una lettera intitolata "Caro signor Hunt", presumibilmente di Lee Harvey Oswald, è apparsa nel momento in cui l'operazione "situazione limitata" era agli inizi, mentre la Commissione della Camera iniziava la sua indagine. Credo che questo sia stato un altro sporco trucco di Angleton, anche se un nuovo libro di un autore legato alla CIA sostiene che si trattasse di uno stratagemma del KGB. Tornerò su questo argomento in modo più dettagliato nella Parola *Finale* del *Giudizio Finale*.

Se c'è qualcuno oggi in vita che sa cosa è realmente accaduto a Dallas, quello è Hunt. Tuttavia, se Hunt dovesse mai trovare la necessità o il motivo di "rendere pubblico" ciò che sa, penso che possiamo prendere ciò che dice con un granello di sale. Hunt è uno scrittore molto dotato e prolifico di romanzi di spionaggio, e se un editore gli offrisse qualche milione di dollari per "raccontare tutto", è ipotizzabile che Hunt - in collaborazione con la CIA, o forse da solo - se ne esca con una storia fantastica che soddisfi l'appetito del pubblico e che quindi stabilisca *come* giudizio finale su ciò che è accaduto a Dallas. E questo potrebbe garantire che la verità sia sepolta per sempre. Temo che troppe persone siano disposte a credere a qualsiasi cosa Hunt dica, semplicemente perché è quello che è. Quindi diffidiamo di ciò che Hunt potrebbe dire.

Ma farò una previsione: se Hunt riuscirà a trovare una "soluzione finale" al mistero che l'assassinio è stato un complotto del KGB - con legami con Castro - e che alcuni agenti "disonesti" della CIA erano in mezzo a questo. Questa potrebbe essere la chiave di volta di un attacco dell'ultimo minuto a Castro e, dato che l'Unione Sovietica si è tirata fuori dall'affare, non importa che Hunt li accusi o meno.

Il libro di Jim Marrs, *CrossFire*, non è forse quello che, ancor più di *Giudizio Finale*, riunisce tutte le teorie su JFK e permette ai lettori di formulare un giudizio finale da soli?

Crossfire è un libro meraviglioso e fornisce una panoramica completa di tutti i libri sull'assassinio di JFK che erano disponibili quando è stato stampato. Spero che se Marrs ripubblicherà *Crossfire* in un'edizione aggiornata, menzionerà la teoria che appare in *Giudizio finale*, anche solo per cercare di demolirla. Ma non credo che ci riesca. Se può farlo, spero che cercherà di farlo in modo responsabile.

Nel complesso, non credo che Marrs giunga a conclusioni reali in un senso o nell'altro. Accenna al fatto che LBJ potrebbe essere stato responsabile dell'assassinio e punta il dito contro il "complesso militare-industriale", ma questo è tutto.

Suggerisco alle persone di leggere *Crossfire* prima ancora di leggere *Giudizio Finale*, perché è un notevole compendio delle teorie e delle conclusioni di base sull'assassinio e, una volta compreso il succo di queste teorie, vedrete come *Giudizio Finale* le leghi efficacemente insieme in una teoria relativamente semplice che ha un senso definitivo.

Molte persone mi hanno detto di aver letto quasi tutti gli altri libri sull'assassinio, ma che è stato il mio a mettere insieme le due cose e a fornire la spiegazione più completa di ciò che è realmente accaduto.

In che modo la tesi presentata in *Giudizio finale* contraddice la teoria presentata in alcuni libri che suggeriscono che fu una sorta di complotto tra la CIA e la mafia a portare all'assassinio di JFK?

Non credo che la teoria presentata in *Giudizio Finale* contraddica essenzialmente la tesi di base secondo cui dietro l'assassinio del Presidente c'era una combinazione di elementi della CIA e della mafia. Al contrario, la tesi di base si adatta perfettamente allo scenario presentato in *Giudizio finale*. Il mio libro, tuttavia, fa leva sulla connessione israeliana che nessuno ha mai affrontato prima e spiega che la cosiddetta "connessione francese", che altri hanno cercato di dimostrare come prova del coinvolgimento della CIA o addirittura della "mafia", indica più chiaramente la connessione israeliana.

Per me è molto chiaro che altri teorici non capiscono bene il significato della French Connection, che è la connessione israeliana. La French Connection è anche direttamente collegata alla CIA e alla mafia e persino all'ufficio dell'agente della CIA Guy Banister a New Orleans. *Giudizio Finale* è quindi unico nel suo genere in quanto spiega come tutti questi elementi apparentemente diversi siano collegati tra loro dalla connessione israeliana.

Chiunque abbia letto un libro che suggerisce che si trattava di una sorta di cospirazione tra la CIA e la mafia e accetti questa tesi, può ora leggere *Giudizio Finale* e rendersi conto che non c'è nulla in *Giudizio Finale* che contraddica questa tesi di base. Aggiungerei che *Giudizio Finale* è anche istruttivo in quanto presenta una visione più accurata della realtà della vera natura del Sindacato del Crimine Organizzato e del ruolo di primo piano svolto da Meyer Lansky all'interno della mafia. In questo senso, *Giudizio Finale* è il primo libro che esplora il legame di Lansky con il crimine del secolo.

Credo fermamente che il *Giudizio Finale* presenti un argomento che nessuno di coloro che credono nella cospirazione di base "CIA-Mafia" può respingere a priori. Coloro che lo rifiutano, sospetto, sono quelli che hanno paura del quadro generale. Il libro dimostra che Israele non solo aveva i mezzi e il movente, ma anche l'opportunità - tutti gli elementi di cui un buon avvocato ha bisogno per ottenere una condanna per omicidio. In effetti, un lettore ha suggerito che *Giudizio Finale* si legge come un atto d'accusa. Ed è certamente un atto d'accusa.

Potrebbe illustrarci quella che considera la struttura di base del complotto per l'assassinio di JFK? L'enorme cospirazione internazionale descritta in *Giudizio finale* non coinvolge necessariamente così tante persone che sarebbe stato impossibile tenere segreto un tale complotto per tutti quegli anni?

Prima di tutto, la cospirazione non è più un segreto. Ne ho parlato in *Giudizio Finale*. E non lo dico per scherzo. Dopo tutto, grazie alla mia fonte francese, sono stato in grado di identificare i ruoli segreti di Yitzhak Shamir, una figura del Mossad israeliano, e di Georges De Lannurien, un ufficiale del SDECE francese, nella cospirazione. Quindi qualcuno da qualche parte con informazioni "interne" **ha parlato** ed è così che le informazioni su questi due cospiratori mi sono capitate tra le mani mentre scrivevo *Giudizio Finale*.

Ma la domanda è ben posta. Ma quello che ho detto ripetutamente, spesso in risposta a richieste di informazioni, è che la particolarità di *Giudizio Finale*, tra le altre cose, è che presenta una cospirazione che in realtà coinvolge solo un piccolo numero di persone. In altre parole, solo poche persone avrebbero saputo che il Presidente sarebbe stato ucciso. Tutte le altre persone che, in un modo o nell'altro, erano coinvolte nella cospirazione non avrebbero nemmeno saputo il ruolo che stavano svolgendo.

Credo che questo sia un aspetto importante della teoria che presento in *Giudizio Finale*. Il numero di persone coinvolte nella cospirazione che sapevano effettivamente che JFK sarebbe stato assassinato era probabilmente molto basso - ma coloro che erano "al corrente" avevano a disposizione vaste risorse per influenzare un numero molto più grande di persone che non avrebbero mai necessariamente saputo di far parte di una cospirazione per l'assassinio del Presidente Kennedy.

A mio avviso, ci sono state sei fasi nell'assassinio stesso:
1) l'inizio della cospirazione: chi l'ha messa in moto?
2) pianificazione e coordinamento: ad esempio, l'assunzione di assassini;
3) finanziamento - chi ha fornito i fondi per realizzarlo?
4) facilitare (l'omicidio) - preparare la trappola per il capro espiatorio, assicurarsi che tutto sia pronto per il 22 novembre;
5) l'esecuzione dell'omicidio; e
6) mimetizzazione.

Per quanto riguarda l'effettivo innesco della cospirazione, come ho detto, sembra chiaro che questo avvenne attraverso l'interazione tra il Mossad israeliano e i vertici della CIA, in seguito alla loro reazione alle politiche di JFK. Senza contare, naturalmente, l'interazione della CIA e del Mossad con altri gruppi di potere che erano nel mirino dell'amministrazione Kennedy, in particolare la criminalità organizzata.

Ho già chiaramente incolpato James Angleton della CIA e il Primo Ministro israeliano David Ben-Gurion di aver dato inizio alla cospirazione, ma è possibile che anche altri fossero "coinvolti".

Una volta deciso che JFK sarebbe stato "ucciso", la seconda fase della cospirazione richiedeva pianificazione e coordinamento. Qualcuno doveva essere incaricato di reclutare gli assassini, di gettare le basi generali, di determinare dove si sarebbe svolto l'assassinio e come sarebbe stato finanziato.

Tendo a credere che questo sia stato probabilmente eseguito da Yitzhak Shamir, capo della squadra di assassini del Mossad. Naturalmente avrebbe lavorato a stretto contatto con Angleton e sappiamo che ha subappaltato almeno un assassino o una squadra di assassini tramite il suo alleato francese, il colonnello Georges De Lannurien.

I finanziamenti per tutto questo potrebbero provenire da un'ampia varietà di fonti. Sebbene, ovviamente, sia la CIA che il Mossad dispongano di bilanci enormi (compreso il famigerato "budget segreto" della CIA), per non parlare di un'ampia gamma di società di comodo, note come proprietà, sembra probabile che il denaro utilizzato per finanziare l'operazione sia stato accuratamente riciclato e possa persino provenire da fonti esterne alla CIA e al Mossad, per garantire che il denaro non possa mai essere rintracciato.

Gli alleati della CIA e del Mossad nel Sindacato del Crimine di Lansky costituivano certamente una fonte rapida, ampia e non rintracciabile di denaro facilmente accessibile. Lo stesso Lansky, per non parlare dei suoi associati mafiosi e della società di copertura del Mossad, Permindex, avevano tutti conti bancari presso la Banque de Crédit Internationale del rabbino Tibor Rosenbaum a Ginevra. È possibile che Rosenbaum abbia trasferito il denaro attraverso Clay Shaw, un membro del consiglio di amministrazione della Permindex che, a sua volta, era una sorta di "tesoriere" di New Orleans, che distribuiva il denaro a Guy Banister e anche a Lee Harvey Oswald, che era stato incastrato come capro espiatorio dall'ufficio di Banister.

E poi, di nuovo, se l'operazione di Banister che coinvolgeva Oswald fosse stata effettivamente organizzata e coordinata dall'ufficio di New Orleans dell'ADL, cosa che sembra probabile, il denaro per lo stipendio di Oswald pagato da Banister sarebbe stato letteralmente sovvenzionato direttamente (o indirettamente) dall'ADL. Ed è stato rivelato in documenti ufficiali del tribunale che l'ADL in realtà utilizza intermediari per pagare i suoi "investigatori", come Banister e compagnia, per nascondere la fonte dei fondi.

Questo illustra quindi come un'ampia gamma di entità apparentemente separate possano essere state utilizzate per finanziare l'operazione senza che vi sia alcuna traccia diretta della CIA o del Mossad. Sebbene ADL, ad esempio, faccia capo al Mossad, è improbabile che il denaro del Mossad, di per sé, sia stato trasferito sul conto bancario di ADL.

I fondi per una o più parti dell'organizzazione dell'assassinio potrebbero provenire da altre fonti. Si dice che Jack Ruby abbia visitato l'ufficio del barone del petrolio texano H. L. Hunt poco prima dell'assassinio. Forse Hunt ha fornito denaro che è stato utilizzato da Ruby per qualche funzione che Ruby ha tenuto prima dell'assassinio.

A Hunt potrebbe essere stato assicurato che il denaro era destinato a una manifestazione "anticomunista" il giorno dell'assassinio. Ruby potrebbe anche aver detto a Hunt che un gruppo di cubani anticastristi, travestiti da cubani filocastristi, avrebbe inscenato una sorta di "incidente" per screditare Castro mentre JFK era a Dallas. Ruby stesso potrebbe aver pensato che il piano fosse questo! (Personalmente penso che Ruby stesse organizzando il "secondo Oswald" o "Oswald", a seconda dei casi. In altre parole, Ruby stava organizzando "incidenti" a Dallas per far sembrare che il vero Lee Harvey Oswald fosse un "agitatore pro-Castro" e un estremista armato).

Ora, tutto questo è pura speculazione, naturalmente, ma non credo che sia molto lontano dalla realtà. Sto cercando di metterlo in una prospettiva logica.

Abbiamo parlato di iniziazione e pianificazione, coordinamento e finanziamento. Il quarto livello del complotto dell'assassinio sarebbe la "facilitazione". Questo include aree come le azioni a New Orleans e Dallas, dove Lee Harvey Oswald è stato inavvertitamente incastrato e/o incastrato lui stesso, a seconda dei casi. In questa fase operano Clay Shaw, Guy Banister, David Ferrie e Jack Ruby, nonostante Shaw non abbia mai avuto contatti diretti con il vero Lee Harvey Oswald. C'erano anche, naturalmente, esuli cubani anticastristi che furono messi a frutto in questa fase.

È anche probabile, come ho sottolineato, che un certo numero di potenziali capri espiatori sia stato allestito in varie città del Paese. I facilitatori, in queste città, non avevano idea di essere utilizzati in un piano di assassinio che intrappolava il capro espiatorio. Probabilmente in tutto il Paese c'erano diverse persone con un profilo simile a quello di Lee Harvey Oswald, che erano state preparate nel caso in cui l'assassinio fosse stato compiuto nella loro città: Miami, Chicago, Los Angeles, Billings, Montana.

Sembra improbabile che i cospiratori fossero pronti a portare Lee Harvey Oswald in giro per il Paese in attesa del momento giusto per colpire. No, invece c'erano altri "Oswald" - altri piccioni - in quelle città. E dato che l'assassinio non ebbe luogo in quei luoghi, i facilitatori non si sarebbero necessariamente resi conto della vera motivazione dietro le cose che erano stati invitati a fare. È anche possibile, come ho detto, che ci fossero altri capri espiatori a Dallas o in altri luoghi del Texas.

Tuttavia, non c'erano solo "facilitatori" intorno a Lee Harvey Oswald e al suo livello. C'erano anche facilitatori che lavoravano intorno all'imminente vittima del complotto omicida. Nei circoli intorno a John F. Kennedy, c'era chi riferiva, sicuramente alla CIA, sui piani di JFK, sia per quanto riguarda le questioni critiche internazionali di alto livello che interessavano immediatamente la CIA e il Mossad, sia per quanto riguarda questioni specifiche come la destinazione che JFK intendeva raggiungere durante il suo viaggio in Texas.

Si trattava ovviamente di una routine, dato che la CIA aveva da tempo i suoi agenti incorporati in tutto il ramo esecutivo e cooptava (tramite ricatti e corruzione) persone che non erano direttamente impiegate dalla CIA. Chiaramente, queste persone non si resero conto di essere utilizzate nella cospirazione per l'assassinio che ne seguì. Alla fine, sono sicuro che fu Angleton della CIA a ricevere le informazioni sulle attività di JFK. Probabilmente le informazioni arrivavano letteralmente sulla scrivania di Angleton ogni giorno.

La CIA potrebbe persino aver contribuito a plasmare i piani del Presidente in un modo o nell'altro: assicurandosi, ad esempio, che il suo corteo di auto prendesse un particolare percorso attraverso Dallas. Lo uso come semplice esempio per mostrare quanto fosse semplice il processo. E la persona o le persone di cui ci si approfittava non sapevano necessariamente di essere manipolate, e nemmeno, a posteriori, di esserlo state.

Possiamo aggiungere che c'era un altro elemento essenziale nella facilitazione. Si tratta della squadra della CIA, guidata da David Atlee Phillips, capo dell'ufficio della CIA per l'Emisfero Occidentale, che fu responsabile - nel mese precedente l'assassinio - di archiviare la "prova" che Lee Harvey Oswald si era incontrato con un esperto di omicidi sovietici a Città del Messico. Si trattava di un altro importante mattone nelle fondamenta della cospirazione - l'elaborazione della trappola del capro espiatorio portata avanti ad un livello particolarmente elevato.

Senza l'aiuto di tutte queste persone, l'assassinio e il camuffamento non avrebbero potuto avere luogo. Tuttavia, tutte le loro azioni potevano essere compiute senza che queste persone sospettassero ciò che stava accadendo. E in molti casi le loro azioni erano di routine e quotidiane.

E poi, naturalmente, ci sono gli assassini. Questi assassini potrebbero anche non conoscere la posizione (o l'identità) degli altri tiratori. Il coordinamento dell'assassinio potrebbe essere stato così compartimentato che le operazioni delle diverse squadre potrebbero essere state condotte su base strettamente confidenziale. Può anche darsi che altre squadre di assassini siano state inviate a Dallas e allestite nel caso in cui l'attacco di Dealey Plaza fosse stato annullato. Queste squadre non avrebbero necessariamente saputo che le altre erano in azione. Ovviamente, non sapremo mai tutta la storia.

È interessante anche il fatto che l'uomo della CIA Frank Sturgis (anche lui agente di lunga data del Mossad) abbia in seguito dichiarato a Marita Lorenz che la sua squadra era coinvolta nell'assassinio. Sturgis, a quanto pare, non ha mai affermato di essere uno dei sicari, ma l'intelligence cubana, come abbiamo visto, ha detto che era coinvolto nell'organizzazione delle comunicazioni tra le squadre di assassini.

I facilitatori potevano anche essere usati per aiutare i veri assassini a fuggire. Jack Ruby era un facilitatore ideale per manipolare i membri della polizia di Dallas. Qualche grosso guadagno qua e là sarebbe stato sufficiente. L'agente J.D. Tippit era probabilmente coinvolto e mi sembra che sia stato ucciso quando si è rifiutato di fare il suo lavoro. D'altra parte, forse Tippit doveva essere giustiziato per far ricadere il crimine su Oswald.

L'ultimo livello è quello dell'insabbiamento e del controllo dei danni. Molti di coloro che sono stati coinvolti nella facilitazione dell'assassinio avrebbero avuto interesse a nascondere non solo il proprio ruolo, ma anche quello dei loro associati alla cospirazione (una volta che si fossero resi conto di aver avuto un ruolo nel favorire la cospirazione, anche se inconsapevolmente). Sicuramente erano coinvolte persone della CIA e dell'FBI, per non parlare di altre agenzie governative, compresa la polizia di Dallas. La maggior parte delle persone coinvolte potrebbe non essersi nemmeno resa conto di essere impegnata in azioni volte a nascondere la verità.

Sappiamo che James Angleton aveva un ospite interessante nel suo ufficio a Langley il giorno dell'assassinio. Si trattava dell'alleato francese del Mossad, il colonnello Georges De Lannurien dello SDECE. È chiaro che si trovavano insieme per una riunione di controllo dei danni. Si trattava di un'operazione importante ed era essenziale che questi due cospiratori chiave fossero insieme nel caso in cui qualcosa fosse andato storto. Ovviamente, in questo momento critico, la comunicazione per telefono o tramite piccione viaggiatore non era l'ideale.

In definitiva, naturalmente, se non ci fosse stata la potente forza corruttrice (e corruttrice) dei media statunitensi - a loro volta così pesantemente influenzati dalla lobby pro-Israele e dalla CIA (separatamente e insieme) - l'insabbiamento non sarebbe stato così diffuso e non sarebbe durato così a lungo. Credo che il modo in cui i media hanno reagito alle critiche della Commissione Warren sia un segno evidente del ruolo svolto da Israele nella cospirazione dell'assassinio.

Praticamente tutti i principali ricercatori sull'assassinio di JFK hanno commentato il fenomeno della collaborazione dei media nell'insabbiamento.

Eppure nessuno parla mai dell'influenza della lobby israeliana sui media americani. Non si può guardare all'assassinio di JFK senza esaminare seriamente il ruolo dei media nell'insabbiamento. È fondamentale e dimostra il legame con Israele, che lo si voglia ammettere o meno.

Perché tutti i ricercatori non possono unire le forze e lavorare insieme per trovare la soluzione al mistero? Non sarebbe più produttivo che lavorare in modo incrociato?

In primo luogo, ad essere onesti, credo di aver trovato la soluzione - e, come ho detto, incorpora tutti i principali pensieri su ciò che è realmente accaduto a Dallas. Ho introdotto il trascurato collegamento con Israele, perché è quello che lega tutte le altre teorie.

Tuttavia, il fatto è che, poiché ci sono così tante persone con così tante aree di interesse e di competenza, esse finiscono inevitabilmente per entrare in conflitto tra loro. Questo è uno dei motivi per cui non ho mai avuto a che fare direttamente con i ricercatori che tengono continuamente conferenze e incontri. Tutto sommato, sarei tentato di dire che il mistero è stato risolto nella misura in cui non lo sarà mai.

È ironico, ma ci sono diversi gruppi di studio sull'assassinio di JFK e funzionano essenzialmente, in una forma o nell'altra, come "rivali", discutendo e bisticciando tra loro.

Un altro fattore è che ci sono molte persone con particolari aree di competenza: che si tratti di balistica, patologia o fotografia. Non pretendo di avere alcuna competenza in questi settori. Ho una vasta esperienza in diversi settori, ma non pretendo di essere un esperto in nessuno di essi. Ho una buona conoscenza non solo della storia della CIA e del Mossad israeliano, ma anche della storia della criminalità organizzata. Conosco la politica degli Stati Uniti in Medio Oriente e i conflitti di politica estera dell'amministrazione JFK. E nel corso della stesura di *Giudizio finale*, ho attinto alle ricerche pubblicate sul conflitto francese in Algeria che, come ho notato, alla fine ha avuto un ruolo cruciale nell'evoluzione della cospirazione per l'assassinio di JFK.

Francamente, direi che si può scommettere che non troverete un altro scrittore sull'assassinio di JFK che abbia studiato tutte queste aree come ho fatto io. È proprio per questo che ho potuto organizzare *Giudizio Finale* nel modo in cui l'ho fatto.

Dopotutto, onestamente, quanti ricercatori sull'assassinio di JFK hanno una qualche conoscenza della storia dei rapporti tra JFK e Israele? Si sono invece concentrati sul Vietnam e sul conflitto cubano e, di conseguenza, hanno perso il quadro generale. Non li sto criticando. Sto solo affermando un fatto. Personalmente sono disposto a collaborare con altri ricercatori per quanto possibile, ma, come ho già indicato, molti di questi "esperti" si sono rifiutati di riconoscere il mio lavoro (per ragioni che immagino siano ovvie).

Non sto escludendo nulla e ho sempre detto che è abbastanza possibile - e non sto fingendo - che se qualcuno può dimostrarmi che il Vaticano era dietro il complotto per l'assassinio di JFK, manipolando la CIA e il Mossad, per esempio, potrei essere pronto a credergli. Tutto ciò che chiedo è che mi vengano mostrate le prove. È così semplice. E se mi sbaglio, voglio che mi si mostri dove sbaglio. Non è chiedere troppo. Idealmente, tutti dovrebbero essere in grado di lavorare insieme, ma questo non accadrà mai.

Anche qui c'è molta politica. Molti ricercatori sono accecati da un pregiudizio liberale e hanno interessi acquisiti. Per questo motivo, sembrano vedere JFK come vittima di una cospirazione repubblicana, un complotto di estrema destra orchestrato da Richard Nixon (anche se i veri "destrorsi" non pensano certo che Nixon stesso sia uno di loro). Questi ricercatori sono attaccati all'immagine di JFK come una sorta di icona liberale.

Ironia della sorte, però, una delle cause liberali preferite - il sostegno allo Stato di Israele e alle sue richieste ai contribuenti americani - non fu promossa da JFK durante la sua presidenza. Al contrario, JFK era in guerra con Israele dietro le quinte. È tutto documentato, naturalmente, ma questi ricercatori odiano ammetterlo. Inoltre, aggiungo io, hanno i loro amici nella lobby di Israele che sussurrano loro all'orecchio: "Non prestate attenzione a quell'uomo dietro le quinte".

Ma c'è del denaro in tutto questo. L'assassinio di JFK ha generato una fiorente mini-industria e gli autori e gli editori sono in guerra tra loro nella lotta per il riconoscimento e la rispettabilità. Suppongo di essere stato escluso in entrambi i casi, ma altri ricercatori hanno una possibilità di successo e non raggiungeranno mai un successo finanziario significativo se commettono l'errore di identificare il ruolo di Israele nell'assassinio.

Il regista Oliver Stone svolge ora un ruolo importante in questa mini-industria, come ho sottolineato. Gli scrittori si fanno il mazzo per cercare di ottenere l'approvazione di Stone per i loro libri e Stone non promuoverà nulla che osi accennare al coinvolgimento di Israele, visti i fatti che conosciamo di Stone e dei suoi collaboratori israeliani. Stone ha generosamente distribuito denaro tra i ricercatori che ha assunto come "consulenti" per il suo film e anche questo ha avuto un impatto sulla crescita della ricerca indipendente.

Allo stesso tempo, c'è un altro fattore. La Shapolsky Publishers (ora scomparsa), che ha pubblicato diversi libri sull'assassinio di JFK, era affiliata a una casa editrice israeliana. Le persone che sperano di ottenere la pubblicazione dei loro libri non vogliono esprimere opinioni che potrebbero impedire che le loro opere vengano accantonate. Le persone sanno cosa è nel loro interesse.

Ho fatto due tentativi per portare *Giudizio Finale* all'attenzione di Carroll & Graf, sia prima della pubblicazione iniziale che dopo la pubblicazione della seconda edizione. La prima volta non mi hanno nemmeno inviato una lettera di rifiuto. Hanno semplicemente rimandato indietro il manoscritto. La seconda volta ho scritto loro e ho ricevuto una lettera dal signor Carroll in persona dopo avergli fatto notare che non avevo ricevuto nemmeno una lettera di rifiuto ufficiale. La sua nota era molto chiara: "Non possiamo sfruttare il suo manoscritto in questo momento", anche se da allora ha pubblicato una serie di libri sull'assassinio di JFK.

Carroll & Graf sa qualcosa su JFK. Il libro più venduto di Jim Marrs, *Crossfire*, è un prodotto Carroll & Graf. Hanno anche pubblicato i libri di uno scrittore piuttosto insolito chiamato Harrison Livingstone (di cui ho scritto in *Giudizio Finale*) e quei libri sono stati dei bestseller. Ma Carroll & Graf non aveva alcun interesse per *Giudizio Finale*. E sono sicuro che non era perché il libro era un giornalaccio analfabeta.

Quindi, alla fine, ci sono
1) conflitti di personalità,
2) conflitti politici e
3) problemi finanziari che impediscono a tutti i diversi teorici dell'assassinio di JFK di lavorare insieme o, nella mia area di interesse, di esplorare la tesi esposta in *Giudizio finale*.

Molti pensano che la storia della relazione di JFK con l'attrice Marilyn Monroe sia un mito. Eppure lei ha dedicato un intero capitolo del *Giudizio*

finale a questo argomento. Non sta forse cadendo nella trappola dei media, che ripropongono il mito di Marilyn Monroe?

Il capitolo sulla connessione Cohen-Monroe-JFK non era essenziale per la tesi espressa in *Giudizio finale*. Il libro avrebbe potuto essere pubblicato anche senza questo capitolo, senza che ciò avrebbe pregiudicato la tesi nel suo complesso.

Ho incluso il capitolo per una serie di motivi:

1) evidenzia il fatto che esiste una forte influenza ebraica e filoisraeliana nell'arena della criminalità organizzata, in particolare tra coloro che sono sotto l'influenza di Meyer Lansky.

2) Cohen aveva un legame di lunga data con Marilyn Monroe ed è interessante notare che le sue memorie, ricche di nomi, non fanno mai il suo nome. Vale anche la pena di ricordare che il coautore di Cohen, John Peer Nugent, era ritenuto un agente della CIA e che lo stesso Cohen è stato menzionato come coinvolto in operazioni anticastriste della CIA.

3) Cohen e Jack Ruby erano molto vicini e avevano molti collaboratori in comune, tra cui un certo Al Gruber.

Fu Gruber a contattare Ruby per la prima volta dopo dieci anni, subito dopo l'assassinio di JFK. Gary Wean ritiene che sia stato Gruber a dare a Ruby l'ordine di "sparare" a Oswald.

Sono rimasto francamente sorpreso dal numero di persone che mi hanno detto di non credere alle storie su Marilyn Monroe e John Kennedy, dato che io stesso ci ho sempre creduto. Tuttavia, conosco Gary Wean (la mia fonte principale sul legame Marilyn-JFK-Cohen), lo considero una fonte affidabile e ho ritenuto opportuno includere le sue informazioni nel libro.

Mi è stato riferito che Jim Marrs, l'autore di *Crossfire*, ha messo in dubbio l'affidabilità di Gary Wean e ha suggerito che le sue affermazioni non sono credibili. Il mio sospetto è che Marrs sia riluttante a dare credito alle affermazioni di Gary perché Gary stesso non ha esitato a suggerire che c'è stato un coinvolgimento israeliano nell'assassinio di JFK.

Trovo in qualche modo ironico che Marrs abbia scelto Wean, perché ci sono così tante fonti che sono state utilizzate da Marrs e da altri che non so su quale base si determini quale fonte sia affidabile e quale no. Inutile dire che Marrs non rende giustizia a Gary Wean.

È interessante notare che i media hanno continuamente usato la relazione con la Monroe e altre presunte relazioni per svalutare la reputazione di JFK. Anche Jacqueline Kennedy Onassis fu demolita dai media dopo la morte del marito e il suo nuovo matrimonio con Aristotele Onassis. Il matrimonio fu dipinto come sgradevole.

D'altra parte, sebbene Jacqueline abbia avuto una relazione adulterina di dieci anni con un uomo sposato, il commerciante di diamanti ebreo di origine belga Maurice Tempelsman, tutto questo è stato tenuto discretamente e accuratamente nascosto per quei dieci anni. Solo dopo la sua morte si parlò in generale (e solo di sfuggita) del fatto che i due avessero vissuto insieme e che Tempelsman fosse dipinto come nient'altro che un santo.

Ciò potrebbe avere a che fare con il fatto che Tempelsman aveva legami di lunga data con la CIA e il Mossad attraverso le sue attività in Africa, dove entrambi i servizi segreti hanno svolto un ruolo importante negli ultimi anni. I media non hanno quindi sollevato alcun dubbio sulla relazione della vedova con Tempelsman.

Perché non parla del ruolo dei massoni nell'assassinio di JFK e nel suo insabbiamento? Non è forse vero che tutti i membri della Commissione Warren erano massoni?

Non so se tutti i membri della Commissione Warren fossero massoni. Tuttavia, alcuni di loro, in particolare Michael A. Hoffman II, un ricercatore molto brillante, hanno mostrato molte immagini massoniche negli eventi che circondano l'assassinio. Non lo metto in dubbio. È probabile che ci sia stato un grande sostegno massonico per l'assassinio, soprattutto se si considera che JFK era cattolico. Il sionismo e la massoneria sono entrambi sinceramente anticattolici e si sovrappongono in molte aree di cospirazione. Su questo non ci sono dubbi. Per comprendere l'assassinio nella sua forma più elementare, basta guardare ai conflitti di JFK con Israele, la criminalità organizzata e la CIA. È tutto lì.

Il più grande sostenitore dell'idea che dovrei incolpare i massoni è un personaggio che ha attaccato ferocemente Gary Wean, una delle mie fonti, e che dopo aver attaccato Wean ha lanciato una campagna su Internet per infangare anche me. Questo personaggio, tra le altre cose, dice che il mio "vero" nome è "Bernard" Piper - non reale - e che JFK non ha mai avuto relazioni extraconiugali. (Beh, alla luce di tutto ciò, è interessante notare che questo personaggio mi ha rivelato in una lettera di essere imparentato con Ferenc Nagy, l'ungherese coinvolto nell'operazione Permindex in Israele che faceva definitivamente parte della cospirazione di JFK. Questo forse spiega, almeno in parte, i suoi dibattiti pubblici.

Perché non fate un servizio sul ruolo della Corona britannica nell'assassinio di JFK?

L'organizzazione di Lyndon LaRouche ha svolto un notevole lavoro di indagine sul ruolo della Corona britannica nel minare la sovranità americana. Ha pubblicato un rapporto intitolato *Perché gli inglesi uccidono gli Stati Uniti. S.* (che ho citato in *Giudizio Finale*) descrive i legami dei servizi segreti britannici con persone come, ad esempio, il colonnello Louis M. Bloomfield, amministratore delegato della società Permindex, e il dirigente d'azienda di New Orleans Clay Shaw, un vecchio anglofilo.

Non metto in dubbio questi collegamenti. Tuttavia, con tutto il rispetto per il lavoro dei LaRouche (che trovo molto prezioso), non credo che abbiano spinto abbastanza in là la connessione con Israele. Ma certamente lo sottolineano nelle loro ricerche.

Il gruppo LaRouche suggerisce che il Mossad sia un ramo della Corona britannica. Non ci credo, ma allo stesso tempo non credo di avere abbastanza informazioni per contestarlo. Tuttavia, penso che ci siano buone ragioni per affermare che il Mossad, di per sé, come braccio del governo israeliano, avesse buone ragioni (ai suoi occhi) per partecipare alla cospirazione per l'assassinio di JFK, proprio a causa del conflitto non ufficiale di JFK con Israele. Quindi, se gli inglesi volevano davvero JFK fuori dalla Casa Bianca e stavano usando membri della CIA, del Mossad e della criminalità organizzata per portare a termine il crimine, avevano sicuramente dei partecipanti che avevano le loro ragioni per partecipare, indipendentemente dal fatto che l'ordine provenisse o meno dalla Regina Elisabetta.

Non sono sempre d'accordo con le interpretazioni di LaRouche, ma la sua ricerca vale sempre la pena di essere esaminata su un'ampia varietà di argomenti. Devo sottolineare che molti altri ricercatori si sono basati sugli scritti di LaRouche nelle loro ricerche: Jim Marrs cita il lavoro di LaRouche in *Crossfire*, James Di Eugenio lo cita in *Destiny Betrayed* e lo stesso Oliver Stone nella sua sceneggiatura pubblicata del film *JFK* (con tanto di commenti e annotazioni) cita l'organizzazione di LaRouche per alcuni dei dati relativi al Permindex. Quindi, se qualcuno vuole criticarmi per aver usato i dati di LaRouche come fonte, per favore sia pronto a fare lo stesso con questi altri ricercatori "affidabili".

E il Consiglio per le Relazioni Estere (CFR)? Non c'erano molti membri del CFR nella Commissione Warren? Il CFR è uno dei gruppi di potere più importanti della classe dirigente. Come hai potuto dimenticare di menzionare il CFR? Probabilmente furono loro a ordinare l'assassinio di JFK.

Nella Commissione Warren c'erano membri del CFR. Non c'è dubbio che il CFR sia un organo importante della classe dirigente. Alcuni lo definirebbero addirittura la classe dirigente del Paese. È finanziato in gran parte dagli interessi dei Rockefeller e dei loro alleati aziendali. È una lobby esclusiva di politica estera che ha occupato praticamente tutte le posizioni chiave in ogni amministrazione presidenziale da Herbert Hoover in poi, compresa quella di JFK. E, cosa forse più importante, i personaggi del CFR hanno legami di lunga data con la CIA. Ho scritto ampiamente sul CFR nel corso degli anni in altri contesti.

Tuttavia, per quanto riguarda la fonte del complotto per l'assassinio di JFK, non credo che l'assassinio sia stato ordinato durante una conferenza del CFR presso la loro sede a New York. Probabilmente c'erano membri del CFR che erano a conoscenza dell'assassinio, ma non necessariamente nel contesto della loro appartenenza al CFR. Ad esempio, dubito seriamente che David Rockefeller, capo dell'impero Rockefeller e figura di spicco del CFR, non sapesse che Kennedy stava per essere assassinato. Il complotto per uccidere JFK era un complotto della classe dirigente e Rockefeller era uno di loro. Io stesso una volta ho definito la CIA come il "braccio esecutivo" dell'impero Rockefeller. Il Mossad funziona allo stesso modo.

Le principali forze finanziarie dietro il CFR sono strettamente legate alla famiglia europea Rothschild, che è stata una delle principali forze dietro lo Stato di Israele. Lo stesso vale per la famiglia Bronfman, nata dal sindacato criminale Lansky. Oggi la famiglia Bronfman sta estendendo la sua influenza sui media americani e questo non potrebbe avvenire senza l'approvazione dell'impero Rockefeller.

È stato suggerito che la famiglia Rockefeller vedeva la potenziale dinastia dei Kennedy come un rivale della propria influenza, e anche questo deve essere preso in considerazione. In questo senso, quindi, non c'è dubbio che i Rockefeller e i loro associati del CFR non si sarebbero opposti a un piano per assassinare John F. Kennedy. Era nel loro interesse che ciò avvenisse. In definitiva, il Mossad e la CIA, a dire il vero, non sono altro che le armi di esecuzione di questi potenti interessi finanziari che sostengono anche il Council on Foreign Relations. Tuttavia, non trovo che l'idea che il CFR fosse dietro l'assassinio di JFK possa essere dimostrata in modo così preciso come si possono dimostrare i legami della CIA e del Mossad con gli attori coinvolti nella cospirazione.

Perché non riportate mai le scoperte dell'ex ufficiale dei servizi segreti britannici John Coleman, che ha rivelato l'esistenza di un gruppo di alto livello noto come Comitato dei 300, che secondo Coleman avrebbe ordinato l'assassinio di JFK? Coleman afferma che il Permindex, di cui lei parla in *Giudizio Finale***, era il braccio assassino del Comitato dei 300.**

Innanzitutto, devo dire che la prima volta che mi sono imbattuto in un riferimento al Comitato dei 300 è stato nel lavoro di Coleman. Dopodiché, tutti i riferimenti che ho visto sono in libri scritti da coloro che hanno riportato gli scritti di Coleman sul Comitato dei 300. Quindi Coleman è essenzialmente l'unica fonte primaria sull'esistenza di questo gruppo. Il fatto che molte persone abbiano citato gli scritti di Coleman non significa che il gruppo esista. Questo è molto importante da ricordare.

Non metto in dubbio la possibilità che tale commissione esista. Esistono grandi blocchi di potere internazionali come il Gruppo Bildeberg (finanziato congiuntamente dalle famiglie Rockefeller e Rothschild) e la Commissione Trilaterale. Ho scritto molto su entrambi i gruppi, compreso un rapporto ampiamente diffuso sulla Commissione Trilaterale. È quindi ipotizzabile che la commissione segreta a cui fa riferimento Coleman esista. Ma, per quanto ne so, il dottor Coleman non ha mai mostrato alcun documento che attesti l'esistenza di tale comitato, sebbene esistano documenti sul Gruppo Bilderberg.

Francamente, penso che farsi coinvolgere in un dibattito sul cosiddetto Comitato dei 300 sia una distrazione dalle basi che la gente può capire: che la CIA, il Mossad e la criminalità organizzata avevano tutti interessi distinti nel rimuovere JFK dalla carica e che, come ho dimostrato in *Giudizio Finale*, i tre gruppi si intersecavano strettamente in una serie di aree e avevano i mezzi e l'opportunità (per non parlare, ovviamente, del movente) per aver commesso il crimine del secolo e il suo insabbiamento.

Sono tutti interessi ovvi, documentabili e facilmente comprensibili. L'introduzione di una commissione di 300 membri nell'equazione porta l'assassinio di JFK fuori dal campo della comprensione media e non risolve il problema immediato.

Conosco il lavoro del dottor Coleman e lo trovo affascinante. Tuttavia, devo sottolineare che nella sua relazione sull'assassinio di JFK, di cui ho dato atto in precedenza, mi dispiace dire che Coleman ha fatto affermazioni errate che minano la sua credibilità.

Ad esempio, sostiene che se uno dei testimoni chiave del procuratore di New Orleans Jim Garrison contro Clay Shaw, Perry Raymond Russo, avesse potuto testimoniare davanti al Gran Giurì, avrebbe fatto saltare il caso JFK. In realtà, Russo testimoniò e fu la sua testimonianza a portare all'incriminazione di Shaw. Coleman suggerisce che l'accusa di Garrison a Shaw fu interrotta prima che si arrivasse a un'incriminazione da parte del Gran Giurì. Questo non è vero ed è un errore che potrebbe indurre le persone a dubitare della sua credibilità, considerando che si tratta di un fatto fondamentale molto noto. Inoltre, Coleman afferma che Russo è partito per la California prima che la sua testimonianza fosse ascoltata. Questo non è successo. È successo che persone che stavano cercando di sabotare l'indagine di

Garrison hanno offerto a Russo un lavoro in California, ma lui ha rifiutato e li ha denunciati a Garrison che li ha accusati di manomissione di testimoni! Ancora una volta, Coleman si sbaglia.

La Sentenza Finale non menziona mai una volta l'evidenza che nel famoso filmato di Zapruder dell'assassinio, c'è la prova visibile che l'autista dei Servizi Segreti del Presidente Kennedy, William Greer, si è girato e ha sparato un proiettile fatale nella testa di JFK da una pistola. Questa pistola è chiaramente visibile nel filmato di Zapruder ed è stata ampiamente mostrata in tutto il mondo. Come potete ignorare questa prova vitale? State cercando di nascondere la verità che ormai è nota a così tante persone?

Penso che l'affermazione che William Greer abbia sparato il colpo fatale alla testa non solo sia una delle cose più ridicole che abbia mai sentito, ma anche una spudorata calunnia e una vera e propria diffamazione nei confronti di Greer. Mi è stato detto che Greer era assolutamente devastato dall'assassinio del Presidente e che si era incolpato di non aver spostato la limousine del Presidente dalla linea di tiro in tempo per evitare che JFK fosse ucciso. In effetti, probabilmente Greer era in qualche modo responsabile della morte del Presidente perché il suo tempo di reazione era a dir poco lento; avrebbe potuto avere abbastanza tempo per portare l'auto fuori dalla linea di fuoco. Ma chi sono io per fare ipotesi?

In ogni caso, quello che si vede nel filmato di Zapruder (che ho visto in varie versioni) non è - ripeto NON è - William Greer o il suo collega dei Servizi Segreti, Roy Kellerman (che era seduto sul sedile anteriore destro del passeggero della limousine di Kennedy) che si girano e sparano al Presidente.

Pensateci un attimo: se Greer ha fatto questo, si è messo in una posizione tale da essere visto da diverse centinaia di spettatori, molti dei quali si trovavano a meno di sei metri dalla limousine. In secondo luogo, Greer è stato fotografato da più di una manciata di persone in quel momento. È inevitabile che almeno uno dei testimoni presenti sulla scena abbia visto Greer agire in questo modo.

Se Greer lo avesse fatto, sarebbe stato visto anche dal Governatore e dalla signora John Connally, che si trovavano a meno di un metro da lui e lo stavano letteralmente guardando in faccia. Si sarebbero praticamente trovati sulla linea di tiro se Greer avesse sparato il colpo fatale alla testa. E di certo non stavano guardando il Presidente quando la sua testa è esplosa.

Ho visto la riproduzione del filmato di Zapruder da parte di chi difende questa teoria. Ho visto il lampo di luce che sembra essere una pistola e posso capire che qualcuno guardando il filmato possa credere di vedere ciò che gli viene detto di vedere. Tuttavia, si tratta di un lampo di luce. È ovvio che il signor Greer gira la testa e guarda il Presidente poco prima dello sparo fatale, ma di certo non lo si vede sparare al Presidente.

Si tenga presente che il filmato di Zapruder non è di buona qualità, tanto per cominciare. È girato con un'angolazione obliqua; è girato frettolosamente con una mano molto tremolante e c'è molto movimento sulla pellicola stessa. Tuttavia, il filmato non ritrae Greer che spara a Kennedy.

Ho visto il film anni fa e ho visto versioni sostanzialmente migliorate, con e senza la narrazione e la grafica aggiunte dalla persona che difende questa teoria. È molto chiaro che ciò che si vede è un lampo di luce. È il riflesso del sole sui capelli del signor Kellerman, l'agente dei servizi segreti. Non è Greer che usa una pistola. Ho testato io stesso questa teoria utilizzando immagini notevolmente ingrandite del filmato Zapruder ed è molto chiaro, se si tengono queste immagini giustapposte al filmato, che è davvero quello che si vede: un riflesso di luce sulla testa dell'agente.

Tuttavia, quando si guarda il film e si ascolta la narrazione audio, accompagnata da un cerchio intorno alla "pistola", sembrerebbe che sia esattamente ciò che la narrazione dice: Greer che spara con una pistola. Ma mi affretto ad assicurarvi che non è così.

Coloro che difendono questa teoria o sono notevolmente stupidi o promuovono deliberatamente la disinformazione per confondere ancora di più i ricercatori e, in questo caso, per far passare per pazzi i ricercatori seri. Sia prima della pubblicazione di *Giudizio Finale* che dopo, ho ricevuto un numero sorprendente di richieste di informazioni al riguardo e mi stupisce che questa voce sia ancora diffusa.

Tuttavia, devo sottolineare che una persona che inizialmente ha promosso questa teoria, un certo Lars Hansen, inizialmente credeva che la storia fosse vera. Ma lui stesso ha pubblicamente rinnegato la sua posizione in merito e ha detto di non crederci più dopo ulteriori indagini. Hansen, che è scomparso, è arrabbiato con William Cooper, l'individuo più noto per aver difeso la teoria, che continua a promuoverla e che ha distribuito una copia del film Zapruder (utilizzando la narrazione di Hansen) senza avvisare le persone che Hansen aveva rifiutato la teoria.

(Potrei ricordare, di sfuggita, che Hansen ha svolto una missione di accertamento dei fatti in Iraq dopo la Guerra del Golfo, sponsorizzata in parte dal mio giornale, *The Spotlight*).

Quindi è William Cooper a promuovere questa teoria che Hansen ha ripudiato. Cooper dice di essere un ex ufficiale dei servizi segreti e di essere a conoscenza dell'assassinio. Questo può essere vero, ma se la sua "soffiata" è la storia che William Greer ha sparato il colpo fatale, si tratta di disinformazione e disinformazione fornita da qualcun altro, forse addirittura dai veri cospiratori.

Distrarsi e impantanarsi in questa storia e fare ricerche è una perdita di tempo. Ho dedicato molto tempo a discutere questa storia ridicola, se non altro perché ci sono ancora molte persone che ci credono, con mia grande sorpresa. Potrei aggiungere che anche se la storia fosse vera (e non lo è), essa non escluderebbe la teoria di base *del Giudizio Finale*, perché Greer potrebbe aver fatto parte della cospirazione che ho descritto. Ma, inutile dirlo, non ci credo.

Con questo non voglio dire che non ci sia stata una sorta di complicità dei Servizi Segreti o che alcuni agenti dei Servizi Segreti siano stati compromessi, sia prima che dopo l'assassinio. Non ho prove certe in un senso o nell'altro, ma so che l'esposizione mediatica del Presidente era tale che persino lo stesso JFK disse che se qualcuno avesse voluto davvero ucciderlo, avrebbe potuto farlo. Tutto sommato, i cospiratori non avevano bisogno della complicità dei servizi segreti per raggiungere il loro obiettivo.

Perché in *Giudizio finale* non *ha* rivelato che JFK stava per rivelare al popolo americano la verità sull'esistenza di forze extraterrestri provenienti da altri pianeti che avevano visitato questo mondo? Ci sono molte prove che il

governo ha mantenuto il segreto per anni e che JFK stava per rivelare tutto su questo insabbiamento di alto livello, che ha portato al suo assassinio.

Questa domanda mi è stata posta molte volte. Tanto che comincio a chiedermi perché teorie come questa siano così ampiamente discusse, mentre teorie più banali come quella che presento in *Giudizio Finale* non sembrano ottenere molto riconoscimento. Mi affretto ad aggiungere che non ho mai messo in dubbio che ci sia ancora molto da imparare sugli UFO e su altri strani fenomeni che non appartengono al nostro mondo o a questa terra. Personalmente, credo di aver visto due volte oggetti nel cielo che non possono essere spiegati dalle spiegazioni ufficiali del governo (o da nessuna spiegazione, a seconda dei casi). Anche alcuni membri della mia famiglia hanno visto degli UFO. Inoltre, ho letto molto su questo argomento e so che ci sono state ricerche (e insabbiamenti) governative in questo campo.

Tuttavia, devo informare coloro che sono interessati che ci sono molti ricercatori UFO affidabili che hanno descritto una storia ampiamente diffusa su un rapporto segreto di alto livello del governo sugli UFO come una bufala. Ed è questa storia che sostiene che JFK stava per rivelare l'esistenza di visite aliene da altri mondi e che fu per questo motivo che gli spararono. Nonostante ciò, molte persone oneste non hanno mai saputo che la storia era stata ampiamente liquidata come una bufala e, di conseguenza, molte persone oneste continuano a darle credibilità. Naturalmente, come ho suggerito, penso che ci fossero altre ragioni più banali (non è un gioco di parole) per il complotto dell'assassinio di JFK.

Voglio chiarire che ritengo possibile che, se JFK avesse avuto accesso a informazioni governative segrete su questo argomento, avrebbe potuto avere l'intenzione di divulgarle al popolo americano. Ma quando si parla dell'assassinio di JFK e si iniziano a raccontare storie del genere, che non solo confondono le cose ma portano anche la gente a guardare dall'alto in basso i ricercatori, non si dà molta credibilità al settore. Era già abbastanza difficile convincere la gente che JFK era stato vittima di una cospirazione ed era già abbastanza difficile cercare di determinare chi c'era dietro il complotto. Perché introdurre un settore completamente diverso e controverso come la ricerca sugli UFO e cercare di combinare le due cose? (Io stesso ho suscitato abbastanza scalpore con *Giudizio Finale* introducendo l'elemento del Mossad e ho prove solide e affidabili a sostegno).

Penso che ci siano persone che inseriscono deliberatamente questa controversia sugli UFO nel campo della ricerca sull'assassinio di JFK con lo scopo deliberato di rendere i ricercatori ridicoli - e questo è il risultato, mi dispiace dirlo. Come è noto, il già citato William Cooper (che è il principale sostenitore della teoria "l'autista ha ucciso JFK") è stato anche uno dei principali promotori della teoria secondo cui JFK sarebbe stato ucciso perché stava per rivelare l'esistenza di forze di vita aliene in visita su questo pianeta.

Cooper ha detto che le sue fonti "interne" durante i suoi anni come agente dei servizi segreti dicono che questo è il motivo per cui JFK è stato ucciso e che William Greer, l'autista dei servizi segreti, è stato reclutato dai cospiratori che volevano che JFK tacesse sui visitatori stranieri. E ci sono molte persone che accettano queste assurdità come verità. Mi dispiace francamente che il signor Cooper abbia ricevuto una così ampia pubblicità. Queste storie non aiutano a scoprire chi c'era dietro il complotto per l'assassinio di JFK e danno solo motivo alla gente di dubitare di qualsiasi ricerca seria. Dopo che Cooper è stato colpito da un proiettile in seguito a un confronto con gli agenti di polizia nella sua città natale, molte persone hanno preso questo fatto come "prova" che Cooper aveva sempre avuto ragione, ma era tutt'altro. L'unica cosa che Cooper riuscì a fare fu aggiungere confusione alle storie sull'assassinio di JFK.

In *Giudizio Finale*, non ha mai menzionato il discorso di JFK alla Columbia University dieci giorni prima del suo assassinio, in cui disse: "L'alta carica di Presidente degli Stati Uniti d'America è stata usata per fomentare un complotto per distruggere la libertà dell'America, e prima di lasciare il mio incarico, devo informare i cittadini della loro situazione". Molte pubblicazioni hanno citato questo discorso per anni.

Ho visto questa citazione apparire in decine, se non centinaia, di notiziari negli ultimi 20 anni. Mi è stato chiesto molte volte perché non ho citato questa famosa citazione. Il motivo è molto semplice: non ho mai visto una sola fonte verificare che JFK abbia effettivamente detto una cosa del genere e non ho mai visto alcuna prova documentata che JFK abbia tenuto un discorso alla Columbia University in quel periodo.

Francamente, questo tipo di retorica non sembra nemmeno da JFK e se JFK avesse avuto l'intenzione di smascherare una simile cospirazione e di informare i cittadini della loro situazione, mi sembra logico che JFK avrebbe aspettato di entrare nel suo secondo mandato prima di intraprendere una simile iniziativa per fermare questa cospirazione. Inoltre, se JFK l'avesse detto (e non credo che l'abbia fatto), sembra improbabile che i cospiratori possano essere entrati in azione in dieci giorni per mandare JFK nell'aldilà solo perché ha fatto un'osservazione ambigua. Nessuno cita mai altro che la frase di questo presunto discorso. Quindi chiederei a queste persone di fornire la fonte. Fornite una copia del discorso. Qual era il contesto della citazione, per non parlare del contesto dell'intero discorso?

Alla fine, non credo che la dichiarazione sia mai stata fatta in un discorso pubblico dal Presidente Kennedy. Questa citazione non fa nulla - assolutamente nulla - per far progredire la ricerca sull'assassinio di JFK e vorrei che la gente la abbandonasse del tutto. Questo genere di cose fa guadagnare così tanti soldi. Probabilmente ci sono più persone che conoscono questa citazione (o "non citazione", a seconda dei casi) di quante ne conoscano le accuse che faccio nelle pagine di *Giudizio Finale*.

Il figlio di Roscoe White, un ex agente di polizia di Dallas ora deceduto, ha trovato prove che suggeriscono che suo padre era uno degli assassini di Dallas. Cosa ne pensate delle sue affermazioni?

Non penso molto alle accuse in un senso o nell'altro. Se il padre del signor White era coinvolto nella cospirazione per l'assassinio, ciò non ha alcuna attinenza immediata con la tesi del *Giudizio Finale*. Roscoe White potrebbe essere stato un agente della CIA, come sostiene il figlio, e potrebbe essere stato uno degli assassini e non ho prove che contraddicano queste affermazioni.

Potrebbe essere stato uno degli assassini reclutati dai veri cospiratori. So che alcuni ricercatori contestano la storia raccontata dal figlio di White, ma ci sono molte persone che gli credono e pensano che sia sincero. Se White lavorava per la CIA, questo suggerirebbe la complicità della CIA. Tuttavia, naturalmente, il fatto che qualcuno lavori per la CIA non significa necessariamente che sia stato reclutato per il crimine dalla CIA. Dopo tutto, un agente della CIA potrebbe essere stato reclutato dai servizi segreti islandesi per commettere il crimine, se posso essere ironico. A lungo termine, tuttavia, il puzzle di Roscoe White è solo un piccolo pezzo del grande puzzle.

Nella sua analisi dell'assassinio di JFK, lei afferma che uno o più assassini francesi erano coinvolti nel crimine. Questi assassini erano membri dell'Organizzazione dell'Esercito Segreto Francese (OAS) o erano membri della mafia corsa? Nel *Giudizio Finale* non è chiaro questo punto.

In primo luogo, devo dire che il collegamento francese al complotto per l'assassinio di JFK è davvero molto complesso. Come ho indicato in precedenza, non ho compreso appieno la connessione francese fino a quando non ho completato la prima stesura del libro in cui alludevo alle accuse di tale connessione. Per analizzare i fatti importanti, al fine di chiarire ogni confusione, è importante analizzare cosa sia la "French Connection".

All'inizio degli anni Sessanta, il presidente francese Charles De Gaulle decise di concedere l'indipendenza all'Algeria, la colonia francese sull'altra sponda del Mediterraneo. Molti coloni francesi in Algeria (per non parlare dei francesi in patria) si opposero alla decisione di De Gaulle e la videro come un tradimento. Temevano che la popolazione araba musulmana indigena avrebbe oppresso gli algerini francesi e vedevano il provvedimento di De Gaulle come un colpo alla dignità nazionale francese. A prescindere dal merito, si svilupparono alcune fazioni. Sebbene De Gaulle fosse a capo del governo francese, la sua stessa agenzia di intelligence, lo SDECE, era molto divisa sulla questione dell'Algeria. Lo stesso vale per l'esercito francese.

I critici più radicali della politica algerina di De Gaulle formarono l'OAS. L'OAS ebbe molti sostenitori pubblici, ma anche un sostegno discreto all'interno dello SDECE. Allo stesso tempo, Israele si opponeva all'indipendenza algerina - temendo un altro nemico arabo - e molti ebrei francesi e israeliani sostenevano l'OAS. In Algeria si formarono persino unità paramilitari ebraiche per sostenere l'OAS. E molti israeliani di fatto si unirono alle file dell'OAS.

Molti tra i ranghi dello SDECE avevano stretti legami con il Mossad israeliano, data la stretta relazione di lunga data tra lo SDECE e il Mossad, derivante dai primi rapporti stretti di De Gaulle con Israele. Come sottolineo in *Giudizio finale*, fu infatti Georges De Lannurien, un funzionario di alto livello, che, su richiesta del capo del Mossad Yitzhak Shamir, subappaltò uno o più degli assassini che furono impiegati a Dallas il 22 novembre 1963.

Questa è forse l'origine della confusione. Lo SDECE si avvalse del talento di esponenti della mafia corsa per combattere l'OAS (la mafia corsa non va confusa con la ben più nota mafia siciliana, da cui provengono alcune delle famiglie criminali italo-americane note come "mafia"). Da parte loro, i corsi erano fortemente coinvolti nel traffico internazionale di droga dal Sud-Est asiatico e svolsero un ruolo chiave nel consolidamento della rete di droga creata da Meyer Lansky, che visitò personalmente i principali esponenti della mafia corsa per prendere gli accordi necessari.

Questi cavalli francesi furono poi utilizzati dai servizi segreti di De Gaulle per combattere i ribelli dell'OAS. Inoltre, questi cavalli franco sono stati utilizzati anche dalla CIA per combattere l'influenza comunista francese nell'Europa del dopoguerra. E a coordinare le relazioni della CIA con questi mafiosi corsi era proprio James Angleton, l'uomo del Mossad della CIA.

Ancora una volta, troviamo l'OAS. L'OAS era composta da francesi fedeli e sleali nei confronti di Charles De Gaulle. Inoltre, la stessa CIA sosteneva segretamente l'OAS (anche se oggi la CIA lo nega). Questo porta inevitabilmente a James Angleton, che da tempo aveva stretti legami con l'intelligence francese.

Si era quindi in presenza di una particolare configurazione in cui Israele aveva legami sia con l'OAS anti-De Gaulle (che si opponeva all'indipendenza dell'Algeria) sia con la mafia corsa (che faceva parte del Sindacato Lansky legato a Israele) che lavorava per combattere l'OAS per conto di De Gaulle. Naturalmente, la CIA era legata a entrambi. È davvero complicato! A ciò si aggiunge un altro elemento: ci sono prove che l'OAS stessa sia stata coinvolta nel traffico di droga del Sindacato Lansky per finanziare i suoi sforzi nella lotta contro De Gaulle. Quindi sia l'OAS che i Corsi erano coinvolti in affari con i trafficanti di droga del Sindacato Lansky, collegati alla CIA e al Mossad.

Alla fine ci fu una tregua tra De Gaulle e l'OAS e l'agenzia di intelligence di De Gaulle organizzò un'operazione internazionale segreta per gli uomini dell'OAS allora in esilio. Alcuni di loro furono addirittura impiegati come parte delle operazioni della CIA nei Caraibi, coinvolgendo le attività anticastriste cubane. Questo forse complica ulteriormente la situazione.

Detto questo, si trovano le impronte digitali non solo della CIA, del Mossad e del Sindacato di Lansky nelle attività dell'OSA (prima e dopo il conflitto con De Gaulle), ma anche nelle attività della mafia corsa. Si tratta di una serie di eventi e personaggi interconnessi che derivano direttamente dal conflitto interno alla Francia per l'Algeria. Di conseguenza, nessuno sa se alla fine sia stato un assassino dell'OAS o un assassino franco-corso ad essere impiegato a Dallas. La vostra ipotesi è valida quanto la mia. A Dallas ci sono molti legami francesi, tra cui, ovviamente, Thomas Eli Davis III, un trafficante d'armi americano, che non solo aveva legami con l'OAS, ma anche con Jack Ruby.

Studiare gli intrighi del conflitto francese riguardanti l'Algeria e i servizi segreti francesi significa studiare un ginepraio della peggior specie. Credo, tuttavia, che nelle pagine di *Giudizio Finale* io abbia raccolto una visione più completa della realtà di quello che fu l'intrigo francese e di come esso fu effettivamente collegato all'assassinio di JFK. Probabilmente non conosceremo mai i dettagli precisi, ma nessun altro ricercatore ha esaminato la connessione francese nel dettaglio come ho fatto io. Ma esaminare a fondo la connessione francese significa definire la connessione israeliana.

A un certo punto, durante la stesura di *Giudizio finale*, mi sono sentito così frustrato nel cercare di rendere comprensibili tutti questi dati complessi che ho pensato di non parlarne affatto. Tuttavia, mi sono reso conto che avrei reso un cattivo servizio non solo ai lettori, ma anche a me stesso. Avrei saputo di aver tralasciato una parte essenziale della storia. Ma tutto torna. Come molti lettori hanno suggerito, il dettaglio della French Connection è la ciliegina sulla torta.

Nel *Giudizio Finale* non si parla mai dei file Gemstone, eppure questa teoria sull'assassinio di JFK circola da anni.

Francamente, non credo che valga la pena parlare dei file Gemstone, ma dato che molti hanno toccato l'argomento, mi sento in dovere di commentare. La storia dei dossier Gemstone è complicata e anche se ovviamente i dossier sono stati visti da poche persone - contrariamente a quanto ho suggerito nelle precedenti edizioni di *Giudizio Finale* - la storia dei dossier è complessa. Nonostante ciò, ai dossier Gemstone sono stati dedicati diversi libri, tutti scritti nel tentativo di analizzare questi documenti. Devo sottolineare che questi scritti, tuttavia, sono dedicati all'analisi di quella che viene chiamata "la chiave scheletrica" dei dossier Gemstone - non i dossier stessi. È "la Chiave" che la maggior parte delle persone ha visto e di cui parla, non i documenti in sé. È importante ricordare che.

La cosiddetta "Chiave" è un inventario fantasioso di un gran numero di teorie cospirative collegate tra loro, incentrate sull'assassinio di JFK e piene di cose palesemente sbagliate o talmente stravaganti da non meritare commenti. Forse c'è del vero in "The Skeleton Key", ma niente di così importante da meritare l'attenzione che gli sto dedicando qui.

La cosa interessante di "The Skeleton Key" è che una delle versioni che ho ricevuto menziona un legame del Mossad con l'assassinio di JFK. Chi l'abbia messo lì - o chi abbia imbiancato l'altra versione per cancellare i riferimenti al Mossad - è una buona domanda. D'altra parte, alcuni "teorici della cospirazione" che avevano paura di menzionare il Mossad per timore di accuse di antisemitismo potrebbero essere stati responsabili della cancellazione del riferimento.

Ho conosciuto per la prima volta "The Skeleton Key" quando, molti anni fa, ho visto sulla mia scrivania una fotocopia di una fotocopia di una fotocopia. Si trattava di un documento dattiloscritto di una ventina di pagine, un resoconto che suggeriva che il vero capo del Sindacato del crimine globale fosse Aristotele Onassis e che la famiglia Kennedy lavorasse con il Sindacato del crimine.

Alla fine, come si racconta, i boss del crimine uccisero JFK e furono responsabili dello scandalo di Chappaquiddick che coinvolse Teddy Kennedy, del Watergate e di altri affari.

Come ho detto, "The Skeleton Key" è stato successivamente ristampato in diverse edizioni contenenti numerosi "documenti", articoli di giornale aggiuntivi che si riferiscono al contenuto di The Skeleton Key, varie analisi e commenti, ecc. Uno di questi libri, pubblicato diversi anni fa (con grande clamore in alcuni ambienti), smonta The Skeleton Key riga per riga e fornisce ristampe di articoli di riviste e giornali che si riferiscono al contenuto di The Skeleton Key. Uno di questi libri, pubblicato diversi anni fa (con grande clamore in alcuni ambienti), smonta La chiave dello scheletro riga per riga e fornisce ristampe di articoli di riviste e giornali che fanno riferimento al contenuto de "La chiave dello scheletro". Ad esempio, se si fa riferimento a una delle relazioni d'affari di Aristotele Onassis, è possibile che ci sia un articolo al riguardo. L'intero libro è di questa natura. E non dimostra assolutamente nulla, se non la ristampa di un mucchio di vecchi articoli.

Eppure, come ho detto, c'è un'incredibile mania per The Skeleton Key. Sfido coloro che ci hanno dedicato tanto tempo a fare lo stesso con *Giudizio Finale*. Sarei lieto di ricevere una sfida intellettuale di questo calibro. Ho visto teorici discutere i contenuti di Gemstone quasi fino alla nausea nelle pagine di pubblicazioni incentrate sulla cospirazione.

La famosa Grande Dama dei teorici della cospirazione, Mae Brussell, ha contribuito a rendere popolare la Chiave e aveva una specie di fanclub. La Brussell sembrava trovare un nazista sotto ogni sasso, il che è interessante in alcuni ambienti. Uno dei suoi discepoli è un personaggio chiamato Dave Emory. Ho discusso la sua teoria secondo cui "i nazisti hanno ucciso JFK" nel Capitolo 15.

Uno dei recenti chiarimenti sui file Gemstone ha incluso l'accusa palesemente ridicola che Mark Lane sia, in realtà, un agente della CIA che stava cercando di ostacolare un'indagine onesta sull'assassinio di JFK, anche se, naturalmente, è stato Lane a richiamare per primo l'attenzione del pubblico sul fatto che il rapporto della Commissione Warren era fraudolento e quindi a smantellare pubblicamente l'insabbiamento assistito dalla CIA.

Questa falsa accusa su Lane (poi ritirata e ripudiata dall'editore) si basava su informazioni errate (molte delle quali generate dalla stessa CIA) che sono state deliberatamente diffuse nel corso degli anni per confondere le acque nella ricerca sull'assassinio di JFK. In ogni caso, se questo è il tipo di "ricerca" che riguarda i file Gemstone, ho qualche riserva nel dare loro credibilità, come farebbe qualsiasi studente serio.

La faccenda dei file Gemstone, come ho detto, è davvero un esercizio di futilità, soprattutto perché nessuno ha mai visto tali file, nonostante tutti gli intoppi letterari (e non intendo "scritti") relativi ai presunti file. Tendo a pensare che i file Gemstone - o piuttosto "The Skeleton Key" (dal momento che nessuno ha visto i file) - siano una delle bufale più persistenti che siano mai state messe in atto nella ricerca sull'assassinio di JFK.

Ma, soprattutto, dato che molte persone ragionevolmente intelligenti hanno investito molto tempo ed energia nella questione (e hanno anche guadagnato un po' di soldi nel processo), questo ha dato vita alla questione. Tuttavia, non ho ancora visto una discussione seria emergere dai file di Gemstone. In breve, è una grande perdita di tempo. Non sprecate **il vostro** tempo su questo argomento.

Il misterioso documento di Torbitt, che è stato ampiamente diffuso negli ultimi 25 anni, non contiene forse informazioni preziose sull'assassinio di JFK? Lei non ne parla mai nel *Giudizio Finale*, eppure questo documento tocca la connessione con Permindex!

Il Documento Torbitt - un po' come la Chiave degli archivi delle pietre preziose - è stato copiato e ricopiato e fatto circolare in tutto il Paese per molti anni. Si suppone che sia stato scritto da un avvocato texano con legami con figure politiche di alto livello, il documento è stato effettivamente letto da molte persone. Si tratta di un documento informativo che parla dei legami di Clay Shaw con Permindex, anche se non menziona nemmeno una volta il legame con Israele. Tuttavia, devo dire che il documento contiene abbastanza informazioni fuorvianti (o omette informazioni rilevanti) da farmi credere a) che la persona che l'ha preparato abbia sbagliato la ricerca o non sia andata abbastanza lontano; oppure b) che sia stato preparato come deliberata disinformazione. Tendo a pensare che si tratti della seconda ipotesi.

È stato detto che il documento fu consegnato a Jim Garrison all'epoca della sua indagine su Clay Shaw e potrebbe essere stato uno dei motivi per cui le indagini di Garrison sembravano talvolta andare in direzioni diverse - una delle critiche più frequenti rivolte a Garrison dai suoi critici nei media della classe dirigente. *Il documento Torbitt* sembra aver influenzato anche la già citata Mae Brussell - o viceversa. Il documento suggerisce anche che Permindex potrebbe essere stata un'operazione "nazista", ma naturalmente nulla potrebbe essere più lontano dalla verità.

Un esempio eccellente di quanto siano fuori luogo alcuni elementi del documento - e solo per questo motivo a volte mi stupisce l'attaccamento ad esso - è l'affermazione che Jack Ruby fosse di origine russa, sottintendendo che i russi anticomunisti (che in seguito si allearono in molti casi con i nazisti) fossero dietro l'assassinio e l'omicidio di Lee Harvey Oswald. Jack Ruby era di origine prettamente ebraica. C'è davvero una grande differenza. La domanda su come i seguaci di questo documento abbiano potuto non accorgersene e non mettere in dubbio l'affidabilità del documento è davvero interessante!

C'è un altro errore ancora più importante nel documento (e penso che probabilmente sia intenzionale) che essenzialmente sbianca completamente la connessione israeliana. In un'edizione del 1996 del documento, pubblicata da Adventures Unlimited Press con il titolo "NASA, NAZIS & JFK", il documento di Torbitt alle pagine 62-66 afferma categoricamente che il denaro della mafia fu riciclato attraverso la banca "Credit Suisse" e cita il libro di Ed Reid, *The Grim Reapers*, come fonte. Per cominciare, il libro di Ed Reid non fa alcun riferimento al Credit Suisse.

Invece, il libro di Reid (pagine 130-132 nell'edizione Bantam paperback del 1970) fa riferimento alla International Credit Bank, che, ovviamente, è la versione inglese della Banque De Credit Internationale (BCI) di Tibor Rosenbaum, un personaggio del Mossad. *Il fatto è che il Credit Suisse e la BCI erano due banche completamente diverse. Nessuna delle due era una filiale dell'altra e Reid non sembra suggerire che lo fossero.*

Tuttavia, le false informazioni contenute nel *documento Torbitt* (e il travisamento delle reali dichiarazioni di Reid) hanno l'effetto di nascondere con precisione quale banca fosse la principale agenzia di finanziamento del gruppo Permindex. Distogliendo l'attenzione dalla BCI di Rosenbaum, il *Documento Torbitt* distoglie quindi l'attenzione dal legame con Israele, cercando di trovare un legame "nazista". Mi rendo conto che tutti questi fatti non convinceranno quelli come Kenn Thomas, Dave Emory e altri che non c'era davvero un complotto nazista dietro l'assassinio di John F. Kennedy, ma potrebbero far capire ai pochi ricercatori onesti che il *Documento Torbitt* non è così affidabile. Ma tiene occupati i dilettanti, questo è certo!

Devo dire che sono rimasto sbalordito nel constatare che, nella sua introduzione al *Documento Torbitt* del 1996, Kenn Thomas ha citato *Sentenza Finale* in una nota a piè di pagina quando ha affermato che i "legami del Maggiore Louis Bloomfield con il Sindacato del Crimine di Meyer Lansky e la sua partecipazione di controllo in Permindex sono stati oggetto di studi più recenti". Tutto ciò va bene - ed è assolutamente vero - ma Thomas non ha mai fatto riferimento (nemmeno una volta) al vero argomento della mia analisi di Permindex: il suo legame con Israele.

Quindi, nella misura in cui il documento originale di Torbitt apparve all'epoca dell'indagine di Garrison, ho la sensazione che una volta che l'indagine era in corso e divenne chiaro che Garrison stava toccando troppo da vicino i legami di Shaw con Permindex, qualcuno decise che era giunto il momento di preparare un "documento misterioso" e farlo circolare nelle mani di Garrison per indirizzarlo nella direzione sbagliata mescolando abbastanza fatti reali. Si tratta di disinformazione vecchio stile.

Il *Documento Torbitt* era di gran moda. È apparso sulle reti informatiche. E poiché si tratta di uno di quei documenti "clandestini", purtroppo sembra avere più credibilità presso alcune persone rispetto a cose più oneste.

Nel suo libro, *Called to Serve*, il colonnello Bo Gritz si basa su questo documento e, di conseguenza, molti di coloro che hanno letto il libro o sentito parlare Gritz hanno avuto le loro opinioni modellate da questo documento di origine sconosciuta.

Il fatto che il documento abbia una tale diffusione continua a stupirmi e a sorprendermi allo stesso tempo. Tuttavia, invito le persone a non fare affidamento su questo documento. Questo è uno dei motivi per cui non l'ho mai citato nelle pagine del *Giudizio Finale*.

Esistono collegamenti tra gli assassinii di Martin Luther King e John F. Kennedy?

Vorrei sottolineare che non ho studiato in dettaglio l'assassinio del dottor King. Chi è interessato all'argomento dovrebbe consultare almeno i seguenti libri:

1) *Omicidio a Memphis* di Mark Lane e Dick Gregory. Mark ha rappresentato il presunto assassino del Dr. King, James Earl Ray, in diverse battaglie legali e Gregory, come Mark, ha indagato sugli omicidi di JFK e King;

2) *Ordine di uccidere* di William Pepper, un avvocato che ha rappresentato Ray per diversi anni. Questo libro (e il suo seguito, *Un atto di Stato*) dimostra che il caso King ha molto, molto di più di quanto non sembri; e infine, ma non meno importante:

3) Il libro di James Earl Ray, *Chi ha ucciso Martin Luther King?*

Sono stato in corrispondenza con Ray per molti anni e una volta ho avuto l'opportunità di parlare con lui in un programma radiofonico. Ray è un grande scrittore e il suo libro è assolutamente affascinante. È uno dei libri più commoventi che abbia mai letto, perché è scritto nella prosa dello stesso Ray.

Per quanto riguarda i legami tra l'assassinio di King e l'omicidio di JFK, sembra che ci siano connessioni tra persone legate a Carlos Marcello, il boss della mafia di New Orleans, e l'assassinio di King. Inutile dire che ci sono anche segni di coinvolgimento dell'intelligence statunitense a molti livelli.

Considerando che l'Anti-Defamation League (ADL) del B'nai B'rith, l'intermediario americano del Mossad israeliano, spiava ampiamente il dottor King, non si può fare a meno di pensare che ai piani alti della comunità ebraica americana ci fosse un'intensa ostilità (segreta) nei confronti del dottor King. L'ADL trasmetteva all'FBI informazioni ottenute illegalmente sul dottor King, quindi gran parte del clamore che sentiamo sulla persecuzione dell'FBI nei confronti del dottor King è in realtà una prova del suo coinvolgimento in questo scandalo. Non dobbiamo escludere l'idea che anche gli israeliani abbiano avuto un ruolo nell'assassinio di King, vista la complicità dell'ADL nella guerra contro il leader nero.

King non fu certamente vittima di una cospirazione del Ku Klux Klan o di un "gruppo d'odio". È stato vittima di una cospirazione della classe dirigente e probabilmente per la semplice ragione che stava turbando la classe dirigente. King (insieme a un altro leader nero, Malcolm X, anch'egli assassinato in circostanze misteriose, come King) minacciava di sottrarre la comunità nera all'oppressione delle potenti forze della classe dominante che preferivano tenere i neri sotto controllo - in gabbia, per così dire.

Molti sospettano che anche la criminalità organizzata possa aver avuto un ruolo nella cospirazione per l'assassinio di King, dal momento che la mafia, personificata al meglio da Meyer Lansky, il barone della mafia internazionale, stava guadagnando miliardi dalla comunità nera attraverso la droga, il gioco d'azzardo, la prostituzione, il racket e altre attività lucrative.

La spinta di King verso l'affermazione dei neri rappresentava una minaccia per Lansky e i suoi amici, nonché per i loro complici nel Federal Bureau of Investigation e nella CIA, le due entità che oggi conosciamo come corrotte dalla mafia. Inoltre, il crescente rispetto per King da parte dei leader del Terzo Mondo minacciava chiaramente i trucchi internazionali della CIA. Infatti, la maggior parte delle accuse secondo cui King e alcuni leader del Terzo Mondo, bianchi e neri, erano "comunisti" o sotto l'influenza del comunismo, uscivano direttamente dalle fabbriche di propaganda dell'FBI e della CIA. Tutti questi elementi dovrebbero essere tenuti presenti da coloro che tendono ad avere un'opinione negativa di Martin Luther King. Si può giudicare un uomo dai suoi nemici.

Vorrei aggiungere, tuttavia, che ho scoperto alcuni elementi interessanti nei libri di William Pepper che suggeriscono, forse, che c'è una sorta di legame con Israele, o, almeno, che ci sono piste che non sono state seguite (che puntano, ancora una volta, verso una sorta di connessione israeliana. Dirò subito che mi rendo conto che questa affermazione farà dire a molti: "Oh, andiamo, andiamo". Piper non si accontenta di trovare un collegamento israeliano all'assassinio di JFK. Ora sta cercando di collegare gli israeliani all'assassinio di King", ma abbiate pazienza. Ascoltatemi.

Innanzitutto, come abbiamo già notato nel capitolo su Jack Ruby, nel suo libro *An Act of State*, William Pepper ha rilevato collegamenti tra Jack Ruby e "Raul", l'onnipresente contatto di James Earl Ray, a un'operazione di contrabbando di armi legata al Mossad che era attiva all'epoca dell'assassinio di JFK. Quindi si tratta in ogni caso di un collegamento con il Mossad.

Nel suo primo libro *Ordine di uccidere*, a pagina 435, William Pepper descrive le sue indagini sul passato del canadese Eric S. Galt, di cui James Earl Ray è l'identità adottata durante i suoi numerosi viaggi in tutto il mondo. Ecco cosa dice Pepper: "Ho appreso che Galt, che sappiamo essere stato responsabile della gestione del magazzino presso lo stabilimento della Union Carbide a Toronto, aveva un'autorizzazione top secret. Il magazzino che gestiva ospitava un progetto segretissimo di munizioni finanziato dalla CIA, dal Centro armi antiaeree della Marina statunitense e dal Comando di ricerca, sviluppo e ingegneria dell'esercito americano. Il lavoro comprendeva la produzione e lo stoccaggio di "spolette di prossimità" utilizzate nei missili antiaerei, nei proiettili d'artiglieria e nei missili LAW (arma anticarro)... L'azienda era coinvolta in progetti di ricerca ad alta sicurezza controllati dalla casa madre statunitense... La divisione nucleare della Union Carbide gestiva l'Oak Ridge National Laboratory di Oak Ridge, nel Tennessee".

(Non dimenticate, tra l'altro, in riferimento ai programmi nucleari a Oak Ridge nel Tennessee, che secondo Dick Russell in *The Man Who Know Too Much*, a pagina 361, il 26 luglio 1963, qualcuno firmò "Lee H. Oswald, USSR, Dallas Road, Dallas, Texas" nel registro del Museo dell'Energia Atomica di Oak Ridge, Tennessee. Tuttavia, secondo Russell, l'FBI ha successivamente stabilito che questa non era la firma di Oswald. Quindi pongo la domanda: c'è un legame tra l'assassinio di JFK e l'assassinio di King - oppure no?

Nell'agosto 1967, secondo i rapporti di Pepper, Galt "collaborò a un'altra operazione del 902° [Military Intelligence Group] che prevedeva il furto di alcune di queste spolette di prossimità e la loro consegna segreta a Israele". Secondo Pepper, egli ottenne "un memo confidenziale emesso dal 902° MIG il 17 ottobre 1967 che conferma e discute questa operazione, il Progetto MEXPO, definito come un 'progetto per sfruttare le attrezzature militari della Divisione Scientifica e Tecnica (S&T)'... in Israele".

Ecco il collegamento. In qualche modo James Earl Ray è stato ingannato e ha usato l'identità di una persona reale che aveva effettivamente legami con Israele e con la sua ricerca "scientifica e tecnica" - che, ovviamente, va nella direzione dello sviluppo nucleare. Si noti anche che il vero Galt era legato alla "divisione scientifica e tecnica" di Israele. Si noti anche che la società di Galt era effettivamente legata alla divisione nucleare della Union Carbide.

Quindi non solo troviamo un collegamento israeliano all'assassinio di King (anche se fugace), ma anche un collegamento nucleare israeliano. E questo, ovviamente, è molto interessante, visto quello che sappiamo sul conflitto di JFK con Israele per lo sviluppo di armi nucleari.

E, che ci crediate o no, c'è anche una "connessione francese" - sempre con gli israeliani - che Pepper descrive. Pepper riferisce (a pagina 234) di aver incontrato Pierre Marion, l'ex capo dello SDECE francese, per chiedere l'aiuto della Francia nello scoprire informazioni sull'assassinio di King. Secondo Pepper: "Marion insistette sulla stretta riservatezza. Accettò di attingere a fonti dei servizi segreti francesi e israeliani. A un certo punto mi disse: "Sei in grave pericolo". Su questa base, Pepper concluse che l'ufficiale francese era giunto alla conclusione che una parte della comunità dei servizi segreti statunitensi era stata coinvolta nell'assassinio di King, sebbene Pepper apparentemente non abbia mai preso in considerazione la possibilità che i servizi segreti francesi e israeliani avessero effettivamente un legame con l'assassinio (il che, ovviamente, è esattamente il caso dell'assassinio di JFK).

In ogni caso, secondo Pepper: "In seguito la Francia subì un turbolento cambio di governo. Le fonti interne di Marion divennero molto tese su qualsiasi argomento delicato. Le sue fonti israeliane sostenevano di non avere informazioni". Onestamente, continuo a stupirmi del fatto che persone che non lo sanno sottoscrivano la teoria secondo cui gli israeliani sostengono di non avere "informazioni", nonostante il fatto che l'intelligence israeliana "sia la meglio informata al mondo" (come dicono tanti difensori e amici di Israele). Francamente, Pepper avrebbe potuto ottenere più informazioni sull'assassinio di King se avesse chiesto ai suoi amici dei servizi segreti francesi di chiedere ai loro amici dei servizi segreti israeliani di chiedere ai loro agenti della Anti-Defamation League di consegnare a Pepper i loro dossier sul dottor King. Se l'ADL era così disposta a fornire informazioni su King (e altri leader dei diritti civili) all'FBI, perché non poteva fare lo stesso con Pepper?

Comunque, è una domanda a cui Pepper deve rispondere. Non sono io a fare ricerche sull'assassinio del dottor King, ma Pepper. Quindi, se Pepper trova interesse a seguire queste piste (specialmente nel contesto della connessione nucleare israeliana), dico: buon per lui. Ma non contate sul fatto che segua questa pista.

Vale la pena notare che nel suo libro *Chi ha ucciso Martin Luther King?* Ray mette in dubbio il fatto che "Raul", il suo misterioso supervisore, viaggiasse in compagnia di qualcuno che, secondo Ray, potrebbe essere il finanziere David Graiver. Ray menziona il coinvolgimento di Graiver nel saccheggio dell'American Bank and Trust Company (ABT) di New York, ma non menziona qualcosa che quasi certamente conosceva anche lui: il fatto che l'ABT era la ristrutturazione della Swiss-Israel Trade Bank, originariamente fondata dal Mossad Tibor Rosenbaum. Avendo fatto le sue ricerche e come lettore abituale di *The Spotlight* (il giornale per cui lavoro), Ray sapeva che il saccheggio della ABT da parte di Graiver era una classica "fuga" in stile mafioso, in cui i fondi rubati dalla ABT venivano usati per finanziare il programma segreto di armi nucleari di Israele.

In realtà, a dire il vero, secondo fonti come J. Orlin Grabbe e altri, molti dei fallimenti dei risparmi e dei prestiti degli anni '80 erano in realtà operazioni segrete progettate per fornire fondi deviati per i programmi nucleari e di difesa nazionale di Israele.

Mentre la casa editrice newyorkese Shapolsky (una filiale dell'azienda israeliana Steimatsky) ha pubblicato l'esauriente libro di Pete Brewton, *The Mafia, CIA and George Bush*, che ha messo in evidenza i legami della CIA con la debacle dei risparmi e dei prestiti, il libro non ha definito i legami del Mossad con essa. In ogni caso, si tratta di un argomento da approfondire, ma è interessante visto che Ray ha collegato David Graiver al complotto per l'assassinio di Martin Luther King.

È anche un fatto accertato (ma raramente menzionato dai ricercatori che hanno indagato sull'assassinio di King) che prima dell'assassinio di King, James Earl Ray aveva ricevuto due numeri da "Raul", che Ray avrebbe potuto contattare se necessario, come Raul gli aveva indicato. Uno dei numeri, a New Orleans, secondo Ray terminava con le cifre "8757" e ricordava vagamente che iniziava con "866", ma non ne era sicuro.

In realtà, Ray stabilisce da solo (all'epoca dei fatti) che il numero 866-3757 di New Orleans era il numero della Laventhal Marine Supply e ha dichiarato nel primo appello della sua condanna, scritto da lui stesso e appena menzionato, che "il residente elencato a New Orleans era, tra le altre cose, un agente di un'organizzazione mediorientale in difficoltà a causa del presunto sostegno pubblico di King alla causa arabo-palestinese". (Non ci sono speculazioni che suggeriscano che l'organizzazione a cui Ray si riferiva fosse la Anti-Defamation League of B'nai B'rith).

Più tardi, quando Ray testimoniò davanti alla Commissione della Camera, fece di nuovo allusione a questo numero misterioso e disse: "Non voglio entrare nel campo della calunnia - cioè fare un disservizio a qualsiasi gruppo o organizzazione... lui (King) intendeva, come il Vietnam, sostenere la causa araba... e dire qualcosa che avrebbe potuto essere imbarazzante per qualcuno della sua organizzazione che stava prendendo contatto con i palestinesi in vista di un'alleanza". Ancora una volta, Ray stava ovviamente parlando di una posizione di King che avrebbe fatto arrabbiare l'ADL, anche se stava menando il can per l'aia senza dire nulla di diretto a riguardo.

Sul suo sito web, il ricercatore sull'assassinio A. J. Weberman - che è stato associato alla Lega di Difesa Ebraica pro-Israele (che è in effetti un "braccio armato" dell'ADL) - ha suggerito che questo rifletteva "l'odio di Ray per gli ebrei" (secondo le parole di Weberman), ma Weberman ha concluso che Ray stava "incolpando il Mossad" per l'assassinio di King, un fatto di cui pochi ricercatori sembrano essere a conoscenza. Ray era certamente riluttante a parlarne, ben sapendo di avere in mano abbastanza materiale per iniziare a lanciare accuse contro il Mossad, ma il fatto che abbia effettivamente fatto queste accuse deve essere messo agli atti.

Lo stesso Weberman si preoccupò di screditare le conclusioni di Ray, dicendo che lui (Weberman) aveva stabilito che un altro "3757" nell'area di New Orleans, che iniziava con "833" - invece dell'"866" che Ray ricorda vagamente - era assegnato a un motel dove il boss mafioso Carlos Marcello aveva un ufficio. Tuttavia, Ray non ricordava l'"833" come numero. Ricordava invece (anche se vagamente) il numero "866".

Tuttavia, David Ferrie, che era legato alle circostanze dell'assassinio di JFK, aveva chiamato il numero del motel, il che ha effettivamente stabilito, a dir poco, un particolare legame tra i due assassinii che sembra essere passato in gran parte inosservato. E visti i legami del Mossad con l'assassinio di JFK che riguardano le attività di David Ferrie, Guy Banister e Clay Shaw a New Orleans, ciò suggerisce un altro "legame del Mossad" con il caso Martin Luther King.

Sappiamo che la famiglia King è stata bersaglio di numerosi e pesanti attacchi mediatici per aver osato difendere James Earl Ray, cosa di per sé insolita, vista la copertura mediatica favorevole che la famiglia aveva ricevuto in precedenza. Non è necessario rivalutare la notevole influenza della lobby israeliana sui media statunitensi, ma nel contesto delle informazioni qui presentate sui possibili legami tra Israele e l'assassinio di King, potremmo logicamente concludere che questi attacchi mediatici alla famiglia di King potrebbero essere legati proprio a questo.

Quali sono le sue conclusioni sulla morte di John F. Kennedy Jr. C'era un legame con il Mossad, come molti hanno suggerito?

Le circostanze della morte di John F. Kennedy Jr. in un bizzarro incidente aereo il 16 luglio 1999 hanno aggiunto benzina al fuoco scatenato dalla *Sentenza Finale* che implicava il Mossad nella morte del giovane padre di Kennedy. Da parte mia, sono rimasto francamente sorpreso quando un vero e proprio "collegamento del Mossad" alla tragedia di JFK Jr. è apparso apertamente sulla stampa.

Secondo una notizia ampiamente diffusa nel numero del 19 luglio del *New York Post*, JFK Jr. voleva pubblicare un articolo sul Mossad nella sua rivista. Di conseguenza, alcuni teorici della cospirazione sospettarono immediatamente - ma non io, devo dire - che il Mossad avesse ordinato l'assassinio di Kennedy per impedire la pubblicazione dell'articolo.

È una teoria interessante, ma improbabile. Molti giornali (anche tra i media mainstream) hanno pubblicato articoli critici nei confronti del Mossad. *Tuttavia, c'è un altro elemento nella prospettiva del Mossad che è molto più provocatorio e che ai più è sfuggito. Ecco la storia completa.*

Il resoconto del *New York Post* è stato scritto dalla famosa giornalista Cindy Adams e successivamente è stato ampiamente riportato dalla stampa nazionale, compreso il numero del 21 luglio di *USA Today*. La Adams ha riferito che lo scrittore C. David Heymann le aveva detto che dieci giorni prima dell'incidente mortale lui e JFK Jr. avevano parlato e che JFK Jr. aveva espresso delle riserve sui futuri viaggi in aereo (anche se, secondo tutte le altre testimonianze, il giovane Kennedy era piuttosto entusiasta della sua nuova occupazione).

A creare il clamore sul possibile coinvolgimento del Mossad è stata la notizia riportata dal *New York Post* e da *USA Today* secondo cui Heymann era un cittadino statunitense-israeliano con doppia cittadinanza che sosteneva di aver raccontato al giovane Kennedy, alcuni anni prima, di aver lavorato per il Mossad negli anni Ottanta. È per questo motivo che Kennedy aveva contattato Heymann per scrivere una storia sul Mossad per il *George* - secondo Heymann.

Ma mentre i teorici della cospirazione su Internet e altrove si sono concentrati sull'idea che JFK Jr. stesse per "soffiare il fischietto" sul Mossad, si sono lasciati sfuggire ciò che in realtà era la cosa più importante: che le affermazioni ampiamente pubblicizzate di questa figura del Mossad erano la principale base mediatica per insistere sul fatto che la morte di Kennedy fosse un incidente latente, per colpa sua o, addirittura, della moglie Carolyn.

Il *New York Post* titolava l'articolo "John Jr. temeva di volare a Vineyard" e riportava la trascrizione dettagliata di Heymann della loro conversazione. *USA* Today ha riportato che Heymann ha dichiarato di aver preso ampi appunti delle sue conversazioni con Kennedy per utilizzarli in eventuali libri futuri. Secondo Heymann, JFK Jr. si sentiva insicuro riguardo all'aeroporto di Martha's Vineyard; non voleva prendere l'aereo, ma si sentiva obbligato perché la moglie insisteva perché lasciasse lì la sorella prima di partire per l'aeroporto di Hyannis.

La storia dell'ex membro del Mossad è che JFK Jr. apparentemente non si sentiva a suo agio nell'effettuare due atterraggi (a Martha's Vineyard e poi a Hyannis), perché - o almeno così disse Heymann a Kennedy - "non sono un pilota esperto".

Si scoprì così che era un agente del Mossad, opportunamente ben piazzato, a proporre la storia ampiamente pubblicizzata che JFK Jr. non avrebbe dovuto essere al posto di pilotaggio e che stava giocando con il fuoco: la tragedia era sicuramente un incidente, quasi inevitabile.

In effetti, il *New York Post* ha enfatizzato con cura (e intelligenza) la "connessione con il Mossad"; il giornale (che è una voce a favore degli interessi di Israele) stava effettivamente dicendo al mondo: "Questo è ciò che il Mossad vuole farvi credere sulla morte di JFK Junior: è stato un incidente. È stata colpa di JFK Junior. Era un incidente imminente. Caso chiuso".

Ecco cosa è successo: Cindy Adams del *New York Post*, che per prima ha pubblicato la storia di Heymann, ha preso le distanze da Heymann dicendo di dubitare della sua storia. Il giornalista investigativo Andrew Goldman del *New York Observer* ha pubblicato un rapporto devastante, mettendo in dubbio che Heymann abbia mai avuto contatti con JFK Junior.

In realtà, sembra che Kennedy non avesse ancora ultimato i suoi piani di volo nel momento in cui Heymann afferma di aver parlato con Kennedy. In conclusione, la storia di Heymann era disinformazione fin dall'inizio. Né Adams né Goldman, tuttavia, osarono suggerire che le affermazioni di Heymann potessero essere una disinformazione sponsorizzata dal Mossad.

Quindi la domanda rimane: quando questo "ex" agente del Mossad ha presentato questa falsa storia sugli ultimi giorni di JFK Jr, lo ha fatto per qualche scopo perverso o lo ha fatto come parte di una campagna di disinformazione ordinata dal Mossad?

Forse non è nemmeno una coincidenza, come ha sottolineato il giornalista israeliano Barry Chamish, che Yoel Katzavman, un autista israeliano che stava trasportando JFK Jr. a New York prima della tragedia, sia emerso per descrivere che le condizioni fisiche del giovane Kennedy (a causa di una gamba rotta) erano tali che, secondo le parole di Katzavman, "era davvero un suicidio" per JFK Jr. tentare il suo ultimo e fatale volo. In effetti, la versione dell'autista israeliano combacia bene con la storia del membro del Mossad David Heymann. È una coincidenza o una cospirazione?

Come abbiamo notato, Chamish ha suggerito che John Jr. potrebbe aver sentito parlare di *Giudizio Finale* e che questo abbia stimolato il suo interesse per il Mossad. Probabilmente non lo sapremo mai con certezza, anche se, come abbiamo visto, Chamish ha scritto una recensione molto positiva di *Giudizio Finale*, che potrebbe aver fatto arrabbiare molti teorici della cospirazione JFK che hanno speso molte energie per attaccare la mia teoria solo perché un giornalista israeliano è arrivato a dire che la teoria ha senso.

Da parte sua, Chamish ha suscitato un certo scalpore in Israele con il suo affascinante e documentato studio sull'assassinio di Yitzhak Rabin e nel suo libro, *Who Murdered Yitzhak Rabin?* ha dipinto un quadro affascinante che suggerisce fortemente il coinvolgimento dei servizi segreti israeliani nell'omicidio di Rabin.

Allo stesso tempo, forse non è stato così sorprendente che nel numero del 16 luglio, che era in edicola quando JFK Jr. morì, *Forward* - uno dei più influenti giornali ebraici americani - abbia pubblicato un articolo sulle azioni (50 anni prima) del nonno del giovane Kennedy, il defunto ambasciatore americano in Gran Bretagna, Joseph P. Kennedy.

In questo contesto, vale la pena notare che Heymann, il già citato membro del Mossad, è un esperto del presunto "antisemitismo" della dinastia Kennedy e del sostegno della famiglia alla neutralità e al non intervento americano nei giorni precedenti la Seconda guerra mondiale.

I lettori attenti di *Giudizio finale* noteranno che in questa edizione (e in quelle precedenti pubblicate prima della morte di JFK Jr.) i resoconti di Heymann pubblicati nel suo libro su Jacqueline Kennedy (elencati nel capitolo 4) fanno riferimento all'opposizione collettiva della famiglia Kennedy alla guerra.

Inoltre, nella sua biografia ampiamente critica del defunto senatore Robert F. Kennedy, intitolata *RFK*, lo stesso Heymann incolpa "un certo numero di persone di aver accusato RFK di usare una terminologia [antisemita] quando discuteva di ebrei in privato". Heymann ha anche affermato che la moglie di RFK, Ethel, ora matriarca regnante del clan Kennedy sopravvissuto, una volta disse a un pubblicista ebreo: "Sai, è la tua gente che ci dà del filo da torcere; è la tua gente che ci dà del filo da torcere", quando suo marito era candidato al Senato nel 1964.

Considerando la velenosa ostilità nei confronti della famiglia Kennedy in alcuni ambienti influenti, è interessante notare che il 21 luglio 1999 John Podhoretz, figlio di Norman Podhoretz, capo del Comitato degli Ebrei Americani (e collaboratore di lunga data della CIA) e redattore della pagina editoriale del *New York Post* (che aveva pubblicato la disinformazione del membro del Mossad David Heymann), ha scritto una colonna intitolata "Una conversazione all'inferno", esponendo le sue opinioni.

Il saggio di Podhoretz, che è molto difficile da trovare - essendo stato ritirato in risposta all'indignazione pubblica per il veleno viscerale di Podhoretz dopo la prima edizione del *Post* - parla da solo ed è pubblicato qui (sotto) nella sua storica e rivelatrice (e piuttosto scioccante) interezza. Il saggio di Podhoretz dice effettivamente ciò che molti difensori di Israele pensano realmente della famiglia Kennedy.

Giudicate voi.

Una conversazione all'inferno
New York Post
- 21 luglio 1999
John Podhoretz

JOE! Joe Kennedy! Entra, entra. E' bello vederti. Le piace l'aria condizionata? So che fa piuttosto caldo qui dentro.

Dove vi trovate in questi giorni, nell'ottavo o nel nono cerchio? È una scelta difficile per quanto riguarda lei. Dopo tutto, l'ottavo cerchio è per i truffatori e il nono per i traditori. Era davvero coinvolto in una frode quando chiese al sindaco Daley di truccare le elezioni del 1960 a favore di suo figlio Jack, non è vero? E lei è stato un maledetto traditore per quasi tutta la vita, con le sue infedeltà compulsive e i suoi doppi giochi.

Ma ascolta, questo è ciò che amo di te. Non so dirle quanto mi ha reso orgoglioso conoscerla quando era ambasciatore degli Stati Uniti in Inghilterra e diceva tutte quelle belle cose su Hitler, facendo di tutto per fermare l'emigrazione ebraica nella Germania nazista. Migliaia di ebrei sono morti per colpa sua. Che spettacolo malvagio!

Ho sempre saputo che ce l'avevi dentro. Non ricordo di essere stato così felice di ricevere un'anima quando mi hai chiamato, quando, nel 1912? Sapevi esattamente cosa volevi. Volevi ricchezza, fama e potere, e volevi che fossero tramandati di generazione in generazione. Volevi essere il creatore di una dinastia che avrebbe governato l'America...

Al mio vecchio cuore faceva bene sentire quanto potevi essere spietato. Ed eri un negoziatore così duro che era divertente fare affari con te.

Sembrava che avessi pensato a tutto. Voleva il potere, e per lei questo significava sposare la figlia del sindaco di Boston. Lo fece; lei e Rose Fitzgerald vi sposaste due anni dopo. Voleva rimanere attraente e seducente per le donne più affascinanti del mondo. Lo fece: divenne regista cinematografico ed ebbe relazioni con Gloria Swanson e molte altre star e starlette.

Volevate una ricchezza che andava oltre i sogni più sfrenati di ogni irlandese di Boston. Ce l'avete fatta: siete stati milionari più volte e non avete perso nulla quando è arrivata la Grande Depressione. Voleva una posizione sociale. Fatto: le è stato affidato il più prestigioso incarico governativo dell'epoca, quello di ambasciatore alla Corte di San Giacomo.

E volevi che tuo figlio diventasse presidente. Hai messo i puntini sulle i, hai fatto tutto ciò che era in tuo potere per massimizzare la tua parte dell'accordo e minimizzare la mia. Come tutti i mortali la cui qualità più caratteristica è l'inesauribile senso di autostima, credevi che la tua anima fosse così preziosa da valerne la pena.

Hai ottenuto tutto quello che volevi. Ma quando faccio un accordo per un'anima come la tua, così inflessibile nel suo senso del diritto, così sicura che il mondo debba inchinarsi davanti a lei, così dura, è difficile per me, come la carne cruda. Devo condirla, martellarla un po' per renderla tenera, rosolarla un po' sul fuoco prima di metterla nel forno infernale.

Quindi, se avessi lasciato che suo figlio, che lei voleva vedere come Presidente, raggiungesse la Casa Bianca, avrebbe significato che la cena che intendevo fare con la sua anima sarebbe stata indigesta. Doveva semplicemente andarsene.

E ha fatto male, vero Joe, quando l'aereo del tuo omonimo si è schiantato durante la Seconda Guerra Mondiale?

Nel contratto hai parlato così poco delle tue ragazze che mi sono sentito libero di giocare un po' con loro. Ho reso Rosemary un po' lenta, ma dannazione, non c'era bisogno di lobotomizzarla Joe!

È tutta colpa tua! Sembrava che tu stessi affrontando così bene la morte del giovane Joe che ho sentito il bisogno di ricordartelo mandando tua figlia Kathleen in un altro incidente aereo qualche anno dopo.

Oh, questo dolore è doloroso. Ma ha fatto infuriare anche te, perché pensavi che avessi infranto la mia promessa! Ricordi quella conversazione sulla spiaggia di Hyannis Port? Ti ho ricordato che c'era Jack, il bel Jack, quello che hai tirato fuori con tanta insistenza. Era così simile a te, così affamato di bellezza hollywoodiana, così motivato: non sarebbe stato ancora meglio se fosse stato Jack?

Eri così trionfante per la vittoria di Jack e tutto quello che ho cercato di farti capire è che le cose non sarebbero andate come avevi previsto. Hai avuto un nipote nato alla Casa Bianca nell'agosto del 1963, ricordi? Il piccolo Patrick? Lo presi dopo due giorni, solo per prepararti al 22 novembre.

Ho detto che avrei nominato Jack presidente. Non ho detto che avrebbe finito il suo mandato. E non ho detto che ne avrebbe avuto un altro. È questo il tuo errore, riprovare con Bobby.

È stata una violazione del contratto. Ne avevi solo uno.

E tu non hai ascoltato, non hai voluto ascoltare, sei sempre stato concentrato sull'idea che Teddy potesse farcela - Teddy, il più giovane dei tuoi ragazzi. Ma ho una notizia per te. Quella storia di Chappaquiddick? Mi ha chiesto di salvarlo da un'accusa di omicidio colposo. Ti terrà compagnia quando arriverà il suo momento.

Dopo Chappaquiddick il suo tempo era finito, vero? Sei morto pochi mesi dopo e sei venuto qui. Ma sai cosa? La tua anima non era ancora pronta. Eri ancora un po' troppo duro.

Così, ogni volta che pensate che l'affare sia concluso, ogni volta che pensate che la vostra famiglia stia per tornare alla gloria, devo fare qualcosa. Come questo fine settimana, con tuo nipote John.

Capisci, vero, Joe? È perché ho fame. E quando ho fame, Joe, il fine giustifica i mezzi. Capisci perché siamo così simili?

Sì, sì. Oh, sì. Penso che ora siate pronti.

L'ULTIMA PAROLA?

Il libro che hanno cercato di bandire
Riflessioni sul passato, sul presente e sul futuro di
Giudizio Finale e la sua tesi controversa

Questo libro è iniziato con un lungo testo sulla controversia del *Giudizio finale*, quindi è forse opportuno che si concluda con un testo di approfondimento sullo stesso argomento.

Come il testo di apertura, è vero che questa "ultima parola" riguarda più ciò che è accaduto a Michael Collins Piper in seguito alla stesura di *Giudizio finale* che ciò che è accaduto a John F. Kennedy.

Tuttavia, credo che i lettori lo troveranno comunque istruttivo, perché dimostra che ci sono dei limiti a ciò che si può - e non si può - dire nel dibattito su questioni controverse come l'assassinio di JFK.

C'è molto altro da dire. La cosa principale, però, è che il *Giudizio Finale* non si fermerà qui. Anche se la lobby di Israele odia ammetterlo, il genio è uscito dalla bottiglia.

Il futuro del *Giudizio Finale* sarà in gran parte una serie di sforzi per confutare la sua tesi, ma dagli sforzi fatti finora sembra improbabile che qualcuno sia in grado di farlo - e il motivo potrebbe essere che il libro ha colto nel segno.

Giudizio Finale non è in alcun modo una demolizione del rapporto della Commissione Warren. La Commissione Warren è stata screditata molto tempo fa. *Il Giudizio Finale* si limita a riempire i pezzi mancanti del puzzle - a fornire l'anello mancante - dimostrando cosa si nasconde dietro il puzzle.

Le metafore sono infinite, ma il punto è chiaro. Sappiamo da tempo che c'è stata una cospirazione nell'assassinio di JFK - una grande cospirazione - e che ha raggiunto livelli molto alti. Ora sappiamo quali direzioni *orizzontali* ha raggiunto la cospirazione.

Vincent Salandria, un ricercatore, si è spinto fino a suggerire che, fin dall'inizio, "la conclusione dell'assassino solitario della Commissione Warren era destinata a crollare, ad essere inconcepibile, ad autodistruggersi...".

"Non si faccia il minimo errore: la Commissione Warren e il suo staff erano composti da uomini molto competenti. Se questi uomini avessero voluto coprire la cospirazione in modo più efficace, avrebbero potuto farlo...

"Egli suggerisce che i cospiratori dietro l'assassinio volevano in ultima analisi che il popolo americano fosse demoralizzato e sapesse di aver perso il potere sul proprio destino. E francamente, guardando al quadro generale, temo che Salandria abbia ragione.

IL TERRENO NASCOSTO

E mentre alcuni cercano di venire a patti con l'eredità dell'assassinio di JFK e di capire come questo crimine abbia influenzato la nostra nazione, il quadro generale dipinto in *Giudizio Finale* (e accettato da un numero crescente di persone) lascia in silenzio molti critici governativi altrimenti roboanti. Si rifiutano semplicemente di affrontare il fatto che esistono prove concrete (a molti livelli) che il "piccolo Israele" e i suoi servizi segreti, utilizzando le proprie risorse e collaborando con i suoi alleati della CIA, hanno svolto un ruolo importante nel crimine del secolo.

So di un redattore apparentemente anticonformista e indipendente di una rivista progressista pubblicata in Oregon che ha dato istruzioni all'autore di un articolo che gli era stato proposto di cambiare il riferimento a Jack Ruby come "sicario ebreo della mafia" in Ruby semplicemente "sicario della mafia".

Tuttavia, l'autore dell'articolo censurato (un lettore di *Giudizio Finale*) ha risposto al suo direttore con una lettera molto interessante, che condivido in parte con i lettori di *Giudizio Finale*, così come l'autore della lettera l'ha condivisa con me. Nella sua lettera (privata) all'editore, riassume abbastanza bene le cose:

> **Chiunque abbia dedicato molto tempo allo studio dell'assassinio di John F. Kennedy sa con certezza tre cose: non è stato Oswald; ci sono impronte ebraiche su tutta la scena del crimine; e gli ebrei coinvolti non potevano e non hanno agito da soli, ma facevano parte di una cospirazione molto più ampia che coinvolgeva elementi dei Servizi Segreti, della CIA, dell'FBI, del Dipartimento di Giustizia, della polizia di Dallas, della classe dirigente del Texas e della comunità degli esuli cubani.**
>
> **È proprio questo coinvolgimento ebraico che, a mio parere, ha ostacolato la ricerca sul crimine... Il risultato è stata una diffusa e persistente negazione del coinvolgimento degli ebrei nell'assassinio, che è cresciuta fino a comprendere i brutali attacchi odierni alla famiglia Kennedy.**
>
> **C'è anche un terreno nascosto sotto l'assassinio di cui nessuno parla - il terreno segreto, il paesaggio oscuro e poco conosciuto dietro gli omicidi di Kennedy. Una volta illuminato, spiegherà molti dei dibattiti e delle confusioni apparentemente inutili che hanno seriamente ostacolato la ricerca sugli omicidi, se non l'hanno completamente sconcertata...**
>
> **A mio parere, il coinvolgimento di Ruby nell'assassinio e i timori degli ebrei di un pogrom in America sono come un tappo nel retto della nazione. Non ci permette di lavare via questo crimine e di andare avanti.**
>
> **... La paura indiscriminata di menzionare l'ebraismo di Ruby, e di tracciare le sue relazioni con Israele e con le organizzazioni criminali internazionali, così come con la polizia, i giudici e i politici di Dallas, ha confuso e diviso la comunità dei ricercatori fin dall'inizio.**

Non avrei potuto dirlo meglio. E, in effetti, questa lettera (citata qui) probabilmente pone la questione da un punto di vista forse ancora migliore (e con una prosa più vivida) rispetto a *Giudizio finale*.

Questa era la situazione. La lotta per sopprimere il *Giudizio Finale* non è condotta solo dalla lobby di Israele e dalle sue truppe d'assalto in prima linea nella Anti-Defamation League (ADL). Infatti, anche i cosiddetti "ricercatori" della cospirazione sull'assassinio di JFK stanno indirizzando le loro competenze in questo sforzo.

UN "RICERCATORE" COMBATTE LA RICERCA

All'apice della campagna dell'ADL per impedirmi di candidarmi all'Università di Saddleback nella Contea di Orange, in California (descritta in dettaglio nella prefazione), Debra Conway era una delle più entusiaste sostenitrici dell'ADL, una ricercatrice sull'assassinio di JFK che gestisce un'organizzazione nota come JFK Lancer. Il 7 settembre 1997, ha pubblicato un messaggio su un newsgroup su JFK su Internet, lodando i suoi sforzi per impedirmi di parlare. Il suo messaggio recitava:

"Ho chiamato l'università, il giornalista e altre persone per protestare contro il seminario. Ho scritto una lettera al direttore del [Los Angeles] *Times*, con copie al presidente dell'università e al consiglio di amministrazione, ma non è stata pubblicata. Ho telefonato e scritto ad amici ebrei per spiegare loro la mia posizione contro questo seminario e il motivo per cui... Vivo nella Contea di Orange, in California, e mi sono anche impegnato a scioperare con i professori universitari e con la Lega di difesa antiebraica [sic] contro il seminario. Non sosterrò l'antisemitismo con il pretesto della ricerca sull'assassinio di JFK".

Conway ha anche pubblicato la sua lettera inedita, che aggiungeva, in parte: "Non ho mai visto alcuna informazione credibile su una cospirazione che coinvolga Israele o i nazisti. Sapendo che il Presidente Kennedy ci ha guidato in questi tempi turbolenti, ci sono molti gruppi, Paesi e individui che potrebbero essere accusati del suo assassinio. Si potrebbe fare un caso per loro se non si guardasse a tutti i fatti disponibili". Naturalmente, Miss Conway non ha mai visto nulla che coinvolga Israele. E dobbiamo lasciare le cose come stanno. Solo quando il *Giudizio Finale* ha messo insieme tutti i dati, si è cominciato a pensare che il coinvolgimento di Israele fosse una possibilità reale. È quindi interessante notare che, in un certo senso, la signorina Conway ammette indirettamente che potrebbe esserci un movente israeliano, nel senso che, come lei stessa ha detto, ci sono "molti gruppi, Paesi e persone" che potrebbero essere coinvolti. Ma credetemi, Debra Conway non accuserà mai Israele.

La reazione di Debra Conway a *Final Judgment* (che non sono nemmeno sicuro abbia letto) illustra fino a che punto anche alcuni cosiddetti "ricercatori" si sono spinti per cercare di soffocare *Final Judgment* e le sue tesi. Ho la soddisfazione, tuttavia, di sapere con certezza che molti sostenitori dell'operazione JFK-Lancer di Conway l'hanno contattata e le hanno rinfacciato di aver preso posizione e sono grato a coloro che sono stati così gentili da farmelo sapere. Quindi ci sono alcuni ricercatori che credono nel Primo Emendamento, nonostante Debra Conway.

Alla fine, però, questa brutta controversia della Contea di Orange ha avuto aspetti commoventi, nonostante la meschina demagogia di Debra Conway. Nel mezzo degli sforzi dell'ADL per mettere a tacere me e distruggere Steve Frogue, molti bravi cittadini sono venuti in nostra difesa. Non ho mai conosciuto la maggior parte di loro e non li conoscerò mai.

Ma di recente ho scoperto l'identità di uno di loro. Avevo sentito dire che una certa coppia, "Joe" ed Ethel Hunt, aveva criticato apertamente le truffe dell'ADL, presentandosi alle riunioni del consiglio universitario pubblico per difendere il Primo Emendamento e contro la censura.

Si scopre che "Joe" Hunt è nientemeno che il colonnello dei Marines in pensione Forest J. Forest. (Joe) Hunt - veterano di tutte e tre le guerre ed ex comandante di tutte le guardie dei Marines nelle ambasciate americane nel mondo e della scuola che le ha addestrate in Virginia!

Questo è il calibro di persone che sono orgoglioso di avere al mio fianco. L'ADL è più che benvenuto ad avere Debra Conway dalla sua parte. Il colonnello Hunt non deve nulla a nessuno. Ma gli americani devono molto a persone come Joe Hunt e la sua adorabile moglie che combattono per la libertà.

In ogni caso, gli sforzi di Debra Conway sono stati solo la punta dell'iceberg degli sforzi compiuti dai cosiddetti "truth seeker" per cercare di screditarmi.

In seguito, quando ho fatto pochi sforzi per impegnarmi in un dibattito sulla tesi del *Giudizio Finale* in vari gruppi di discussione su Internet dedicati al tema dell'assassinio di JFK, mi sono trovato costantemente sommerso da accuse di "antisemitismo", tutte lanciate da cosiddetti "ricercatori" che comunque non avevano letto il mio libro.

CAMBIARE LA DIREZIONE DELLA DISCUSSIONE

Forse il mio critico più impegnato è stato Robert Harris, che gestisce un sito web sull'assassinio di JFK. Sebbene Harris abbia la reputazione di essere "testardo", anche i suoi critici concordano sul fatto che, nel complesso, Harris era molto sincero nel suo impegno a scoprire la verità sull'omicidio del Presidente. Ma quando ha affrontato il tema del possibile coinvolgimento del Mossad, Harris (che si dice sia ebreo) ha perso ogni obiettività.

Harris ha ripetutamente lanciato l'accusa falsa e maliziosa che *Giudizio Finale* incolpasse "gli ebrei" dell'assassinio di Kennedy quando, in realtà, come ogni lettore ben sa, il libro respinge totalmente questa tesi.

Mi tormentava continuamente con domande relative a JFK come: "Pensi che i grandi storici abbiano ragione quando dicono che i nazisti hanno massacrato (più o meno il 5%) 6 milioni di ebrei?". Fece anche riferimento ai cosiddetti "skinheads" che, a suo dire, erano le persone che trovavano credibile la tesi del *Giudizio Finale*. A un certo punto mi chiese persino "Mi chiedo quanti amici neri ed ebrei abbia in totale il signor Piper?" e si indignò per il mio rifiuto di elencarli per nome, come se dovessi esporli alle sue calunnie. *Alla fine, però, mi sono sentita così frustrata che ho ceduto e ho detto a Harris che uno dei miei due figliocci era un bambino afroamericano. Non ha mai risposto a questo.*

A un certo punto, subito dopo la sparatoria di Columbine, Harris ha cercato di collegarmi a quella tragedia, suggerendo che i due giovani disturbati erano stati ispirati da "antisemiti" come me, non sapendo all'epoca che il tiratore era ebreo.

Il continuo e piuttosto frenetico nominare Harris ha raggiunto uno stadio in cui Dave Reitzes, un partecipante ebreo a un forum di discussione - che non era affatto uno dei miei difensori - ha sfidato Harris facendo notare che la critica a Israele non è antisemitismo.

Keith Bruner, un altro partecipante a un forum di discussione, è intervenuto in mia difesa sfidando Harris dicendo: "Piper non sostiene di avere prove inconfutabili del coinvolgimento del Mossad, ma ha tratto conclusioni da alcuni fatti che certamente dipingono un quadro credibile del coinvolgimento del Mossad" e ha continuato dicendo: "Che Piper sia o meno un [antisemita] sta promuovendo il suo libro e le sue conclusioni e dovrebbe essere contestato da questo punto di vista" piuttosto che con sconsiderati insulti.

In un altro messaggio, Bruner ha detto: "Leggete il suo libro, poi attaccatelo sulle sue conclusioni e sulle prove che presenta. Discutete con lui. Parliamo dell'omicidio di JFK" (piuttosto che dell'Olocausto). Bruner ha aggiunto: "Qualsiasi informazione che aiuti a risolvere il crimine è una buona informazione, anche se proviene dal diavolo".

Il fatto è che ho inviato ad Harris una copia gratuita del libro - nonostante tutti i suoi attacchi contro di me - eppure non ha ancora pubblicato un solo articolo che cerchi di confutare qualcosa di ciò che ho detto nel libro.

"IL PICCOLO ISRAELE NON LO FAREBBE MAI!".

Dopo aver finalmente chiesto direttamente ad Harris: "Perché ritiene che la teoria del coinvolgimento del Mossad nell'assassinio del JFK sia 'ridicola', 'inverosimile', 'assurda', ecc:

> Anche se Israele avesse voluto la morte di JFK, non c'era bisogno di correre il rischio di parteciparvi attivamente... se ci fosse stato un errore e il loro coinvolgimento fosse stato scoperto, Israele sarebbe stato condannato, per così dire. Avrebbero perso ogni credibilità tra le nazioni civilizzate, oltre che il loro più forte alleato. Avremmo persino potuto dichiarargli guerra. Avrebbero rischiato di perdere molto più di quanto avrebbero mai potuto vincere.

È chiaro che questo argomento contro il coinvolgimento del Mossad nella cospirazione non regge. Come ho ripetutamente sottolineato in *Giudizio Finale*, il Mossad è stato protetto dall'esposizione, non solo grazie ai suoi ampi contatti con i media, ma anche grazie alla sua collaborazione con la CIA, per non parlare degli evidenti sforzi dell'amministrazione Johnson e della Commissione Warren per tenere sotto controllo la verità.

Inoltre, sotto LBJ, Israele aveva un vecchio e devoto alleato alla Casa Bianca, un alleato che aveva beneficiato direttamente dell'assassinio di JFK. Quindi non c'è mai stato alcun dubbio - se ho ragione sul coinvolgimento del Mossad, come credo - che la verità sulla complicità del Mossad sarebbe stata rivelata da un'indagine ufficiale degli Stati Uniti.

Nonostante i suoi problemi, Harris è passato alla storia per essere stato citato in giudizio per i suoi attacchi ad altri bersagli delle sue ire. *Il New York Times* dell'11 giugno 1999 pubblicò un articolo in cui si descriveva come Harris fosse stato citato in giudizio per i commenti infiammatori che aveva fatto su una persona con cui aveva intrapreso un dibattito su Internet. Tuttavia, Harris rimane saldo e continua a far sentire la sua presenza. Buon per lui. Probabilmente sarà felice di sapere che è stato citato in questa nuova edizione di *Giudizio Finale*.

Un altro dei miei critici, Clint Bradford, che gestisce un ottimo sito di dati relativi a JFK, ha dichiarato ufficialmente che "Personalmente, penso che il suo libro sia solo un discorso di odio anti-ebraico" in un articolo pubblicato il 16 marzo 1999. Bradford ha preferito darmi del bigotto piuttosto che rispondere alle accuse specifiche fatte in *Giudizio Finale*.

ED ECCO CHE TORNANO I NAZISTI

John Bevilaqua, un altro partecipante a un gruppo di discussione su Internet piuttosto movimentato, ha lanciato la sorprendente accusa che l'edificio di Capitol Hill in cui si trova l'ufficio della mia casa editrice fosse il quartier generale del Bund tedesco-americano durante la Seconda guerra mondiale.

In realtà, all'epoca l'edificio era di proprietà di un uomo d'affari cino-americano, ma le accuse di Bevilaqua riflettono perfettamente la natura dello sforzo di ripudiare la mia tesi attraverso il contorto processo di colpevolizzazione per associazione, anche se in questo caso non c'è stata alcuna associazione!

Bevilaqua ha anche speso molte energie per suggerire che il *Giudizio Finale* era una manifestazione moderna della dichiarazione fatta dal georgiano Joseph Milteer all'informatore della polizia Willie Somersett, secondo cui nei giorni successivi all'assassinio di JFK una "resistenza internazionale", di cui Milteer sosteneva di far parte, avrebbe orchestrato "una campagna di propaganda" per "dimostrare al popolo cristiano del mondo" che "gli ebrei sionisti avevano ucciso Kennedy".

Nessuna campagna di propaganda di questo tipo ha mai visto la luce. L'ultima cosa che ho sentito è stata quella di dire al mondo che il responsabile del crimine era un pazzo solitario, per giunta comunista filocastrista. In breve, Bevilaqua stava girando in tondo.

Bevilaqua - che ha un debole per il presunto ruolo "nazista" nell'assassinio di JFK - ritiene che il fanatico filoisraeliano James J. Angleton fosse in realtà antiebraico e filonazista, ma non cercherò nemmeno di analizzare questo argomento!

Tuttavia, devo dire che Bevilaqua ha portato un piccolo e strano elemento nel dibattito su JFK quando ha presentato la sua tesi (che è ovviamente condivisa da diversi ricercatori) secondo cui Robert Morris, un "conservatore" da sempre, era il famigerato "Maurice Bishop" (spesso pensato come David Atlee Phillips della CIA) visto con Lee Harvey Oswald poco prima dell'assassinio di JFK.

Il fatto è che se Morris fosse davvero "Maurice Bishop", ciò indicherebbe - ancora una volta - un possibile ruolo del Mossad nell'assassinio del JFK, poiché durante la sua carriera Morris era considerato da molti negli ambienti "conservatori" come un portatore d'acqua per gli interessi israeliani e come un agente all'interno della "destra" per la Anti-Defamation League del B'nai B'rith. I principali mecenati di Morris erano personaggi famosi noti per la loro affinità con gli interessi israeliani, tra cui Roy Cohn (comproprietario della Lionel Corporation, che a sua volta deteneva azioni della Permindex controllata dal Mossad), Alfred Kohlberg, fondatore dell'American Jewish League Against Communism, George Sokolsky, un editorialista, e Marvin Liebman, un ex commerciante di armi per Israele che in seguito fece da mentore al cheerleader israeliano William F. Buckley, Jr.

Quindi forse qualcosa c'è, ma Bevilaqua probabilmente non lo capisce. Tre applausi al povero Bevilaqua per averci provato.

IL PROBLEMA DI ISRAELE CON PERMINDEX

Il professor John McAdams - che gestisce un sito web dedicato a smontare le teorie cospirative sull'assassinio di JFK - ha cercato di respingere le mie (e quelle di altri) accuse sul coinvolgimento di Clay Shaw in Permindex, tutt'altro che innocente, pubblicando su Internet un articolo su Permindex che suggeriva che le accuse su Permindex non erano altro che "disinformazione comunista". (E questo mi sembra "maccartismo"!).

In ogni caso, se è vero che il giornale italiano che ha pubblicato alcuni dei primi dati sul Permindex era effettivamente una rivista comunista, ciò non è ovviamente sufficiente a escludere la veridicità dei dettagli relativi al Permindex e ai suoi legami controversi.

Eppure, proprio nell'articolo pubblicato da McAdams si affermava, in modo non corretto, che le origini del Permindex erano effettivamente legate a Clay Shaw e risalivano al 1948. Nonostante ciò, McAdams e i suoi sostenitori hanno promosso l'articolo come la confutazione definitiva della teoria secondo cui il Permindex era coinvolto nella cospirazione internazionale dei servizi segreti, indipendentemente dal fatto che fosse o meno collegato all'assassinio di JFK.

In modo simile, il ricercatore di lunga data George Michael Evica ha fatto riferimento ai miei dati sulle connessioni del Mossad con la Permindex come parte dei falsi sponsor "comunisti" della disinformazione nell'assassinio di JFK e ha descritto *Giudizio Finale* come "esso stesso un valido esercizio di "falsi vessilli", capri espiatori e complotti inversi, ma come l'indagine di Garrison, un importante sbocco per le false piste di sponsorizzazione".

Evica sottolinea giustamente che nel corso degli anni è circolata una discreta quantità di disinformazione sull'assassinio di JFK, ma ovviamente non è disposto ad ammettere la possibilità che quei meravigliosi agenti dei servizi segreti del Mossad abbiano avuto a che fare con l'assassinio.

Chiaramente, secondo Evica, il Mossad è l'unica agenzia di intelligence al mondo ad aver tenuto le mani pulite sull'assassinio di JFK. Come continuo a ripetere alla gente, "se il Mossad e Israele amavano così tanto JFK, perché i ricercatori non vanno al Mossad e non chiedono loro di scoprire cosa è realmente accaduto a JFK e di risolvere la questione una volta per tutte?".

Ma questo rovinerebbe tutto il divertimento, poiché, come abbiamo visto nel capitolo 16 di *Giudizio Finale*, il Mossad sta già sostenendo che la mafia ha accidentalmente ucciso JFK in una sparatoria diretta a John Connally! Eppure i difensori di Israele tra i ricercatori non sembrano ancora soddisfatti della loro meravigliosa soluzione finale del Mossad. Mi chiedo perché.

IL CUSTODE CONTRO L'AUTORE

Una certa Virginia McCullough, che si è presentata come "custode e curatrice della Collezione Mae Brussell", ha contestato la mia descrizione della signorina Brussell come "eccentrica" e ha dichiarato in un articolo pubblicato su Internet il 17 dicembre 1999 che "Piper aveva un suo programma e parte di questo programma era screditare qualsiasi ricercatore o scrittore diverso da lui", ma poi ha ammesso, contraddittoriamente, che "allo stesso tempo Piper mostra la sua incrollabile ammirazione per persone come Mark Lane, Seymour Hersh, Andrew e Leslie Cockburn, Stephen Green, ecc.

Poi, dopo aver descritto la mia "incrollabile ammirazione" per questi altri autori, la McCullough si contraddice ancora una volta affermando che nelle pagine di *Giudizio finale* "il signor Piper è naturalmente l'unico autore che profuma di rose ed è puro e pulito". (La McCullough si preoccupa anche del fatto che, secondo lei, "mi riferisco costantemente" a me stessa come "l'autrice". Aggiunge anche che considera il mio libro "scritto per autopromozione e disinformazione". Ma la McCullough deve ancora confutare tutto ciò che appare in *Giudizio finale*.

L'eroina di McCullough, Miss Brussell, sosteneva che gli ex-nazisti erano coinvolti nell'assassinio di JFK e che uno dei presunti cattivi era l'ex generale nazista Reinhard Gehlen, che era stato arruolato nel servizio occidentale contro i sovietici dopo la Seconda Guerra Mondiale.

Ma ciò che McCullough non ama menzionare è il fatto - documentato da scrittori israeliani come Uri Dan e altri (e citato in *Giudizio finale*) - che Gehlen lavorò a stretto contatto con il Mossad anche nel dopoguerra, nonostante il suo passato al servizio dell'odiato regime nazista. È un piccolo fatto storico a dir poco scomodo, soprattutto per Israele e i suoi sostenitori, ma illustra molti dei fatti spiacevoli su Israele che emergono continuamente dallo studio dell'amministrazione del Presidente Kennedy, dei suoi rapporti con Israele e delle circostanze del suo assassinio.

SHERMAN HA LETTO IL LIBRO?

Sherman Skolnick, il famoso ricercatore di Chicago, ha accennato a *Final Judgment* in una relazione intitolata "20th Century Assassinations - Why?" (Assassinii del XX secolo - Perché?) e ha poi commentato che "il libro rifiuta di punto in bianco ciò che altri affermano, tuttavia, che i criminali di guerra nazisti erano coinvolti (come documentato dalla defunta ricercatrice Mae Brussell). E il libro non spiega come i servizi segreti americani, l'FBI e la CIA, essendo la classe dirigente protestante e cattolica, come e perché questi organismi di spionaggio abbiano potuto coprire tutto questo per il *bene degli ebrei*". [enfasi aggiunta da Skolnick].

Francamente, sono rimasto un po' deluso dai commenti di Sherman. Nel corso degli anni, ho trovato Skolnick sulla strada giusta su una serie di argomenti controversi, spesso assumendo rischi e osando approfondire argomenti (tra cui il Mossad) che altri ricercatori hanno paura di affrontare. Di conseguenza, mi ha sorpreso che Sherman descriva l'FBI e la CIA, ad esempio, come "la classe dirigente protestante e cattolica" - quando è abbastanza chiaro che l'FBI e la CIA sono state cooptate più di una volta al servizio del Mossad - e poi continua a mettere in discussione la mia conclusione che hanno avuto un ruolo, per usare la sua frase, nel coprire il ruolo del Mossad nell'assassinio di JFK "per il bene degli ebrei". (E, naturalmente, "gli ebrei" è la sua frase, non la mia). Al contrario, penso che *Giudizio Finale* sia abbastanza chiaro e credo che la maggior parte dei lettori sia d'accordo. Ma questa è l'opinione di Sherman.

LA GRANDE ARTIGLIERIA MANCA

Forse la mia più grande delusione, in un certo senso, è stata quando l'unico recensore che pensavo fosse probabilmente nella posizione migliore e in grado di confutare *il Giudizio Finale* non l'ha fatto.

Di tutte le persone che ho conosciuto e che si sono uccise raccogliendo fatti e informazioni per confutare almeno alcuni aspetti di diverse teorie cospirative sull'assassinio di JFK, non ho dubbi che Dave Reitzes sia di gran lunga il più intelligente ed eloquente. Reitzes è diventato un po' una celebrità nei circoli JFK su Internet, dove ha lavorato molto duramente per demolire Jim Garrison e, in particolare, per difendere Clay Shaw dalle accuse di Garrison secondo cui il dirigente di New Orleans era coinvolto nel complotto per l'assassinio di JFK.

Alcuni hanno definito Reitzes un portavoce della CIA - tra le altre cose - ma che lo sia o meno, il fatto è che Reitzes, più di chiunque altro (a mio parere) è stato un critico attento e ponderato di Garrison. Mi ero detto che l'indagine di Garrison era imperfetta sotto molti aspetti, e sarò il primo ad ammetterlo. Quindi, fin dal mio primo incontro con Reitzes su un forum di discussione su Internet, ho pensato che se qualcuno poteva sollevare dubbi nella mia mente sulla mia stessa tesi, quello sarebbe stato Reitzes. Ma alla fine mi sbagliavo.

Ho inviato a Reitzes una copia di *Giudizio Finale* e non vedevo l'ora (se non un po' di nervosismo) di leggere la sua recensione pubblica del libro. Dave mi aveva già difeso (e l'avevo apprezzato) dalle accuse di antisemitismo (basate, almeno, su ciò che aveva visto dei miei scritti pubblicati sul forum di discussione di Internet) e si era riservato un "giudizio finale" fino a quando non avesse effettivamente letto il libro. A me è piaciuto.

Tuttavia, una volta che Reitzes ha recensito il libro, ho tirato un sospiro di sollievo per il fatto che l'unica persona che ritenevo potesse darmi un motivo per riconsiderare le mie conclusioni *sul giudizio finale* non lo aveva fatto.

Definendo il libro "un ginepraio di cose non importanti", Reitzes mi ha sorpreso quando ha contestato la mia affermazione che quelli che ho definito "i media controllati dallo Stato" avevano svolto un ruolo importante nell'occultare la verità sul complotto dell'assassinio di JFK. L'ha definita "pura fantasia", rifiutando chiaramente l'idea stessa che i media abbiano avuto un ruolo nel promuovere la teoria dell'"assassino solitario" e nel difendere il rapporto della Commissione Warren.

La critica di Dave è stata piuttosto lunga e non riuscirò mai a renderle giustizia in questa breve recensione, ma fondamentalmente si riduceva al suo pallino: la difesa di Clay Shaw e la sua affermazione che l'associazione di Shaw con Permindex non solo era del tutto innocente, ma che non c'era alcuna prova che Permindex avesse legami con il Mossad o la CIA, o una qualsiasi cospirazione di intelligence.

Ha citato l'intervista di Clay Shaw a *Penthouse* in cui Shaw afferma: "Non ho mai avuto alcun legame con la CIA". Il fatto che Reitzes ripeta l'affermazione di Shaw secondo cui "non ha mai avuto alcun legame con la CIA" è sorprendente, se non altro per il fatto che è pienamente dimostrato nei file non classificati della CIA che Shaw ha effettivamente - come minimo - fornito circa 30 rapporti alla CIA per un periodo di almeno otto anni, che si presume sia terminato intorno al 1956. Shaw aveva quindi un "legame" con la CIA. Ma Shaw stava chiaramente mentendo a *Penthouse*, anche se ovviamente i fatti sul legame di Shaw con la CIA vennero alla luce solo alcuni anni dopo la morte di Shaw.

In ogni caso, Reitzes ha chiaramente assunto la posizione di dover credere a qualsiasi cosa Shaw le abbia detto, a prescindere dalle prove. Shaw ha detto a *Penthouse* che non sapeva nulla delle attività della Permindex e Reitzes gli crede, ma come ho detto sarcasticamente a Reitzes, "Certo. Clay Shaw ammetterebbe che la Permindex era coinvolta in ogni sorta di cospirazione".

Suppongo che Reitzes voglia farci credere che Permindex, nella migliore delle ipotesi, era una piccola e simpatica azienda che esportava alabastro italiano che Shaw usava per ristrutturare le case del Quartiere Francese e che tutti i suoi legami con il Mossad e la famiglia Bronfman erano solo dettagli insignificanti di nessuna conseguenza.

Reitzes si è poi cimentato in un notevole esercizio di prevaricazione in cui ha spiazzato i suoi lettori con un'esposizione dettagliata in cui ha riassunto una serie di vari rapporti su transazioni finanziarie internazionali che coinvolgevano Permindex. Nella sua recensione e in altre parti della discussione su Permindex su Internet, Dave ha citato una serie di fonti che hanno affermato che diverse somme di denaro (100.000 o 200.000 dollari) sono state trasferite tra i conti di Permindex e una serie di altre società, tra cui la banca israeliana Hapoalim.

Sebbene la microanalisi intrapresa da Reitzes sia stata in grado di provare una cosa, ossia che qualcuno da qualche parte ha digitato il tasto "1" sulla sua macchina da scrivere mentre avrebbe dovuto digitare il tasto "2" quando scriveva dei trasferimenti di denaro, Reitzes non ha confutato il fatto che Permindex fosse effettivamente parte delle operazioni globali di riciclaggio di armi e denaro del Mossad.

Dave è stato un po' disperato a un certo punto, quando ha contestato la mia affermazione secondo cui era "ben noto" che la Bank Hapoalim (citata nel *Giudizio Finale*) era associata all'Histadrut, il sindacato dei lavoratori israeliani. Forse non è "ben noto" all'uomo della strada, ma Reitzes sa bene che chiunque abbia anche solo un minimo di capacità di ricerca può facilmente documentare questi fatti del tutto innocenti - anche se il fatto perde la sua innocenza quando si iniziano a esaminare i molteplici legami del Mossad israeliano con i circoli che circondavano Lee Harvey Oswald a New Orleans nell'estate precedente l'assassinio di John F. Kennedy.

CLAY SHAW - PIÙ MOSSAD CHE CIA...

Come ho detto a Reitzes in risposta, "In fin dei conti, si può sostenere che Clay Shaw fosse un agente del Mossad nel 1963, mentre non si può sostenere che Clay Shaw fosse un agente della CIA in quell'anno. Lei continua a citare documenti della CIA che dicono che la CIA ha chiuso i rapporti con Shaw, ma", ho aggiunto, "non può citare documenti del Mossad, vero?".

In breve", ho detto ai lettori della mia risposta, "mentre Dave dice che nessuno può dire che Clay Shaw avesse legami con la CIA nel 1963, Dave non può nemmeno provare che Clay Shaw non avesse contatti con il Mossad nel 1963, a meno che non produca documenti del Mossad che dicano: 'Non abbiamo contatti con Clay Shaw' (come se fossero comunque disponibili).

Questo solleva un altro punto: Reitzes è irremovibile nel difendere non solo Clay Shaw, ma anche Guy Banister e David Ferrie (anch'essi di New Orleans) da qualsiasi ruolo nell'affare JFK, nonostante una grande quantità di informazioni (che Reitzes respinge arbitrariamente) che dimostrano che questi tre erano effettivamente legati non solo l'uno all'altro, ma anche alla rete di cospirazioni che circondavano Lee Harvey Oswald quella fatidica estate.

ANCORA UNA VOLTA - ISRAELE PICCOLO E INDIFESO...

La ciliegina sulla torta fu quando Reitzes fallì miseramente, proprio come aveva fatto il già citato Robert Harris. In risposta al mio messaggio a Reitzes, che diceva: "Per quanto tu riesca a screditare Garrison e a scagionare Clay Shaw (e persino il Permindex), non puoi dimenticare che Israele aveva il movente e i mezzi e che l'attore chiave della CIA nell'assassinio e nell'insabbiamento era l'uomo del Mossad all'interno della CIA" (riferendosi a James J. Angleton), Reitzes rispose:
"È una sciocchezza. Anche se Israele avesse avuto 'il movente', avrebbe rischiato l'annientamento totale attraverso gli Stati Uniti se il suo ruolo fosse stato rivelato". In un'altra occasione, Reitzes ha detto: "È completamente assurdo. I piccoli Paesi che vivono in situazioni precarie non lavorano per assassinare i leader delle superpotenze mondiali... Israele non avrebbe avuto una tale scusa. Non si uccide il leader progressista di una superpotenza mondiale che è uno dei tuoi più grandi alleati politici. Punto e basta".
Gli ho detto: "Beh, Dave, è qui che stai sbagliando. Non pensavo che sarebbe successo. Ma ora stai cercando di screditare la possibilità di un coinvolgimento di Israele".
Prima di allora, Reitzes non aveva cercato di confutare il coinvolgimento di Israele. Il suo approccio era stato semplicemente quello di rivendicare Clay Shaw e di suggerire che l'associazione di Shaw con Permindex non aveva nulla a che fare con l'assassinio di JFK o con qualsiasi cospirazione dei servizi segreti.
In modo sorprendente, Reitzes ha persino affermato: "Angleton, da parte sua, difficilmente avrebbe potuto essere meno importante per lo scenario di Piper. Cosa ci fa nella storia?", ignorando il fatto, accuratamente documentato, che Angleton è stato effettivamente un giocatore chiave, per non dire altro, nell'insabbiamento della Commissione Warren!
Ho continuato a dire a Reitzes: "Sei andato logicamente il più lontano possibile nel dire che Israele era un paese così piccolo che non avrebbe mai potuto fare una cosa così orribile... Ora stai mostrando a tutto il mondo di Internet alcune debolezze. Israele sapeva di poter fare la cosa di JFK (con l'aiuto della CIA), così come la CIA sapeva di poterla fare con l'aiuto di Israele, proprio perché un vecchio alleato della CIA e del Mossad, LBJ, stava per farla".

DISCUTERE CIÒ CHE IL LIBRO NON DICE

Dave ha sbagliato. Ha concluso la sua recensione suggerendo che "Piper è più a suo agio nel discutere i possibili legami dell'assassinio di JFK con gli UFO, i massoni, la Corona britannica, i file delle pietre preziose e la morte di Marilyn Monroe".

Questo, naturalmente, sembrerebbe abbastanza dannoso per la maggior parte dei lettori della recensione di Reitzes che non hanno letto *Giudizio Finale*, ma il fatto è che in *Giudizio Finale* ho confutato quattro di queste teorie, e nel caso di Marilyn Monroe (che in realtà morì un anno prima di JFK) ho solo riportato l'accusa che Mickey Cohen, il trucnd di Los Angeles legato a Israele, avesse orchestrato la sua morte. Quindi Reitzes stava cercando di distrarre i lettori della sua recensione da ciò che effettivamente dico sull'assassinio di JFK, cercando di far credere loro che penso che i marziani abbiano probabilmente ucciso JFK.

Alla fine, nonostante sia riuscito a trattenersi in modo piuttosto ammirevole, Dave non è riuscito a trattenersi. Dopo aver intavolato un dibattito serio - all'inizio - ha iniziato a postare una serie di materiali che attaccavano le opinioni politiche del mio datore di lavoro, piuttosto che affrontare i dettagli del mio libro.

UNA RECENSIONE DECENTE....

Sarei negligente se non menzionassi l'accurata recensione di Clark Wilkins sul *Giudizio Finale*, pubblicata in più parti su Internet. La sua recensione è stata obiettiva nel senso migliore del termine e, sebbene non abbia mai concluso di essere d'accordo con la mia tesi, a un certo punto ha osservato che "Un principiante potrebbe andarsene credendo che Piper abbia prove contro Israele". Ed è proprio questo che fa arrabbiare la lobby di Israele.

Wilkins ha sollevato l'ottima questione del perché il trafficante d'armi israeliano Arnon Milchan avrebbe finanziato il film di Oliver Stone, *JFK*, che ha portato a "sensibilizzare l'opinione pubblica e ad alimentare i sospetti" sull'assassinio di JFK, se il Mossad fosse effettivamente coinvolto nell'assassinio di JFK, commentando: "Penso che volessero non svegliare il gatto che dorme".

Ho risposto, tuttavia, che "la mia sensazione è che il film su *JFK* sia stato concepito per dare al pubblico un "consenso" sull'assassinio - una sorta di vago consenso - e che abbia agito come valvola di sfogo per tutti i ricercatori per vedere finalmente una "grande teoria" portata sullo schermo".

Wilkins sembra vedere la cospirazione dell'assassinio di JFK come uno scenario guidato più dal denaro che dalla politica, come dimostra il suo commento che "un punto che Piper ha completamente tralasciato è che questo potente movimento non è guidato dalla politica e questo confonde ancora di più le acque. È guidato dal denaro. La politica lo gestisce e basta". Piper ha afferrato la tigre per la coda e capisco perché è stato morso. Si è avventurato dove pochi avrebbero osato camminare".

A proposito della figura del Mossad, Tibor Rosenbaum, Wilkins ha fatto un commento astuto: "Tibor Rosenbaum non è un criminale. Non è un mafioso. Per quanto ne sappiamo, è come Benjamin Franklin quando andò in Francia per cercare sostegno militare contro gli inglesi. Rosenbaum, come Franklin, è andato in cerca di aiuto per Israele per ottenere sostegno militare contro gli arabi - e, come Franklin, ci è riuscito... Quest'uomo è un eroe in Israele e merita di esserlo". Wilkins ha però aggiunto un'avvertenza: "Quello che nessuno sa, o almeno ne parla, è come Rosenbaum abbia ottenuto il denaro".

Dopo aver letto circa un quarto di *Giudizio Finale*, Wilkins ha commentato, in risposta alle accuse di antisemitismo: "A questo punto, Piper non mi ha ancora convinto di una cospirazione che coinvolge Israele o il Mossad. Tuttavia, anche se il libro dovesse fallire nelle sue premesse, mi avrà convinto di un'altra cosa: l'enorme potere che l'accusa di antisemitismo ha in America, tanto da ispirare un'indignazione così forte contro un libro che in realtà è scritto come tutti gli altri".

Wilkins ha osservato che "l'ho visto accadere su questo forum di notizie. Non appena si è parlato del suo libro, sono seguite accuse di antisemitismo, insieme all'argomentazione o alla pretesa o a qualsiasi altra cosa, che fosse una sorta di revisionista dell'Olocausto. Piper descrive con imbarazzante precisione questo tentativo di screditarlo nel suo libro".

Clark Wilkins non ha mai sostenuto la mia tesi sul coinvolgimento del Mossad nel complotto per l'assassinio del JFK, ma almeno ha riconosciuto che la sempre controversa società Permindex era effettivamente legata al Mossad e alle operazioni di cospirazione internazionale israeliane - e questo è più di quanto si possa dire. In questo contesto, rivolgendosi a James Olmstead, uno dei miei critici che aveva detto che il *Giudizio Finale* si basava esclusivamente su quello che Olmstead descriveva come il mio "odio per lo Stato di Israele", Wilkins ha detto: "Vedrai che Piper ha ragione. So che pensate che sia Darth Vader, ma sa il fatto suo".

Vorrei ringraziare Clark Wilkins per il suo impegno onesto e sincero verso la verità, ovunque essa porti.

ALCUNE RECENSIONI AMICHEVOLI....

Tutto ciò non significa che le recensioni di *Final Judgement* siano state uniformemente schive o aggressive. Al contrario. Abbiamo già notato la recensione molto positiva del giornalista israeliano Barry Chamish. In realtà, ci sono state anche diverse recensioni amichevoli apparse in vari luoghi, e vale la pena di notarle.

Una di queste recensioni è apparsa in *Psychotropedia: A Guide to Publications on the Periphery*, un compendio di libri e letteratura "alternativa" e "underground" che spesso sono difficili da trovare nel cosiddetto "mainstream". Curata da Russ Kick, *Psychotropedia* è stata pubblicata in forma di libro dalla Headpress/Critical Vision di Manchester, in Inghilterra, nel 1998, e include questa recensione eminentemente corretta che recita:

> *Giudizio Finale* è un libro sul complotto di JFK che probabilmente non verrà mai citato, nemmeno da altri ricercatori sull'assassinio. La tesi di Michael Piper è che Israele, in particolare la sua agenzia di intelligence Mossad, abbia orchestrato l'assassinio di Kennedy.
>
> Piper è un dipendente di lunga data di Liberty Lobby, un'organizzazione molto conservatrice e populista che pubblica il settimanale *The Spotlight*. I suoi detrattori sostengono che Liberty Lobby sia antisemita, ma si dice che egli sia semplicemente molto critico nei confronti di Israele. Lo cito come informazione di base e non per prendere posizione sulla questione. Potete decidere da soli.

L'ennesima recensione su Internet di *Giudizio finale* proviene da una fonte molto interessante: Daniel Brandt, veterano e celebre figura del movimento della cosiddetta "Nuova Sinistra" degli anni Sessanta.

Più recentemente, Brandt è stato associato alla newsletter NameBase Newsline e a Public Interest Research, che categorizza e computerizza un indice principale di dati pubblicati di interesse per i ricercatori che si occupano di argomenti come l'esercito e l'intelligence, la storia politica e così via. La recensione di *Final Judgement* recita come segue (per esteso):

> Proprio quando i nostri due anni di abbonamento al giornale *Spotlight* della Liberty Lobby stavano per finire, è arrivato questo libro dello scrittore *di Spotlight* Michael Collins Piper. In quel periodo abbiamo ristampato molti dei loro articoli investigativi per NameBase e non ci siamo più sentiti sulla difensiva quando i nostri critici di sinistra hanno condannato *Spotlight* come antisemita. I rari casi di eccessivo zelo antisionista di *Spotlight* sono più che compensati dai loro reportage affidabili e coerenti su altre questioni.
>
> Quando abbiamo visto la pubblicità anticipata di *Giudizio finale*, in cui si affermava che il libro avrebbe offerto "prove sbalorditive" del ruolo del Mossad nell'assassinio di JFK, eravamo un po' nervosi. Come si è scoperto, i collegamenti con il Mossad presentati da Piper sono circostanziali piuttosto che conclusivi, ma vale certamente la pena di prenderli in considerazione. Altri aspetti del ginepraio JFK, come la connessione mafia-CIA-Israele (con Meyer Lansky e James Angleton), Charles De Gaulle e i suoi problemi con l'OAS, e l'agghiacciante affare Permindex, di cui Piper parla, sono raramente trattati in altre pubblicazioni su JFK.
>
> Siamo quindi lieti di includere questo libro in NameBase, soprattutto perché non ha un indice.

[Nota: la prima e la seconda edizione di *Giudizio finale* non sono state indicizzate. Le edizioni successive sono indicizzate.

Il fatto stesso che il sig. Brandt (che proviene dalla cosiddetta "sinistra") abbia scritto una critica evidentemente e giustamente aperta è interessante di per sé ed è coerente con quanto ho detto fin dall'inizio: questo giudizio finale non ha una tesi o un orientamento "di destra".

La recensione più recente di *Final Judgement* è apparsa su *Amok Fifth Dispatch: Sourcebook of the Extremes of Information* (Los Angeles, Amok Books, 1999). Curata da Stuart Swezey, *Amok* si descrive come una guida ai "libri più strani, controversi e provocatori disponibili presso centinaia di editori di tutto il mondo". La recensione di *Final Judgement* recita integralmente come segue:

> Questo libro farà riflettere anche i più vecchi cultori del disordine e del mistero. In questo strano giro di eventi, l'accento è posto sul ruolo di Israele nell'assassinio di JFK. L'autore porta il lettore direttamente nel regno di Meyer Lansky, Mickey Cohen e del Mossad, sostenendo che Israele e i suoi servizi segreti avevano un motivo per opporsi a JFK; e che gli alleati di Israele nella mafia e nella CIA, a loro volta, interagivano tra loro e si opponevano a JFK; quindi, queste forze erano alleate nella cospirazione di JFK.

Quindi, mentre alcuni continueranno a diffamarmi e ad attaccare *Giudizio Finale* per tornaconto personale, ci sono alcune anime coraggiose che sono disposte a dire che il libro ha più meriti di quanto alcuni dei miei critici siano disposti ad ammettere. Lo apprezzo molto.

IL PRESIDIO CONTINUA A ESSERE DENIGRATO.

Dopo l'uscita del film *JFK* di Oliver Stone (che ha dato nuovo impulso all'interesse del pubblico per le teorie cospirative sull'assassinio di JFK), c'è stato un rinnovato sforzo per screditare tutte le cospirazioni sull'assassinio di JFK che indicano il coinvolgimento della CIA - e in particolare l'indagine di Jim Garrison.

Lo sforzo più notevole per screditare Garrison è stato compiuto con la pubblicazione, nel 1998, del libro *False Witness* di Patricia Lambert, dedicato in gran parte all'idea che Jim Garrison fosse un pazzo irresponsabile e che Clay Shaw fosse solo un innocente uomo di mondo vittima di un pericoloso demagogo.

Sebbene ci siano state molte critiche degne di nota al libro della Lambert, una pubblicata sul *Baltimore Sun* il 14 marzo 1999 da Joan Mellen - autrice di 12 libri e docente del programma di scrittura creativa della Temple University - riassume bene il lavoro della Lambert, affermando che il libro "distorce i fatti, sopprime un'enorme quantità di dati e offre un quadro così distorto da conferirgli poco valore storico". Mellen sottolinea anche che, sebbene la copertina del libro di Lambert la descriva come "scrittrice/redattrice", non viene mai citato alcun libro, rivista o articolo di giornale scritto da Lambert.

Ci vorrebbe un altro libro per trattare le molte prevaricazioni della signorina Lambert, ma la più memorabile vale la pena di essere citata qui. Nel suo tentativo di smentire che Clay Shaw fosse davvero un agente della CIA, la Lambert ha intrapreso una serie di notevoli colpi di scena alle pagine 204 e 205 del suo libro, nel tentativo di spiegare e giustificare i file della CIA che documentano i legami di lunga data di Shaw con la CIA. La sorprendente contorsione di Lambert recita come segue (con sottolineatura aggiunta):

> "Tuttavia, la vera portata della collaborazione di [Shaw] con l'agenzia *non è al momento chiara*. Ad affondare il pesce è un progetto della CIA degli anni '60 noto come **QK/ENCHANT**. *A quanto pare,* la CIA approvò Shaw (*forse* inconsapevolmente) per questo progetto che, secondo un *resoconto non ufficiale,* non era altro che un programma di segnalazione di routine di coloro che erano coinvolti nel commercio internazionale. A questo punto, *non si sa* cosa sia stato effettivamente **QK/ENCHANT,** *se si sia* concretizzato *o meno,* né cosa Shaw sapesse di questo progetto. Ma il lavoro di Shaw per la CIA, *qualunque esso fosse,* non prova nulla. Dato che Garrison non lo ha mai collegato all'assassinio, collegarlo alla CIA trent'anni fa non significava nulla, e non significa nulla oggi".

Si noti il gioco di parole: "la vera entità... non è chiara al momento... ciò che sta affogando i pesci... apparentemente... forse... secondo un resoconto non ufficiale... o meno... rimane anch'esso sconosciuto... qualunque cosa sia".

Poi Lambert ci dice che, poiché (secondo lui) Garrison non è riuscito a collegare Shaw all'assassinio, il legame di Shaw con la CIA non significava comunque nulla.

Lambert rivela involontariamente che Shaw non era solo un altro uomo d'affari americano che aveva avuto un breve rapporto con la CIA nel corso dei suoi viaggi internazionali. A pagina 325 del suo libro, Lambert sottolinea che i documenti della CIA rivelano che Shaw fu contattato per la prima volta dalla CIA nel 1948 e che fu contattato dalla CIA per un totale di *trenta volte* negli otto anni successivi. La Lambert si aspetta che si creda che tutti i documenti della CIA che cita siano gli *unici* documenti della CIA relativi al lavoro di Shaw per l'agenzia: è davvero un atto di fede.

Nonostante tutto questo, la signorina Lambert (ovviamente) non affronta la possibilità che Shaw lavorasse anche di concerto con il Mossad israeliano nello stesso periodo. La signorina Lambert non cita alcun documento del Mossad a questo proposito. Ma il fatto è che sappiamo che Shaw era effettivamente strettamente legato al Mossad attraverso Permindex.

A pagina 285 del suo libro, Lambert aggiunge: "Non c'è alcuna prova che il legame di Shaw con [il Permindex] facesse parte di una vita segreta come agente di intelligence internazionale di alto livello [...]. Shaw non fece certo alcuno sforzo per mantenere segreta la sua associazione con il gruppo: nel 1962 la elencò nelle informazioni biografiche pubblicate su *Who's Who*. Se fosse stato a conoscenza del legame dell'intelligence con il gruppo, sembra improbabile che lo avrebbe fatto. "

Naturalmente questo presuppone, in primo luogo, che nel 1962 Shaw sapesse che Permindex avrebbe avuto un ruolo nell'assassinio di JFK e che nel 1963 Permindex sarebbe stato effettivamente collegato al crimine. Dopo tutto, non era intenzione dei cospiratori collegare Shaw - o Permindex - alla cospirazione per l'assassinio di JFK. Ma questo non significa molto per Lambert.

Non sorprende che la Lambert si preoccupi anche di confutare l'idea che Lee Harvey Oswald abbia avuto una qualsiasi associazione con l'agente della CIA David Ferrie. A pagina 61 del suo libro, descrive una foto di Oswald e Ferrie insieme a un barbecue della Civil Air Patrol come qualcosa che "ha stabilito solo una sovrapposizione con quell'organizzazione" - un'altra notevole prevaricazione linguistica. Tuttavia, grazie a un'ampia gamma di ricerche di lunga data e alle nuove scoperte del produttore indipendente Daniel Hopsicker (vedi Appendice 3), sappiamo che Oswald e Ferrie erano strettamente legati.

Lambert sostiene inoltre che non esistono testimonianze "affidabili" di una relazione tra Oswald e l'agente della CIA Guy Banister. L'uso del termine "attendibile" è solo un altro modo per dire che coloro - tra cui l'amante dello stesso Banister, Delphine Roberts, e sua figlia, tra gli altri - che hanno testimoniato la frequentazione di Oswald con Banister semplicemente non possono essere creduti. Alla fine, il libro di Lambert non può essere creduto.

TUTTA LA NUOVA DISINFORMAZIONE, IN STILE CIA-MOSSAD.

I media di tutto il mondo hanno dato grande risalto all'uscita di un nuovo libro che affermava di "provare" che il KGB sovietico aveva inventato la storia che la CIA era dietro l'assassinio di John F. Kennedy.

Il libro sostiene di essere la storia interna delle operazioni segrete di intelligence del KGB negli Stati Uniti. Sword and Shield del professor Christopher Andrew di Cambridge, descritto come "una delle maggiori autorità mondiali in materia di storia dell'intelligence", si basa su quelli che sarebbero appunti e trascrizioni (compilati segretamente nell'arco di 12 anni) di un gran numero di file provenienti dagli archivi del KGB. Gli appunti stessi sarebbero stati fatti uscire di nascosto dal quartier generale del KGB e inviati in Gran Bretagna.

Secondo Andrew, il suo libro è un riassunto commentato e ampliato dei file forniti dall'ex archivista del KGB Vasili Mitrokhine, ritiratosi dal KGB nel 1984 e fuggito in Gran Bretagna nel 1992 dopo essere stato respinto dalla CIA.

Si dice che Mitrokhine abbia nascosto i suoi appunti dagli archivi dell'ufficio del KGB nelle scarpe e nelle tasche, per poi seppellirli - fino a quando non ha disertato - sotto le assi del pavimento della sua casa di campagna.

Tuttavia, persino il *Washington Post*, che raramente critica la CIA o i servizi segreti britannici, il 6 dicembre 1999 ha pubblicato un riassunto del libro di Andrew, a cura del veterano critico dei servizi segreti David Wise, che ha affermato: "Un libro sponsorizzato da un'agenzia di intelligence dovrebbe essere affrontato con cautela".

Uno dei problemi principali del libro di Andrew è che, sebbene abbia note a piè di pagina piuttosto dettagliate, con centinaia di riferimenti a un'ampia mole di dati, non è sempre chiaro (anzi, la maggior parte delle volte) se Andrew pretenda di citare gli archivi Mitrokhine come sua fonte o se le informazioni che presenta siano una sua interpretazione, basata su dati di altri. Da questo punto di vista, quindi, sebbene il libro sia scritto molto abilmente in modo tale da sembrare che le informazioni esposte provengano dal presunto archivio truccato del KGB, non è necessariamente così. Il lettore deve quindi essere avvertito.

Sembra che il libro di Andrew presenti l'archivio Mitrokhine come una sorta di iniziativa per contrastare le nuove storie ufficiali del KGB che vengono pubblicate dall'SVR, il successore del KGB dell'era post-sovietica. Per esempio, Andrew attacca Lolly Zamoysky, il redattore della nuova storia ufficiale in più volumi dell'SVR, in quanto "ben noto" all'interno del KGB "per credere in una cospirazione massonica e sionista mondiale" e per aver pubblicato in precedenza, nel 1989, un libro intitolato *Dietro la facciata del tempio massonico* "che incolpava i massoni dello scoppio della guerra fredda".

Secondo Andrew, Zamoysky ha sostenuto che "i massoni hanno sempre controllato le alte sfere del governo nei paesi occidentali.... In realtà, la Massoneria gestisce, "controlla a distanza" la società borghese.... Il vero centro del movimento massonico mondiale è nel Paese più "massonico" di tutti, gli Stati Uniti...".

Quindi il libro di Andrew è effettivamente un tentativo di contrastare le accuse di complotti sionisti di alto livello che sono stati descritti dall'intelligence ufficiale russa post-KGB.

DOV'È ANGLETON? DOV'È ISRAELE?

A questo proposito, è piuttosto notevole che in tutto questo libro di 700 pagine, ampiamente studiato e indicizzato, vi sia un solo riferimento a Israele e non un solo riferimento al Mossad, nonostante il fatto ben noto che il Mossad abbia svolto un ruolo centrale a fianco della CIA nelle sue operazioni in Europa occidentale durante il periodo che Andrew avrebbe descritto dai file di Mitrokhin.

Allo stesso modo, ci sono solo due riferimenti a James Jesus Angleton, il capo del controspionaggio della CIA per lungo tempo. Questo è interessante - e molto interessante - dato che Angleton, noto soprattutto per la sua virulenta posizione antisovietica, che ha trascorso decenni alla ricerca di una "talpa del KGB" nelle alte sfere della CIA e di talpe del KGB nelle agenzie di intelligence alleate occidentali, era anche un fervente lealista di Israele che custodiva gelosamente il suo ruolo di contatto della CIA con il Mossad.

Eppure, nonostante tutto questo, gli accenni di Andrew ad Angleton si riferiscono a un argomento che è stato trattato in decine, se non centinaia, di altri libri di cospirazione sull'intelligence. In qualche modo, il ruolo del Mossad e del suo alleato della CIA, Angleton, è passato inosservato in questa enorme narrazione della cospirazione del KGB che, come le storie ufficiali volevano farci credere, rientrava direttamente nelle operazioni quotidiane di controspionaggio di Angleton alla CIA.

Forse la prova più lampante di una vera e propria frode nella messa in scena di Andrew e Mitrokhine è il debole e piuttosto zoppicante tentativo di assolvere la CIA da qualsiasi coinvolgimento nell'assassinio di John F. Kennedy e, allo stesso tempo, di far credere che le cosiddette "teorie" che collegavano la CIA al crimine fossero esclusivamente disinformazione del KGB.

In effetti, quando l'annuncio del libro di Andrew è apparso per la prima volta sui media tradizionali, la maggior parte dei servizi si è concentrata - a volte esclusivamente - sulla presunta rivelazione che dietro la teoria del coinvolgimento della CIA nell'assassinio del Presidente ci fosse in realtà il KGB. La maggior parte delle persone che hanno letto la copertura giornalistica dell'uscita del libro probabilmente non hanno saputo molto di più di questo, data la natura delle storie in questione.

Il libro di Andrew sosteneva che i dati del KGB che Mitrokhine aveva nascosto rivelavano che una lettera, presumibilmente scritta da Lee Harvey Oswald prima dell'assassinio e indirizzata a un "signor Hunt" (presumibilmente E Howard Hunt della CIA), era in realtà un falso del KGB. Secondo Andrew, la lettera è stata falsificata a metà degli anni '70, dopo che il nome di Hunt è venuto alla ribalta per il suo coinvolgimento nello scandalo Watergate, e poi inviata a ricercatori indipendenti che indagavano sull'assassinio di JFK.

Nell'ambito di questo sforzo di difesa della CIA, basato sulla storia delle presunte falsificazioni del KGB, Andrew spende molte energie per tessere una rete letteraria intorno all'accusa che il pioniere delle indagini sull'assassinio di JFK, Mark Lane, sia stato uno strumento inconsapevole o meno del KGB nella stesura di *Rush to Judgment*, la critica innovativa di Lane al rapporto della Commissione Warren sull'assassinio del Presidente Kennedy.

Andrew collega Lane alla teoria secondo cui "la CIA ha ucciso JFK", ma non avverte i suoi lettori che in *Rush to Judgment* Lane non afferma mai che la CIA sia coinvolta nell'assassinio del Presidente.

E il libro di Lane non ha mai fatto riferimento in alcun modo alla lettera "Dear Mr Hunt", apparentemente contraffatta, così ampiamente pubblicizzata nei comunicati stampa sul libro di Andrew.

Sebbene la tesi del coinvolgimento della CIA sia stata evidenziata da Lane nel suo libro del 1993, *Plausible Denial,* in parte basato su informazioni provenienti dalla difesa del giornale *The Spotlight* da parte di Lane nel 1985 contro una causa per diffamazione intentata da E. Howard Hunt, la lettera "Dear Mr Hunt" *non ha avuto alcun ruolo* nello scenario descritto in *Plausible Denial*.

Inoltre, in *Plausible Denial*, Lane sviluppa prove solide per dimostrare che la stessa CIA ha fabbricato uno scenario che collega Oswald a un ufficiale del KGB in Messico.

Dato che questa operazione della CIA ha avuto luogo più di un mese prima della morte del Presidente Kennedy, questa prova dimostra da sola che la CIA non solo era coinvolta nell'insabbiamento successivo all'assassinio, ma anche nella pianificazione del crimine stesso e nel capro espiatorio. Inutile dire che Andrew non affronta nessuna di queste questioni.

In effetti, la lettera "Dear Mr Hunt" era molto probabilmente un falso, ma la questione di "chi" abbia architettato il falso rimane aperta, nonostante le affermazioni di Christopher Andrew.

Andrew, naturalmente, sostiene che il responsabile sia il KGB, ma in *Giudizio Finale* suggerisco molto chiaramente che la lettera era un falso e che le prove in realtà indicano James J. Angleton, l'alto funzionario della CIA, come il presunto responsabile, notando che Angleton ha anche giocato un ruolo importante nella divulgazione (più o meno nello stesso periodo) di quello che doveva essere un memorandum interno della CIA che suggeriva che Hunt si trovava a Dallas il giorno dell'assassinio del Presidente.

Tutto ciò forse spiega perché Andrew è così determinato a coprire i fatti prendendo di mira Mark Lane che, singolarmente, ha fatto tanto per rivelare la verità sulla complicità della CIA.

Andrew afferma categoricamente che Lane riceveva finanziamenti dal KGB nel periodo in cui scriveva *Rush to Judgment*, lasciando ai lettori la conclusione che il suo lavoro era essenzialmente parte di un'iniziativa di disinformazione del KGB.

Ma allo stesso tempo, sepolto nell'enorme nota a piè di pagina del libro, Andrew stesso ammette che quando Lane avrebbe ricevuto una misera somma di 1.500 dollari dall'ufficio di New York del KGB, "non c'è alcuna prova che Lane si sia reso conto della provenienza del finanziamento", anche se, nel testo del libro stesso, Andrew afferma che il KGB "sospettava che avrebbe potuto indovinare la provenienza".

In realtà, Lane non ha mai ricevuto un contributo sostanziale di questa portata da nessuno, e mai in relazione al suo lavoro sull'assassinio di JFK. Il suo più grande contributo all'epoca fu una donazione unica di 50 dollari da parte del famoso comico Woody Allen.

Andrew sostiene che "lo stesso intermediario" ha pagato 500 dollari per un viaggio che Lane ha fatto in Europa nel 1964. Questo non è vero.

Inoltre, Andrew sostiene che mentre si trovava in Europa Lane tentò di recarsi a Mosca per discutere le sue scoperte sull'affare JFK. Ancora una volta, questo non è vero. Durante questo viaggio, Lane si è espresso contro la censura sovietica e le violazioni dei diritti umani durante una visita in Bulgaria, dove era stato invitato a parlare a una conferenza internazionale di avvocati. Lane offese a tal punto i suoi ospiti con le sue osservazioni antisovietiche che gli dissero che la scelta migliore era quella di lasciare immediatamente il Paese - un consiglio raramente riservato a una persona stimata dal KGB.

Ciò che più rivela l'evidente campagna di disinformazione di Andrew contro Lane (degna del migliore dei KGB) è il fatto stesso che nessuno dei libri di Lane (sull'assassinio di JFK o su qualsiasi altro argomento) è mai stato tradotto e pubblicato sotto l'egida sovietica.

Letteralmente decine di autori americani hanno ricevuto enormi profitti dalle pubblicazioni dei loro libri sponsorizzate dai sovietici dietro la cortina di ferro, ma non Mark Lane. Se i sovietici fossero stati davvero interessati a promuovere Lane, avrebbero potuto pubblicare apertamente uno qualsiasi dei sette libri di Lane (due dei quali sono stati bestseller) così come hanno pubblicato altri libri, senza battere ciglio.

Tuttavia, Christopher Andrew ha lanciato false accuse sul cosiddetto "legame con il KGB" di Lane. Le accuse sono un tentativo deliberato di infangare la reputazione di Lane e di confutare le prove della complicità della CIA nell'assassinio del Presidente Kennedy.

Pertanto, non è ingiusto notare che l'insegnamento e le conferenze di Andrew sono stati, di fatto, in parte sovvenzionati dalla CIA, un fatto che non è menzionato nella copertina della biografia di Andrew, ma che è menzionato in termini entusiastici nei materiali promozionali che sono stati distribuiti dal suo editore. Le motivazioni di Andrew (e i suoi legami con la comunità dei servizi segreti) devono certamente suscitare reazioni alla luce degli elementi che abbiamo esaminato qui.

IL PIACERE DEI COLPI DI SCENA

Il 21 dicembre 1998, l'ADL ha pubblicato un comunicato stampa (pubblicato anche su Internet) per attaccare un gruppo noto come Citizens Conservative Council (CCC). Il comunicato stampa dell'ADL segnalava che avevo parlato alla riunione del National Capital Chapter del CCC a Washington D.C. e poi mi accusava di aver fatto "commenti antisemiti" nel mio discorso (il che, tra l'altro, non è affatto vero). Comunque, ecco i fatti:

Il 12 dicembre 1998 sono stato invitato a parlare a un forum pubblico ad Arlington, in Virginia, sponsorizzato dal CCC. Non avevo mai avuto rapporti con il CCC, né all'epoca né in seguito. Poco dopo, però, il CCC è balzato agli onori della cronaca nazionale perché anche diversi membri repubblicani del Congresso si erano rivolti al gruppo e i suoi critici lo avevano definito "razzista".

La verità è che il CCC, secondo me, è ossessionato dalle questioni razziali, ma non era questo l'argomento del mio discorso al CCC, così come non avevo programmato di parlare dell'"Olocausto" quando l'ADL ha usato questo argomento per mandare a monte il mio discorso programmato in California nell'autunno del 1997. La mia posizione è che parlerò a *qualsiasi* gruppo che mi invita.

In ogni caso, quando ho parlato davanti al CCC, un "investigatore" del Southern Poverty Law Center (SPLC) - alleato dell'ADL - era presente (sotto copertura) all'incontro, e poco dopo l'SPLC ha pubblicato un rapporto sull'evento che includeva i seguenti commenti sulla mia performance di quel giorno:

> Il prossimo è Michael Collins Piper, corrispondente del tabloid antisemita *The Spotlight*, che spiega che dietro l'assassinio di Kennedy c'è Israele. Piper si arrabbia sempre di più quando parla degli ebrei che, a suo dire, controllano Hollywood... Piper è accompagnato da una guardia del corpo nera, membro della Nation of Islam, organizzazione suprematista nera, che siede tranquillamente sullo sfondo, con gli occhi e l'identità

protetti da occhiali da sole scuri. Piper dice al pubblico che non è antinero, gesticolando verso la sua guardia del corpo, che sorride e annuisce al momento opportuno. È l'unica persona di colore presente... Piper conclude spiegando quanto sia stanco di sentir parlare dell'Olocausto e che non gli importa quanti ebrei siano morti.

Quando ho telefonato all'SPLC e poi ho scritto loro una lettera per informarli che avevano pubblicato diverse palesi bugie sulle mie azioni e parole di quel giorno, posso assicurarvi che si sono sentiti particolarmente a disagio quando hanno saputo che avevo un video dell'evento che dimostrava quanto fossero bugiardi.

Prima di tutto, la mia guardia del corpo - il mio amico afroamericano - non era e non è mai stato un membro della Nation of Islam e né lui né io abbiamo mai detto che lo fosse. In realtà, la mia guardia del corpo era il padre di un bambino che si dà il caso sia il mio figlioccio. In secondo luogo, anche se la mia guardia del corpo porta gli occhiali da sole, è perché è un dormiglione cronico, il che rende i suoi occhi vulnerabili alla luce intensa. In terzo luogo, non ho mai detto al pubblico che "non sono anti-nero". In realtà, è stato qualcun altro all'incontro a usare quelle parole e a indicare la mia guardia del corpo. Non ero affatto io. Tuttavia, l'SPLC ha indotto i suoi lettori a credere che la mia guardia del corpo fosse una sorta di "Stepin Fetchit" che guardava il pubblico come uno zio Tom sempliciotto.

Infine, non mi sono progressivamente irritato parlando degli "ebrei che controllano Hollywood". In realtà, non ne ho parlato affatto. Come mostra la videocassetta dell'evento, mi sono progressivamente arrabbiato parlando di come i ricercatori incaricati del caso JFK abbiano cercato di sopprimere il mio libro. Tuttavia, quando un membro del pubblico ha fatto un commento sull'influenza ebraica a Hollywood, ho accantonato l'osservazione, commentando ridendo: "Lo dici *tu*. Non io". **Probabilmente non a caso, la persona che ha fatto il commento sull'influenza ebraica a Hollywood è poi diventata un informatore dell'SPLC e dell'FBI.**

Tuttavia, il rapporto dell'SPLC è stato poi pubblicato su Internet - perché tutto il mondo lo vedesse - non solo dall'SPLC, ma anche da altri soggetti interessati a diffamarmi. È interessante notare che una volta che ho osato affrontare l'SPLC con i fatti, hanno cambiato rapidamente le loro accuse.

Giustamente, l'SPLC temeva l'ovvio circo che si sarebbe scatenato se la mia guardia del corpo li avesse portati in tribunale a Washington, dove questo gruppo autoproclamatosi "antirazzista" sarebbe stato costretto a spiegare a quella che quasi certamente sarebbe stata una giuria prevalentemente nera perché aveva maltrattato un innocente afroamericano il cui unico crimine era stato quello di fare da guardia del corpo a un suo amico (il padrino di suo figlio) che era stato minacciato dalla Jewish Defence League.

Ciò che è particolarmente affascinante di questo evento del CCC, così falsamente commemorato dall'SPLC, è che uno dei leader nazionali del CCC, Jared Taylor, ha boicottato l'evento, chiaramente offeso dai miei suggerimenti che Israele e la CIA avessero fatto qualcosa di spiacevole.

Non ne fui sorpreso. Verso la fine di agosto del 1993, un amico di Taylor, Theodore J. O'Keefe, mi aveva detto che in un'occasione, quando era andato a trovare il signor Taylor e sua moglie a casa loro, i Taylor avevano ricevuto una telefonata da Irwin Suall, allora direttore delle indagini dell'ADL. Il membro medio del CCC dovrebbe chiedersi perché Taylor ricevesse telefonate dall'ADL a casa sua, cosa che tra l'altro infanga *il membro medio del CCC*.

Per riassumere: mi sembra che, anche se l'ADL traffica ufficiosamente con persone che sono percepite come "razziste", non si preoccupano di essere "razzisti" finché sostengono la linea propagandistica dell'ADL su Israele.

Forse l'ADL (che si oppone anche all'azione positiva, come il CCC) ha in mente un progetto più grande. Dopo tutto, è noto da anni che l'FBI permetteva ai suoi informatori del Ku Klux Klan di impegnarsi in attività contro i neri, ma allo stesso tempo c'era un ordine di lunga data che vietava loro di criticare gli ebrei o Israele. Questo è molto rivelatore.

In ogni caso, quando il giornale CCC ha pubblicato una brevissima recensione di *Giudizio Finale*, non ha mai menzionato il fatto che il libro collega il Mossad all'assassinio di JFK, facendo solo un'oscura allusione ad "altre agenzie" accanto al Sindacato di Lansky che potrebbero essere state coinvolte.

Ecco il colmo: *da allora ho appreso che l'organizzatore del CCC che ha organizzato l'incontro in cui sono intervenuto era molto probabilmente un funzionario dei servizi segreti, probabilmente dell'intelligence britannica, il che fa sorgere delle domande sul motivo per cui sono stato invitato a parlare.*

L'ATTUALE CONTRACCOLPO MEDIATICO

Il modo in cui i media hanno parlato dell'affare JFK negli ultimi anni è ben illustrato da due servizi simili pubblicati dal "conservatore" *Washington Times* il 5 giugno 1998 e il giorno successivo dal *Washington Post*, la controparte "liberale" del *Times* nella capitale.

L'articolo del *Times*, intitolato "Garrison's idea of accomplice rejected by Oswald widow", è stato scritto da Hugh Aynesworth, un vecchio appassionato della Commissione Warren, che ora lavora per il *Times*. L'articolo riportava che la trascrizione di 79 pagine della testimonianza della signora Oswald del 1968 davanti a un gran giurì convocato dal procuratore distrettuale di New Orleans Jim Garrison era stata appena rilasciata dalla Commissione di revisione dei documenti dell'assassinio di Washington e che la trascrizione rivelava che la signora Oswald credeva che suo marito avesse agito da solo nell'assassinio.

Il giorno successivo, il 6 giugno 1998, il *Washington Post* riportò sostanzialmente la stessa storia con il titolo "La vedova di Oswald rifiuta il complotto, i documenti lo sostengono". Il lettore casuale concludeva che la signora Oswald accettava l'affermazione della Commissione Warren secondo cui suo marito era effettivamente l'assassino di JFK e che aveva agito da solo.

Dei due articoli, tuttavia, quello del *Post* era tecnicamente più onesto. L'ultimo paragrafo del rapporto *del Post* svela la verità: "Nel corso degli anni, tuttavia, cambiò idea sulla colpevolezza di Oswald e arrivò ad accettare le teorie cospirative".

Nello stesso periodo, la rivista *Parade* si unì al vecchio adagio secondo cui la criminalità organizzata era responsabile dell'assassinio di JFK. Un comunicato stampa *di Parade* del 4 giugno 1998 annunciava che "Bobby Kennedy credeva che la mafia avesse ucciso JFK", citando come fonte il vecchio socio di RFK Jack Newfield.

Vale la pena ricordare che Newfield scrisse l'articolo del 14 gennaio 1992 sul *New York Post* (illustrato nella sezione fotografica di *Giudizio Finale*), proponendo la storia altamente improbabile che il boss dei Teamsters Jimmy Hoffa avesse usato i suoi legami con la "mafia" per organizzare l'assassinio di JFK.

Il fatto che *Parade* si sia unito al corteo mascherato non è una sorpresa. Il supplemento domenicale è una voce mediatica della potente famiglia Newhouse (guidata da S.I. 'Si' Newhouse) e Stephen Birmingham, l'editorialista della società, sostiene che si tratta della seconda famiglia ebraica più ricca d'America. Nel numero di marzo/aprile 1995, l'ormai defunta rivista *Spy* ha pubblicato un sorprendente articolo intitolato "Spy Reveals Kennedy-Newhouse Connection", scritto dall'avvocato newyorkese John Klotz. Eccone un estratto:

> **Newhouse sa qualcosa sull'assassinio di Kennedy?**
> Per oltre 30 anni, Newhouse e il suo impero mediatico hanno giocato un ruolo unico nella controversia sugli eventi di Dealey Plaza...
> Un'indagine sull'assassinio di Bobby Kennedy è stata curiosamente dirottata dall'impero Newhouse. In *The Assassination of Robert F. Kennedy*, gli autori presentano prove convincenti di una cospirazione.
> Secondo il coautore ed ex agente dell'FBI William Turner, dopo che l'editore del libro, Random House, è stato acquisito da Newhouse, la società ha intrapreso una forte azione per ritirare la pubblicazione...
> Più recentemente, Random House ha pubblicato *Case Closed*, che sostiene la teoria della Commissione Warren secondo cui Oswald avrebbe agito da solo. Dato che l'autore Gerald Posner si basa su "fonti confidenziali dell'intelligence", alcuni hanno suggerito che *Case Closed* sia una tipica propaganda della CIA.
> Infine, a giugno [1995] Random House pubblicherà un nuovo libro di Norman Mailer, in cui si prevede che ritratti la sua convinzione, spesso affermata, che sia stata una cospirazione a uccidere JFK.
> Secondo il biografo di Newhouse Thomas Maier, l'uomo che per primo presentò Mailer a Newhouse e a Random House fu Roy Cohn. Cosa motivò l'infatuazione di Newhouse per Kennedy?
> "Cosa sa Si Newhouse e quando l'ha saputo?".

In effetti, "l'infatuazione di Newhouse per l'insabbiamento di Kennedy" potrebbe essere stata stimolata dalla sua vecchia amicizia con Roy Cohn, che, come abbiamo già detto, era un investitore privato in Permindex, l'operazione del Mossad.

E saremmo negligenti se non notassimo che è stato un giornale di Newhouse, *il New Orleans Times-Picayune, a* dominare la stampa nella città natale di Clay Shaw, membro del consiglio di amministrazione di Permindex, che ha chiesto la testa di Jim Garrison su un piatto d'argento quando il procuratore distrettuale della Crescent City non ha condannato Shaw per il suo ruolo nel complotto per l'assassinio di JFK.

Non sorprende quindi che la stampa di Newhouse si affretti a presentare l'ultima versione di Jack Newfield sulla teoria secondo cui "la mafia ha ucciso JFK", suggerendo che questa fosse l'opinione di Robert Kennedy.

Newfield è emerso anche come una delle voci che promuovono l'idea che i fratelli Kennedy fossero innamorati di Israele. Proprio mentre *Parade* dava risalto a "*Bobby and the Mafia*" di Newfield, il 29 maggio 1998 il *Jewish Bulletin of Northern California* pubblicava un articolo in cui si affermava che "RFK, filosemita, ha superato la sua educazione, dice il giornalista".

L'articolo citava Newfield dicendo che RFK era così colpito dall'assassinio di JFK che "si identificava con chiunque altro fosse colpito, ferito o in lutto in qualsiasi modo". [e che RFK] aveva un posto speciale nel suo cuore per gli ebrei e Israele... Con il tempo Bobby è diventato molto filo-semita e ha fatto di tutto per circondarsi di ebrei".

Nella sua biografia critica di RFK, David Heymann, autoproclamatosi ex agente del Mossad, aveva un'opinione diversa: "Un certo numero di persone ha accusato RFK di usare una terminologia [antisemita] quando discuteva di ebrei in privato. Secondo Truman Capote, "si riferiva spesso agli ebrei come 'kikes' o 'feujs'".

Secondo una delle mie fonti, che aveva uno stretto rapporto di lavoro con un amico intimo e politico della famiglia Kennedy, RFK era noto per chiamare gli ebrei "liberali" quando parlava di ebrei nei ristoranti e in altri luoghi dove poteva essere ascoltato.

In ogni caso, suggerisce che c'è ora uno sforzo concertato da parte dei media - dopo la pubblicazione di *Giudizio finale* e la crescente consapevolezza delle sue rivelazioni sul difficile rapporto di JFK con Israele - per ritrarre i fratelli Kennedy come ferventi sionisti, quando nulla potrebbe essere più lontano dalla verità.

Questa campagna di propaganda raggiunse il suo apice quando, il 3 giugno 1998, durante una settimana di celebrazioni per il 50° anniversario della nascita di Israele alla Union Station di Washington D. C., ci fu una trasmissione speciale intitolata "Remembering Robert Kennedy", sponsorizzata dalla Anti-Defamation League. C., c'è stata una trasmissione speciale: "Remembering Robert Kennedy", sponsorizzata dalla Anti-Defamation League. Il programma affermava che "questo evento è un tributo al forte legame tra la famiglia Kennedy e lo Stato di Israele".

Si è tentati di deridere la sfacciataggine e la storia revisionista, ma è chiaro che i fatti riguardanti la famiglia Kennedy e Israele sono davvero scomodi per Israele.

I KENNEDY, QUEGLI ENFANTS TERRIBLES...

Allo stesso tempo, i media hanno presentato una nuova versione dell'assassinio di Kennedy, suggerendo che Jack e Bobby Kennedy erano fondamentalmente responsabili del loro stesso assassinio per aver osato essere coinvolti nel complotto della CIA contro Castro e altri durante l'amministrazione di JFK.

La famiglia Kennedy è anche accusata di aver contribuito a stimolare teorie cospirative legate a JFK all'indomani dell'assassinio.

In un articolo pubblicato su *Newsweek* il 12 ottobre 1998, Gerald Posner, il critico preferito della CIA, ha affermato che "i Kennedy hanno inavvertitamente alimentato la macchina della cospirazione", affermando che il risultato principale del rilascio di migliaia di documenti relativi all'assassinio di JFK da parte della Assassination Records Review Commission "dimostra che c'è stato effettivamente un insabbiamento, ma non dell'assassinio". L'insabbiamento, secondo Posner, era dovuto alle malefatte dei fratelli Kennedy prima dell'assassinio di JFK.

Nella stessa ottica, Max Holland, autore di una nuova (e relativamente favorevole) storia della Commissione Warren, ha avanzato l'idea nel Boston Sunday Globe del 6 dicembre 1998 che "la CIA non era un elefante solitario, ma piuttosto lo strumento personale del Presidente Kennedy, fortunatamente o sfortunatamente, durante la Guerra Fredda".

Il primo libro a proporre la teoria secondo cui la manipolazione della CIA da parte dei fratelli Kennedy sarebbe stata la causa ultima della tragedia dell'assassinio di JFK è stato il libro di Gus Russo, *Live by The Sword*, pubblicato nel 1998. La tesi di Russo, se così si può riassumere, è essenzialmente questa:

- John F. Kennedy e suo fratello, il procuratore generale Robert Kennedy, erano legati e determinati a uccidere Fidel Castro. I fratelli Kennedy assunsero il controllo completo della CIA e l'agenzia divenne una vera e propria roccaforte della famiglia Kennedy, con lo stesso Bobby che fungeva da capo assassino responsabile dei complotti per uccidere Castro.

- Secondo Russo, gli elementi anticastristi collegati alla CIA a New Orleans intorno al collaboratore di Oswald, David Ferrie, lavoravano in realtà per Bobby Kennedy - un colpo di scena davvero affascinante!

- Nel frattempo, Lee Harvey Oswald - che era un convinto seguace del dittatore cubano Castro e non era in alcun modo sotto il controllo della CIA - era impegnato a promuovere la causa di Castro.

- Poi, stranamente, Oswald il marxista decise di diventare Oswald l'assassino. Russo non è del tutto sicuro se Oswald abbia agito per conto di Castro (o con l'aiuto silenzioso del dittatore cubano).

- Poi, dopo la morte di JFK, Bobby Kennedy e la CIA fecero di tutto per coprire le loro tracce e nascondere il fatto che Jack e Bobby Kennedy stavano complottando per uccidere Castro.

- John Foster Dulles - il direttore della CIA licenziato da JFK dopo il fiasco della Baia dei Porci - appare nel libro di Russo come un uomo rispettabile, il cui interesse primario nell'occultare la verità sull'assassinio era quello di proteggere i suoi buoni amici Jack e Bobby Kennedy e la loro guerra segreta contro Fidel Castro (non è una battuta. Russo dipinge Dulles come un lealista di Kennedy).

- Come risultato di tutte queste voci della CIA e del successivo insabbiamento da parte della Commissione Warren, secondo Russo, i teorici della cospirazione si scatenarono e pensarono che l'insabbiamento fosse un'iniziativa della CIA per nascondere la propria complicità nel crimine quando, in realtà, la CIA stava cercando di proteggere i Kennedy.

Nel complesso, dal punto di vista di Russo, Jack Kennedy ha vissuto di spada e quindi è morto di spada, da cui il titolo della confusa fantasia di Russo. "Se i presidenti scelgono di vivere pericolosamente, come fece John F. Kennedy", conclude Russo, "questo può costare loro la vita".

Quindi, alla fine, JFK ha avuto esattamente quello che si meritava - o meglio, Russo vorrebbe farci credere. E questa è la linea continua di propaganda su JFK (e anche su Bobby) che ci aspetta da parte dei "media mainstream" che tanto si compiacciono delle malefatte della famiglia Kennedy.

Ciò che è significativo, tuttavia, del libro di Russo è che sembra essere riuscito a trovare "testimoni" a lungo nascosti (in particolare agenti della CIA i cui nomi rimangono anonimi) che in qualche modo non sembrano essere mai stati contattati da nessun autore prima d'ora. E questo di per sé ricorda l'altro amato difensore della

Commissione Warren, Gerald Posner. Dobbiamo quindi chiederci se il libro di Russo non sia in realtà un'accurata opera di disinformazione della CIA del tipo migliore.

Mi affretto a fare una precisazione sul libro di Russo, dato che egli sostiene che Bobby (e Jack) Kennedy furono in realtà gli istigatori delle macchinazioni anticastriste di David Ferrie e degli altri agenti della CIA che circolavano intorno a Lee Harvey Oswald a New Orleans:

L'unica cosa che Russo non ha mai affrontato è la possibilità che Bobby Kennedy stesso abbia orchestrato una provocazione contro Castro sotto forma di un "falso" attentato (forse ad opera di Lee Harvey Oswald, un "agitatore filocastrista") contro il suo stesso fratello (utilizzando gli agenti della CIA che secondo Russo lavoravano per Bobby) e che questo tentativo "fittizio" sia stato usurpato da altri - e mi riferisco agli alleati del Mossad all'interno della CIA come James Angleton e Frank Sturgis - e che alla fine questo assassinio "fittizio" possa essere stato trasformato in realtà.

Considerando tutto ciò che abbiamo scoperto nelle pagine del *Giudizio Finale*, questo scenario spaventoso non è così lontano dal campo delle possibilità. In questo senso, Bobby Kennedy potrebbe aver avuto una vera sorpresa il 22 novembre 1963.

LA VERSIONE UFFICIALE

Comunque sia, la guerra in difesa del rapporto della Commissione Warren non è ancora finita. Il colpo d'inizio nella difesa contro questa messinscena fu sparato il 22 novembre 1964 quando, come riportato nell'Appendice 4, il *Washington Post* pubblicò una recensione entusiastica del rapporto della Commissione Warren, accompagnata da analisi negative di diversi libri critici nei confronti del rapporto. L'autore era Eugene Rostow, allora preside della Yale Law School - e figura di spicco della lobby israeliana - che scrisse:

> **Il rapporto è un documento di Stato magistrale e convincente. Ha la grande patina della scrittura giuridica in tutto il suo splendore, composta con cura, concisa, sobria e meticolosa. Con tono distaccato e giudizioso, affronta tutti gli aspetti del caso, esaminando e valutando le basi delle conclusioni raggiunte dalla Commissione e respingendo le varie tesi contrarie avanzate.**

Nonostante tutte queste compressioni d'amore, né il *Washington Post* né Rostow hanno menzionato che era *stato proprio Rostow a suggerire per primo al presidente Johnson l'istituzione di una commissione come la Commissione Warren!*

Come già detto, Rostow e il *Post* poterono farla franca con questa messinscena, almeno all'epoca, poiché il ruolo centrale di Rostow nella creazione della Commissione Warren non fu indagato fino a molti anni dopo l'assassinio di JFK. Ma questo la dice lunga sul modo in cui la stampa promuove la linea "ufficiale" sull'assassinio di JFK, soprattutto se si considera il ruolo di primo piano di Rostow nella lobby di Israele in America, che ha una notevole influenza sui media statunitensi.

Ciò è tanto più rilevante in questo caso perché, come abbiamo sottolineato, la lobby israeliana ha compiuto uno sforzo concertato per sopprimere il *Giudizio Finale*, mentre i principali media statunitensi erano determinati - per quanto possibile - a non dare alla tesi del libro più spazio del necessario.

In effetti, una recente controversia sul *Giudizio Finale* ha riportato la tesi del libro nel mainstream, e ha anche messo in luce un arduo (anche se fallito) tentativo di confutare la teoria del libro.

IL CASO SCHAUMBURG

Per i primi cinque mesi del 2000, l'altrimenti tranquillo sobborgo di Chicago di Schaumburg è stato coinvolto in un acceso dibattito sulla censura e la libertà di parola, incentrato sul *Giudizio Finale*, che ricorda la faida che ha imperversato per oltre un anno nella Contea di Orange, in California (descritta nella prefazione), dopo che ero stato invitato a parlare del mio libro in un seminario universitario sull'assassinio di JFK.

La frenesia di Schaumburg è iniziata a gennaio, quando un avventore della biblioteca locale, Christopher Bollyn, è rimasto così colpito dal libro che ha deciso di donarne una copia alla Schaumburg Township Public Library (STDL). Egli ha ritenuto che il libro sarebbe stato un'aggiunta ammirevole alla biblioteca, che già possedeva diverse copie di un libro ampiamente diffuso di Gerald Posner che afferma che non c'è stata alcuna "cospirazione" e fa eco alla teoria della Commissione Warren, da tempo screditata, secondo cui Lee Harvey Oswald era un "pazzo solitario".

Il sostegno di Bollyn è stato significativo: formatosi in studi mediorientali ed ex residente in Israele (dove era sposato con un'israeliana), Bollyn parla correntemente l'ebraico e l'arabo. Inoltre, la sua defunta madre era una delle fondatrici della biblioteca, sua moglie era una volontaria della biblioteca e Bollyn stesso aveva lavorato nella biblioteca da giovane.

Tuttavia, la biblioteca ha rifiutato la donazione, sostenendo di non aver trovato alcuna recensione "professionale" del libro. Oserei dire, tuttavia, che se i bibliotecari avessero controllato se esisteva una recensione del rapporto della Commissione Warren, avrebbero trovato quella di Eugene Rostow sul *Washington Post*.

Suppongo che questo avrebbe giustificato l'inserimento del Rapporto Warren nella biblioteca. Ma il mio libro non ha ricevuto questo tipo di recensioni favorevoli, e questo non mi sorprende affatto.

L'ADL, ANCORA UNA VOLTA

In ogni caso, durante un'udienza del consiglio di amministrazione della biblioteca, scoppiò uno scandalo quando Bollyn fece notare che diversi direttori erano sostenitori di Israele, suggerendo che il libro era stato rifiutato a causa delle ferventi obiezioni della lobby israeliana.

Quando Bollyn ha espresso le sue preoccupazioni sul Primo Emendamento, la sostenitrice di Israele Debbie Miller lo ha liquidato, affermando senza mezzi termini: "Il Primo Emendamento appartiene a noi", ma senza dire chi fosse "noi", anche se chiunque abbia un minimo di comprensione delle realtà della "libertà di parola" moderna in America avrebbe potuto trarre le proprie conclusioni.

Già coinvolto in via ufficiosa, l'ufficio ADL di Chicago è intervenuto pubblicamente, con il portavoce dell'ADL Richard Hirschhaut che ha dichiarato: "Riteniamo che si tratti di uno stratagemma cinico, un tentativo di creare un problema sul Primo Emendamento come sotterfugio per sfruttare la buona volontà e l'imparzialità del sistema bibliotecario pubblico. La biblioteca non dovrebbe essere costretta a diventare un magazzino o un indirizzo centrale per ogni bigotto con una missione".

Precedentemente impiegato presso l'ufficio dell'ADL di San Francisco, Hirschhaut non disse alla stampa che aveva dei conti da regolare con me e con il mio datore di lavoro di allora, *The Spotlight*. Hirschhaut, infatti, era stato uno dei funzionari dell'ADL indagati penalmente dall'FBI e dalla polizia di San Francisco nel 1993 per spionaggio interno illegale.

All'epoca, la spia di punta dell'ADL Roy Bullock rivelò che un mio articolo *su Spotlight* del 30 giugno 1986 aveva messo in moto gli eventi che portarono allo scandalo dell'ADL. Hirschhaut era stato trasferito a Chicago dall'ADL quando l'agenzia di spionaggio era impegnata a ripulire il casino causato dalla vicenda.

Ciononostante, la polemica che ne è scaturita ha attirato l'attenzione dei media e non meno di cinque giornali regionali e l'affiliata radiofonica della PBS hanno riferito della controversia, che si è trascinata per i cinque mesi successivi.

Bollyn ha cercato di convincere il cosiddetto "Ufficio della libertà intellettuale" (OIF) dell'American Library Association (ALA) a prendere posizione, ma la direttrice dell'OIF Judith Krug si è rifiutata di condannare la censura.

Questo non mi ha sorpreso. Sette anni prima, Krug si era schierato con l'ADL quando la lobby israeliana aveva protestato dopo che un bibliotecario di Chicago aveva sponsorizzato una risoluzione - approvata dal congresso nazionale dell'ALA - che condannava la censura israeliana. Con il sostegno di Krug, la risoluzione fu ritirata.

Mentre i giornali locali più piccoli mi hanno contattato, Carri Karuhn, la giornalista del "grande" *Chicago Tribune*, si è rifiutata di rispondere alle mie telefonate. Il *Tribune* si è anche rifiutato di pubblicare una lettera che ho scritto al direttore in risposta al suo servizio.

Nonostante le pressioni, Bollyn non cambiò idea. Ciò ha posto un problema al consiglio di amministrazione della STDL (Schaumburg Township District Library), che ha ordinato un nuovo processo di selezione dei libri, in base al quale il direttore della biblioteca ha nominato un gruppo di tre bibliotecari per studiare *Giudizio Finale*. Il consiglio di amministrazione ha poi avuto l'opportunità di agire in base alle raccomandazioni del trio.

La questione era già risolta: il team era guidato da Uri Toch, il traduttore di ebraico della STDL, la lingua ufficiale di Israele. Toch ha preparato una recensione diffamatoria di cinque pagine, altamente infiammante, sul *Giudizio Finale*.

Questa "recensione" è stata divulgata alla stampa con l'annuncio, apparentemente contraddittorio, che la biblioteca avrebbe comunque accantonato il libro, nonostante la recensione negativa.

Il trio dell'STDL ha detto che, poiché il dibattito sul libro era "in gran parte una questione politica", ha raccomandato che il *Giudizio Finale* fosse aggiunto alla biblioteca, anche se ha affermato che il libro era, tra l'altro, "scritto male, ripetitivo [e] basato su metodi di ricerca e fonti discutibili". Hanno accusato Piper di citare fonti fuori contesto, affermando che ha citato selettivamente le fonti che si adattavano alla sua tesi e ha ignorato quelle che non lo erano.

Il trio ha sostenuto la tesi della Commissione Warren secondo cui solo i "dilettanti" credono che ci sia stata una cospirazione nell'assassinio di JFK.

Sebbene mi abbia divertito l'accusa che il libro fosse "scritto male", le altre accuse erano molto più gravi e, in risposta, ho compilato una risposta ben studiata (e credo devastante) di 88 pagine, che sviscerava le critiche malevole.

Nel titolo della mia risposta, ho (giustamente) soprannominato la recensione della biblioteca "Il giudizio dell'Inquisizione", riferendomi ai tribunali inglesi del XVII secolo che si riunivano in segreto, esplorando mezzi violenti di punizione arbitraria per coloro che osavano sfidare il potere della corona britannica. L'analogia era azzeccata.

Ciò che è interessante (ma non sorprendente) è che il traduttore in lingua israeliana e il suo team hanno fatto di tutto per cercare di confutare la tesi del libro.

METODI DA STATO DI POLIZIA

Nel frattempo, i sostenitori pro-Israele del consiglio della biblioteca hanno rilasciato una dichiarazione in cui sostengono che i bibliotecari sono stati "professionali" ed "eleganti" nel loro attacco malevolo a me e al libro.

Poi, a un certo punto, il traduttore israeliano ha cercato di far smettere Bollyn. Parlando al telefono con Toch, Bollyn ha chiesto a Toch (in ebraico) dove avesse vissuto in Israele. Toch ha chiamato la polizia, gridando di sentirsi "minacciato".

Era abbastanza. Il 21 maggio 2000, avendo deciso ancora una volta di confrontarmi con i miei critici, mi sono recato a Schaumburg e ho parlato in biblioteca davanti a circa 150 persone.

Va notato che i tre bibliotecari erano assenti, ma avevano almeno un convinto sostenitore che si era presentato. Proprio quando Christopher Bollyn ha dichiarato aperto l'incontro, si è scatenato un putiferio quando qualcuno, identificato come membro della comunità ebraica locale, ha cercato di interrompere l'evento, gridando con rabbia: "*Caso chiuso* di Gerald Posner dice la verità sull'assassinio di JFK. È disponibile qui in biblioteca". L'ammiratore di Posner è uscito dall'incontro fiero e soddisfatto, anche se non si è mai fermato a difendere la sua premessa o a discutere la mia tesi.

Si scopre che l'ADL aveva già contattato la polizia di Schaumburg per "informarli" su di me. In risposta al briefing dell'ADL, il capo della polizia di Schaumburg, Richard Casler, ha riferito che uno dei più importanti nazisti d'America stava arrivando in città e che questo pezzo grosso nazista aveva invitato "i suoi sostenitori" a venire al suo raduno. Per mantenere la pace, il capo Casler ha ordinato cinque agenti di polizia in più in servizio per impedirmi di disturbare la piccola Schaumburg e di causare un altro Olocausto.

Quando ho saputo che questo duro poliziotto stava leccando i piedi all'ADL, ho telefonato al suo ufficio per parlargli, ma Casler non ha risposto. Ha invece mandato il suo vice, il capitano Thomas Ostermann, che si è rifiutato di ammettere o negare che il loro ufficio fosse in contatto con l'ADL, dicendo che ero "solo una voce al telefono". "Anche Richard Hirshhaut dell'ADL era solo una voce al telefono e lei ha ascoltato tutto ciò che aveva da dire su di me".

Senza dubbio Ostermann, che era abituato a dare ordini ai pedoni indisciplinati di Schaumburg e a essere soprannominato "signore" da questi malintenzionati, rimase un po' sorpreso ed esasperato dal modo in cui lo trattavo e finì per dire che era "solo un normale poliziotto che lavora sodo".

Gli ho detto che non ne dubitavo, ma che avrebbe reso un servizio migliore agli abitanti di Schaumburg tenendo d'occhio stupratori e assassini piuttosto che perseguire "un uomo grasso con gli occhiali il cui unico crimine è stato quello di scrivere un libro". L'agente non ha risposto e posso capire perché.

Quando (e da chi) è stato stabilito che l'ADL non solo è l'arbitro ultimo che decide chi è autorizzato a parlare in qualsiasi luogo su qualsiasi argomento, ma anche il referente ufficiale della polizia che decide quali metodi la polizia deve usare per proteggere le comunità di cui è responsabile? Se qualcuno ha la risposta a questa domanda, vorrei sentirla ora.

Comunque, parlando con la biblioteca, sono tornato a casa con quanto segue:
- La critica dei bibliotecari è stata in effetti il tentativo più energico mai fatto per demolire la tesi del *Giudizio Finale*, ma è caduta pateticamente nel vuoto perché i bibliotecari sono ricorsi a povere menzogne e inganni.
- I contribuenti di Schaumburg dovrebbero chiedersi perché i loro bibliotecari sono stati così entusiasti e hanno chiaramente seguito gli ordini dell'ADL.
- L'ADL si rifiuta di discutere con me, ma si è affidata ai bibliotecari per cercare di confutare il libro, ma il trio ha sbagliato il lavoro.

Ho anche sottolineato che, nonostante la mia confutazione della recensione dei bibliotecari, potete essere certi che l'ADL citerà questa recensione malevola in futuro come "prova" che i "bibliotecari seri" di una delle biblioteche più prestigiose del Paese hanno trovato il libro "dubbio", "fuorviante", "di cattivo gusto" e "poco interessante" - per usare le loro parole.

I bibliotecari della STDL hanno ovviamente riconosciuto (giustamente, aggiungerei) che la questione del conflitto tra JFK e Ben-Gurion sulle ambizioni nucleari di Israele era davvero molto delicata e quindi, nella loro recensione, hanno fatto un misero tentativo di screditare la tesi generale del mio libro cercando di ritrarre il conflitto come meno importante di quanto fosse in realtà. I bibliotecari hanno scritto quanto segue:

> **Piper sostiene che la "ragione principale" delle dimissioni di David Ben-Gurion da Primo Ministro di Israele fu la sua "incapacità di fare pressione su JFK affinché accettasse le richieste di Israele". Cita come prova The Samson Option di Seymour Hersh. Come chiarisce Hersh, e questo è chiaramente evidente nella citazione che Piper produce per dimostrare che "l'opzione nucleare" era la "ragione principale", era solo "un altro fattore".**

Per i non addetti ai lavori - tra cui la maggior parte di coloro che hanno letto la recensione della biblioteca, senza aver letto *Giudizio Finale* (o il libro di Hersh) - questo può sembrare un atto d'accusa.

Ma la verità è che, sebbene altri fattori abbiano giocato un ruolo nelle dimissioni di Ben-Gurion, il confronto finale con JFK sulla bomba nucleare è stata la famosa "goccia che ha fatto traboccare il vaso" e, chiaramente, la "ragione principale" delle dimissioni di Ben-Gurion.

Come affermano tutti i resoconti "seri" e "mainstream" del programma nucleare israeliano, il desiderio di costruire una bomba nucleare non solo era uno dei principali obiettivi della politica di difesa israeliana (forse addirittura la sua fondazione), ma anche un interesse particolare di Ben-Gurion.

Il fatto è che le rivelazioni di Seymour Hersh su JFK e Ben-Gurion sono state facilmente oscurate da un libro più recente sullo stesso argomento, scritto da Avner Cohen, uno studioso israeliano.

Quando Cohen pubblicò il suo libro *Israel and the Bomb* (New York: Columbia University Press) nel 1999, fece talmente scalpore in Israele che il giornalista Tom Segev, scrivendo sul quotidiano israeliano *Ha'aretz*, dichiarò che "il libro di Cohen richiederà la riscrittura dell'intera storia di Israele".

A questo punto, prima di entrare nel merito di ciò che Cohen ha da dire, mi sembra doveroso informare i lettori che Cohen ha detto privatamente a un intervistatore (che in seguito l'ha detto a me) che lui (Cohen) è rimasto sciocato dalla scoperta di *Giudizio Finale* mentre faceva una ricerca su Internet per informazioni sul suo stesso libro.

Il signor Cohen ha anche detto a un'altra persona, il mio già citato critico James K. Olmstead - che ha pubblicato il commento del signor Cohen su Internet in un forum di discussione dedicato a JFK - che lui (Cohen) trovava "inconcepibile" che il primo ministro israeliano David Ben-Gurion avesse qualcosa a che fare con la morte di JFK.

Detto questo, diamo un'occhiata a ciò che Cohen ha da dire su Ben-Gurion e sul suo rapporto più difficile con JFK sulla questione della bomba nucleare di Israele.

Nelle pagine iniziali del suo libro, Cohen scrive a lungo del particolare interesse di Ben-Gurion per la costruzione di una bomba nucleare israeliana e del ragionamento che ne è alla base.

Le citazioni che seguono sono tratte dalle pagine 10-14 del libro di Cohen, ma vi prego di notare che ho riorganizzato le citazioni in modo da renderle più scorrevoli nel contesto di ciò che Cohen ha scritto. Cohen scrive:

> **Memore delle lezioni dell'Olocausto, Ben-Gurion era consumato dai timori per la sicurezza di Israele...**
>
> **Nei suoi discorsi e scritti pubblici come Primo Ministro, Ben-Gurion parlò raramente dell'Olocausto. Tuttavia, nelle conversazioni private e nelle comunicazioni con i leader stranieri, tornò costantemente sulle lezioni dell'Olocausto. Nella sua corrispondenza con il presidente John F. Kennedy nel 1963, tracciò un legame tra l'ostilità araba verso Israele e l'odio di Hitler verso gli ebrei:**
>
> **"Come ebreo, conosco la storia del mio popolo e porto con me il ricordo di tutto ciò che ha sopportato per tremila anni e degli sforzi compiuti in questo Paese nelle ultime generazioni... Signor Presidente, il mio popolo ha il diritto di esistere, sia in Israele che ovunque possa vivere, e questa esistenza è in pericolo"...**
>
> **L'ansia per l'Olocausto si estendeva oltre Ben Gurion e aveva infuso il pensiero militare israeliano. La distruzione di Israele definiva l'orizzonte**

ultimo della minaccia contro Israele. I pianificatori militari israeliani hanno sempre previsto uno scenario in cui una coalizione militare araba unita avrebbe lanciato una guerra contro Israele con l'obiettivo di liberare la Palestina e distruggere lo Stato ebraico. Questo scenario era noto nei primi anni Cinquanta come mikre hkol, o "scenario disastroso". Questo tipo di pianificazione era unico per Israele, poiché pochi Paesi hanno piani militari di emergenza per prevenire l'apocalisse.

Ben-Gurion non aveva remore sulla necessità di armi di distruzione di massa per Israele... Ben-Gurion vedeva l'ostilità araba verso Israele come profonda e duratura... Il pessimismo di Ben-Gurion... influenzò per anni la politica estera e di difesa di Israele. La visione del mondo e lo stile di governo deciso di Ben-Gurion hanno influenzato il suo ruolo critico nel lancio del programma nucleare israeliano...

Ben-Gurion riteneva che la scienza e la tecnologia avessero due ruoli nella realizzazione del sionismo: far progredire lo Stato di Israele spiritualmente e materialmente, e fornire una migliore difesa contro i nemici esterni"...

La determinazione di Ben-Gurion a lanciare un progetto nucleare fu il prodotto di un'intuizione strategica e di una paura ossessiva, non di un piano ben congegnato. Egli riteneva che Israele avesse bisogno di armi nucleari come assicurazione nel caso in cui non avesse più potuto competere con gli arabi in una corsa agli armamenti e come arma di ultima istanza in caso di estrema emergenza militare. Le armi nucleari potrebbero anche convincere gli arabi ad accettare l'esistenza di Israele, portando alla pace nella regione.

Il 27 giugno 1963, undici giorni dopo aver annunciato le sue dimissioni, Ben-Gurion tenne un discorso di addio ai dipendenti dell'Amministrazione per lo Sviluppo degli Armamenti in cui, senza fare riferimento alle armi nucleari, giustificò il progetto nucleare:

"Non conosco nessun'altra nazione i cui vicini dicano di voler porre fine al conflitto e non si limitino a dirlo, ma si preparino a farlo con tutti i mezzi a loro disposizione. Non dobbiamo illuderci che ciò che viene dichiarato ogni giorno al Cairo, a Damasco e in Iraq siano solo parole. Questo è il pensiero che guida i leader arabi... Sono fiducioso... la scienza è in grado di fornirci l'arma che garantirà la pace e scoraggerà i nostri nemici".

Per riassumere questa lunghissima citazione: *"L'opzione nucleare" non era solo al centro* **della personale** *visione del mondo di Ben-Gurion, ma era il fondamento stesso della politica di sicurezza nazionale di Israele.* Gli israeliani erano fondamentalmente pronti, se necessario, a "far saltare in aria il mondo" - compresi loro stessi - se fosse stato necessario per distruggere gli odiati vicini arabi.

Seymour Hersh osserva che questo è ciò che i funzionari nucleari israeliani vedono come "opzione Sansone" - come il Sansone della Bibbia che, dopo essere stato catturato dai Filistei, fece crollare il tempio di Dagon a Gaza e si suicidò con i suoi nemici. Come afferma Hersh a pagina 137 del suo libro, "per i sostenitori del nucleare israeliano, l'opzione Sansone è diventata un altro modo per dire "mai più" (in riferimento alla prevenzione di un altro Olocausto)".

Poi sono arrivati i bibliotecari dell'STDL che volevano discutere se le pressioni di JFK su Israele per le armi nucleari fossero "la" ragione principale o "una" ragione principale o "una" (tra le varie) delle ragioni delle dimissioni di Ben-Gurion. Hanno suggerito che avevo citato Hersh fuori contesto (e che l'avevo fatto deliberatamente) perché si sono resi conto, con piena cognizione di causa, che tutte le prove, prese nel loro insieme, dimostrano chiaramente che fu proprio uno sforzo determinato di JFK per disinnescare l'"opzione Sansone" la causa principale delle dimissioni di Ben-Gurion.

Il punto è che nel 1963 la questione del conflitto tra JFK e Ben-Gurion era un segreto per l'opinione pubblica israeliana e americana, ed è rimasto tale per almeno 20 anni e lo è ancora in gran parte, nonostante la pubblicazione del libro di Hersh, seguito da *Giudizio finale* e poi dal libro di Avner Cohen.

In effetti, sul *New York Times* del 31 ottobre 1998, Ethan Bronner ha descritto il libro di Cohen sul conflitto tra JFK e Ben-Gurion e sulla questione generale del programma di bombe nucleari di Israele come "un argomento ferocemente nascosto".

Ora che la verità sta venendo a galla, alcune persone stanno dando essenzialmente la mia stessa interpretazione. I bibliotecari vorrebbero far credere che sono l'unico ad avere questa interpretazione. Non è affatto così. Ad esempio, il dottor Gerald M. Steinberg, professore di scienze politiche presso il Centro BESA per gli studi strategici dell'Università Bar-Ilan di Tel Aviv, ha scritto del conflitto tra JFK e Ben-Gurion sulle ambizioni nucleari di Israele.

Il suo saggio, "*Israele e gli Stati Uniti: Can the Special Relationship Survive the New Strategic Environment?*" è stato pubblicato nel numero di dicembre 1998 di *The Middle East Review of International Affairs*, edito da Bar-Ilan. Steinberg ha scritto:

> **Tra il 1951 e il 1963, l'amministrazione Kennedy esercitò molte pressioni su Ben-Gurion per ottenere l'accettazione di un'ispezione internazionale di Dimona e la rinuncia israeliana all'opzione delle armi nucleari. Queste pressioni apparentemente non cambiarono la politica israeliana, ma contribuirono alle dimissioni di Ben-Gurion nel 1963. [Enfasi aggiunta da Michael Collins Piper].**

Ho letto quello che dice il dottor Steinberg: la pressione di JFK su Israele per la bomba nucleare fu un "fattore che contribuì alle dimissioni di Ben-Gurion". Tuttavia, per ripetermi, la "grande pressione di JFK su Ben-Gurion" (secondo Steinberg) non era nota al grande pubblico (né in Israele né negli Stati Uniti) fino alla pubblicazione del libro di Seymour Hersh, che si concentrava abbastanza ampiamente sul conflitto. Ma non è tutto.

Il nuovo toccante libro di Avner Cohen ha sostanzialmente confermato tutto ciò che Hersh aveva scritto, in un senso o nell'altro, ma è andato anche oltre e rivedremo in dettaglio ciò che Cohen ha detto più avanti. Ma per ora continuiamo a esaminare ciò che i bibliotecari dell'STDL hanno fatto per distorcere le parole di Seymour Hersh. Hanno scritto:

> In realtà, Hersh sostiene che i fattori nazionali... sembravano più che sufficienti per convincere Ben-Gurion a lasciare la vita pubblica... e la salute di Ben-Gurion... era altrettanto o più importante.

I critici di STDL hanno accusato Hersh di aver detto cose che non ha detto! Hersh non ha mai detto che i fattori nazionali citati "erano altrettanto o più importanti". Il modo in cui i bibliotecari hanno strutturato la frase nella loro recensione ha dato un'interpretazione diversa di ciò che Hersh ha effettivamente detto. Hersh non ha mai detto che questi altri fattori "erano altrettanto o più importanti". Queste sono le parole dei bibliotecari, non quelle di Seymour Hersh.

ISRAELE "MINACCIATO" DA JFK

Ecco cosa aggiunge Avner Cohen alla storia delle dimissioni di Ben-Gurion in *Israele e la bomba*. Cohen descrive come il conflitto tra JFK e Ben-Gurion sia arrivato al culmine nel 1963 e come, il 16 giugno di quell'anno, JFK abbia inviato una lettera al leader israeliano che, secondo Cohen a pagina 134 del suo libro, era "il messaggio più duro ed esplicito" fino ad allora. Cohen ha aggiunto:

> Lo scopo della lettera era quello di solidificare i termini delle visite americane [a Dimona] in modo da soddisfare le condizioni minime richieste dalla comunità di intelligence.
> Per costringere Ben-Gurion ad accettare le condizioni, Kennedy esercitò la leva più utile a disposizione di un presidente americano per trattare con Israele: la minaccia che una soluzione insoddisfacente avrebbe compromesso l'impegno e il sostegno del governo americano a Israele...
> La resa dei conti che Ben-Gurion aveva cercato di evitare sembrava ormai imminente. Ben-Gurion non lesse mai la lettera. Fu telegrafata a [l'ambasciatore statunitense in Israele Walworth Barbour] sabato 15 giugno, con l'istruzione di consegnarla a mano a Ben-Gurion il giorno successivo, ma quella domenica Ben-Gurion annunciò le sue dimissioni.

Come dice Cohen, "uno scontro [tra JFK e Israele] sembrava imminente". Cohen passa poi alla domanda: "Le pressioni di Kennedy su Dimona hanno avuto un ruolo nelle dimissioni di Ben-Gurion?". A pagina 135 scrive:

> Ben-Gurion non fornì mai alcuna spiegazione per la sua decisione, se non "motivi personali". Ben-Gurion disse ai suoi colleghi di Gabinetto che "doveva" dimettersi e che "nessun problema o evento nello Stato ne era la causa".

Questo è interessante, di per sé, perché - se il resoconto di Cohen è corretto - Ben-Gurion non ha mai specificato alcun motivo particolare, estero o interno. Questo non smentisce il *Giudizio Finale*, ma ha l'effetto di sminuire l'argomentazione dei bibliotecari STDL secondo cui il conflitto con JFK per la bomba era solo "un altro fattore". Cohen ha aggiunto:

Il biografo di Ben-Gurion ha suggerito che non ci fu una ragione politica specifica, ma che fu il suo stato mentale generale - manifestatosi in una serie di azioni allarmistiche, persino paranoiche - nelle dieci settimane precedenti a indurre il leader settantaseienne a dimettersi.

Il fatto che Cohen, come ho fatto io in *Giudizio finale*, parli dell'apparente paranoia di Ben-Gurion è interessante. I paranoici fanno cose inspiegabili. Commettono persino omicidi.

Va notato a questo punto che, sulla base di quanto abbiamo appena considerato, Avner Cohen ha detto molto chiaramente che la costruzione di una bomba nucleare per Israele è stata, in realtà, un problema molto personale di David Ben-Gurion per molti anni.

Ben-Gurion riteneva che l'accesso di Israele alle armi atomiche fosse cruciale per la sua sopravvivenza - e Ben-Gurion era il "grande uomo" di Israele. Cohen osserva che molti vicini a Ben-Gurion ritenevano che le dimissioni non avessero nulla a che fare con la questione nucleare. Ma Cohen continua sottolineando che :

> Altri, tuttavia, tra cui ministri del gabinetto di Ben-Gurion... ritenevano che la decisione di Ben-Gurion fosse in parte legata alle pressioni di Kennedy su Dimona. Israel Galili, capo della fazione "Unità del Lavoro" di *Achdut Ha-Avodah*, era convinto che il senso di fallimento e di frustrazione di Ben-Gurion nei rapporti con Kennedy sulla questione di Dimona fosse una delle ragioni che avevano portato alle sue dimissioni.
>
> Questo è anche il punto di vista di Yuval Ne'eman, [il principale specialista nucleare israeliano], che nel 1963 era... coinvolto nelle consultazioni riguardanti le risposte alle richieste di Kennedy. L'ambasciatore Barbour suggerisce anche che le lettere di Kennedy e le dimissioni di Ben-Gurion potrebbero essere collegate. Nel suo telegramma sulle dimissioni di Ben-Gurion, ha osservato: "Anche se probabilmente non è stata una causa importante di dissenso, la questione non è stata priva di controversie quando Ben-Gurion l'ha presentata ai suoi colleghi prima di inviare la sua lettera il 27 maggio.

Pag. 136 Cohen aggiunse che Ben-Gurion aveva "concluso che non poteva dire la verità su Dimona ai leader americani, nemmeno in privato". E questo la dice lunga, visti gli sforzi dei critici di *Giudizio Finale* per affermare che Israele e gli Stati Uniti erano così "stretti alleati" che gli israeliani non avrebbero mai pensato di fare qualcosa di meschino a un presidente americano, anche se fosse stato deciso a impedire a Israele di creare un sistema di difesa nucleare che i leader della nazione consideravano essenziale per la sua sopravvivenza.

Purtroppo i nostri amici bibliotecari di STDL non avevano ancora finito di parlare di questo punto. Continuiamo con ciò che i bibliotecari avevano da dire...

> Hersh sottolinea anche che "la persistente pressione di Kennedy su Israele derivava dalla sua convinzione che Israele non avesse ancora sviluppato armi nucleari. Ci sono prove che una volta che Israele iniziò a

costruire bombe - come avevano fatto i francesi - il Presidente era pronto ad essere pragmatico quanto necessario".

A questo punto, i bibliotecari dell'STDL si sono lasciati andare a una sorta di interpretazione storica, citando un breve passaggio del libro di Hersh fuori dal contesto... Non c'è dubbio, sulla base dell'enorme quantità di dati contenuti nel libro di Hersh (e dello studio più recente del già citato Avner Cohen) che JFK fosse determinato soprattutto a impedire a Israele di costruire una bomba nucleare.

I bibliotecari dell'STDL stavano cercando di prevedere cosa avrebbe fatto JFK se fosse vissuto. In sostanza, dicevano che, poiché JFK era stato indulgente con i francesi sulla questione nucleare, sarebbe stato sicuramente altrettanto indulgente con gli israeliani una volta che questi avessero seguito i francesi nella produzione di bombe nucleari (contro l'opposizione di JFK). Ma come vedremo, questo non è vero.

JFK SI CONCENTRAVA SU ISRAELE...

In *Final Judgment*, ho sottolineato che JFK aveva adottato una nuova politica nei confronti della campagna francese per le armi nucleari, descritta in un memorandum "top secret" del 22 novembre 1963.

Ma i bibliotecari non hanno modo di suggerire che, poiché JFK ha cambiato la sua politica nei confronti della Francia, avrebbe cambiato anche la sua politica nei confronti delle ambizioni nucleari di Israele.

Forse JFK sarebbe stato "pragmatico" (come dice Hersh), ma questo non significa che non stesse cercando di impedire a Israele di costruire una bomba nucleare - *ed è proprio questo l'obiettivo di Ben-Gurion e di Israele.*

Il fatto è che qualsiasi relazione JFK avesse con la Francia sulla questione nucleare era insignificante rispetto all'amarezza tra JFK e Israele sulla stessa questione. Introducendo la questione dei francesi, i bibliotecari della STDL hanno cercato di confondere le acque.

Il fatto è che Israele era uno dei bersagli preferiti di JFK quando si trattava di proliferazione nucleare. A pagina 99 del suo libro, Avner Cohen sottolinea la particolare pressione di JFK su Israele:

> **Nessun presidente americano era più preoccupato del pericolo della proliferazione nucleare di John Fitzgerald Kennedy. Era convinto che la proliferazione delle armi nucleari avrebbe reso il mondo più pericoloso e avrebbe danneggiato gli interessi degli Stati Uniti. Considerava il suo ruolo come quello di porre il controllo degli armamenti nucleari e la non proliferazione nucleare al centro della politica estera americana... Kennedy ricordò ai suoi consiglieri che in gioco c'era molto più di un pezzo di carta: senza un accordo, la corsa agli armamenti sarebbe continuata e le armi nucleari sarebbero proliferate in altri Paesi. *L'unico esempio che Kennedy usò fu quello di Israele.* [Enfasi aggiunta da Michael Collins Piper].**

Notate bene le parole di Cohen: "L'unico esempio che Kennedy ha dato è stato Israele". Non i francesi o gli arabi. *Solo Israele.*

Il libro di Cohen mostra anche molto chiaramente che i francesi, che erano stati i principali facilitatori stranieri del programma segreto di armi nucleari di Israele, ritirarono il loro sostegno dopo che l'ex presidente francese Charles De Gaulle tornò al potere nel 1958. Cohen scrive alle pagine 73-74:

> A giugno, De Gaulle era venuto a conoscenza di quella che avrebbe poi definito "l'inopportuna collaborazione militare stabilita tra Tel Aviv e Parigi dopo la spedizione di Suez, che ha definitivamente collocato gli israeliani a tutti i livelli dei servizi francesi", ed era determinato a porvi fine. De Gaulle rimase sbalordito quando venne a conoscenza del modo poco ortodosso in cui venivano condotte le relazioni... Ci vollero quasi due anni per tradurre la determinazione di De Gaulle in una nuova politica nucleare francese nei confronti di Israele.

Cohen sottolinea, tuttavia, che l'amico di Israele in Francia, il ministro dell'Energia atomica Jacques Soustelle, si dimise e De Gaulle venne a sapere che gli aiuti francesi a Israele erano continuati nonostante i suoi ordini. Così, nel 1960, "De Gaulle chiese nuovamente di porre fine a questa cooperazione", aggiunge Cohen:

> La decisione francese causò costernazione tra le persone vicine a Ben-Gurion. La fine degli aiuti francesi mise a rischio l'intero progetto di Dimona. La decisione di De Gaulle fu un allontanamento radicale dagli obblighi scritti e non scritti dei suoi predecessori... De Gaulle riconobbe la misura in cui l'accordo [tra Israele e Francia] era senza precedenti e, per questo motivo, si rifiutò di accettarlo, riluttante a offrire a Israele un'opzione nucleare. *La Francia stava cercando di riconquistare il suo posto nel mondo arabo e la cooperazione nucleare con Israele non era utile in questo senso.* [enfasi aggiunta]

Secondo Cohen, fu raggiunto un compromesso. Israele annunciò formalmente "intenzioni pacifiche" (anche se Israele intendeva chiaramente costruire una bomba nucleare) e De Gaulle permise alle aziende francesi di continuare a lavorare con gli israeliani, ma il governo francese ritirò il suo sostegno diretto.

Naturalmente, l'inversione di rotta di De Gaulle sulla questione di quello che era chiaramente un indispensabile sostegno francese alle ambizioni nucleari di Israele è molto significativa, soprattutto alla luce di quanto documentato in *Giudizio Finale* riguardo al Permindex sponsorizzato dal Mossad, venuto alla luce durante le indagini sull'assassinio di Jim Garrison e che era stato pubblicamente collegato ad almeno un attentato a De Gaulle prima dell'assassinio del Presidente Kennedy.

CONTINUA LA PRESSIONE DI JFK SU ISRAELE...

Tuttavia, le dimissioni di Ben Gurion non posero fine al conflitto tra JFK e Israele. Quello che accadde tra JFK e il nuovo Primo Ministro israeliano, Levi Eshkol, è forse ancora più interessante.

Subito dopo la successione di Eshkol, JFK scrisse una lettera al nuovo Primo Ministro che era ovviamente ancora più virulenta (almeno dal punto di vista israeliano) delle precedenti comunicazioni di JFK con Ben Gurion. A pagina 155, Avner Cohen scrive:

> **Era dai tempi del messaggio di Eisenhower a Ben-Gurion nel bel mezzo della crisi di Suez, nel novembre 1956, che un presidente americano non era stato così diretto con un primo ministro israeliano. Kennedy disse a Eshkol che l'impegno e il sostegno degli Stati Uniti per Israele "potrebbero essere seriamente compromessi" se Israele non permettesse agli Stati Uniti di ottenere "informazioni affidabili" sulle sue azioni nucleari... Le richieste di Kennedy erano senza precedenti. Erano, in effetti, un ultimatum. [corsivo aggiunto].**

Cohen osserva a pagina 159 che, dal punto di vista di [Eshkol], le richieste di Kennedy sembravano diplomaticamente inappropriate; erano incoerenti con la sovranità nazionale. *Non c'era alcuna base legale o precedente politico per tali richieste"* (corsivo aggiunto da Michael Collins Piper). Cohen sottolinea anche che "la lettera di Kennedy fece precipitare una situazione di crisi nell'ufficio del Primo Ministro".

La pressione di Kennedy su Israele non si è conclusa con le dimissioni di Ben-Gurion. Pertanto, gli sforzi dei bibliotecari del STDL per determinare se la pressione di JFK su Ben-Gurion fosse la ragione "principale" delle dimissioni del leader israeliano o se fosse solo un fattore tra gli altri, sono stati nel complesso insignificanti. *Al contrario, la pressione di JFK su Israele si intensificò.*

A pagina 172, Cohen descrive un "incontro segreto" tenutosi a Washington D.C. otto giorni prima dell'assassinio di JFK (13-14 novembre) tra israeliani e americani, notando che Israele "aveva un obiettivo più ambizioso"... di quanto gli Stati Uniti fossero disposti a discutere". Eppure, osserva Cohen a pagina 173, "Dimona non fu mai menzionata in questi colloqui. Entrambe le parti si comportavano come se il problema di Dimona non esistesse".

In breve, la questione nucleare era così delicata che durante gli incontri segreti tra funzionari americani e israeliani, quando si discuteva di altre questioni tra i due Paesi, il tema della bomba nucleare israeliana non veniva sollevato. La questione era così controversa. Fu lasciata da parte - in realtà non fu mai sollevata - per una discussione futura. Ma JFK fu assassinato otto giorni dopo e le dinamiche delle relazioni tra Stati Uniti e Israele cambiarono radicalmente.

Cohen conclude la sua analisi degli anni di JFK a pagina 174 come segue:

> **In ogni caso, alla fine del 1963, Israele e gli Stati Uniti, Kennedy ed Eshkol, inciamparono sulla strada dell'opacità nucleare. I due Paesi avrebbero continuato sotto Kennedy come sotto Johnson? Cosa avrebbe fatto Kennedy riguardo al programma nucleare israeliano se fosse sopravvissuto e fosse stato rieletto, e quanto sarebbe stata diversa la storia nucleare di Israele? A queste domande non si potrà mai rispondere con certezza.**

Né Avner Cohen, né Michael Collins Piper, né i bibliotecari dell'STDL possono rispondere con certezza a queste domande. Ma la reazione in Israele alle rivelazioni di Cohen sulla guerra segreta di JFK con Israele sulla questione nucleare è stata davvero interessante.

"SE KENNEDY FOSSE VISSUTO...".

Il quotidiano israeliano *Ha'aretz* ha pubblicato una recensione del libro di Cohen il 5 febbraio 1999, definendolo "un libro bomba". (La recensione può essere consultata integralmente in inglese sul sito web di Cohen presso il George Washington University National Security Archive. La recensione di *Ha'aretz*, a firma di Reuven Pedatzur, è piuttosto interessante. Si legge in parte come segue:

> L'assassinio del Presidente degli Stati Uniti John F. Kennedy ha posto bruscamente fine alle massicce pressioni esercitate dall'amministrazione americana sul governo israeliano affinché ponesse fine al suo programma nucleare.
> Cohen dimostra a lungo la pressione esercitata da Kennedy su Ben-Gurion. Fornisce l'affascinante scambio di lettere tra i due, in cui Kennedy chiarisce al primo ministro israeliano che non acconsentirà in nessun caso che Israele diventi uno Stato nucleare.
> Il libro implica che, se Kennedy fosse sopravvissuto, è improbabile che oggi Israele avrebbe avuto un'opzione nucleare. Cohen conclude inoltre che la decisione di *Ben Gurion di dimettersi nel 1963 fu presa in gran parte nel contesto dell'enorme pressione che Kennedy stava esercitando su di lui per la questione nucleare.* [enfasi aggiunta da Michael Collins Piper].

Non avrei potuto farlo meglio. Il giornalista israeliano Reuven Pedatzur ha riassunto le esplosive rivelazioni del libro di Avner Cohen. Se questo fosse un processo, a questo punto potrei dire che la difesa si sta ritirando.

BIBLIOTECARI BUGIARDI

Ma i critici di STDL non si sono limitati a citare *Sentenza Finale* fuori dal contesto (o a citare Seymour Hersh fuori dal contesto). I bibliotecari hanno mentito apertamente affermando: "Piper afferma anche che dopo l'assassinio di Kennedy, Johnson ha 'immediatamente' invertito la posizione di Kennedy sul programma di bombardamenti israeliani".

I documenti dimostrano che i critici stavano mentendo. A pagina 59 di *Final Judgment*, ho scritto che Johnson "invertì prontamente la politica di Kennedy in Medio Oriente". [L'enfasi è qui, non nella *Sentenza Finale*]. Non ho detto in *Final Judgment*, come sostengono i critici, che Johnson ha "immediatamente" invertito la posizione di Kennedy sul programma di bombardamenti israeliani.

La posizione del Presidente Kennedy contro le armi nucleari israeliane era solo una delle tante posizioni politiche che Israele considerava contrarie ai suoi interessi e questo è documentato in *Giudizio Finale*. La politica mediorientale di Kennedy era di gran lunga più importante del programma nucleare israeliano e *Giudizio Finale* lo dimostra chiaramente, nonostante le critiche di STDL.

Ciò è confermato anche dal fatto che nella riunione segreta di metà novembre, descritta sopra, la questione nucleare non è stata nemmeno discussa. C'erano molte altre questioni da discutere. Quindi i critici dell'STDL sono davvero i bugiardi che ho descritto.

I critici hanno anche cercato di suggerire che Lyndon Johnson esercitò altrettante pressioni sugli israeliani per ridurre il loro programma di bombe nucleari, citando un riferimento di Seymour Hersh. *Ma ciò che non sottolineano è ciò che Hersh ha detto nel suo libro* a pagina 143 in riferimento all'atteggiamento di LBJ nei confronti di Israele e delle armi atomiche:

> A metà degli anni Sessanta, la partita era chiusa: il presidente Johnson e i suoi consiglieri sostenevano che le ispezioni statunitensi [dell'impianto nucleare israeliano di Dimona] erano la prova che Israele non stava costruendo la bomba, lasciando che l'America riaffermasse il suo incrollabile sostegno alla non proliferazione nucleare.

Alle pagine 188-189, Hersh fornisce anche un resoconto illuminante dello sforzo determinato di Johnson per evitare di affrontare la questione. Hersh descrive come lo psicoanalista della CIA Carl Duckett avesse concluso che Israele aveva finalmente costruito una bomba nucleare e lo avesse portato all'attenzione del direttore della CIA Richard Helms, il quale rispose a Duckett che avrebbe passato personalmente l'informazione al presidente Johnson. Secondo Hersh:

> **Helms portò le informazioni di Duckett nello Studio Ovale e le fornì al Presidente. Helms disse poi a Duckett che Johnson era esploso e chiese di insabbiare il documento: "Non dirlo a nessun altro, né al [Segretario di Stato] Dean Rusk né al [Segretario alla Difesa] Robert McNamara". Helms fece come gli era stato detto, ma non senza apprensione: "Helms sapeva che sarebbe stato nei guai con Rusk e McNamara se avessero saputo che lo aveva nascosto".**
>
> **Lo scopo di Johnson nel dare la caccia a Helms - e alla sua intelligence - era chiaro: non voleva sapere cosa la CIA stesse cercando di dirgli, perché una volta accettate quelle informazioni, avrebbe dovuto agire di conseguenza. Nel 1968, Helms, Duckett... e alcuni altri membri del governo statunitense si erano resi conto che il Presidente non aveva intenzione di fare nulla per fermare la bomba israeliana.**

Il Presidente Johnson sapeva ovviamente quanto fosse scottante l'argomento del programma nucleare israeliano e non voleva essere costretto a prendere provvedimenti che lo avrebbero messo nella stessa posizione del suo predecessore, JFK. Secondo Hersh, Johnson "esplose" sull'argomento e chiese che fosse tenuto segreto anche a due membri del gabinetto.

LBJ era il negoziatore politico per eccellenza, il politico dei politici, ma era chiaramente spaventato dalla questione del confronto con Israele sulla bomba nucleare. Sebbene il programma di Israele per la bomba nucleare fosse una delle principali preoccupazioni (come avrebbe dovuto essere), l'amministrazione statunitense guidata da Johnson non intraprese mai alcuna azione concreta per impedire a Israele di perseguire il suo antico obiettivo di creare un'arma di distruzione di massa. Certo, ci furono dichiarazioni private, ma nessuna azione. Da quello che sappiamo e che è stato presentato nel *Giudizio Finale*, possiamo certamente capire perché.

Potremmo anche avere una buona idea di un altro motivo per cui Lyndon Johnson decise di non candidarsi alle elezioni del 1968. Forse la questione nucleare israeliana fu - oserei dire - "un altro fattore", forse addirittura il motivo "principale", per cui LBJ decise di ritirarsi.

Forse i "fattori nazionali", come i disordini causati dalla guerra del Vietnam, erano solo le questioni di interesse pubblico di cui sentivamo parlare sulla stampa - perché di certo non abbiamo mai sentito parlare di Israele e della bomba. È una speculazione, naturalmente, ma è perfettamente ragionevole.

ISRAELE E LA BOMBA: DA JFK A LBJ

Ma smettiamo di fare ipotesi. Vediamo cosa ha detto più recentemente lo scrittore israeliano Avner Cohen a proposito del passaggio da JFK a LBJ e del suo impatto sul programma di armi nucleari di Israele: a pagina 195, Cohen scrive:

> Il 22 novembre 1963, John F. Kennedy fu assassinato e Lyndon B. Johnson divenne presidente. Il passaggio da Kennedy a Johnson ricordò agli israeliani la transizione da Ben-Gurion a [il suo successore] Eshkol.... E questo favorì anche il programma nucleare israeliano".

A pagina 196, Cohen aggiunge che Johnson "non aveva l'interesse di Kennedy per la proliferazione nucleare in aggiunta alle sue ragioni personali e politiche per sostenere Israele", sottolineando che "un confronto con Israele sulle armi nucleari era quindi meno probabile di quanto lo fosse stato durante gli anni di Kennedy". A pagina 177 Cohen sottolinea inoltre che "il passaggio dall'amministrazione Kennedy a quella Johnson cambiò significativamente il carattere e la funzione delle [ispezioni della centrale nucleare israeliana di Dimona]". A pagina 193 lo descrive in modo più dettagliato:

> Il presidente Johnson fu anche più flessibile di Kennedy sulle regole per le ispezioni a Dimona. Gli israeliani furono in grado di stabilire le regole per le visite e l'amministrazione Johnson scelse di non affrontare Israele sulla questione, temendo che Israele avrebbe posto fine all'accordo. [L'ispettore Culler ricorda che all'epoca pensava che le restrizioni fossero state concordate ai massimi livelli in entrambi i Paesi. Kennedy minacciò sia Ben-Gurion che Eshkol che il mancato rispetto della sua richiesta avrebbe potuto "mettere a rischio l'impegno americano per la sicurezza e il benessere di Israele", ma Johnson non volle rischiare una crisi israelo-americana sulla questione... A differenza di Kennedy, Johnson cercò un compromesso che servisse gli interessi di entrambe le nazioni". [Enfasi aggiunta da Michael Collins Piper].

Come abbiamo visto sopra, le parole di Hersh (citate dai bibliotecari dell'STDL) non contraddicono la tesi del *Giudizio Finale*. Altri documenti pubblicati nel libro di Hersh coincidono certamente con i fatti scoperti dallo storico israeliano Avner Cohen e non contraddicono in alcun modo quelle che i bibliotecari hanno definito le mie "teorie del complotto".

In breve: JFK era ferocemente determinato a impedire a Israele di costruire una bomba nucleare. LBJ ha semplicemente chiuso un occhio. La morte di JFK ha effettivamente favorito le ambizioni nucleari di Israele, e le prove lo dimostrano.

Questo per quanto riguarda gli sforzi dei bibliotecari di confutare ciò che giustamente consideravano la base della tesi del *Giudizio Finale*, ossia che il rifiuto di JFK di sostenere gli sforzi di Israele per sviluppare la bomba atomica, avesse portato al coinvolgimento del Mossad nel complotto per l'assassinio di JFK. L'unica azione di forza intrapresa per confutare la tesi è caduta miseramente nel vuoto.

Sebbene Tom Holmberg, uno dei critici di STDL, abbia in seguito pubblicato su amazon.com una brutta calunnia anonima sull'autore, ha infine avuto il coraggio di firmare la recensione con il suo nome. Tuttavia, le recensioni favorevoli di *Giudizio finale* superano di gran lunga i deliri di Holmberg, Uri Toch e amici.

LE MENTI INCORROTTE PESANO SULLA BILANCIA

Tenendo presente tutto questo, possiamo capire perché la lobby di Israele è così determinata a sopprimere il *Giudizio Finale*. È davvero un libro "pericoloso", almeno dal loro punto di vista. La lobby israeliana teme che la gente possa credere che la teoria presentata in *Giudizio finale* abbia senso.

Il fatto è che quando ho potuto presentare la mia tesi senza ostacoli, a persone che non avevano letto il libro, la gente dice che la teoria ha senso. Un buon esempio è che nella primavera del 1999 (un anno prima del caso Schaumburg), sono stato invitato a parlare a un corso accelerato di scienze politiche per gli studenti dell'ultimo anno della Thomas Worthington High School vicino a Columbus, Ohio. Sebbene Tom Molnar, l'insegnante che mi aveva invitato, fosse a conoscenza della frenesia che si era scatenata nel Sud della California, Molnar, a suo merito, fu imperturbabile. Nonostante tutte le polemiche - o forse proprio a causa di esse - Molnar mi invitò comunque a parlare.

Negli anni precedenti, l'ADL si era opposta agli altri oratori invitati da Molnar. Tuttavia, quando Molnar ha offerto all'ADL l'opportunità di partecipare al dibattito con questi oratori, si è rifiutato di farlo. L'ADL si è anche rifiutata di "disinvitare" gli oratori. L'ADL ha rinunciato.

Le critiche scritte degli alunni alla mia presentazione erano in netto contrasto con le farneticazioni anti-intellettuali dell'ADL e dei suoi compari alla biblioteca comunale di Schaumburg. Ecco un esempio di ciò che quattro di queste menti intelligenti, giovani, sincere e oneste hanno avuto da dire:

> Michael Piper... sembra colto e competente in materia di storia. Le sue convinzioni derivano dai legami che ha stabilito nel corso delle sue indagini.
>
> Il signor Piper sembra una brava persona e non sembra avere cattive intenzioni nei confronti degli ebrei o degli stranieri. Molte delle sue idee sembrano avere senso, ma credo che alcuni dei suoi collegamenti siano troppo complicati per essere veri. Ammette anche che non ci sono prove

concrete e che forse non sapremo mai la verità dietro la più famosa cospirazione americana.

Michael era ovviamente ben informato per creare un compendio così approfondito, completo e credibile degli eventi nel suo libro. Ero molto interessato al discorso e alle idee di Michael. Il solo pensiero che la sua storia potesse essere vera mi ha fatto dubitare di tutte le altre versioni che avevo sentito. Ho apprezzato il suo tentativo di rivelare la verità senza danneggiare irragionevolmente la reputazione delle persone. Spero di leggere il libro Giudizio finale e di leggerlo con attenzione.

Il signor Piper è stato molto onesto e ha detto che la sua teoria è solo una teoria e che probabilmente non sapremo mai tutta la verità. In effetti, ho avuto la sensazione che ci fosse la possibilità che il Mossad fosse colpevole, perché è così strettamente legato a tutti coloro che sono stati apparentemente coinvolti nell'assassinio.

All'inizio ho faticato a capire il suo ragionamento sull'accusa del Mossad, ma presto ho iniziato a vedere la possibilità della sua interpretazione dell'omicidio di JFK. Il signor Piper mi piaceva. Era molto intelligente e la sua teoria era del tutto possibile e comprensibile.

È proprio a causa delle critiche gentili di studenti intelligenti come questi che l'ADL era così determinato a mettermi a tacere. E sono lieto di dire che, secondo il signor Molnar, molti studenti hanno effettivamente letto il libro, nonostante le obiezioni dell'ADL.

In definitiva, la scomoda questione delle armi nucleari israeliane è una questione che non si risolverà mai. Il 2 maggio 2000, Hugh Dellios, corrispondente estero del *Chicago Tribune*, ha riferito che "stanchi di indovinare la portata della capacità nucleare di Israele, l'Egitto e altri Paesi arabi hanno lanciato una campagna decisa per smascherare una volta per tutte il programma nucleare segreto di Israele. A New York, i leader mediorientali stanno facendo pressione su una conferenza delle Nazioni Unite sul disarmo nucleare che si terrà questa settimana per identificare ufficialmente Israele potenza nucleare e costringerlo ad aprire le sue strutture agli ispettori internazionali".

Il *Tribune* ha descritto la situazione come "scomoda" per gli Stati Uniti, che hanno cercato di scoraggiare una corsa agli armamenti tra India e Pakistan ignorando però l'accumulo nucleare di Israele, notando che la vicenda "potrebbe mettere in imbarazzo Israele, unico paese della regione che si rifiuta di firmare il Trattato [di non proliferazione nucleare]". "I funzionari israeliani, che per la prima volta si sono rifiutati di partecipare alla conferenza come osservatori, affermano che non cambieranno la loro politica, che sostengono essere la pietra angolare della sopravvivenza di Israele in una regione ostile".

Nel *Bulletin of Atomic Scientists* del settembre/ottobre 1998 (prima della pubblicazione del suo libro, *Israel and the bomb*), Avner Cohen ha riassunto la natura della spinta nucleare di Israele dicendo: "Il programma nucleare è stato probabilmente il progetto più complicato di Israele. Il programma nucleare era il progetto sionista per eccellenza, concepito per garantire l'esistenza fisica dello Stato di Israele". "

Ora, però, "questo progetto sionista definitivo" (che ha avuto un ruolo così importante nella cospirazione per l'assassinio di JFK) è al centro dell'attenzione mondiale.

BILL CLINTON INTERVIENE - STILE JFK

Da parte sua, il vecchio ammiratore di JFK, il presidente Bill Clinton, nella primavera del 1999 osò incorrere nelle ire della lobby israeliana discutendo pubblicamente della bomba "segreta" di Israele.

Il 14 maggio 1999, l'autorevole settimanale ebraico *Forward* ha pubblicato un articolo in cui esprimeva indignazione e preoccupazione: "Il presidente Clinton solleva per la prima volta questioni di interesse pubblico sul programma nucleare di Israele". L'articolo sottolineava che circa 35 membri del Congresso degli Stati Uniti avevano scritto una lettera a Clinton esprimendo la loro preoccupazione per l'ingegnere nucleare israeliano imprigionato Mordechai Vanunu, che era stato il primo a denunciare pubblicamente il programma di bombe nucleari di Israele.

Rispondendo con una lettera del 22 aprile 1999 al rappresentante Lynn Rivers (D-Mich.), il Presidente Clinton non si è limitato a esprimere la propria preoccupazione per la situazione di Vanunu. Clinton ha anche detto che "condivido le vostre preoccupazioni sul programma nucleare di Israele. Abbiamo ripetutamente sollecitato Israele e gli altri Stati che non hanno aderito al Trattato di non proliferazione delle armi nucleari ad aderire al Trattato e ad accettare le garanzie complete dell'Agenzia internazionale per l'energia atomica".

Forward ha riferito che "i leader ebraici sono rimasti scioccati dalla notizia dell'intervento di Clinton su Vanunu e sul programma nucleare israeliano", e ha citato la reazione del direttore dell'ADL Abe Foxman (un critico dichiarato del *Giudizio Finale*) che ha attaccato Clinton, dicendo: "Non posso credere che il Presidente abbia inviato una lettera del genere. Si tratta di questioni molto delicate. È così reprobo".

Tuttavia, il disgusto di Foxman nei confronti del Presidente Clinton non era unico. Malcolm Hoenlein, vicepresidente esecutivo della Conferenza dei presidenti delle principali organizzazioni ebraiche americane, ha dichiarato: "Il riferimento del Presidente al programma nucleare di Israele è sorprendente e inquietante, per quanto ne sappiamo non ha precedenti.

Inaudito - in pubblico. Ma non in privato. Per aver assunto una posizione simile in privato, l'eroe di Clinton, John F. Kennedy, pagò con la vita.

IL CASO LEWINSKY

Ironia della sorte, lo stesso Bill Clinton potrebbe essere stato vittima del complotto del Mossad durante il famoso affare Lewinsky che portò al suo impeachment.

Molti conservatori americani che odiavano Bill Clinton rimasero francamente turbati quando scrissi nel numero del 23 febbraio 1998 del settimanale *Spotlight*: "Hillary Clinton potrebbe avere ragione, c'è una 'cospirazione di destra' per distruggere suo marito".

Tuttavia, ho certamente fatto arrabbiare i sostenitori di Israele quando ho aggiunto: "Ma non contate su Hillary per dirvi quale 'ala destra' è dietro questa cospirazione - e come lo scandalo viene usato per manipolare la politica degli Stati Uniti in Medio Oriente".

L'argomentazione di Hillary Clinton secondo cui dietro lo scandalo sessuale e di falsa testimonianza che potrebbe far cadere suo marito ci sarebbe una "cospirazione di destra" in America è profondamente sbagliata: Dopo tutto, sono stati i media mainstream americani - guidati dal *Washington Post* e da *Newsweek*, a cui si sono aggiunti il *New York Times* e la rivista *Time*, oltre alle principali reti televisive - a sostenere lo scandalo e a suggerire che sarebbe stata la fine di Bill Clinton.

Newsweek reclutò il confidente di lunga data di Clinton, George Stephanapolous, per scrivere del "tradimento" di Clinton e il giovane Stephanapolous, ora commentatore ben pagato per la ABC, andò persino in onda per sollevare la possibilità di dimissioni e impeachment.

E nessuno ha mai accusato nessuno di questi grandi media di essere la voce della "destra", o almeno della "destra" in America.

DI CHI E' IL DIRITTO?

Tuttavia, la First Lady potrebbe aver messo il dito nella piaga quando ha affermato che una "cospirazione di destra" stava alimentando lo scandalo del Monica-gate. Ma la First Lady non ha osato (almeno pubblicamente) sollevare il sospetto che non fossero solo alcuni elementi della destra americana ad aver contribuito a portare lo scandalo all'attenzione pubblica.

In effetti, nel bel mezzo dello scandalo Lewinsky, è stato facile trovare un collegamento tra la "destra" estremista in Israele e il "Monica-gate" a Washington D. C.. C.

Forse non è una coincidenza che, mentre i sostenitori della destra israeliana in America - il blocco del Likud - stavano lanciando un'importante (e amara) campagna di pubbliche relazioni contro il presidente Clinton, i media mainstream statunitensi abbiano preso l'iniziativa e abbiano improvvisamente iniziato a lanciare accuse su un'altra "scappatella sessuale" della Clinton.

Ecco alcuni fatti chiave (riportati dagli stessi media mainstream) che in qualche modo sono finiti nella frenesia delle accuse tanto pubblicizzate.

Innanzitutto, sebbene i media si siano concentrati sull'ex collaboratrice della Casa Bianca Linda Tripp e sulla sua amica attivista newyorkese Lucianne Goldberg come principali istigatrici del "Monica-gate", il 28 gennaio il *Washington Post* ha sottolineato, in modo piuttosto superficiale, in un articolo nascosto alla fine del giornale, che gli avvocati di Paula Jones, la giovane donna che ha fatto causa al presidente per molestie sessuali] "hanno ricevuto diverse soffiate anonime sul fatto che Lewinsky avrebbe avuto una relazione sessuale con il presidente".

A quanto pare, è stato solo dopo che gli avvocati di Paula Jones hanno contattato la signorina Lewinsky, informando il Presidente che la sua relazione con Lewinsky era stata rivelata.

Possiamo supporre che né Tripp né Goldberg fossero le fonti, poiché avevano altri interessi da sfruttare nell'affare Clinton-Lewinsky. Invece, Tripp ha parlato direttamente con il procuratore speciale Kenneth Starr. Quindi la domanda principale era: chi ha informato gli avvocati di Paula Jones che potevano esistere prove con "pistola fumante" della relazione del Presidente con Monica Lewinsky?

Monica Lewinsky era una fedelissima di Clinton e ovviamente non fu la signorina Lewinsky a far trapelare la storia agli avvocati. *Quindi qualcuno vicino al Presidente - o che spiava chi era vicino al Presidente - deve aver detto agli avvocati di Jones che la relazione del Presidente con la signorina Lewinsky era stata rivelata agli avvocati di Jones.*

Sebbene Michael Isikoff di *Newsweek* (pubblicato dall'impero Meyer-Graham, che possiede anche il *Washington Post*) sia stato il primo giornalista a "scavare" ufficialmente nella storia, ora risulta, secondo quanto riportato di sfuggita dal *Post* il 28 gennaio, che William Kristol - solitamente descritto come "editore del *Weekly Standard*" - sia stato uno dei primi a "menzionare pubblicamente" le accuse.

Il ruolo di Kristol, uno dei "primi" a rendere pubblica la storia, è essenziale per comprendere il quadro generale. Non solo Kristol è il capo del magnate miliardario dei media Rupert Murdoch, un importante alleato del Likud radicale israeliano, ma Kristol è il figlio del giornalista Irving Kristol e della storica Gertrude Himmelfarb, due autoproclamati "ex marxisti" che da tempo sono emersi come figure "neoconservatrici" con stretti legami con la "destra anticomunista" di Israele.

Il giovane Kristol è, come i suoi genitori, un "likudnik" ed è stato molto critico nei confronti della decisione del Presidente Clinton di "voltare le spalle" a Israele. È anche importante notare che Kristol, come Clinton, è stato iniziato al Gruppo Bilderberg, il conclave d'élite di politica estera di alto livello dominato dalle famiglie Rockefeller e Rothschild, anche se Kristol (ovviamente) è identificato con il partito "repubblicano" Bilderberg.

Il 26 gennaio, mentre l'affare Lewinsky cominciava a gonfiarsi e a travolgere Clinton, Kristol pubblicò una lettera a Clinton, esortando il Presidente a lanciare un attacco militare contro l'odiato nemico di Israele, l'Iraq. Una serie di altri importanti sostenitori americani della "destra" israeliana hanno firmato la lettera insieme a Kristol.

Dato il legame tra Kristol e Murdoch, è quindi interessante notare che il canale Fox di Murdoch è stato essenzialmente quello che ha comandato nei media della classe dirigente, costringendo gli altri canali a competere.

Il canale Fox News ha trasmesso la storia quasi ininterrottamente 24 ore al giorno. Anche quando venivano trasmessi altri servizi, questi potevano essere interrotti a causa degli sviluppi dello scandalo Clinton, indipendentemente da quanto fossero banali.

PRESSIONE DEI MEDIA SU CLINTON

In un'occasione, un programma della Fox ha persino portato un esperto di "linguaggio del corpo" a guardare un video di Clinton che incontra la signorina Lewinsky in una fila di ricevimento, dopo di che il cosiddetto esperto ha dichiarato che Clinton trattava la giovane ragazza come se fosse "la first lady".

E, non a caso, alcune delle storie più sordide che hanno fatto scoppiare lo scandalo sono apparse sul *New York Post* e su altri giornali di Murdoch. Ma il fatto è che non era solo la "stampa scandalistica" a spingerlo. Anche gli elementi "responsabili" della stampa "mainstream" - tra cui il *New York Times* e il *Washington Post* - facevano parte della lotta contro la Clinton.

Nel frattempo, nel tentativo di "stare dalla parte del suo uomo", la first lady ha nominato il predicatore televisivo Jerry Falwell e il suo amico, il senatore Jesse Helms (R.C.), tra coloro che facevano parte della "cospirazione di destra" che cercava di far cadere il suo presidente.

Ciò che Hillary non ha menzionato è che Falwell e Helms erano entrambi particolarmente vicini - ancora una volta - al Likud, il blocco estremista di "destra" israeliano, e che entrambi si oppongono categoricamente al presunto sostegno del Presidente Clinton al Partito laburista israeliano, molto più favorevole al processo di pace.

Clinton non ha sostenuto Binjamin Netanyahu del Likud nelle elezioni israeliane che hanno portato al potere la coalizione estremista del Likud ed è stato quindi politicamente imbarazzato quando Netanyahu ha vinto sconfiggendo i liberali guidati dall'apparentemente più moderato Shimon Peres. Peres predicava la pace, Netanyahu era intransigente.

In realtà, ancor prima dell'incontro ufficiale con il Presidente Clinton, il Primo Ministro israeliano aveva già incontrato il reverendo Jerry Falwell, uno dei più accesi critici di Clinton, e aveva già partecipato con lui a un raduno pro-Likud. Anche il *Washington Post* ha rivelato il 22 gennaio che "un alto funzionario di Netanyahu ha detto che il leader israeliano era pronto a rispondere all'opposizione della Casa Bianca mostrando le sue "munizioni" nei circoli politici americani", ovvero Falwell e la destra cristiana filo-sionista.

Nello stesso Israele, secondo il *Post* del 24 gennaio, la stampa aveva "riportato le accuse di Clinton". Il *Post* afferma che "l'interesse sembrava particolarmente vivo perché Monica Lewinsky è ebrea".

Nel numero del 22 gennaio 1998 del quotidiano israeliano *Yedioth Aharonoth*, Nahum Barnea commentava ironicamente: "Pensavamo che il destino del processo di pace fosse nelle mani di un'ebrea nata a Praga, Madeleine Albright. A quanto pare, il destino del processo di pace è, in misura non minore, nelle mani di un'altra ebrea, Monica Lewinsky, 24 anni, di Beverly Hills, che tre anni fa ha trascorso una felice estate come stagista alla Casa Bianca".

È interessante notare che quando le parole di Barnea furono riprodotte nel numero del 2 febbraio 1998 di *Newsweek*, che dedicava un numero speciale allo scandalo, *Newsweek* aveva accuratamente modificato le parole di Barnea in modo che recitassero: "Si scopre che il destino del processo di pace dipende da un'altra donna".

In realtà, lo scandalo costrinse il Presidente a fare marcia indietro su Israele. Il 27 gennaio 1998, il *Washington Post* fece ancora una volta uscire il gatto dal sacco quando riferì che "la settimana scorsa, Clinton ha dimostrato di non poter costringere gli israeliani ad accettare la responsabilità di un nuovo ritiro militare. Questa settimana [sulla scia dello scandalo] è ancora meno in grado di farlo, se non altro perché i membri del suo stesso partito, per non parlare dei repubblicani, non sosterranno una politica di maggiore pressione su Israele".

RICATTO DEL MOSSAD?

Forse non fu così sorprendente quando, il 3 marzo 1999 - proprio mentre scoppiava lo scandalo Lewinsky - il sionista radicale *New York Post* gridò allo scandalo con il titolo: "Monica's Pink Phone Scoop", annunciando che un nuovo libro, *Gideon's*

Spies, di Gordon Thomas, autore rispettato e navigato, aveva rivelato che "Israele stava ricattando Bill con i video di Monica".

La storia, che compare nel libro di Thomas, sostiene che il Mossad avrebbe avuto accesso a sessioni sessuali videoregistrate tra il Presidente e la signora Lewinsky e avrebbe usato le informazioni per costringere Clinton a interrompere un'indagine prioritaria dell'FBI su una talpa del Mossad ai massimi livelli della sicurezza nazionale.

Giusto o sbagliato che sia, la pubblicazione della storia è stata usata dai critici della Clinton (con grande gioia dei suoi nemici in Israele) per giustificare l'accusa che i peccatucci personali della Clinton fossero una potenziale minaccia alla sicurezza nazionale e un'altra ragione per il suo impeachment.

IL COLTELLO A SERRAMANICO DI HILLARY?

Sapendo tutto questo, è davvero straordinario chiedersi se, nel bel mezzo della controversia Lewinsky, il motivo per cui la First Lady Hillary Clinton ha chiesto la creazione di uno Stato palestinese fosse il suo modo di avvertire gli israeliani di ciò che sarebbe potuto accadere se non avessero smesso di sostenere gli elementi che stavano cercando di spodestare suo marito dal potere?

Il mondo dei duri della politica è un mondo sporco, e Hillary può giocare con i migliori di loro, come dimostra la sua apparente sfida a Israele. È stato quasi come se Hillary avesse tirato fuori un coltello a serramanico in una brutta (e molto pubblica) battaglia di strada.

Alla fine, naturalmente, Bill Clinton è sopravvissuto al processo di impeachment, ma non c'è dubbio che dietro le circostanze che hanno portato al suo impeachment ci sia il complotto israeliano. Così abbiamo visto un altro presidente americano, in questo caso Bill Clinton, affrontare un'altra forma di "assassinio" da parte di Israele.

Questa non è assolutamente una difesa della Clinton, ma è un riassunto di fatti rilevanti che danno una visione interessante delle modalità della politica di potere a Washington, per quanto riguarda l'influenza di Israele.

IL MENTORE DI CLINTON

Lo stesso Bill Clinton è stato un protetto del senatore J. William Fulbright dell'Arkansas e questo, di per sé, può dirci qualcosa di più su Clinton. Quando Fulbright prese posizione contro la guerra del Vietnam, i media tradizionali lo acclamarono per il suo "candore". Ma quando prese una posizione simile contro l'aggressione israeliana in Medio Oriente, fu bollato come "antisemita". Il 15 aprile 1973, Fulbright disse alla trasmissione *Face the Nation* della CBS:

> **Israele controlla il Senato degli Stati Uniti. Il Senato è asservito, fin troppo; dovremmo preoccuparci maggiormente degli interessi degli Stati Uniti, piuttosto che fare gli ordini di Israele. La stragrande maggioranza del Senato degli Stati Uniti - circa l'80% - è interamente a favore di Israele; qualsiasi cosa Israele voglia, la ottiene. Questo è stato dimostrato più volte e ha reso difficile la politica estera del nostro governo.**

Dopo l'ampia copertura mediatica delle osservazioni del senatore, grandi quantità di denaro ebraico si sono riversate in Arkansas e Fulbright è stato sconfitto per la rielezione. E probabilmente non è una coincidenza - tutto sommato - che 1) i maggiori raccoglitori di fondi ebraici abbiano contribuito a finanziare l'avversario repubblicano di Hillary Clinton nella sua corsa al Senato nel 2000, e 2) Hillary abbia vinto di poco il voto ebraico nello stesso momento in cui il suo alleato democratico, Al Gore, ha vinto il voto ebraico con uno schiacciante 80% su George W. Bush. **Siate certi che la lobby di Israele non si fiderà mai di Hillary Clinton.**

Tuttavia, allo stesso tempo, la crescente consapevolezza del potere di Israele tra gli americani comuni che non hanno paura di discutere l'argomento è una realtà che Israele e la sua lobby americana devono affrontare. Il fatto che il *Giudizio Finale* sia ora "fuori" e raggiunga un numero crescente di questi americani - e molti altri - è un ulteriore ingrediente della miscela.

IL RABBINO contro IL GENERALE

Non c'è dubbio: le notizie sul *Giudizio Finale* sono sempre più diffuse. Il 29 ottobre 1998, il *Washington Jewish Week* riportava che il rabbino Abraham Cooper, autoproclamatosi "decano associato" del Simon Wiesenthal Center di Los Angeles, aveva denunciato in uno dei suoi infiniti comunicati stampa che "in un'intervista alla televisione siriana, il ministro della Difesa siriano, il generale Mustafa Tlas, aveva affermato che il 'sionismo internazionale' era responsabile dell'assassinio del presidente americano John F. Kennedy".

Il rabbino ha chiesto ai siriani di fornire un chiarimento ufficiale "sul fatto che queste opinioni espresse da una delle figure più potenti della Siria riflettano o meno la visione ufficiale siriana della storia americana", anche se finora i siriani non si sono affrettati a scusarsi. In ogni caso, uno dei miei amici siriani mi ha detto che il generale Tlas gli aveva detto di aver letto *Giudizio Finale* e di essere d'accordo con le sue conclusioni.

In precedenza, il rabbino Cooper aveva attaccato coloro che erano intervenuti in mia difesa quando ero stato attaccato dalla Anti-Defamation League della California meridionale. Cooper ha detto: "Non devono dimostrare che gli israeliani sono coinvolti nell'assassinio di JFK; devono solo seminare il sospetto che possa essere stato così".

Il Giudizio Finale ha seminato sospetti, ma solo perché i fatti raccolti in questo libro descrivono uno scenario plausibile che è altrettanto credibile di altre teorie avanzate su questo argomento altamente controverso. Ecco perché il rabbino Cooper, l'ADL e altri sono così a disagio.

L'ULTIMO FRATELLO...

Proprio mentre la quinta edizione di *Giudizio finale* stava per andare in stampa, accadde una cosa strana. Stavo lavorando alla versione definitiva e, nella tarda serata del 14 giugno 2000 (intorno alle 23.30), ricevetti una telefonata da un amico che mi disse che il senatore Edward M. Kennedy e un gruppo di persone si stavano "divertendo" ai tavoli esterni dell'Hawk & Dove, un popolare locale notturno vicino al mio ufficio a Capitol Hill, a Washington. Il mio amico si offrì di regalare una copia di *Giudizio finale* al senatore. "Perché no?", pensai. "Probabilmente ne avrà sentito parlare in qualche modo".

Firmai il libro per il senatore Kennedy e lo consegnai al mio amico, che poi si avvicinò al senatore con cautela. Guardando l'uomo afroamericano alto con gli occhiali da sole scuri che gli si avvicinava, Kennedy chiese: "Posso aiutarla, signore?". Il mio amico consegnò il libro a Kennedy e disse: "Un mio amico mi ha chiesto di darle questo libro. È sul Mossad". L'ultimo fratello Kennedy tenne il libro tra le mani, guardando la copertina (mentre i suoi compagni faticavano a capire di cosa si trattasse).

Dopo un po', porgendo il libro al mio amico, Kennedy disse: "Grazie, ma non grazie. Dio ti benedica e ti auguro una buona serata". Il mio amico accettò il libro dicendo: "Dio benedica anche lei" e se ne andò. Questa triste storia dice così tanto che mi sento un po' in colpa per aver sottoposto il senatore a questa esperienza, perché dopo tutto stiamo parlando dell'omicidio di suo fratello maggiore.

Ma il fatto è che *Giudizio Finale* presenta una tesi che molti americani ritengono corretta, e questo è qualcosa che il senatore e la sua famiglia devono accettare.

Se c'è qualcuno che sa quanto sia plausibile questo scenario, è Ted Kennedy. Non può semplicemente dirci che non era a conoscenza degli sforzi del fratello per impedire a Israele di costruire una bomba nucleare, o che non era a conoscenza dell'amarezza che ne è scaturita. Per quanto Ted Kennedy proclami che lui e la sua famiglia sono stati ferventi sostenitori di Israele, i fatti dimostrano il contrario. E lo sanno anche gli israeliani.

Comprendiamo perché il senatore Kennedy si senta costretto a dire e fare queste cose, ma speriamo anche che il senatore capisca perché non crediamo che le pensi davvero.

Ma vi lascio con questo: uno dei sostenitori più entusiasti di *Final Judgement* è un certo signore che è un amico di famiglia di una delle figure più note della cerchia ristretta della Casa Bianca di JFK. E anche se non posso rivelare il suo nome, questo dice molto.

IL LIBRO CHE NON SCOMPARE

Qual è la mia analisi finale di *Giudizio finale*? In particolare, spero che il *Giudizio Finale* riceva il riconoscimento che merita e che le persone che hanno letto il libro si sforzino maggiormente di indagare sulle affermazioni in esso contenute. Spero che le persone siano in grado di fornire documenti o altre informazioni che confermino cose che io ho potuto solo ipotizzare.

Forse, alla fine, la pubblicazione del *Giudizio Finale* porterà nuovi testimoni che potranno dirci cose che non abbiamo mai saputo prima. Non pretendo di essere l'arbitro finale dell'assassinio di JFK (nonostante il titolo forse presuntuoso del mio libro), ma credo che si avvicini alla sintesi dell'intera cospirazione. Sono ansioso di vedere come i futuri sforzi investigativi sull'argomento saranno influenzati da ciò che ho descritto nel *Giudizio Finale*.

L'ho già detto, ma vale la pena ripeterlo. Credo di aver dato una nuova occhiata a un puzzle molto grande che mostra un quadro straordinariamente complesso e un po' confuso. Per quanto riguarda il puzzle, vedete davanti a voi tutti i vari gruppi e individui che sono stati coinvolti nel complotto per l'assassinio di JFK - un quadro estremamente confuso.

Tuttavia, quando si gira il puzzle, si trova un quadro completo - ed è un quadro grande e chiaro della bandiera israeliana. Tutte le altre bandiere sul fronte del puzzle sono, nel gergo dei servizi segreti, "false bandiere", e il *Giudizio Finale* ne è la prova.

Giudizio Finale può essere giustamente definito "il libro che hanno cercato di bandire". Ma soprattutto, alla fine, *Giudizio Finale* racchiude una tesi che non possono screditare. Il genio è uscito dalla bottiglia e né il *Giudizio Finale* né la tesi che presenta stanno per passare di moda.

- MICHAEL COLLINS PIPER

Ecco un esempio di lettera che potete scrivere al vostro giornale locale per promuovere "*Giudizio finale*".

All'editore :

Un nuovo libro esplosivo accusa il Mossad, l'agenzia di intelligence israeliana, di aver collaborato con la CIA e la malavita all'assassinio di John F. Kennedy perché JFK si opponeva agli sforzi di Israele per costruire un arsenale nucleare.

"Giudizio finale" di Michael Collins Piper non è disponibile in libreria, ma è sempre stato considerato un "bestseller underground". Ecco cosa contiene "Giudizio finale":

Quando il procuratore di New Orleans Jim Garrison accusò l'uomo d'affari Clay Shaw di essere coinvolto nel complotto per l'assassinio di JFK, Garrison si imbatté nel collegamento tra il Mossad e l'assassinio del Presidente Kennedy.

Shaw faceva parte del consiglio di amministrazione di una società di comodo nota come Permindex, che operava come copertura del Mossad per l'approvvigionamento di armi collegato alle operazioni di riciclaggio di denaro con sede in Svizzera di Meyer Lansky, il capo del Sindacato Internazionale del Crimine che collaborava strettamente su molti fronti con la CIA statunitense.

In "Giudizio finale", la connessione tra Israele e l'assassinio di JFK è esposta in modo terrificante e completamente documentata. Ad esempio, sapevate che :

- JFK era impegnato in un aspro conflitto segreto con Israele sulla politica statunitense in Medio Oriente e il Primo Ministro israeliano si dimise disgustato dalla posizione di JFK, che minacciava la sopravvivenza stessa di Israele?
- Il successore di JFK, Lyndon Johnson, invertì immediatamente la politica degli Stati Uniti verso Israele?
- le principali figure mafiose spesso accusate di essere dietro l'assassinio di JFK erano solo dei prestanome di Meyer Lansky?
- James Angleton, l'ufficiale di collegamento della CIA con il Mossad, fu l'istigatore dell'insabbiamento dell'assassinio di JFK?

Perché Oliver Stone non ne ha parlato nel suo film "JFK"? Si è scoperto che il principale finanziatore del film di Stone era Arnon Milchan, il più grande trafficante di armi di Israele e membro di lunga data del Mossad.

Attivista di pace ebreo israeliano approva il *Giudizio Finale*

Ecco il notevole e chiaramente sentito messaggio di sostegno al *Giudizio Finale* pubblicato su *amazon.com* il 5 settembre 2000 da David L. Rubinstein, israelo-americano di Tel Aviv, Israele.

La splendida recensione del signor Rubinstein distrugge il vecchio mito - propagato dalla radicale Anti-Defamation League (ADL) del B'nai B'rit - secondo cui *Giudizio Finale* sarebbe in qualche modo "propaganda d'odio antisemita". Segue la recensione:

Il terrorismo di Stato israeliano smascherato - Un libro sorprendente

"Un libro di riferimento per la storia americana moderna che dovrebbe essere nella biblioteca di ogni storico serio e di tutti gli americani interessati. Permettetemi di esporre le mie ragioni.

"Questo libro è una straordinaria impresa di giornalismo investigativo. Le informazioni e i fatti che Piper scopre sono utilizzati in modo estremamente potente per rivelare un'intera serie di azioni israelo-ebraiche che culminano nell'assassinio di JFK (che era un implacabile oppositore del programma di armi nucleari di Israele nei primi anni '60 e '50).

"La profondità e l'accuratezza del giornalismo investigativo di Piper lasciano senza fiato. Il libro è molto facile da seguire e da capire, in quanto Piper costruisce metodicamente la sua tesi schiacciante per dimostrare la profondità del coinvolgimento di Israele nell'assassinio di JFK.

"Una volta iniziato a leggere questo libro, non sono più riuscito a smettere finché non l'ho finito. Raccomando vivamente questo libro come un modo per espandere la propria mente al di là dei confini dei media moderni che hanno severamente represso questo libro, tanto che per le librerie tradizionali è quasi un tabù tenerlo in vendita.

"Come attivista pacifista americano-israeliano, accolgo con favore questo libro. Questo libro è tanto più rilevante oggi che la ricerca della pace in Medio Oriente continua. Come israeliani ed ebrei di tutto il mondo che hanno a cuore il nostro Paese, credo sia giusto e doveroso impegnarsi in un dibattito aperto e vigoroso sulle malefatte del nostro governo. Questo è l'unico modo per frenare i peggiori eccessi del sionismo. Questo libro offre a tutti noi tale opportunità".

David L. Rubinstein
Tel Aviv, Israele

Perché la lobby israeliana rifiuta quarant'anni di indagini ben intenzionate sulla dai ricercatori sull'assassinio di JFK?

Sebbene alcuni ricercatori sull'assassinio di JFK, come Debra Conway e John Judge, si siano affrettati a condannare *Giudizio Finale* e ad appoggiare personalmente gli sforzi dell'Anti-Defamation League (ADL) di B'nai B'rith, il fatto è che l'ADL non ha ricevuto altro che commenti sprezzanti da parte di ricercatori sinceri che hanno lavorato per far emergere la verità sull'assassinio.

Ad esempio, in un rapporto dell'autunno 2003 intitolato *Unraveling Anti-Semitic 9-11 Conspiracy Theories* - che non aveva nulla a che fare con l'assassinio di JFK - l'ADL ha paragonato gli attuali interrogativi sollevati sugli attacchi dell'11 settembre a quelli sollevati sull'assassinio di JFK. L'ADL ha individuato i ricercatori tra i "teorici della cospirazione" - un termine derisorio nel lessico dell'ADL - che stanno disturbando la società. Secondo l'ADL :

> Un rapporto inizialmente errato che viene successivamente corretto diventa una "storia vera" che è stata poi "insabbiata". Inoltre, praticamente qualsiasi aspetto inspiegabile o contraddittorio di un evento può essere usato come "prova". Nel caso dell'assassinio di John F. Kennedy, i cospirazionisti ritenevano che i colpi sparati contro JFK fossero avvenuti troppo rapidamente per essere stati sparati da una sola persona.

In breve, in poche frasi (ma molto seriamente intese), l'ADL sta rifiutando 40 anni di duro lavoro da parte di forse centinaia - se non migliaia (Debra Conway e John Judge inclusi) - di persone che hanno osato sfidare la linea della Commissione Warren/ADL sull'affare JFK.

Nella versione distorta dell'ADL, gli unici dubbi sull'assassinio di JFK derivano dal fatto che "i teorici della cospirazione ritenevano che i colpi sparati contro JFK fossero stati esplosi troppo rapidamente per essere stati sparati da una sola persona". Questo è un insulto e un'assurdità: un attacco maligno sia ai ricercatori sinceri sia ai milioni di persone che sono convinte che la teoria ufficiale della Commissione Warren e dell'ADL del "pazzo solitario" sia una menzogna.

Tuttavia, per la persona media esposta alle menzogne dell'ADL - tra cui molti giornalisti, insegnanti di scuola superiore, leader civici e altri - il travisamento da parte dell'ADL delle prove reali dell'assassinio di JFK potrebbe essere molto fuorviante.

E questo, naturalmente, solleva la questione del perché l'ADL sia così determinata a sostenere l'insabbiamento dell'assassinio di JFK. *Debra Conway e John Judge dovrebbero scoprire perché.*

"Un'altra coincidenza" che coinvolge Israele? Il rabbino di Jack Ruby e la Commissione Warren.

È emerso che il rabbino di Jack Ruby, Hillel Silverman, fu la principale "fonte" per il giudizio finale della Commissione Warren, secondo cui Jack Ruby era un semplice guardiano di night club - un po' pazzo - che uccise Lee Oswald per pietà verso la famiglia di JFK. E ora sappiamo perché la Commissione Warren prese a cuore le affermazioni di Silverman.

La storia del legame tra la Commissione Warren e Silverman è raccontata da Dave Reitzes, che il 28 novembre 2003 è stato elogiato dal prestigioso giornale ebraico *Forward* per aver contribuito a stabilire quelle che *Forward* ha definito le teorie "strampalate" sull'assassinio di JFK, descrivendo la teoria del *Giudizio Finale* - pur non citando il libro per nome - come "più sinistra".

Sul suo sito web **jfk-online.com**, Reitzes cita le pagine da 35 a 37 di *Final Disclosure*, le memorie di David Belin, il principale avvocato della Commissione Warren e il principale sostenitore della teoria secondo cui Oswald era un "pazzo solitario" e che Ruby non faceva parte di una cospirazione. Secondo Reitzes:

> Il rabbino Silverman fu uno dei confidenti di Ruby dopo il suo arresto, incontrandolo per la prima volta il 25 novembre e in seguito circa una o due volte alla settimana fino a quando Silverman si trasferì a Los Angeles nel luglio 1964.
>
> *Silverman divenne anche amico di David W. Belin, un giovane avvocato della Commissione Warren. I due uomini si incontrarono nell'estate del 1963, durante una missione d'inchiesta in Israele.*
>
> **Durante uno dei primi viaggi di Belin a Dallas per conto della commissione, chiese a Silverman la sua opinione sulla possibilità che Ruby facesse parte di una cospirazione. Jack Ruby è assolutamente innocente di qualsiasi cospirazione"**, rispose Silverman senza esitazione. [enfasi aggiunta].

Questa "stranezza" non "prova" nulla. Tuttavia, quali sono le probabilità *che, in un periodo in cui pochi americani si recavano in Israele*, un rabbino di Dallas e un avvocato ebreo di Des Moines finissero insieme in Israele per una "missione di accertamento dei fatti" e che, nel giro di sei mesi, uno dei membri della congregazione rabbinica assassinasse il presunto assassino di un presidente americano e che uno degli avvocati che indagava su quel crimine, tra tutti gli avvocati, per non parlare degli avvocati ebrei, del Paese, fosse l'avvocato di Des Moines?

I critici diranno che sollevare questo problema è "antisemita", ma il fatto è che nessuno ha mai osato (per paura di essere etichettato come "antisemita") sottolineare l'ovvio conflitto di interessi di David Belin come risultato del suo rapporto religioso preassassinio con il consigliere religioso personale di una delle figure chiave nella controversia JFK.

Come il Mossad si nascose abilmente in piena vista: "L'impronta ineluttabile" nel complotto del JFK

Il compianto G. K. Chesterton (1874-1936) ha fornito un mezzo per comprendere il ruolo del Mossad nel complotto del JFK nella storia del suo detective immaginario, *Padre Brown*, che sventa un crimine durante una cena in un elegante hotel. In *The Queer Feet*, il cattivo si infiltrava nella festa e se ne andava con l'argenteria in presenza di una manciata di camerieri e di ospiti illustri. Poiché i camerieri e gli ospiti erano vestiti in modo formale, il ladro si è vestito allo stesso modo. La sua capacità di agire e posare di conseguenza, nonostante il suo costume singolare, ha reso possibile il suo crimine.

Nella sala da pranzo, il criminale assumeva la posa di un cameriere esperto, muovendosi con rapidità e precisione - un "dipendente servile" - mantenendo le distanze, con gli occhi distratti. Spostandosi altrove, il ladro ha adottato i gesti facili e i modi disinvolti - l'"insolenza distratta" - di un plutocrate della società, ignorando il servitore mentre si muoveva tra loro.

Fortunatamente, Padre Brown si trovava nell'albergo e, mentre il crimine era in corso, udì "gli strani passi": l'improvviso cambiamento dei passi del bandito che entrava e usciva dalla sala da pranzo, trasformandosi con velocità fulminea da "cameriere" dalla camminata veloce a tranquillo aristocratico. Padre Brown catturò il criminale e fu l'eroe del giorno.

Padre Brown ha spiegato: "Un crimine è come qualsiasi altra opera d'arte. Ogni opera d'arte, divina o diabolica, ha un segno ineludibile: il centro dell'opera è semplice, per quanto complicata possa essere la realizzazione. Ogni crimine intelligente si basa in ultima analisi su un fatto abbastanza semplice, un fatto che non è di per sé misterioso. La mistificazione si ottiene nascondendolo, distogliendo i pensieri degli uomini da esso".[335] *Così è per l'omicidio di JKF.*

Grazie alla sua capacità di infiltrarsi e/o manipolare o collaborare con gruppi diversi come la CIA, la criminalità organizzata, alcuni individui e organizzazioni della "destra" americana, gli esuli anticastristi, ponendosi di conseguenza come un'eco dei timori che questi elementi nutrivano nei confronti di JFK, il Mossad assunse un colore protettivo, operando alle spalle degli altri cospiratori e agendo tuttavia efficacemente alla luce del sole, nascosto in bella vista, come si suol dire.

Per questo motivo, il ruolo e il movente del Mossad nell'azione contro JFK - il suo sforzo per impedire a Israele di costruire armi nucleari - si è perso nelle molteplici teorie cospirative, apparentemente scollegate e in competizione tra loro, che sono emerse in seguito all'assassinio.

Che si tratti dell'"anello mancante" o dell'"immagine nascosta sul retro del puzzle" o dell'"impronta digitale ineludibile" che punta all'autore del crimine, la conclusione,

---

[335] Sono d'accordo con George O'Toole, che è stato il primo a citare le osservazioni di Padre Brown nel contesto della cospirazione JFK, anche se, ovviamente, O'Toole non si riferiva al Mossad.

per quanto scomoda possa essere per alcuni, è che il legame del Mossad con l'assassinio del JFK è ineludibile.

Il gruppo di esuli cubani, che ha avuto vita breve, era un un fronte del Mossad? La strana storia di Paulino Sierra e Peter Dale Scott

Un attento esame dell'esule cubano Paulino Sierra, che nell'aprile del 1963 si presentò con le tasche gonfie e si offrì di "unire" le fazioni dell'esilio sotto la bandiera di una nuova organizzazione di sua creazione, la Junta of the Cuban Government in Exile (JGCE), potrebbe essere una possibile spiegazione del mistero di come il Mossad abbia usato i "falsi vessilli" dell'esilio cubano nella cospirazione del JFK. Molti ricercatori hanno fatto riferimento alle azioni di Sierra, così come la Commissione d'inchiesta sugli assassinii degli anni Settanta. Come vedremo, c'è molto altro da dire.

Una cosa è certa: secondo il libro di Warren Hinckle *Deadly Secrets*, Sierra di Chicago era "un personaggio sconosciuto agli esuli di Miami". Secondo Sierra, "le comunità del gioco d'azzardo di Las Vegas e Cleveland" lo hanno finanziato e, in effetti, una quantità "considerevole" di denaro è stata convogliata attraverso il datore di lavoro di Sierra a Chicago, la Union Tank Car Company, anche se la Union ha negato di conoscere la fonte *effettiva* dei fondi.

Mentre l'FBI mostrò scarso interesse per il ricco Sierra, *due giorni prima dell'assassinio di JFK* la CIA notò che Sierra "rimane un uomo misterioso per quanto riguarda i suoi mezzi di sostentamento, ma anche i suoi obiettivi a lungo termine. Forse i suoi misteriosi finanziatori gli forniscono abbastanza denaro per mantenere la pentola in ebollizione per il momento". [enfasi aggiunta].

Sebbene Sierra abbia distribuito fondi a molti esiliati, si diceva che "il denaro andava in fumo senza che nessuno sapesse esattamente dove". Questo non era necessariamente vero. Infatti, Sierra e i suoi "misteriosi sponsor" finanziarono il campo di addestramento degli esuli cubani a New Orleans gestito da Frank Sturgis, un vecchio agente del Mossad, dove nel 1963 furono visti gli assassini di JFK, Guy Banister, David Ferrie e Lee Oswald e/o la sua "controfigura". Come si scoprì, poco più di un mese dopo gli eventi di Dallas, Sierra chiuse l'attività nel gennaio 1964 e, come dice Hinckle, "non se ne seppe più nulla". Sembra che l'obiettivo di Sierra sia stato raggiunto.

In effetti, fu Sierra a finanziare l'affare delle armi - di cui si parla nella prima pagina della prefazione di *Giudizio Finale* - di cui un informatore federale all'interno dei gruppi cubani (un certo Thomas Mosley) gli aveva parlato: "Ora abbiamo un sacco di soldi - i nostri nuovi finanziatori sono gli ebrei - non appena si occuperanno di JFK".

Oggi, come abbiamo mostrato nel *Giudizio Finale*, la maggior parte degli scrittori ha accuratamente soppresso l'espressione "gli ebrei" nel descrivere questo incidente, e/o ha cambiato la parola "loro" con "noi" o ha evitato l'argomento osservando che non era chiaro se fossero "noi" o "loro" a "prendersi cura" di Kennedy, la totalità dei misteri che circondano Sierra - insieme ai documenti del *Giudizio Finale* - indicano ancora una volta un probabile "noi". Ecco perché:

Dato che Sierra era finanziata dalle "comunità del gioco d'azzardo di Las Vegas e Cleveland", questo ci porta in direzione di Morris Dalitz (precedentemente basato a Cleveland), il principale contatto di Lansky a Las Vegas, che era un azionista dell'agente del Mossad Tibor Rosenbaum di Permindex che, come abbiamo visto, ha svolto un ruolo centrale nella cospirazione JFK.

In altre parole, se - come sosteniamo qui - l'organizzazione senza uscita di Sierra era una "facciata" del Mossad progettata per finanziare e manipolare le operazioni di New Orleans utilizzate per orchestrare l'assassinio di JFK attraverso le attività di Frank Sturgis, Guy Banister e David Ferrie, per non parlare del membro del consiglio di amministrazione della Permindex Clay Shaw, il denaro era fornito dalle imprese di gioco d'azzardo del Sindacato Lansky, che, come notato, erano collegate alla Permindex del Mossad.

Inoltre, come dimostra l'ex membro del Consiglio di Sicurezza Nazionale Roger Morris in *The Money and the Power*, la sua storia delle truffe di Las Vegas - in cui evidenzia i molteplici legami israeliani delle figure coinvolte nel crimine - i casinò Lansky e Dalitz erano pesantemente coinvolti nel riciclaggio di denaro sporco legato alle attività segrete della CIA e anche - sebbene Morris non lo dica - a quelle del Mossad, che si intersecavano con le macchinazioni della CIA in molti Paesi del Medio Oriente.

Peter Dale Scott sembra particolarmente preoccupato per le circostanze in cui è stata raccontata la storia che "i nostri nuovi sponsor sono gli ebrei" e sostiene che questa sia stata inventata come parte di un piano dei veri cospiratori dietro l'assassinio (di cui Scott non fa mai i nomi) per lanciare una campagna di pubbliche relazioni che incolpasse "gli ebrei" dell'assassinio di JFK. *Il problema, naturalmente, è che sebbene gli antisemiti abbiano fatto tali accuse, le loro osservazioni non sono mai state credibili o promosse al di fuori dei circoli antisemiti! Non c'è stato alcun interesse pubblico nella teoria che "gli ebrei" fossero dietro l'assassinio.* Inutile dire che Scott - e altri che fanno questa affermazione - ignorano questo fatto molto pertinente.

Tuttavia, come si suol dire, la trama si infittisce. C'è molto di più nella storia. Scott afferma inoltre che la storia che suggerisce che il gruppo di Sierra - presumibilmente finanziato da "ebrei" - fosse coinvolto nell'assassinio faceva parte di un complotto più sottile dei veri cospiratori (di cui Scott non fa mai i nomi) per costringere Robert Kennedy a bloccare qualsiasi indagine seria sull'omicidio del fratello.

A questo proposito, Scott afferma che Sierra fu in realtà un facilitatore delle operazioni anticastriste condotte "parallelamente" da Robert Kennedy (per conto del fratello) mentre JFK emetteva raccomandazioni di buona condotta a Castro. In effetti, l'operazione di Sierra *potrebbe essere stata* parte dell'azione intrapresa - si dice che un certo Enrique Ruiz Williams sia stato il punto di contatto tra RFK e Sierra. La chiave dello scenario di Scott è che la possibilità di un coinvolgimento del gruppo di Sierra nell'assassinio costrinse RFK a rinunciare a indagare sull'omicidio di JFK perché avrebbe potuto ritorcersi contro di lui, rivelando i complotti della famiglia Kennedy contro Castro.

Tuttavia, come sottolinea Scott, nell'aprile 1963, mentre stava costituendo la sua sospetta "Giunta", Sierra incontrò Allen Dulles, l'ex direttore della CIA, Lucius Clay, il socio anziano di Lehman Brothers, la famosa società bancaria ebraica "Our Crowd" e l'avvocato Morris Liebman. Ciò che Scott non menziona è che Liebman ha svolto un ruolo importante in diverse importanti istituzioni legate all'intelligence che formano parte integrante di quella che oggi è conosciuta come la rete "neo-conservatrice", nota per la sua determinazione a porre la sicurezza di Israele al centro di tutte le preoccupazioni della politica estera americana. I contatti di Sierra andavano quindi ben oltre il suo ruolo di agente di RFK.

Quello che Scott vuole evitare è la possibilità che il Mossad sia la vera mente dietro Sierra, o che il Mossad abbia cooptato agenti di basso livello in un complotto segreto per l'assassinio di Castro sponsorizzato da Kennedy e li abbia usati per lo scopo del Mossad, cioè l'assassinio di John F. Kennedy.

Il Mossad avrebbe certamente visto la genialità di usare un affare top-secret (e potenzialmente scandaloso) della famiglia Kennedy come "copertura" per il proprio piano di rimuovere JFK dalla Casa Bianca.

Si dice che Peter Dale Scott fosse ferocemente ostile a chi osava menzionare il *Giudizio Finale* in sua presenza. Possiamo capire perché. *Giudizio Finale* mette insieme i pezzi mancanti del puzzle JFK - quegli aspetti che Scott (e altri come lui) preferiscono evitare o sopprimere *per ragioni note solo a loro stessi*.

Il legame del Mossad con l'intelligence di New Orleans; la storia a lungo taciuta di Fred (Efraim) O'Sullivan

I critici che sostengono *che Giudizio Finale* sia "propaganda antisemita e antiisraeliana" troveranno difficile spiegare le rivelazioni apparse nell'edizione internazionale del *Jerusalem Post* del 3 dicembre 2004, in un articolo scritto da Arieh O'Sullivan, corrispondente militare del *Post*, uno dei più importanti quotidiani israeliani. Nell'articolo, "I segreti di Dallas: 41 anni dopo JFK, quello che mio padre ancora non mi dice", si apprende che l'autore è il figlio di Fred O'Sullivan, che, all'epoca 26enne e detective della squadra anticrimine della polizia di New Orleans, testimoniò il 7 aprile 1964 davanti alla Commissione Warren.

L'anziano O'Sullivan era cresciuto a un isolato di distanza da Lee Harvey Oswald e sedeva di fronte a Oswald in classe, i loro cognomi iniziavano entrambi con la lettera "O", e in seguito reclutò Oswald per unirsi a un'unità della Civil Air Patrol (CAP) a New Orleans, all'epoca in cui David Ferrie gestiva la CAP.

A posteriori, le testimonianze e le dichiarazioni di O'Sullivan all'FBI, alla Commissione Warren e agli investigatori dell'inchiesta sull'assassinio sembrano alquanto (e forse volutamente) vaghe sotto alcuni aspetti, per quanto riguarda i legami precisi tra Ferrie e Oswald. E capiremo tra poco perché questo è il caso.

Scrivendo sul *Jerusalem Post*, il più giovane O'Sullivan sostiene che suo padre - che ora si trova in una casa di cura nel Mississippi, con il cervello indebolito dagli ictus - ha espresso l'opinione che "Lee" abbia ucciso JFK "da solo", ma ha aggiunto: "Beh, ho la mia piccola idea su chi lo abbia aiutato". O'Sullivan dice: "Mio padre ha sempre fatto intendere che si trattava di una lunga storia e che i complotti per uccidere JFK e l'attivista per i diritti dei neri Martin Luther King Jr... si sono incrociati a New Orleans". È qui che tutto diventa interessante, almeno per quanto riguarda la probabilità di un legame del Mossad con l'assassinio di JFK e il suo insabbiamento.

Si scopre che il detective Fred O'Sullivan finì per diventare comandante dei servizi segreti della polizia a New Orleans, poi, come scrive il giovane O'Sullivan, "buttò via il nostro albero di Natale, accese la grande menorah di ottone e volò nella terra di Sion". In altre parole, O'Sullivan si convertì all'ebraismo e si trasferì con la famiglia in Israele, dove divenne "Efraim", non più "Fred".

Il giovane O'Sullivan descrive come suo padre "mantenesse i segreti meglio di chiunque altro". Scrive: "Una volta ho trovato nel cassetto della sua scrivania una patente libanese a suo nome, con la sua foto. Lo ignorò, dicendomi che era per il mio bene che non lo sapevo. Sono stato educato a non ripetermi".

È evidente che l'ex capo della squadra di intelligence di New Orleans, Fred O'Sullivan, è andato a lavorare per il Mossad israeliano. O'Sullivan lo spiega senza dircelo direttamente. E oggi, il figlio di questo affidabile poliziotto irlandese cattolico americano che si è convertito all'ebraismo, si è stabilito in Israele e ha lavorato per l'agenzia di intelligence israeliana, è diventato corrispondente militare - senza alcuna posizione oscura - per il più prestigioso giornale del Paese.

Tutto questo "prova" qualcosa? No, ma è un altro strano tassello del puzzle JFK che ha un legame particolare con Israele. La domanda è fino a che punto O'Sullivan fosse amico del Mossad e/o reclutato dal Mossad e che cosa, se mai, abbia fatto come ufficiale dei servizi segreti di alto livello per ostacolare, ad esempio, le indagini di Jim Garrison su David Ferrie e Clay Shaw, legati al Mossad.

Il fatto che la stessa persona che ha reclutato Lee Harvey Oswald nella Civil Air Patrol (dove Oswald ha conosciuto David Ferric, il suo primo contatto importante nella comunità dei servizi segreti) sia andata a lavorare per i servizi segreti israeliani è davvero provocatorio.

Penn Jones, un ricercatore esperto e rispettato, ha dichiarato: il Mossad "una questione completamente trascurata" nell'affare JFK

Il defunto giornalista texano Penn Jones, duro e spietato direttore del *Midlothian Mirror* e uno dei primi e più espliciti critici del rapporto della Commissione Warren, è stato a lungo venerato come una torre di integrità da molti ricercatori indipendenti. Persino l'onnipresente Justice John - che fu un odioso critico di *Sentenza Finale* e del suo autore - ha definito Jones un "giornalista onesto" che "ha fatto molte ricerche inedite sul caso".

La verità è che già nel 1968, sedici anni prima della pubblicazione di *Giudizio finale*, Penn Jones suggeriva ai ricercatori di JFK di iniziare a indagare sui legami del Mossad con il complotto JFK.

Sì, è vero. Lo ha detto *Penn Jones*, non Michael Collins Piper. È un punto che coloro che ammirano Jones - ma hanno paura di menzionare il "Mossad" in relazione all'assassinio di JFK - faranno fatica a riconoscere, perché potrebbe suggerire, dopo tutto, che il *Giudizio Finale* potrebbe essere sulla strada giusta.

In una rubrica del *Midlothian Mirror* (datata 18 gennaio 1968) e pubblicata a pagina 51 dell'edizione 1969 del terzo volume della serie "*Forgive My Grief*", Jones scrisse:

> Jack Ruby era vicino a membri della polizia di Dallas e di altre forze dell'ordine americane, nonché all'organizzazione israeliana di controspionaggio. Anche la sua ex dipendente, Nancy Zeigman Perrin Rich, era vicina a queste stesse forze. L'identificazione di Ruby e Nancy come coinvolti nei servizi segreti israeliani apre un'area completamente trascurata riguardo all'assassinio del Presidente Kennedy.

La rivelazione di Jones sembra in qualche modo essersi persa in tutti i dettagli che circondano le indagini sull'assassinio di JFK Alcuni anni dopo, in una rubrica del *Midlothian Mirror* (datata 24 febbraio 1972) e ripubblicata a pagina 54 dell'edizione 1974 del volume IV della serie "*Forgive My Grief*" di Jones, Jones scrisse ulteriormente:

> Ruby potrebbe essere stato usato dall'FBI come parte di un'operazione di raccolta di informazioni su piccola scala, ma sembra essere stato un agente più importante per un'altra agenzia o un altro paese...
>
> Ci sono molti indizi nelle udienze della Commissione Warren e altrove che Ruby e "Honest Joe" Goldstein fossero in qualche modo agenti dei servizi segreti di qualcuno. E sembra che il Colony Club di Abe Weinstein sia servito a volte come "casa sicura" per gli agenti.

E dato ciò che ora sappiamo sulle molteplici connessioni israeliane a Dallas e in Texas (come indicato nei nuovi dati nelle prime pagine di *Giudizio Finale*), è altamente probabile che questi tre contractor ebrei lavorassero davvero per il Mossad, nello stesso modo in cui Jones ha accennato a Ruby.

Dobbiamo molto al compianto Penn Jones, un intrepido ricercatore, che non ha esitato a menzionare "Israele" in un contesto piuttosto negativo, in questo caso il coinvolgimento nell'assassinio di John F. Kennedy. Ancora una volta, nei libri su JFK troviamo una "connessione israeliana" poco notata e in qualche modo "fuori luogo". "E ci ricorda che anche il procuratore distrettuale di New Orleans Jim Garrison era incappato nel collegamento con il Mossad, ma anche gli ammiratori di Garrison non amano ammetterlo.

Se non riusciamo a smettere di parlare del legame con Israele, è perché è quello che stiamo facendo. È perché *nessun altro lo farà, nonostante tutte le prove esistenti.*

UNA SFIDA AI LETTORI....

Dopo che tutti gli indizi erano stati messi a disposizione dei lettori, gli autori dei romanzi polizieschi di Ellery Queen lanciavano una "sfida al lettore" per trovare la soluzione del crimine prima che il detective riunisse tutti i sospetti nel salotto per rivelare l'assassino.

La mia sfida ai lettori è un po' diversa. Ora che avete letto il libro e conoscete il mio intero discorso, sfido i lettori a mostrarmi eventuali errori di fatto o ragionamenti contorti o citazioni estrapolate dal contesto o interpretazioni errate che potrebbero (una volta smascherate) confutare la teoria esposta in questo volume.

Ad oggi sono a conoscenza dei seguenti quindici errori di fatto o imprecisioni apparsi nelle precedenti edizioni di *Giudizio Finale* e che sono stati corretti. Questi errori precedenti erano (per la cronaca):

(1) Nella prima e nella seconda edizione ho citato una fonte che riportava erroneamente che nessun ebreo era morto quando il Mossad israeliano aveva orchestrato l'attentato al ristorante Goldenberg di Parigi il 9 agosto 1982. Questo errore è stato corretto nella terza edizione, quando ho notato che l'errore mi era stato segnalato da un'amica (che si dà il caso sia ebrea) la cui zia era in visita a Parigi all'epoca del crimine del Mossad e che l'aveva evitato per un soffio. Mentre il suo compagno (che era ebreo) era andato al ristorante ed era morto nell'attentato, la zia del mio amico era andata altrove ed era sopravvissuta. Questo errore è stato ora corretto, anche se non aveva nulla a che fare con la tesi del *Giudizio Finale* e nemmeno con l'assassinio di JFK.

(2) Nella terza edizione di *Giudizio Finale* ho citato il libro dell'ex uomo dell'FBI William Roemer come fonte della mia affermazione che Morris Dalitz, un ex sindacalista di Lansky, era stato ucciso a colpi di pistola nelle strade di Las Vegas e avvelenato a morte nella sua stanza d'ospedale. In realtà, Dalitz non morì come descritto nel libro di Roemer. Dalitz, a quanto pare, morì per cause naturali.

A titolo di spiegazione, sembra che sebbene Roemer avesse scritto della "saggistica" sulla storia della criminalità organizzata, il suo libro, che conteneva questa (falsa) descrizione della morte di Dalitz, includeva anche una libertà letteraria da parte di Roemer. Secondo Roemer, *La guerra dei padrini* era "un'opera costituita principalmente da fatti", ma che "nelle limitate porzioni romanzate, la base sottostante è la realtà o una sua proiezione inferenziale".

In ogni caso, ricordando che Dalitz era effettivamente morto - e ricordando, mentre preparavo la terza edizione di *Giudizio finale*, che il libro di Roemer aveva fornito una descrizione grafica della sua morte - mi sono erroneamente basato su una parte del libro che Roemer avrebbe descritto come "romanzata". Mi scuso per aver fatto affidamento sulla reputazione di Roemer come autorità in materia di mafia. Tuttavia, il mio errore (basato sulla fantasia di Roemer) è stato corretto dalla quarta edizione di *Giudizio finale*. Mi affretto ad aggiungere, tuttavia, che questo errore non ha nulla a che fare con la tesi di *Giudizio Finale* o con l'assassinio di JFK stesso.

(3) e **(4)** Il terzo e il quarto errore apparente (che ho scoperto io stesso) riguardano l'affermazione (nelle prime tre edizioni di *Giudizio Finale*) che il trafficante d'armi texano Thomas Eli Davis III, collaboratore di Jack Ruby, fu trovato in possesso di documenti contenenti il nome di Lee Harvey Oswald al momento in cui lui (Davis) fu preso in custodia in Algeria per il coinvolgimento nel contrabbando di armi all'OAS francese.

Infatti, secondo un nuovo studio pubblicato nel 1996 in *Oswald Talked* di Ray e Mary LaFontaine, risulta che il riferimento a "Oswald" in possesso di Davis era una lettera di raccomandazione al trafficante d'armi madrileno Victor Oswald. Sembra anche che Davis sia stato detenuto in una prigione marocchina e non algerina, come avevo detto. La mia fonte per i dati errati sulla posizione di Davis è Jim Marrs in *Crossfire*.

Nonostante i due errori, resta il fatto che Davis era legato a Jack Ruby ed era effettivamente coinvolto negli affari israeliani dell'OSA francese in Nord Africa. Quindi, ancora una volta, dirò questo: questi errori non confutano la tesi *del Giudizio Finale*. In ogni caso, l'errore è stato di Jim Marrs, non mio.

(5) Nella prima stampa della quarta edizione, ho accidentalmente indicato John Foster Dulles come il direttore della CIA licenziato da JFK. Sapevo, ovviamente, che era suo fratello, Allen Dulles, il direttore della CIA in questione.

(6) Nella prima stampa della quarta edizione, ho affermato che John Connally, l'ex governatore del Texas, è morto nel 1995. In realtà è morto nel 1993.

(7) In entrambe le edizioni della quarta, ho detto che uno scandalo aveva costretto il senatore Gary Hart a ritirarsi dalla corsa per la nomination presidenziale democratica del 1984. In realtà, si trattava della campagna del 1988.

(8) Nelle edizioni precedenti, parlando della stretta relazione tra l'agente della CIA Guy Banister e A. I., si è parlato di un'altra relazione. I. Botnick, l'autodefinitosi "cacciatore di supercomunisti" dell'ufficio di New Orleans dell'Anti-Defamation League (ADL), non sapevo che Botnick aveva lasciato New Orleans per assumere un incarico nell'ufficio di Atlanta dell'ADL (prima che Oswald arrivasse a New Orleans) e non era tornato all'ufficio di New Orleans dell'ADL fino al 1964. È stato Jerry Shinley, uno dei miei critici, a portarlo alla mia attenzione.

Ciò non ha alcuna attinenza con la tesi di fondo di *Giudizio Finale*, né toglie nulla alla mia speculazione (che è chiaramente annotata come tale) secondo cui è possibile che le attività di Lee Harvey Oswald come investigatore di Banister siano state appaltate da Banister agli associati di Botnick all'ADL, che si sono uniti all'ADL nelle "indagini" su gruppi di sinistra come Fair Play for Cuba, il Comitato per l'aiuto a Cuba, a cui Oswald ha dichiarato di essere affiliato.

(9) Nelle edizioni precedenti ho riferito che l'ex detective di Los Angeles Gary Wean si è incontrato a Dallas con l'ex senatore John Tower (R-Texas). L'incontro è avvenuto a Ruidoso, nel Nuovo Messico.

(10) Nella quarta edizione, parlando del rapporto di Clay Shaw con la CIA, ho detto che "nella misura in cui Shaw in seguito servì, senza dubbio, come contatto internazionale privilegiato della CIA, riferendo all'agenzia sulle sue operazioni all'estero, è certo che i rapporti di Shaw sarebbero finiti sulla scrivania di James J. Angleton".

Questo è vero. Tuttavia, ho esagerato quando ho detto che "Shaw, di fatto, era uno degli agenti di Angleton". Sebbene non vi siano prove che Shaw fosse "uno degli agenti di Angleton" di per sé, è quasi certo che i rapporti di Shaw siano passati attraverso l'ufficio di Angleton o i suoi subordinati in un momento o nell'altro. Sono lieto di fare questa precisazione, dopo che Clark Wilkins, ricercatore sull'assassinio di JFK, mi ha fatto notare questa esagerazione.

(11) Nella quarta edizione ho fatto riferimento a una fotografia (ampiamente discussa nelle ricerche su JFK) che sembrava mostrare Clay Shaw con David Ferrie. Da allora, altri hanno stabilito (con mia grande soddisfazione) che la persona con Shaw non è Ferrie. Ci sono altre prove, tuttavia, che i due si conoscevano. Quindi, ancora una volta, questo errore non ha alcuna attinenza con la tesi del *Giudizio Finale*.

(12) Nelle edizioni precedenti, ho citato l'affermazione errata di Robert Morrow secondo cui un pakistano-americano sarebbe stato la "seconda arma" nell'omicidio di Robert F. Kennedy. L'accusato ha indubbiamente dimostrato la sua innocenza, ma questo non mette in discussione la tesi fondamentale di Morrow, secondo cui il SAVAK iraniano (una creazione della CIA e del Mossad) avrebbe commesso l'omicidio di RFK.

(13) Nelle edizioni precedenti ho citato autorità che suggerivano che l'assassino su commissione della CIA QJ/WIN potesse essere il francese Michael Mertz. Da allora, QJ/WIN è stato identificato e questo fatto è stato chiarito. Tuttavia, questo fatto non ha ovviamente alcuna attinenza con la tesi di fondo del *Giudizio Finale*.

(14) Nelle edizioni precedenti, compresa la prima stampa di questa sesta edizione, ho suggerito che nessuno aveva mai visto i famosi file Gemstone e che le persone avevano visto solo la "Skeleton Key" (il pass) dei file. In realtà, alcune persone hanno visto i file. Tuttavia, questo errore - ancora una volta - non ha assolutamente nulla a che fare con la tesi del *Giudizio Finale*.

(15) Nella prima stampa di questa sesta edizione, nella sezione "Bric à Brac" su Jack Ruby, ho scritto che la città di Dallas "non era certo un avamposto della cultura ebraica". Invece, come dimostrano i nuovi dati della seconda edizione della sesta, Dallas era, nel 1963, un importante avamposto del potere ebraico, un punto critico che ha confermato la tesi del *Giudizio Finale* e indebolito le altre teorie sull'assassinio di JFK.

Questi sono gli errori (e i più piccoli) che compaiono nelle edizioni precedenti. Ce ne sono altri? Ho citato male le fonti pubblicate o le ho estrapolate dal contesto? Sono colpevole di un ragionamento distorto? Ho travisato le opinioni di qualcuno o i fatti presentati da altri? Per favore, ditemelo. Voglio davvero saperlo.

Come si legge nell'epilogo, il *Washington Jewish Week*, nell'edizione del 28 aprile 1994, mi ha accusato di "citare fonti secondarie fuori contesto, di fare collegamenti tenui e improbabili e di affermare ripetutamente falsità come se la loro ripetizione conferisse magicamente validità". Un diplomatico israeliano ha definito assurda la mia teoria. Altri l'hanno trovata "scandalosa" e una donna, Marcia Milchiker, è arrivata a dire che la mia teoria era "scientificamente impossibile", come se avessi suggerito che potesse essere scientificamente provata. Ecco cosa dicono i critici.

Da qui la mia sfida ai lettori: dimostratemi dove sbaglio.

MICHAEL COLLINS PIPER

Ora sta a voi decidere...

Caro lettore,

Le rivelazioni del *Giudizio Finale* sono venute alla luce, con grande sgomento della lobby di Israele. Il libro e le sue tesi non spariranno. L'attenzione del mondo è ora concentrata sulle armi nucleari di Israele e il *Giudizio Finale* ha contribuito al raggiungimento di questo obiettivo.

Sebbene ci siano stati molti sforzi pubblici per mettermi a tacere o denunciarmi, state certi che i miei nemici hanno lavorato maliziosamente e abilmente contro di me dietro le quinte.

A un certo punto, "loro" misero in campo una risorsa per infiltrarsi nell'ufficio del mio editore: per distruggermi personalmente, indebolire il famoso ricercatore Mark Lane (l'avvocato del mio editore) e prendere il controllo della casa editrice stessa! La storia non è mai stata raccontata, anche se un giorno potrebbe esserlo.

Visto quello che è successo, non posso fare a meno di concludere che ho raggiunto qualcosa di importante con *Giudizio Finale*, perché queste forze corrotte, perverse e malvagie sono state così determinate a farmi del male e a cercare di far deragliare la distribuzione di questo libro.

Potete quindi capire perché apprezzo il continuo sostegno da parte di brave persone.

Attendo sempre con ansia le lettere e le critiche costruttive dei miei lettori. Continuate a lavorare bene!

Sincerely,

MICHAEL COLLINS PIPER

ALTRE PUBBLICAZIONI

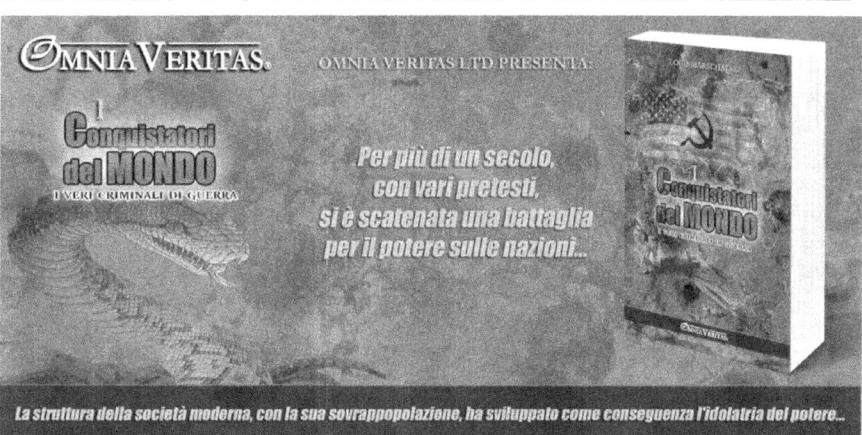

www.ingramcontent.com/pod-product-compliance
Lightning Source LLC
Chambersburg PA
CBHW071955220426
43662CB00009B/1135